유니티 게임 이펙트 입문

| 홍다애 저 |

DIGITAL BOOKS
디지털북스

현업
이펙트
디자이너가
알려주는

현업 이펙트 디자이너가 알려주는

유니티
게임 이펙트
입문

| 만든 사람들 |

기획 IT·CG기획부 | **진행** 양종엽 · 박소정 | **집필** 홍다애 | **책임편집** D.J.I books design studio
표지디자인 D.J.I books design studio 김진 | **편집디자인** 디자인숲 · 이기숙

| 책 내용 문의 |

도서 내용에 대해 궁금한 사항이 있으시면
저자의 홈페이지나 디지털북스 홈페이지의 게시판을 통해서 해결하실 수 있습니다.
디지털북스 홈페이지 www.digitalbooks.co.kr
디지털북스 페이스북 www.facebook.com/ithinkbook
디지털북스 카페 cafe.naver.com/digitalbooks1999
디지털북스 이메일 digital@digitalbooks.co.kr
저자 이메일 art00sm00@gmail.com

| 각종 문의 |

영업관련 hi@digitalbooks.co.kr
기획관련 digital@digitalbooks.co.kr
전화번호 (02) 447-3157~8

책을 만들며...

본래 게임을 만들기 전까진 여러 가지 일을 했었습니다. 그러다 평소 관심 있고 삶의 가장 많은 부분을 투자한 게임 쪽으로 전향하고 싶어졌습니다. 그래서 남들보다는 살짝 늦은 나이에 게임 업계에서 일을 시작하게 되었습니다.

책을 읽고 만약 지금 시작해야 할까 망설이는 분이 있다면 언제든 늦지 않았다는 말씀을 드리고 싶습니다. 시작하게 되면 언제나 빛이 보입니다.

이펙트는 여러 가지 방법으로 만들 수 있습니다. 쉐이더를 중심으로 쓰는 방법, 애니메이션을 중심으로 쓰는 방법, 3D 모델링으로 타일링을 쓰는 방법 등이 있으나, 이 책은 오직 유니티 파티클로만 원하는 결과물을 비슷하게 표현하는 법을 서술합니다. 이 책은 포토샵으로 간단한 소스를 만드는 과정부터 시작하여 유니티의 파티클을 이용해 다양한 이펙트를 만드는 방법을 소개합니다. 대상 독자는 '유니티를 처음 다루는 이펙트에 관심있는 초보자'입니다. 유니티를 처음 다뤄보며 게임 이펙트에 관심이 있는 게임 개발자나 학생, 취미로 게임 이펙트를 배워보려는 분이라면 이 책으로 입문하기 좋을 것이라고 생각합니다. 설명을 그대로 따라하며 만들어보고 파티클 수치를 조절해가며 공부하기 좋아 도움이 될 것입니다. 이 책에는 게임에서 쓰이는 이펙트와 기본적인 이펙트 만드는 법, 2D와 3D 그래픽의 차이를 보여주는 이펙트를 수록했습니다. 게임 이펙트 공부를 시작하려는 많은 사람에게 도움이 되었으면 좋겠습니다.

2020년 홍다애

이 책의 구성 및 활용법

이 책의 구성

이 책의 1장에서는 이펙트란 무엇인지에 대해 간단히 소개합니다. 2장에서는 이 책에서 쓰게 되는 유니티의 간단한 사용법을 알아봅니다. 3장에서는 이펙트 기초를 알려드리고 모험가의 모닥불을 만드는 간단한 실습을 합니다. 4장에선 게임 화면에 나오는 환경 이펙트를 실제로 제작해봅니다. 5장에선 애니메이션 이펙트를 만듭니다. 6장에선 2D와 3D 애니메이션 이펙트의 차이를 알기 위해 둘 다 직접 만들어볼 것입니다. 그리고 7장에선 속성 이펙트를 만들어봅니다. 6가지 속성을 2종씩 익혀 총 12가지의 이펙트를 만들어보겠습니다(마지막에는 응용법으로 마법진 이펙트를 제작하게 될 것입니다).

예제 데이터 이용방법

이 책은 각 강의(PART)에서 사용하게 되는 예제 패키지를 제공해드립니다. 예제 패키지의 다운로드 링크는 [https://drive.google.com/open?id=1BOXNv7EUmTXDxn0iSjRF3mbZ43_cOBd] 입니다. 해당 구글 드라이브에 들어가면 강의 별로 폴더가 구성되었고 그 안에는 이미지, 3D 데이터들이 있습니다. 각 강의에 맞는 것을 확인해주세요. 혹시 해상도나 크기가 강의와 맞지 않다면 2강 유니티 개요에서 '유니티 게임 환경세팅'이라는 제목 하에 있는 '유니티 내 화면 구성'을 참고하시어 유니티 환경을 맞춰주세요.

(그림 1) 예제 패키지에 들어가면 강의 별로 이펙트를 정리한 폴더가 있습니다.

(그림 2) 폴더를 보시고 안에 들어가면 세부적인 내용이 들어있는 폴더가 또 있습니다(그림 2에 보이는 폴더는 '4강' 폴더 안에 있습니다.). 폴더를 찾아보시면 완성됐을 때의 예시 GIF와 완성된 프로젝트가 들어 있는 유니티 패키지가 있습니다. 또한 여러분이 따로 만들어볼 수 있게 PNG 이미지와 머티리얼도 들어 있습니다. 완성된 예시 GIF를 확인하신 후에 이펙트를 만들기 시작하시는 것도 좋은 방법일 것입니다.

사용 환경

이 책은 저자의 집필 시점에서 유니티 최신버전인 Unity 2019.1.0 버전을 기준으로 집필했습니다. 그리고 포토샵은 2019cc 버전을 사용했습니다.

유니티는 버전에 민감하므로 가능한 2019 버전을 사용하실 것을 권장합니다. 반면에 포토샵은 버전에 크게 민감하진 않습니다. 여러분이 가지고 있는 포토샵 버전이 있다면 자유롭게 사용하셔도 좋을 것입니다.

저작권

CONTENTS

PART

07 속성 이펙트

01

게임 이펙트의
이론

이펙트의 이론에 대해서 알게 되면 이론을 모를 때보
다 조금 더 이펙트에 쉽게 다가갈 수 있게 됩니다. 이
펙트는 상상과 실제 물리현상을 기반으로 새로운 이
미지 영상을 창작하는 일이라고 생각하면 좋습니다.

01 게임 이펙트의 이해

게임에서의 이펙트란 캐릭터 모션에 대한 결과를 보여주는 효과를 뜻합니다. 또한 게임에서 보여 주고자 하는 캐릭터, 물건, 형체의 속성 또한 보여주며 게임을 조금 더 풍부하게 보여주는 것입니다. 이외에 2D 또는 3D적 한계로 실제와 차이가 나는 모션을 가려주는 역할로도 쓰이게 됩니다.

또한 사용자에게 주변 환경에 대한 힌트를 제공하기도 하며 소리와 합쳐져 다양한 타격감을 주는 장치로도 사용됩니다. 이러한 타격감은 1-3초 내외로 결정이 되므로 타이밍감을 익히는 것이 중요합니다. 대부분의 이펙트는 중 → 강 → 약 의 순서로 만들면 좋은 타이밍을 냅니다.

이펙트는 현실세계에서 있을 법한 것과 상상 속에서 구현이 가능한 것으로 분류되며 만들었을 때 이 이펙트가 무슨 속성을 띠고 있는지, 어떤 효과인지 확실히 알 수 있게 만드는 것이 중요합니다. 실제로 예쁘기만 한 색상, 다이나믹한 효과를 이것저것 넣는다고 해도, 보는 사람으로 하여금 이게 무슨 이펙트인지 알 수 없게 만드는 이펙트는 좋은 이펙트가 아닙니다. 그러므로 이펙트를 만들 때 보통 사람이 어떻게 생각할 수 있는지에 대한 상식이 가장 중요합니다. 또한 이펙트 디자이너는 언제나 단순 예술이 아니라 대중예술을 한다는 점을 명심하고 만드는 것이 중요합니다.

▲ 상상으로 만드는 간단한 피격 이펙트

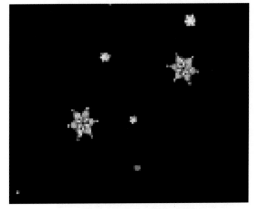

▲ 실제로 볼 수 있는 눈이 내리는 환경 이펙트

이펙트의 흐름을 익히는 것은 타이밍 감각을 익히는 것과 같습니다. 이펙트는 대부분 생성 → 연출 → 마무리의 흐름을 띕니다. 다음 그림을 통해 이펙트의 흐름을 살펴보겠습니다.

크게 보면 8가지 순서대로 흐름을 타며 피격 이펙트가 터집니다.

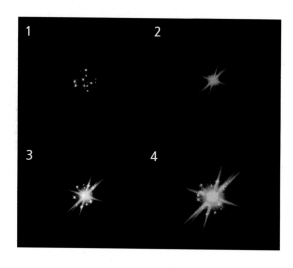

1. 빛 무리가 모아지며 생성
2. 가장 크게 빛나는 메인이 생성
3. 주변을 꾸며주는 빛과 함께 연출
4. 연출의 주역이 되는 가장 큰 빛

1번 그림에서 작은 빛 무리가 모이는 것은 가운데 점으로 힘이 모이고 있다는 것을 보는 사람으로 하여금 눈치챌 수 있게 해주는 장치입니다. 이후 메인의 큰 빛이 순간적으로 터지며 그 메인을 돋보이게 해주는 여러 빛 무리들이 함께 터지는 것으로 예쁜 이펙트의 빛을 꾸며줍니다.

여기서 주의할 것은 메인의 빛과 꾸며주는 주변부의 색들이 너무 다른 색상이 많거나, 메인보다 더 눈에 띄지 않게 하는 것이 주의할 점입니다.

또한 도와주는 빛 중 일부는 메인보다 느리게 사라지며 이펙트에 여운을 남길 수 있는 장치가 됩니다.

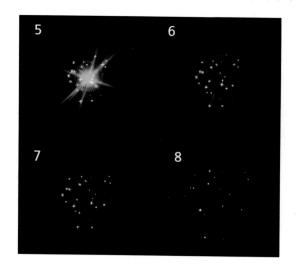

5. 연출이 마무리되며 큰 빛이 사라짐
6. 마무리되는 빛의 무리가 남겨짐
7. 빛 무리가 사라져감
8. 빛 가루들이 날리며 이펙트가 사라짐

> 피격 이펙트는 게임에서 캐릭터가 검, 주먹, 지팡이 등에 맞았을 때 물리적인 타격감을 주기 위해 띄우는 이펙트입니다.

메인보다 늦게 사라지는 빛 무리들은 크기, 알파값, 반짝임 등을 주며 사라지며 여운을 남겨주면 좋은 이펙트로 보이게 됩니다. 예시로 든 것은 게임에서 흔하게 쓰이는 피격 이펙트를 예로 들었지만 이외에도 폭발, 충격파, 검기, 획득 모션 등에도 이 순서대로 적용할 수 있습니다.

소개해 드린 것 외에 많은 이펙트들이 이러한 순서를 띠고 있으며 다양한 이펙트와 소재들을 보며 분석하고 공부하면 스스로 익히는 데 도움이 될 것입니다. 이러한 타이밍 감각을 익히는 데에는 애니메이션과 영화, 영상 매체가 좋은 소재가 됩니다. 상상으로 만들어내는 이펙트 또한 실제의 사물에서 영감을 받아 만들면 조금 더 섬세하고 대중이 이해하기 좋은 이펙트를 만드는 데 도움이 될 수 있습니다.

자신의 눈에 멋져보이는 이펙트를 영상, GIF로 촬영해 포토샵으로 끌어오면 애니메이션으로 타이밍 순서를 확인할 수도 있습니다. 그러한 점을 잘 활용하여 확인하면 재밌는 이펙트를 만들 수 있는 타이밍감을 익힐 수 있을 것이라 생각합니다.

포토샵으로 연 GIF의 타임라인을 확인하려면 우선 포토샵의 창(W) - 타임라인을 엽니다. 그 후 생성되는 창의 비디오 타임라인을 클릭하면 확인할 수 있습니다. 아무것도 변경하지 않은 채, 비디오 타임라인을 그대로 확인하면 한 번에 확인하기 힘듭니다. 꼭 프레임 애니메이션으로 바꾸어 확인해주세요. 확인하는 방법은 아래에 그림과 함께 설명하겠습니다.

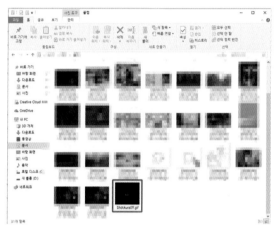

▲ 폴더에서 다운로드 받은 GIF를 선택합니다.

▲ GIF를 포토샵으로 끌어옵니다.

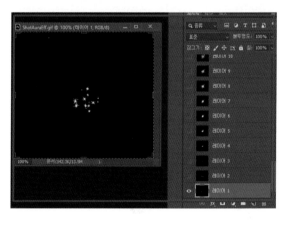

▲ 타임라인의 왼쪽 하단의 프레임 애니메이션으로 변환을 눌러줍니다.

◀ 끌어오게 되면 포토샵에 GIF파일이 켜지면서 레이어에 그림들이 표시가 됩니다. 이것을 만지지 말고 바로 밑의 그림과 같이 포토샵 상단의 창 – 타임라인을 눌러 포토샵 타임라인을 켜줍니다.

▲ 이제 초 단위로 이펙트가 어떻게 바뀌어져가는지 확인할 수 있습니다. 영상 또한 이러한 방법으로 확인 가능하니 참고하시어 공부하기 바랍니다.

02 게임 이펙트와 영상 이펙트의 특징

■ 게임 이펙트와 영상 이펙트의 공통점

두 이펙트의 차이를 알게 되면 어느 방면으로 더 공부할 수 있을지 생각할 수 있게 됩니다. 게임 이펙트와 영상 이펙트의 공통점은 실제를 바탕으로 상상력을 재구현하는 것인데 아예 없는 것을 보는 사람으로 하여금 실제로 존재하는 것처럼 보이게 하는 게 가장 중요합니다. 이펙트가 나오는 장면은 보는 사람으로 하여금 아주 특별한 장면인 것처럼 보이게 하면서도 주제가 되는 캐릭터가 가려지지 않게 조절하는 것 또한 필요합니다. 이펙트는 주인공을 돋보이게 해주는 조연 역할을 주로 하기 때문입니다.

> 모든 이펙트의 기본이 되는 '파티클'입니다.

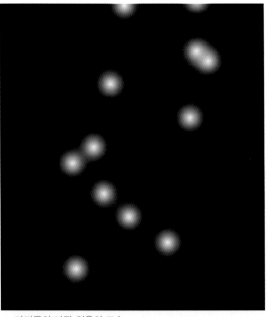

▲ 파티클의 가장 처음의 모습

또 다른 공통점으로는 '파티클'을 기초로 만들어지는 것이라는 것을 들 수 있습니다. 어떠한 소스를 쓰냐에 따라 파티클이 쓰이지 않을 수도 있지만 이펙트의 가장 기본적인 것은 결국 파티클을 다루는 일입니다. 따라서 기본이 되는 여러 프로그램의 파티클 시스템을 알아두는 것이 가장 중요합니다.

여러 프로그램들의 파티클 시스템은 모두 비슷한 형질을 띠고 있습니다. 그러므로 하나를 제대로 익혀놓으면 다른 프로그램의 파티클도 어렵지 않게 다룰 수 있게 될 것입니다.

■ 게임 이펙트와 영상 이펙트의 차이점

게임과 영상 이펙트의 가장 큰 차이점은 바로 최적화라는 부분입니다. 여러 가지 실제와 같이 화려해보이는 게임 이펙트 또한 이 최적화라는 부분을 빠짐없이 체크합니다. 그리고 프로그램마다 최적화하는 방법이 다릅니다. 그렇기 때문에 이펙트 디자이너의 길을 가시려면 꼭 최적화를 염두에 두고 이펙트를 만들 수 있게 공부하심을 추천합니다. 아무리 예쁜 이펙트여도 최적화가 안 되어있다면 게임 이펙트로써 가치를 잃습니다. 반면에 영상 이펙트는 영상을 뽑아내는 시간이 조금 길어져도 나중에는 원하는 타이밍대로 영상이 흘러갑니다. 그래서 최적화는 최소로, 화려하고 현실감 넘치는 이펙트를 제약 없이 만들어 붙일 수 있습니다.

최적화된 이펙트는 유저가 게임을 하면서 무리 없이 나와야 하므로 파티클의 숫자, 이미지 크기 등에 제약이 걸립니다. 따라서 이펙트 디자이너는 이러한 점을 잘 생각하여 이펙트를 만들어야 합니다.

▲ 게임 이펙트에서 제일 중요한 것은 얼마나 예쁜가보다도 원하는 결과물을 게임 엔진에 맞는 최적화를 통해 구현해냈느냐입니다.

이러한 이유는 직접 게임을 해보면 알 수 있습니다. 이펙트 외에도 원화, 3D 모델링, 애니메이션 등 많은 그래픽들이 있고 mpc나 npc, 몬스터를 움직이고 구현하는데 쓰이는 코드 또한 메모리가 듭니다. 여러 사람이 힘을 합쳐 만드는 만큼 많은 리소스가 들어가는 것이 게임이며 서브적인 타격감, 화려함, 액션감을 위한 이펙트, 카메라무빙에 주어지는 용량은 많지 않습니다. 그러므로 게임에 기획된 만큼의 이펙트를 최적화를 시켜 뽑는 것이 중요하며 RPG, 캐주얼 게임, 슈팅 게임 등 장르에 따라, 또 쓰이는 엔진에 따라, 게임이 플레이 될 기계, 프로그래머와의 합에 따라 아트에 할애되는 용량이 많이 바뀌게 됩니다.

03 2D와 3D 게임 이펙트의 차이

이펙트는 회사에서 추구하는 그래픽 엔진의 차이가 있을 뿐이고 3D와 2D 게임의 기술적 차이를 물어본다면 없다라고 이야기할 수 있습니다. 왜냐하면 파티클은 보통 3D를 기반으로 만들어진 기술이라 화면 안으로 들어가는 Z축을 0으로 둔다면 같은 프로그램을 쓸 수 있기 때문입니다.

또한 스타일의 차이를 둘 수 있습니다. 2D 게임의 이펙트는 주변 그림들에 맞춰 분위기를 바꾸어 애니메이션같은 느낌의 이펙트를 넣어주면 더 느낌이 좋아보입니다. 주변 사물, 캐릭터, 배경에 맞추어 변하는 이펙트를 공부하다보면 어떤 그림에 어떠한 이펙트가 맞을지 스스로 선택해서 넣을 수 있게 됩니다.

다만 2D 게임이라고 하여 평면적인 느낌의 이펙트만 만드는 것이 아닙니다. 3D보다 조금 더 눈속임 기술이 필요합니다. 또한 엔진이 3D인 것을 적극적으로 활용하면 2D 게임에서도 풍부한 이펙트 표현이 가능해집니다.

아래의 그림(오른쪽에 있는 그림)을 보면, 다듬지 않은 그림이지만 이 그림들을 연달아 재생해보면 흰 이펙트가 둥근 원에 흘러가고 있다는 것을 알 수 있습니다. 이러한 식으로 볼륨이 없는 평면적인 그림에 볼륨감과 깊이를 넣어줄 수 있는 것 또한 2D 이펙트의 매력이라고 볼 수 있습니다.

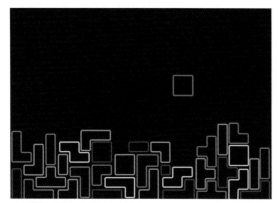

▲ Z축이 존재하지 않는 2D 게임

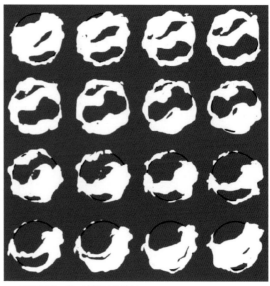

▲ 볼륨감있는 2D 이펙트의 예시

memo

02

유니티 개요

유니티를 다운로드하고 유니티 이펙트를 만들 때 도움이 되는 파티클 시스템, 머티리얼 애니메이션을 알아봅니다.

CHAPTER

01 유니티 게임 환경세팅

■ 유니티 다운로드

이 책은 유니티라는 게임 엔진 프로그램을 기반으로 게임 이펙트를 만듭니다. 따라서 반드시 유니티를 설치해야 합니다. 유니티 홈페이지(https://unity.com/kr)에 접속한 후 다음과 같은 순서로 다운로드합니다.

▲ 사이트에 접속하면 이러한 화면이 뜨는데 이곳에서 시작하기를 눌러줍니다.

▲ 시작하기를 누르면 뜨는 화면입니다. 오른쪽의 스크롤을 가장 아래로 내려줍니다.

▲ 스크롤을 내리면 보이는 화면입니다. '최신버전 다운로드'를 누르면 유니티를 다운로드할 수 있는 화면으로 넘어갑니다.

▲ 그림에 표시된 것처럼 초록 네모를 눌러 설치 프로그램을 받아줍니다. 같은 경로로 유니티 이전 버전을 클릭하면 이전 버전의 유니티들을 받을 수 있습니다.

> 유니티 허브(Unity Hub)는 유니티 프로젝트를 관리하고 다양한 유니티 버전을 편리하게 설치하고 관리하는 기능을 합니다. 사용자의 PC에 다양한 유니티 에디터가 설치되어있다면 유니티 허브를 효율적으로 이용해볼 수 있습니다.

◀ Unity 이전 버전을 클릭하면 최신부터 지난 버전의 유니티를 다운로드할 수 있는 페이지로 이동합니다. 이 페이지에서는 유니티 3.x 버전까지 받을 수 있습니다. 게임 업계에선 최신버전 유니티를 바로바로 패치하기보단 안정적인 옛날 버전을 그대로 쓰는 경우가 많습니다.

또한 위 패치파일의 Unity 에디터를 받고 에디터를 눌러 패치를 받으면 유니티가 설치됩니다.

■ 유니티 다운로드 후 기본세팅

유니티를 다운로드 한 후 이펙트를 만들기 위해 씬 화면과 인게임 화면에서 나오는 카메라 배율을 똑같이 보이도록 세팅을 해야 합니다. 이 세팅을 하지 않으면, 씬 화면을 보면서 이펙트를 조절하는 중에 인게임 화면과 다르게 나온다는 느낌을 받을 수 있습니다. 따라서 두 화면이 같은 느낌으로 출력되도록 바꾸는 방법을 다음의 그림을 통해 알려드리겠습니다.

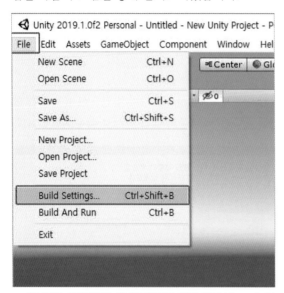

▲ 유니티를 다운로드한 후 프로젝트를 열게 되면 File – Build Settings…을 클릭해 줍니다.

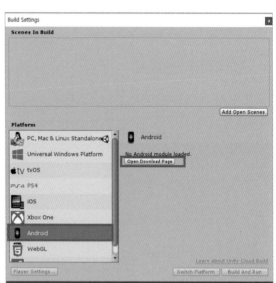

▲ PC로 되어있는 환경을 안드로이드로 바꾼 후 오른쪽의 Open Download Page를 눌러줍니다. 초기에는 설치한 빌드 환경이 없을테니 꼭 받아야 합니다. 혹시 환경이 설치되어 있다면 창 왼쪽 하단의 Switch Platform을 누르기만 하면 됩니다.

▲ 안드로이드 에디터를 다운로드하면 됩니다.

안드로이드 에디트를 받는데 어려운 것은 없습니다. 체크한 후 다음으로(next) 버튼만 누르시면 됩니다.

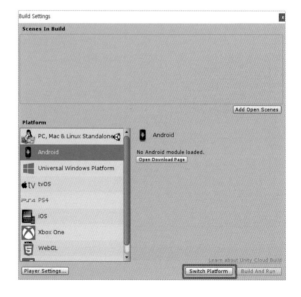

▶ 설치를 완료하면 Switch Platform 버튼이 활성화 됩니다. 활성화 된 버튼을 눌러주면 유니티가 몇 가지 버전을 바꾸고 이제 모바일 환경을 빌드할 수 있는 유니티 환경이 됩니다. 안드로이드 옆에 유니티 아이콘이 떠있는 것을 확인하고 왼쪽 상단의 빨간 엑스 버튼을 눌러 꺼주면 됩니다.

■ 유니티 내 화면구성

유니티 프로젝트를 처음 열게 되면 보이는 모습은 아래와 같습니다.

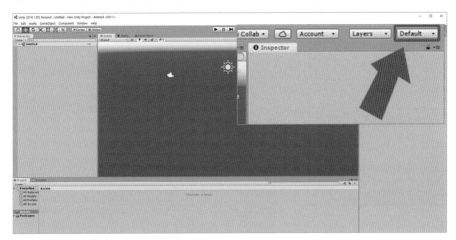

▲ 오른쪽 상단의 디폴트를 2 by 3으로 바꿔줍니다.

그대로 쓰면 인터페이스가 불편합니다. 프로젝트를 쌓다보면 하이어라키(Hierarchy Window)창에 여러 가지 이미지와 프리팹이 쌓여서 한눈에 보기 어렵게 되기 때문입니다. 따라서 조금 더 편하게 보려면 오른쪽 상단의 Default를 클릭하여 2 by 3으로 바꿔줍니다. 그러니 인터페이스를 바꿔서 보는 게 조금 더 보기 편하실 겁니다. 바꾸게 되면 프로젝트 창(Project Window) 밑에 있는 스크롤을 왼쪽으로 당겨서 제목만 눈에 보이게 바꿔주시는 것을 추천드립니다. 그렇게 설정하면 조금 더 유니티를 편하고 깔끔하게 볼 수 있습니다.

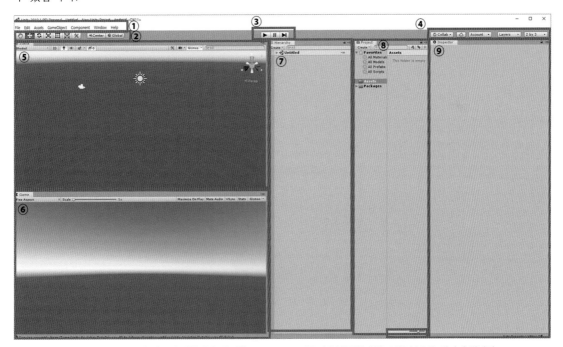

▲ 번호를 통해 어떤 것이 어디에 있는지 익힙시다. 화면을 2 by 3으로 바꾸면 전체적인 창은 이런 식으로 생기게 됩니다.

유니티의 전체적인 패널을 분류하자면 9가지로 나눌 수 있고 더 크게는 6가지로 분류할 수 있습니다. 각 패널들을 분류하여 그림과 함께 천천히 설명하겠습니다.

□ 툴바

툴바를 통해 필수적인 작업들에 쉽게 접근할 수 있습니다. 번호를 통해 각 그림들이 무엇을 하는 기능들인지 알려드리겠습니다.

① 각 유니티의 필수적인 기능들을 담은 메뉴 바(menu bar)입니다. 앞으로 유니티로 이펙트를 만드는 데 필요한 기능으로 툴바에서 찾는 방법과 단축키로 찾는 방법을 둘 다 설명할 것입니다.

② 기본이 되는 기능들을 간략하게 아이콘화 해놓은 툴바입니다. 씬 뷰와 그 안에 있는 아이콘을 조정하기 용이한 기능들만 모아둔 것입니다.

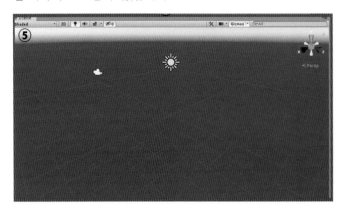

◀ 툴바(Toolbar)를 네 가지로 분류해 보았습니다.

③ 무언가 만든 후 PC 유니티 안에서 구현해보기 위해 조작할 수 있는 재생, 일시정지, 스텝 컨트롤 입니다. 움직이는 애니메이션, 프로그램 구현을 확인하기 위해 사용합니다.

④ 유니티 클라우드 서비스 및, 계정에 접근할 수 있는 툴바 입니다. 레이어 메뉴와 에디터 창의 대체 레이아웃을 제공하고 커스텀 레이아웃을 저장할 수 있는 에디터 레이아웃 메뉴라고 생각하시면 됩니다.

□ 씬 뷰

씬 뷰(Scene View)는 게임을 시각적으로 제작할 수 있는 공간입니다. 이곳에서 씬에 대한 시작적인 정보를 대략적으로 알 수 있습니다.

▲ 씬 뷰(Scene View)

□ 게임 뷰

게임 뷰(Game View)는 제작한 게임이 정상적으로 동작하는지 테스트를 하기 위한 곳입니다. ③의 재생, 일시정지, 스텝 컨트롤러로 제어할 수 있습니다. 또한 해상도에 따른 게임 뷰를 실제로 볼 수도 있습니다.

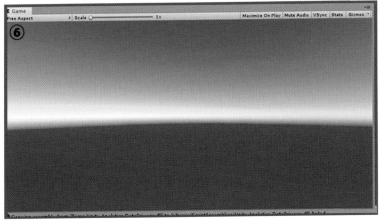

◀ 게임 뷰(Game View)

□ 하이어라키 창

하이어라키 창(Hierarchy Window)은 씬 뷰(Scene View)에서 제어하는 모든 오브젝트들을 텍스트로 표시하는 곳입니다. 더블 클릭을 느리게 하여 해당 오브젝트의 이름을 바꿀 수도 있습니다.

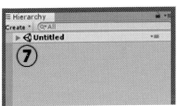

▲ 하이어라키 창(Hierarchy Window)

□ 프로젝트 창

프로젝트 창(Project Window) 프로젝트 내에 저장되어있는 모든 오브젝트와 에셋들을 표시 합니다. 해당 저장소에서 하이어라키 창(Hierarchy Window)으로 이미지나 저장된 에셋을 끌어와 현재 수정하고 있는 씬에 옮겨둘 수 있습니다.

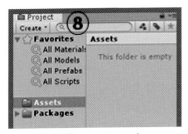

▲ 프로젝트 창(Project Window)

□ 인스펙터 창

인스펙터 창(Inspector Window)은 프로젝트 창, 하이어라키 창에서 선택한 에셋이나 오브젝트의 설정을 보여줍니다. 이곳에서 포지션, 로테이션, 스케일 등과 오브젝트나 에셋에 코드를 적용할 수 있습니다.

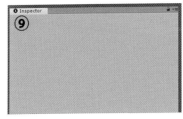

▲ 인스펙터 창(Inspector Window)

02 파티클 시스템

■ 파티클 시스템 생성

파티클 시스템이란 1장에 말했던 이펙트를 만드는데 기본적으로 쓰이는 유니티 내 시스템입니다. 작은 점들을 만들어 커다란 덩어리를 표현하거나 폭발에 쓰이는 작은 불꽃을 만들어내는 데 용이합니다. 다만 파티클을 너무 많이 쓰면 CPU에 무리가 가기 때문에 게임 내에서 얼마나 동시에 터지는가를 생각한 후 적당히 쓰는 게 중요합니다. 파티클 시스템을 만드는 방법은 세 가지가 있습니다. 다음의 그림을 통해 세 가지 방법을 알아보겠습니다.

① 툴바에서 찾아 만드는 방법

툴바의 게임오브젝트(GameObject)를 클릭한 후 하위 메뉴에서 이펙트(Effects)를 클릭하여 파티클 시스템을 눌러줍니다.

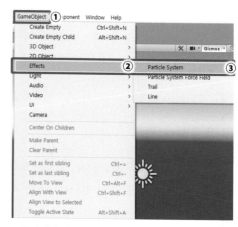

▲ 툴바에서 파티클 시스템을 만들기

② 크리에이트 창에서 찾아 만드는 방법

하이어라키 창(Hierarchy Window) 내의 크리에이트 창(Create Window)을 마우스로 눌러 나온 하위 메뉴에서 이펙트(Effects)를 클릭하여 파티클 시스템을 눌러줍니다.

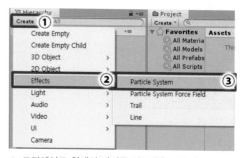

▲ 크리에이트 창에서 파티클 시스템을 만들기

③ 하이어라키 창에서 찾아 만드는 방법

하이어라키 창(Hierarchy Window) 내의 빈 공간에 오른쪽 마우스를 클릭하면 크리에이트 창(Create Window)의 하위 메뉴가 나옵니다. 마우스로 눌러 나온 하위 메뉴에서 이펙트(Effects)를 클릭하여 파티클 시스템을 눌러줍니다. 파티클 시스템을 만들게 되면 씬 뷰(Scene View)에 하얀 점들이 날아다니며 하이어라키 창(Hierarchy Window)에는 파티클 시스템이 생기게 됩니다.

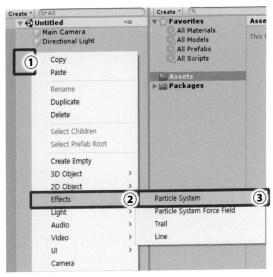

▲ 하이어라키 창 내 빈 공간에서 파티클 시스템을 만들기

세 가지 방법을 익혀보고 자신에게 익숙하고 빠르게 쓸 수 있는 법을 찾아보세요.

■ 파티클 시스템의 설정항목

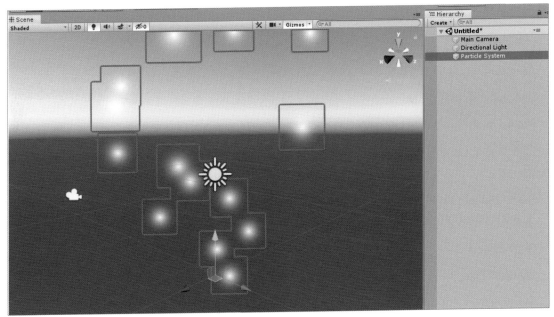

▲ 파티클 시스템을 만들면 씬 뷰(Scene View)에 파티클이 생성됩니다.

파티클 시스템을 만들면 씬 뷰에 파티클이 생성되고 하이어라키 창에 파티클 시스템이 만들어집니다. 그리고 파티클 시스템을 왼쪽 마우스로 클릭하면 인스펙터 창에 그림과 같이 파티클의 메인 모듈이 뜨게 됩니다.

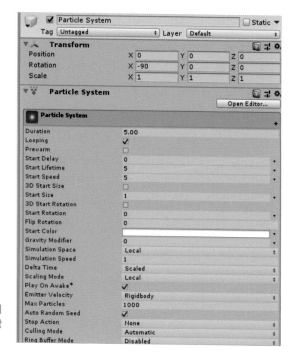

▶ 이 그림은 파티클 시스템의 메인 모듈입니다. 하이어라키 창에 만들어진 파티클 시스템을 왼쪽 마우스로 클릭하면 그림과 같은 창이 인스펙터 창에 뜨게 됩니다.

파티클의 초기값을 결정하며 옆의 ▼을 누르면 랜덤하게 두 가지 숫자 사이의 값이 출력될 수 있게 해주는 메뉴와 선으로 표현할 수 있게 도와주는 메뉴들이 나옵니다. 이제부터 파티클의 모듈에 대해 하나씩 알아보겠습니다.

우선, 파티클의 메인 모듈의 각 이름과 기능을 하단에 살펴 보겠습니다.

□ **메인 모듈**

• **Duration**: 파티클이 실행되는 지속 시간입니다. 1.00이 1초동안 나온다는 뜻입니다.

• **Looping**: 활성화하면 Duration에서 체크했던 시간을 기점으로 파티클이 반복되어 나옵니다.

• **Prewarm**: 활성화하면 파티클이 시작하는 부분 없이 바로 하이라이트인 파티클의 중반부부터 볼 수 있게 됩니다.

• **Start Delay**: 1.00에 1초인 시스템입니다. 해당 초가 지난 후 파티클이 나오게 됩니다.

• **Start Lifetime**: 파티클이 나오는 수명입니다. 역시나 1을 쓴다면 1초이며 Duration보다 길거나 같게 설정하면 끊기지 않는 파티클이 됩니다.

• **Start Speed**: 설정한 방향으로 뻗어나가는 힘을 설정해주는 시스템입니다.

• **3D Start Size**: X, Y, Z축의 크기를 별도로 수정하고 싶을 때 체크하는 부분입니다.

• **Start Size**: 각 파티클의 크기를 설정하는 곳입니다.

• **3D Start Rotation**: X, Y, Z축의 회전각을 별도로 수정하고 싶을 때 체크하는 부분입니다.

• **Start Rotation**: 각 파티클의 회전을 설정하는 곳입니다.

- **Filp Rotation**: 일부 파티클이 반대 방향으로 명령할 수 있는 곳입니다.
- **Start Color**: 각 파티클의 컬러를 설정하는 곳입니다.
- **Gravity Modifier**: 파티클의 중력값을 설정하는 곳입니다. 값을 0으로 설정하면 중력이 적용되지 않습니다.
- **Simulation Space**: 파티클이 부모 오브젝트의 로컬 공간에서 애니메이션화되도록 할지(부모 오브젝트와 함께 이동), 월드 공간에서 애니메이션화할지, 아니면 커스텀 오브젝트에 대해 상대적으로 애니메이션화(선택한 커스텀 오브젝트와 함께 이동)되도록 할지 설정하는 곳입니다.
- **Simulation Speed**: 파티클 시스템의 배속을 조절하는 곳입니다.
- **Delta Time**: Scaled와 Unscaled 중에서, Scaled를 선택하면 Time Scale 값이 사용되고 Unscaled를 선택하면 이 값이 무시됩니다.
- **Scaling Mode**: 트랜스폼에서 스케일을 사용하는 방법을 설정합니다. Hierarchy, Local, Shape 중에서 선택할 수 있습니다. Local을 선택하면 파티클 시스템 트랜스폼 스케일만 적용되고 부모는 무시됩니다. Shape을 선택하면 파티클의 시작 포지션에 스케일이 적용되지만 크기에는 영향이 없습니다.
- **Play on Awake**: 활성화하면 오브젝트가 생성될 때 파티클 시스템이 자동으로 시작됩니다.
- **Emitter Velocity**: 파티클 시스템이 Inherit Velocity 모듈과 Emission 모듈에 사용할 속도를 계산하는 방법을 선택합니다.
- **Max Particles**: 시스템에 한번에 포함될 수 있는 최대 파티클 수입니다.

이외의 하위 목록들은 이펙트를 만드는 데 잘 쓰지 않습니다. 메인 모듈을 살펴봤으니 이젠 파티클의 추가 옵션 모듈에 대해 살펴보겠습니다.

□ Emission 모듈

이 모듈은 파티클 시스템의 방출속도와 타이밍에 영향을 줍니다. 마찬가지로 ▼을 누르면 랜덤하게 두 가지 숫자 사이의 값이 출력될 수 있게 해주는 메뉴와 선으로 표현할 수 있게 도와주는 메뉴들이 나옵니다.

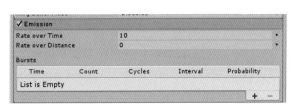

▶ Emission 모듈

- **Rate over Time**: 각 초당 방출되는 파티클의 수입니다.
- **Rate over Distance**: 이동한 거리 단위당 방출되는 파티클의 수입니다.
- **Bursts**: 이 설정을 통해 지정된 시점에 파티클을 수까지 설정하여 방출할 수 있습니다. 한 번에 많은 파티클이 나오고 없어지는 것도 이곳에서 제어합니다.

▢ Shape 모듈

이 모듈은 파티클이 방출될 수 있는 면적 또는 시작 속도의 방향을 정합니다.

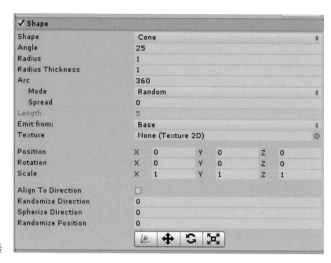

▶ Shape 모듈

Shape의 메뉴에 따라 하위 메뉴가 변경되나 하나를 익히고 다른 것들을 조작해보면 금새 익힐 수 있으니 제일 먼저 보이는 Cone의 메뉴들만 간단히 소개하고 넘어가겠습니다. Cone은 보이지 않는 원뿔 모양의 3D 오브젝트 모양으로 파티클을 제어하는 메뉴입니다.

- **Shape**: 방출되는 파티클의 모양을 정하는 곳입니다. 원형, 반원형, 원뿔형, 튜브형, 박스형, 메쉬 등의 여러 가지 모양이 있습니다.
- **Angle**: 원뿔 꼭지점의 각도입니다. 각도가 0이면 원기둥 모양이 되고, 90이면 원반 모양이 됩니다.
- **Radius**: 시작하는 부분의 원형의 크기를 제어할 수 있는 곳입니다.
- **Radius Thickness**: 파티클을 방출하는 비율을 바꿀 수 있는 곳입니다.
- **Arc**: 시작 원형의 각도를 바꾸어 파티클이 어디에서 생성될 수 있게 만드는 비율입니다.
- **Mode**: Unity 내의 매니저가 모양의 원호 주위에 파티클을 생성하는 방법을 정할 수 있게 하는 곳 입니다. 랜덤(Random)으로 설정하면 원 주위에 파티클을 무작위로 생성합니다. 루프(Loop)를 사용하면 원 주위에 파티클을 순차적으로 생성하고, 주기가 끝나면 처음부터 다시 반복합니다. 핑퐁(Ping-Pong) 으로 설정하면 루프(Loop)와 비슷하지만 시작과 끝점이 맞물리지 않는다는 차이가 있습니다. 마지막으로 버스트 스프레드(Burst Spread)로 설정하면 파티클이 일직선으로 출력되게 됩니다.
- **Spread**: 파티클이 생성될 때 원 주위의 분리 간격입니다.
- **Length**: 원뿔의 길이를 조절할 수 있습니다. Emit from이 Volume 으로 설정되었을 때에만 적용됩니다.
- **Emit from**: 파티클이 원뿔의 기본(Base) 또는 볼륨(Volume)에서 나오게 됩니다.
- **Texture**: 파티클 아래에 나오는 텍스트를 설정할 수 있는 곳입니다.
- **Position**: 파티클을 생성하는 축의 포지션을 변경합니다.
- **Rotation**: 파티클을 생성하는 축의 로테이션을 변경합니다.

- **Scale**: 파티클을 생성하는 축의 이미지 크기를 변경합니다.
- **Align to Direction**: 이동 방향을 기준으로 파티클의 방향을 지정합니다.
- **Randomize Direction**: 파티클 방향이 무작위 방향이 되도록 설정합니다.
- **Spherize Direction**: 파티클 방향이 구체 방향이 되도록 설정합니다.
- **Randomize Position**: 파티클을 지정된 값까지 무작위로 이동시킵니다. 생성되는 축에서 멀어진다고 생각하면 됩니다.

이외에도 여러 가지 Shape 메뉴가 있으니 한 번씩 눌러보고 만져보며 익히길 바랍니다.

▢ Velocity over Lifetime 모듈

이 모듈을 통해 다방향으로 파티클의 속도와 이동을 조절할 수 있습니다. 숫자를 올릴수록 X축, Y축, Z축으로 바람이 불 듯 파티클이 날아갑니다. 밑의 회전율을 통해 회전도 시킬 수 있습니다. 또한 숫자 앞에 '-'를 함께 써서 축의 반대로도 파티클을 날릴 수도 있으며 마찬가지로 ▼을 누르면 랜덤하게 두 가지 숫자 사이의 값이 출력될 수 있게 해주는 메뉴와 선으로 표현할 수 있게 도와주는 메뉴들이 나옵니다. 앞으로 설정 값 옆에 ▼이 있으면 같은 이유로 있는 것으로 알고 있으면 됩니다.

▶ Velocity over Lifetime 모듈

▢ Limit Velocity over Lifetime 모듈

이 모듈은 파티클의 전체 수명을 제어합니다.

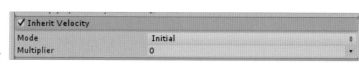

▶ Limit Velocity over Lifetime 모듈

▢ Inherit Velocity 모듈

이 모듈은 파티클이 부모 오브젝트의 움직임에 반응하는 방식을 제어합니다.

▶ Inherit Velocity 모듈

▫ Force over Lifetime 모듈

이 모듈은 설정된 힘(예: 바람이나 인력)을 추가하여 파티클을 제어합니다.

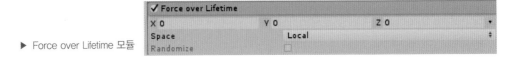

▶ Force over Lifetime 모듈

▫ Color over Lifetime 모듈

이 모듈은 파티클의 입자의 컬러와 투명도를 제어합니다. 그림의 흰 부분을 클릭하면 그레디언트 바가 나오는데 그레디언트 바의 맨 왼쪽 부분은 파티클 시작을 나타내며 그레디언트 바의 맨 오른쪽 부분은 파티클 수명이 끝나는 부분입니다.

▶ Color over Lifetime 모듈

▫ Color by Speed 모듈

이 모듈은 파티클의 컬러가 초당 거리 단위 속도에 따라 변경되도록 설정할 수 있습니다.

▶ Color by Speed 모듈

▫ Size over Lifetime 모듈

이 모듈에서 커브에 따라 파티클이 크기가 달라지게 설정할 수 있습니다. 직선이 그려져있는 칸을 클릭하면 하단에 곡선그래프가 나오는데 그것으로 곡선을 변경하면 파티클이 커지고 작아지는 것을 제어할 수 있습니다.

▶ Size over Lifetime 모듈

▫ Size by Speed 모듈

이 모듈에서는 이동 거리에 따라 크기가 변하는 파티클을 만들 수 있습니다.

▲ Size by Speed 모듈

▫ Rotation over Lifetime 모듈

이 모듈에서 파티클이 회전하도록 회전하도록 설정할 수 있습니다.

▲ Rotation over Lifetime 모듈

□ Rotation by Speed 모듈

이 모듈에서는 이동 거리에 따라
회전이 변하는 파티클을 만들 수
있습니다.

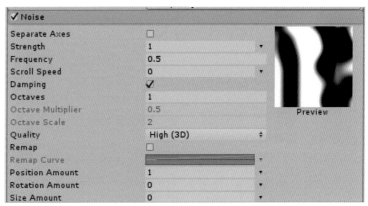

▲ Rotation by Speed 모듈

□ External Forces 모듈

이 모듈에서는 시스템의 바람 효
과를 수정합니다.

▲ External Forces 모듈

□ Noise 모듈

이 모듈을 통해 노이즈가 되는
그림에 따라 파티클에 울렁이는
효과를 줄 수 있습니다.

▲ Noise 모듈

□ Collision 모듈

이 모듈은 파티클 시스템에 닿는
가상의 바닥을 만들어 파티클이
바닥에 붙거나 튀어오르게 만들
수 있습니다.

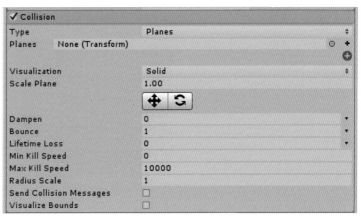

▲ Collision 모듈

□ Triggers 모듈

이 모듈은 일정한 공간에 들어갔
다가 나온 파티클 시스템을 없애
는 효과를 줍니다.

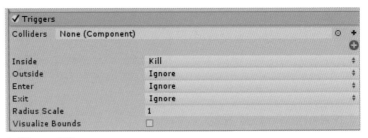

▲ Triggers 모듈

□ Sub Emitters 모듈

이 모듈을 사용하여 가장 처음에
만든 파티클에 영향을 받는 서브
파티클을 설정할 수 있습니다.

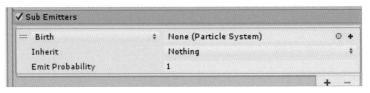

▲ Sub Emitters 모듈

□ Texture Sheet Animation 모듈

이 모듈을 사용하여 텍스처를
애니메이션 프레임으로 재생할
수 있습니다. 대신 2배수 이미지
(128/512/1024 등)만 사용 가능합
니다.

▲ Texture Sheet Animation 모듈

□ Lights 모듈

이 모듈을 사용하여 일정 비율의
파티클에 실시간 광원을 추가합
니다.

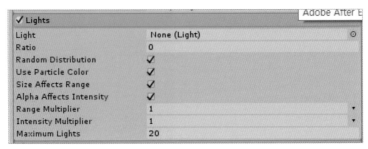

▲ Lights 모듈

◻ Trails 모듈

이 모듈을 사용하여 일정 비율의
파티클에 잔상을 추가할 수 있습
니다.

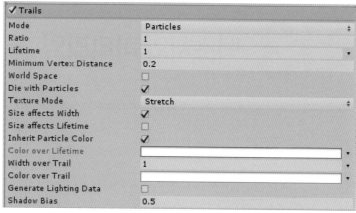

▲ Trails 모듈

◻ Custom Data 모듈

이 모듈을 사용하면 특정한 파티
클의 데이터를 똑같이 옮길 수 있
습니다.

▲ Custom Data 모듈

◻ Renderer 모듈

렌더러 모듈의 설정에 따라 파티
클의 이미지나 메시가 다른 파티
클에 의해 어떻게 바뀔지 정할 수
있습니다. 파티클 전체에 따른 설
정이라고 생각하면 좋습니다.

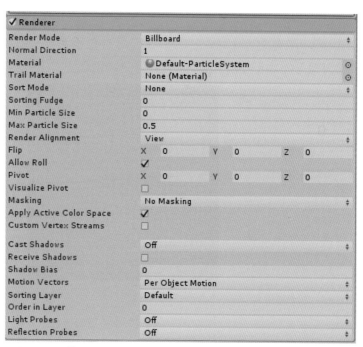

▲ Renderer 모듈

CHAPTER

03 텍스처와 머티리얼

■ 텍스처 만들기

텍스처란 파티클에서 뿜어져 나오는 이미지를 나타냅니다. 텍스처는 다양한 프로그램으로 만들 수 있으며 주로 포토샵(Photo-shop)이라는 프로그램을 많이 쓰게 됩니다. 그 외에도 애프터 이펙트, MAYA, 3ds MAX, 플래시 등 여러 가지 아이템을 씁니다. 이 장에서는 가장 흔하게 쓰는 편집 프로그램인 포토샵을 이용해 텍스처를 만들고 이를 유니티의 파티클로 적용하는 방법을 알려 드리겠습니다.

▶ 이펙트에 쓰이는 모든 이미지는 언제나 2배수(32, 64, 128, 256 등)로 쓰는 것이 옳습니다. 유니티 내의 이미지 압축 프로그램도 2배수의 그림을 보다 선명하게 해주므로 여러모로 이득이 많습니다. 또 파티클 시스템의 텍스처 시트 애니메이션 모듈도 2배수의 그림으로 적용이 가능하기 때문에 이를 활용하는 것이 좋습니다. 간단한 그림의 경우에는 32픽셀이나 64픽셀로 제작하는 것이 최적하기 좋습니다. 그러므로 유니티 내에서 제공하는 파티클 시스템의 기본이미지 또한 그냥 쓰는 것보단 32픽셀의 정이미지로 만들어 쓰는 게 좋습니다.

포토샵을 이용해 앞에서 다룬 유니티 파티클에 넣을 수 있는 '텍스처'를 만드는 방법을 배워볼 것입니다. 다음의 과정을 보며 어떻게 만드는지 맛보기로 하겠습니다.

> ### ■ 캔버스의 크기를 조절하는 방법
> 1. 메뉴 바에서 [이미지] – [캔버스 크기]를 눌러 해당 창을 엽니다.
> 2. 새로운 크기라는 메뉴에서 폭과 높이에 값을 입력합니다.
> 3. 폭과 높이의 단위를 선택한 후 확인을 누릅니다(게임 이펙트에 쓰이는 이미지는 '픽셀' 단위를 씁니다).

▲ 어도비 포토샵을 열고, 페인트 통이나 붓 브러시통 등을 이용해 캔버스를 검게 칠해줍니다. 색깔이 기본으로 지정된 상태라면 단축키는 Alt + ← 키입니다.

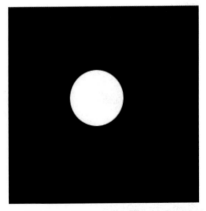

▲ 원형 드래그 도구(단축키: M)로 원을 만들어 줍니다. 원의 위치는 나중에 잡겠습니다(특수한 경우가 아니라면 이펙트에 쓰이는 이미지는 캔버스의 중간에 기준을 잡고 그리는 것이 옳습니다).

▲ 캔버스를 활성화 한 상태로 Ctrl + ' 를 눌러 그리드를 활성화합니다. 그림처럼 설정을 바꾸지 않은 그리드는 화면에 너무 잘 보이거나 외곽에만 살짝 보이는 상태가 됩니다. 따라서 다음의 방법으로 그리드를 설정해야 합니다.

Ctrl + ' 를 누르면 그리드가 나타납니다.

▶ 그림처럼 포토샵 상단의 편집 – 환경설정 – 안내선, 그리드(혹은 격자) 및 분할 영역을 선택합니다.

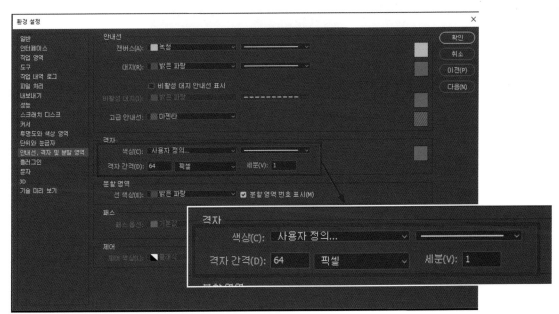

▲ 그리드를 설정할 수 있는 화면입니다. 이중 격자 부분의 격자 간격을 64픽셀(더 촘촘한 선을 원한다면 32로 바꾸어도 좋습니다.)로 바꾸고 세분이라는 메뉴 또한 설정을 1로 바꾸어 줍니다.

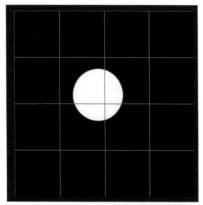

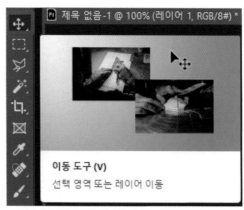

▲ 설정하고 확인을 누르면 캔버스에 해당하는 그리드 선이 나오게 됩니다. 처음 본 그림을 보면 정 원임에도 불구하고 격자가 보여주는 중간에서 많이 벗어나 있습니다.

▲ 중간으로 쉽게 맞추기 위해선 우선 격자 도구를 선택하여 캔버스 전체를 선택하여 주세요.

▲ 선택 후 이동도구를 선택합니다.

▲ 이동도구를 선택하면 포토샵 상단에 이러한 이미지가 뜨는데 양 중간의 이미지들을 선택해 줍니다.

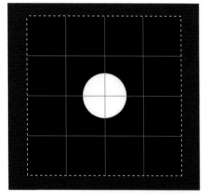

가우시안 흐림 효과는 그림을 흐리게 풀어주는 효과입니다. 이 효과는 이후 애니메이션 리소스를 만들 때 본격적으로 다뤄볼 것입니다.

▲ 설정하게 되면 레이어 상의 이미지의 중심축과 캔버스 크기의 중심축이 일치하게 됩니다.

▲ 그리고 가우시안 흐림 효과를 주면 완성입니다. 이미지는 보기 좋게 하기 위해 뒤에 검은 이미지를 깐 것입니다. 유니티 상에선 알파가 있는 그림을 쓰는 경우가 많으므로 뒷 배경은 없는 이미지로 만드는 것이 좋습니다.

이런 식으로 원하는 그림을 그려 유니티 파티클에 적용하는 것까지 익혀둔다면 여러 텍스처를 만들고 적용하면서 재미를 느낄 수 있을 겁니다.

■ 유니티 내 텍스처 적용하기

유니티는 텍스처 외에도 여러 오브젝트들이 사용됩니다. 그중에서 여러분이 원하는 오브젝트를 유니티 안에 넣을 수도 있는데, 방법은 간단합니다. 우선, 에셋(Assets)에 이미지를 넣을 폴더를 새로 만들어 줍니다. 그 후, 원하는 오브젝트를 유니티로 옮깁니다. 다음의 그림을 보며 어떻게 원하는 오브젝트를 유니티에 옮기고 적용하는지 알아보겠습니다.

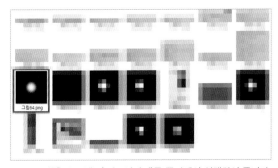

▲ 쓰고 싶은 오브젝트(또는 이미지)를 폴더에서 선택하여 줍니다.

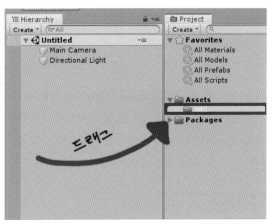

▲ 이미지를 선택하여 유니티 폴더에 드래그하여 옮겨줍니다.

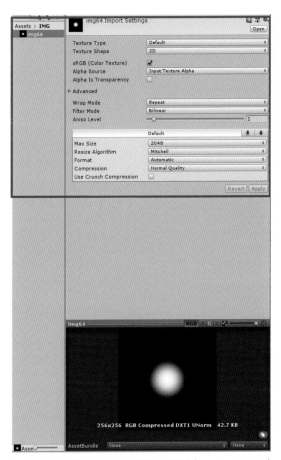

▲ 이제 적용된 이미지를 눌러보면 인스펙터 창(Inspector Window)에 이미지에 대한 정보가 뜹니다. 디폴트 상태에서는 유니티 창에 넣으려고 해도 넣어지지 않습니다(3D 오브젝트에 넣어서 보이는 것이 디폴트이기 때문입니다). 텍스트 유형을 바꾸어주어야 이미지 그대로 적용이 가능합니다. 바꾸는 법은 다음에 있습니다.

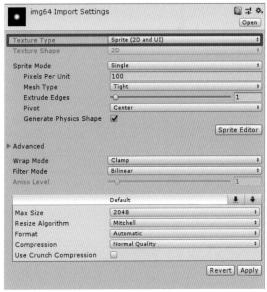

▲ 표시된 텍스트 유형을 스프라이트 2D로 바꾸어주면 이미지 채로 유니티 하이어라키 창(Hierarchy Window)에 넣을 수 있습니다. 적용해보면 씬 뷰에 보이는 것을 알 수 있을 겁니다.

> 에셋은 유니티 안에 있는 모든 파일을 말합니다. 에셋에 새로운 폴더를 만드는 이유는 정리를 하기 위해서입니다. 이미지나 머티리얼, 3D 오브젝트가 아무렇게 들어있으면 찾기 힘드니 폴더를 정리해서 찾는 수고를 덜 수 있습니다.

■ 머티리얼 만들기

머티리얼이란 재질, 질감 등을 이야기합니다. 이펙트에서 머티리얼 또한 같은 의미로 쓰이는데 보통 가산, 감산, 불투명, 반투명한 머티리얼 등을 이야기합니다. 빛은 섞일수록 하얗게 됩니다. 따라서 너무 쉐이더를 과하게 써서 이펙트가 무엇을 보여주는지 안 보일 정도로 색이 하얘지지 않게 조심하시면 좋을 것 같습니다.

쉐이더는 머티리얼에 넣는 재질값을 뜻합니다. 모바일에 흔히 쓰이는 쉐이더의 종류와 이미지가 보이는 모습을 그림과 함께 차차 설명하도록 하겠습니다. 쉐이더는 코드로 만들 수도 있습니다. 이렇게 되면 최적화에 도움이 됩니다. 그러므로 코드로 쉐이더를 만드는 법을 알아놔도 좋을 것이라 생각합니다.

이 외에도 감산 쉐이더와 가산 쉐이더를 함께 써서 반투명 레이어를 섞어 써서 너무 칙칙하거나 밝지 않게 조절하는 것도 재밌는 조절법 중 하나입니다. 쉐이더 소개는 모바일 쉐이더만 다루겠습니다. 그 이유는 모바일 쉐이더만으로도 여러 가지 이펙트를 만들 수 있고, 일반 쉐이더보다 용량이 가볍기 때문입니다. 따라서 일반적인 쉐이더를 쓴다면 모바일 쉐이더만 쓰셔도 좋습니다.

◀ 빈 프로젝트 창(Project Window)에 오른쪽 마우스를 클릭하면 메뉴가 뜹니다. 그 중 Create 란을 선택하고 하단에 생긴 Material 메뉴를 클릭하면 빈 머티리얼이 생깁니다. 이는 원하는 폴더를 클릭하고 만들어도 동일하기 때문에 원하는 폴더를 미리 만들고 머티리얼을 만들면 좋습니다

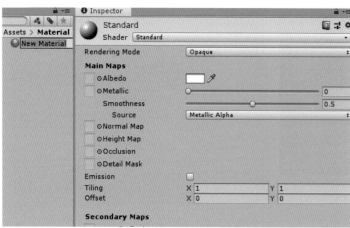

◀ 생성한 머티리얼의 이름을 만들어주고 클릭 한 후 인스펙터 창(Inspector Window)을 보면 기본적인 머티리얼의 메뉴를 볼 수 있습니다

■ 머티리얼 쉐이더의 종류

앞서 설명했듯이 우리가 볼 쉐이더는 모바일 쉐이더입니다. 모바일 쉐이더를 크게 두 종류로 보므로 이를 머티리얼에 적용하는 방법은 간단합니다. 다음 그림을 통해 알아보겠습니다.

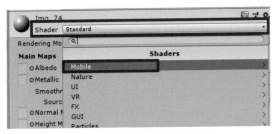

▲ 아까 만든 머티리얼의 Shaders 란의 메뉴를 봅니다. Mobile 을 클릭합니다. 여러 쉐이더가 있지만 이 책에서는 모바일 쉐이더 만 쓸 것입니다.

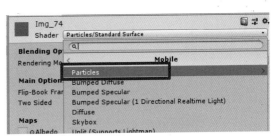

▲ Mobile – Particles 란을 들어갑니다.

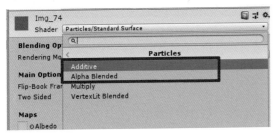

▲ 들어간 메뉴 안에 Additive와 Alpha Blended라는 쉐이더가 보일 것입니다. 이 두 가지를 알아보겠습니다.

우리가 쓸 쉐이더는 크게 Additive 쉐이더와 Alpha Blended 쉐이더로 나뉩니다. 먼저, Additive 쉐이더부터 설명하겠습니다. Additive는 적용된 텍스처를 빛의 덩어리처럼 보이게 해주는 쉐이더입니다. 발광하는 물체는 대부분 이 쉐이더를 쓴다고 생각하면 됩니다. 쉐이더를 쓸 때 주의할 점은 색깔이 너무 합쳐지면 밝게 빛나 하얀색만 보인다는 것입니다. 그렇기 때문에 쉐이더를 쓸 때 이 부분에 대해선 주의해야 합니다.

Alpha Blended는 가장 앞에 있는 색이 주가 될 수 있는 투명하지 않은 그대로의 이미지를 유니티 안에 넣어줍니다. 두 가지 쉐이더를 써서 Alpha Blended를 아래에 두고, Additive를 위에 올려 알파값을 조절하면 선명하면서 강렬한 색상의 빛을 만들어 낼 수도 있습니다. 그 외에도 선명한 카툰느낌의 이펙트를 만들 때 많이 사용되기도 합니다.

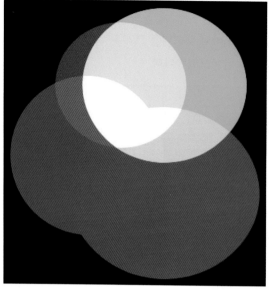
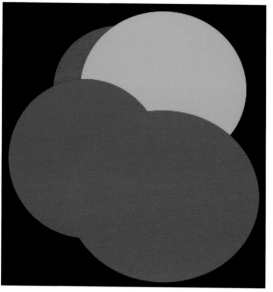

▲ Additive 쉐이더를 너무 많이 겹쳐버리면 본래 색을 알아보기
힘들 정도로 겹쳐 적용된 이미지들이 하얀색이 되어버립니다.

▲ 투명하지 않은 Alpha Blended

■ 머티리얼 쉐이더를 파티클에 적용하기

머티리얼 쉐이더를 파티클에 적용하는 방법을 알아보겠습니다. 쉐이더를 넣을 그림을
선택합니다.여기서 넣어볼 그림(간단한 8각의 하트모양 그림)은 '2강' 예제 패키지에 들
어 있습니다. 유니티에 넣는 모든 쉐이더나 그림들은 무조건 영어로 저장해주시기 바랍
니다(한글로 저장할 시 게임에 들어가는 코드와 충돌이 일어나기 때문입니다).

▲ 예제에 투명한
png 폴더로 넣어
둔 하트 예제

그림을 다운로드하여 폴더에 넣었으면, 앞의 유니티 내 텍스처 적용하기 예시처럼 그림을 드래그하여 유
니티 에셋의 하위 폴더 중에서 원하는 폴더 안에 넣어줍니다. 또한 머티리얼 만들기와 쉐이더 소개 란을
참고하시어 머티리얼 또한 원하는 그림에 준비해 줍니다.

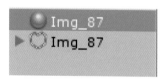

▲ 예제 그림을 넣으면 그림과 머티
리얼이 함께 있는 폴더는 이러한 모
습이 됩니다.

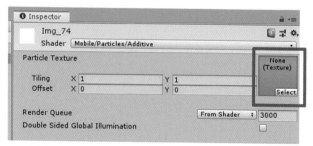

▲ 머티리얼에 쉐이더를 넣고 머티리얼을 선택하면 인스펙터 창(Inspector
Window)에 그림과 같은 모습으로 바뀝니다.

그럼 동일하게 넣어놨던 예제png를 드래그하여 다음 그림에 표시한 붉은 부분 안에 넣어주시면 됩니다. 그러면 머티리얼에 그림이 적용됩니다.

순서대로 하셨다면 이번엔 하이어라키 창(Hierarchy Window) 내에 유니티 파티클 시스템을 생성해 놓으시면 됩니다. 이름은 자유롭게 짓되 꼭 영어로 지어주세요. 씬 뷰와 스크린 창에 파티클이 뜨고 있는 것을 확인하시면 파티클을 제대로 생성하신 것입니다.

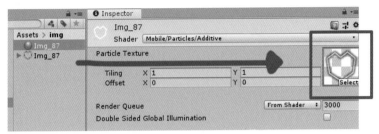

▲ 머티리얼에 적용된 배경이 투명한 png 그림

이후로도 간단합니다. 만들어진 파티클 시스템에 적용하고 싶은 머티리얼을 드래그하여 넣어두시면 됩니다. 그리하면 파티클 시스템의 모양이 머티리얼에 적용된 이미지과 같이 나오게 됩니다.

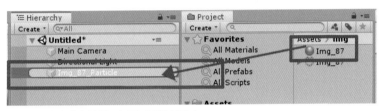

▲ 드래그하여 머티리얼을 파티클에 적용시킨다.

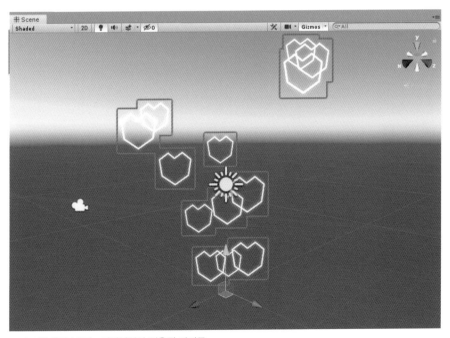

▲ 스크린 창에 나오는 머티리얼이 적용된 파티클

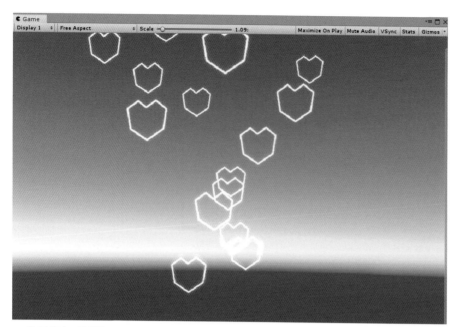

▲ 씬 뷰에서도 동일한 파티클이 나온다.

씬 뷰는 카메라 설정에 따라 다르게 보이게 됩니다. 카메라를 설정하는 방법은 다음 장에서 다루겠습니다.

CHAPTER

04 애니메이터

■ 유니티 내의 애니메이터

유니티 내의 애니메이션 또한 이펙트나 3D 애니메이션에도 쓰입니다. 다만 얼마나 많은 애니메이션을 넣느냐에 따라 크고 작게 용량을 차지하는 부분이 생깁니다. 따라서 CPU의 사용량(점유율)을 높이는 게임인지, 아니면 저장 공간이 많이 필요한 게임인지, 2D 게임인지 3D 게임인지에 따라 따져보고 적용하는 것이 좋습니다.

> 파티클은 CPU를 사용해서 출력되기 때문에 'CPU의 성능'이 중요합니다.

그림과 함께 애니메이션을 적용하는 법을 알아보겠습니다. 우선 게임 애니메이션 창을 켜기 위한 방법은 두 가지가 있습니다. 단축키인 Ctrl + 6을 눌러 애니메이션을 불러오는 것이 가장 빠르고 쉬운 방법이지만 만약 그 방법을 쓰지 못 할 상황이라면 윈도우 파일 부분을 눌러 애니메이션 창을 불러올 수 있습니다.

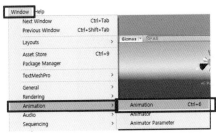

▲ Window – Animation – Animation을 누르면 애니메이션 창이 유니티에 뜹니다.

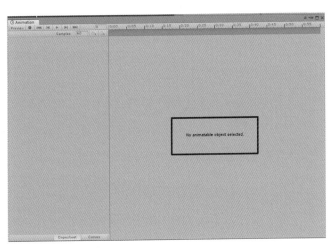

▲ 애니메이션 창 모습

하이어라키 창(Hierarchy Window)에서 애니메이션 컨트롤러를 설치할 곳을 선택해주어야 애니메이션을 만들 수 있습니다. 그러므로 우선 하이어라키 창에 오른쪽 마우스를 클릭하여 게임 오브젝트를 만들고 그 안에 움직일 오브젝트들을 씬에 배치해놔야 합니다.

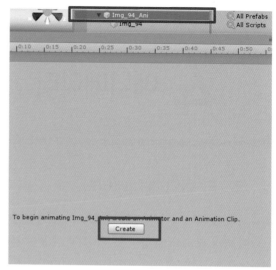

▲ 하이어라키 창에 만든 오브젝트들 중 애니메이션 컨트롤러를 생성하고 싶은 창을 고릅니다.

하이어라키 창에 오브젝트를 클릭하면 그곳에 애니메이션 파일을 만들면 됩니다. 영어로 이름을 지어주세요.

▲ 파일은 유니티 프로젝트 내에 만드셔야 합니다.

▲ 유니티 내에 만들어진 애니메이션 파일과 컨트롤러, 애니메이터 컨트롤러에 타임라인이 적용된 모습.

다음과 같은 순서를 밟으면 문제 없이 애니메이션 파일을 만드실 수 있습니다.

■ 애니메이터의 적용 예시

이제 간단한 애니메이션 그림을 움직이면
서 실제 애니메이터를 써보도록 하겠습니
다. 소스와 완성된 이미지 GIF는 예제 패키
지 다운로드 링크의 2강 - 애니메이터 폴더
에 있습니다.

▲ 애니메이션으로 움직여 볼 이미지들로 이미지 크기와 중심점은 모두
같습니다.

01 연기가 터지는 느낌의 소스를 여덟 개로 나누어 그려보았습니다.
이 그림들은 파티클로도 움직일 수 있지만 애니메이터로도 움직일
수 있습니다. 똑같이 하이어라키 창의 게임오브젝트(애니메이터를 저장할
곳)와 이미지를 끌어와 세팅을 해줍니다.

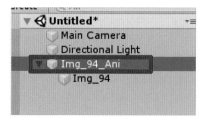

▲ 그림처럼 Ani파일을 넣을 빈 게임오브젝트
창을 만들어줍니다.

02 게임오브젝트 창에 하나만 배
치해주면 됩니다. 또한 예제
그림은 2D 그림이므로 씬 뷰의 꺼져있
는 2D UI를 활성화하면 Z축이 보이지
않아 편하게 씬 뷰를 보실 수 있습니다.

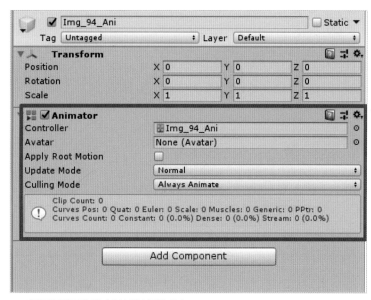

▲ 게임오브젝트에 애니메이션이 붙은 모습

▲ 작업하기 전에 2D 게임을 만들고 있다면 2D UI를 눌러 카메라에 Z축이 보이지 않게
고정시켜줍니다.

03 애니메이터는 녹화 버튼을 눌러주어야 씬에서 준 움직임이 녹화가 됩니다.

▲ 왼쪽부터 녹화, 역재생, 뒤 타임라인으로 가기, 재생, 앞 타임라인으로 가기입니다.

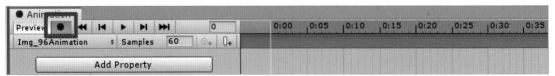

▲ 녹화 버튼을 누르고 씬 뷰의 애니메이션 하위 오브젝트들을 선택하면 애니메이터에 그 움직임이 저장됩니다.

04 카메라, 라이팅 방향을 알려주는 아이콘이 신경쓰인다면 씬 뷰 상단의 Gizmos라는 란이 있는데 그것을 클릭하고 3D Icons 란의 바를 제일 왼쪽으로 끌어와주면 아이콘이 보이지 않습니다.

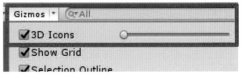

▲ 씬 뷰의 아이콘이 신경쓰이신다면 만져보세요.

05 애니메이터에 보이는 하얀 줄을 끌어와 원하는 시간대에 올려둡니다. 이후 원하는 동작을 해주면 하얀 줄을 옮겨온 곳의 애니메이터에 마름모꼴로 그 부분이 녹화되었다는 표시가 뜨게 됩니다. 이 변화는 처음 상태에서 바뀐 상태로 저장이 되었다는 표시입니다. 따라서 주의할 점은 녹화버튼을 함부로 눌렀다가 떼면 안된다는 것입니다. 만약 복잡한 애니메이션을 해야할 때 애니메이션이 꼬인다면 이 점을 위주로 확인해보는 것도 좋습니다.

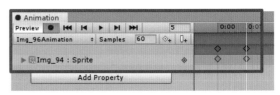

▲ 타임라인의 앞으로 마우스를 클릭하여 움직임에 변화를 주면 애니메이션이 녹화가 됩니다.

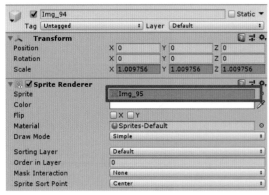

▲ 설정을 바꿔주기 전에 하얀 줄의 타임라인을 앞으로 옮겨주는 것을 잊으면 안됩니다.

▲ 저는 Scale과 Sprite와 Color 부분을 바꿀 것입니다(Sprite 부분에 이미지를 드래그하여 바꿔 넣으면 그 시간대에 이미지가 바뀝니다).

06 8개를 바꿔가며 순서대로 타임라인에 적용했으면 마지막 그림은 서로 같은 것을 써줍니다. 왜냐하면 그림에 컬러값을 주어 점점 사라지게 할 것이기 때문입니다.

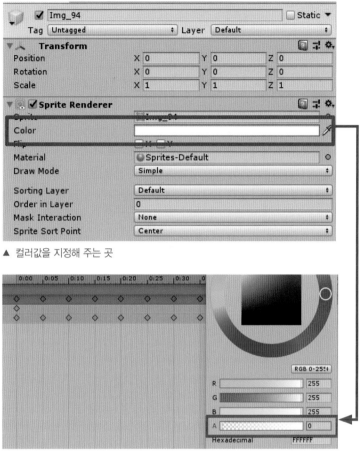

▲ 컬러값을 지정해 주는 곳

▲ 위 그림의 하얀 부분을 누르면 이처럼 색을 지정할 수 있게 됩니다. 지정한 타임라인의 가장 끝으로 와 위의 그림 중 알파 부분을 0으로 바꾸어 주면 됩니다.

07 알파를 모두 주면 연기가 점점 흐려지게 되는데 선명하고 귀여운 이펙트 효과를 위해 그림을 그려 이펙트를 만든 것입니다. 실체 연기처럼 빠르게 사라지지 않게 같은 그림을 올려놓은 가장 처음 점의 알파값을 255로 바꿔줍니다.

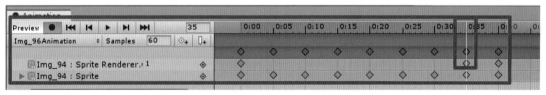

▲ Color 값의 0이 되는 바로 앞부분을 255로 바꾸어 넣어줍니다.

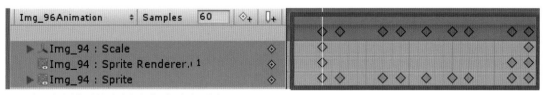

▲ 그리고 타이밍을 맞춰 타임라인 점들을 당겨줍니다.

08 예제 패키지에 넣은 것과 같은 영상을 찍으려면 끝나는 타임라인 뒤에 같은 형식의 타임라인을 붙여넣어 뒷 텀을 조금 길게 잡아주면 됩니다. 이펙트는 대부분 한 번 터진 후 사라지므로 게임에 넣는 실제 이펙트를 만들 때는 애니메이터를 클릭하여 Loop Time을 꺼줍니다.

▲ 실제로 사용할 땐 애니메이터 안의 Loop Time을 꺼준다.

이렇게 하면 예제 패키지에 올린 GIF처럼 애니메이터를 사용한 간단한 이펙트가 만들어집니다. 다만 이 애니메이터 자체에도 용량이 있으므로 작은 용량의 게임을 만들어야 할 때는 추천하지 않는 방법입니다. 다만 파티클은 CPU의 사용량을 많이 차지합니다. 애니메이션을 사용하는데 순간적으로 터지는 연출이 많으면 프레임이 끊길 수 있습니다. 이런 경우엔 적절히 파티클과 섞어 쓰기도 합니다. 이펙트를 만들 때도 잘 판단하여 쓰시면 유용한 것이 애니메이션입니다.

CHAPTER

05 3D 오브젝트

■ 3D 오브젝트 준비하기

이펙트에는 많은 부분 3D 오브젝트가 쓰이기도 합니다. 실제로 파티클의 방사를 결정하는 Shape 메뉴 또한 3D 오브젝트를 이용하여 방사되거나 머무는 범위를 정하는 데 쓰고 있으므로 이펙트와 떼어놓을 수 없는 것이 3D 오브젝트입니다. 3D 오브젝트는 3ds MAX (이후 맥스) , MAYA 등 많은 3D 프로그램에서 직접 만들어 가져올 수도 있지만 직접 만든 게임 내 리소스를 쓰거나 유니티 내 마련된 3D 프로그램을 쓰기도 합니다.

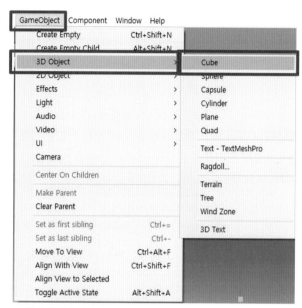

▲ 유니티 내에 마련된 3D 오브젝트 불러오는 법

또한 저작권이 없는 무료로 마련된 3D 오브젝트들을 다운로드하여 쓰거나 사서 쓰셔도 괜찮습니다. 무료 3D 오브젝트를 만들 땐 상업적으로 써도 된다고 표기된 것 만을 쓰시기 바랍니다. 도움이 될까하여 3D 오브젝트를 다운 받을 수 있는 홈페이지를 남기겠습니다.

남긴 링크들의 일부는 3D 프로그램 별 지원되는 포맷이 다르기에 참고하여 다운로드하면 좋습니다. 또한 게임에서 쓰기엔 버텍스(vertex) 숫자가 너무 많은 것이 대부분이기 때문에 맥스에서 최적화해서 쓰는 것이 좋습니다.

- https://free3d.com/
- https://www.cgtrader.com
- https://archive3d.net/
- http://artist-3d.com/
- https://3dwarehouse.sketchup.com/
- http://www.3dmodelfree.com/

> 버텍스(vertex)는 꼭지점이라는 뜻으로, 여기서는 가상의 점이라 보면 됩니다. 꼭지점이 늘어날수록 컴퓨터가 읽는 계산식이 많아지므로 최적화를 하는 것이 좋습니다.

이외에도 3D 오브젝트를 받을 수 있는 경로는 여러 가지가 있을 것입니다. 무료로 사용할 수 있는 3D 오 브젝트들을 배포하는 곳은 많기에 찾아보면 어려움 없이 찾을 수 있을 것입니다. 다만, 저작권에 문제는 없는 것인지, 상업적 이용이 가능한 것인지를 잘 살펴보고 사용하시기 바랍니다.

■ 유니티에 3D 오브젝트를 적용시키기

다양한 경로로 3D 오브젝트를 구하셨다면 유니티에 적용하는 일이 남았습니다. 실제 유니티에서 기본적으로 설치되어있는 오브젝트(박스모양, 공모양, 원뿔모 양 등) 또한 사용할 수 있습니다.

3D 오브젝트를 만들어 유니티로 가져오기 전에 저장할 때는 다른이름으로 저장 하여 max 파일이 아닌 obj 파일로 만들어주시기 바랍니다.

▶ 폴더 내 만들어진 obj 파일

마음에 드는 3D 오브젝트를 obj 파일을 만들었다면 이제 드래그하여 유니티 프로젝트 창에 끌어옵니다. 유니티는 여러 가지 오브젝트를 드래그 만으로 손쉽게 불러올 수 있습니다. 그때 3D 오브젝트 앞엔 파란 상자모양의 아이콘이 뜨는데 이러한 상태를 프리팹이라 칭합니다.

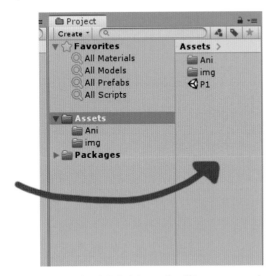

▲ 폴더에서 드래그하여 유니티 프로젝트 창(Project Window) 에 넣습니다.

▲ 성공적으로 들어간 3D 파일

프리팹은 조립된 이미지와 여러 파일을 한 곳에 묶어 만 든 폴더입니다.

오브젝트를 성공적으로 끌고 왔다면 이제 프로젝트에 들어간 3D 프리팹을 해당 씬에서 쓰기 위해 하이어라키 창으로 드래그하여 끌고 옵니다. 그럼 이제 씬에 3D 오브젝트가 보이게 됩니다. 3D 오브젝트가 보이면 게임 뷰에 맞춰 크기와 설정을 조절하여 쓰시면 됩니다.

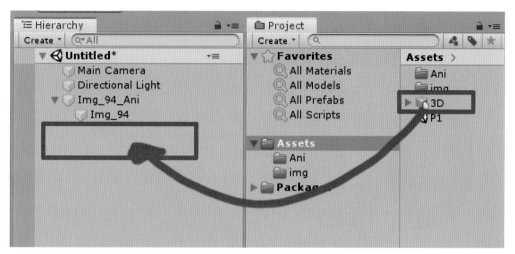

▲ 다시 3D 오브젝트를 프로젝트 창에서 하이어라키 창(Hierarchy Window)으로 가져옵니다.

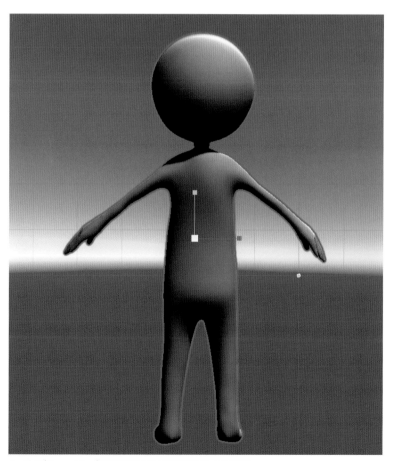

▲ 씬 뷰(Scene View)에 안정적으로 만들어진 3D 오브젝트

03

기초 이펙트 실습

새 프로젝트를 생성하고, 기본적인 모닥불 파티클을 만들어봅니다.

01 프로젝트 생성

01 씬에서 만든 것들을 저장하기 위해서는 씬을 프로젝트화하여 저장을 해주어야 합니다. Ctrl + S로 간단히 저장할 수도 있고 Ctrl + Shift + S로 다른 키로 저장할 수도 있습니다. 아니면 유니티 창 왼쪽 상단의 File – Save or Save As…을 눌러서 저장할 수도 있습니다. 이렇게 저장 방법은 총 네 가지가 있습니다.

02 프로젝트를 유니티 내에 저장했다면 프로젝트 창(Project Window)에 저장된 프로젝트가 보이게 됩니다. 이 프로젝트 씬은 개별적으로 저장할 수 있으며 씬과 씬을 오가며 제작도 가능해집니다. 이로써 내가 만들 씬을 저장할 수 있는 상태가 됩니다.

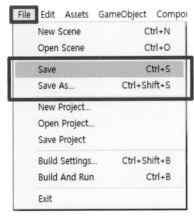

▲ Save 또는 Save As… 로 간단하게 프로젝트 저장이 가능합니다.

▲ 유니티 내 프로젝트에서 만들어진 씬

이렇게 만들어 저장한 씬은 유니티 내 파일에서 언제든 왔다 갔다 하며 바꿀 수 있습니다.

02 3D 화염 이펙트(모닥불) 제작

■ 프로젝트 생성과 저장

01 해당 이펙트를 만들기 전에 위처럼 이 이펙트를 만들 씬을 만들어줍니다. 씬을 저장하기 전에 새 씬을 만들어 주어야 하기 때문에 유니티 상단의 File – New Scene을 눌러 씬을 새로 만들어 줍니다.

다른 씬이 겹치지 않게 할 목적으로 새 씬을 만들 수도 있습니다. 다만 실제 업무에서는 게임화면에 맞게 만든 이펙트 파일을 프리팹으로 주고 받으면 되기 때문에 씬을 직접 만들지 않아도 괜찮습니다.

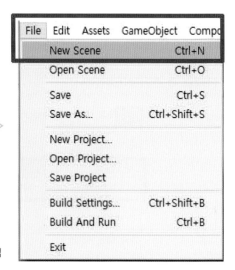

▶ 씬을 새로 만드는 법

02 씬을 새로 만들었다면 campfire라고 이름지어 줍니다. 예제 패키지를 임포트 받으면 씬도 함께 생성됩니다. 이 방법은 예제 패키지를 다운받지 않고 이펙트를 직접 만들 때 참고하시면 좋을 것 같습니다.

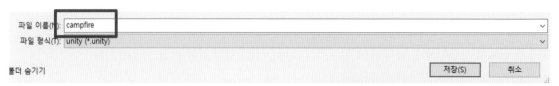

▲ 새로운 씬은 유니티 내 Assets 폴더에 만들어줍니다.

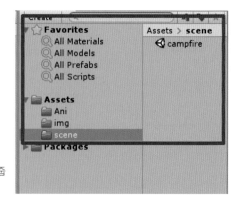

▶ 씬이 유니티 Assets 내에 있는 폴더에 잘 만들어졌는지 언제나 확인을 해줍니다.

03 씬이 Assets 폴더에 잘 들어간 것을 확인하고, 하 이어라키 창의 메인 카메라를 확인해줍니다. 메인 카메라는 크게 설정을 바꾸지 않지만 혹시 다른 것이 있다 면 이 그림을 보고 확인하면 좋을 것입니다.

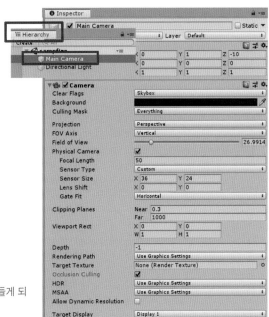

▶ 메인 카메라는 기본 설정에서 바꾸지 않았습니다. 혹시 실수로 건들게 되 었다면 참고하시어 바꾸시면 됩니다.

03과 04의 설명은 이 책에서 다루는 메인 카메라의 기본 설정에 대한 내용입니다. 카메라는 설정을 변경하지 않는 이상 기존에 설정한 내용이 계속 유지됩니다. 이 책에서는 이 설정을 계속 유지할 것이므로 매 단원의 카메라 설정은 이와 동 일합니다.

04 카메라를 확인한 후엔 게임 씬을 확인합니다. 게임 씬의 Display 1 부분 옆의 해상도 부분을 640*1280으로 바꾸 시고 이펙트를 만들 준비를 해주시면 됩니다. 이 책에서 이펙트를 만드는 기본 해상도와 카메라설정은 여기서 바뀌지 않을 예정입니다.

▲ 책에서 쓰일 기본 해상도입니다. 게임 씬이 세로로 긴 형태가 됩니다. 만약 그렇게 안 보인다면 게임 씬을 마우스로 스크롤해보거나 Scale 부분을 드래그하여 가장 왼쪽으로 당겨주면 화면이 축소됩니다.

■ 프로젝트 예제 패키지 임포트

01 예제 패키지 다운 링크에서 패키지를 다운받으면 아래 그림처럼 씬, 3D 폴더, img 파일이 생기게 됩니다.

임포트라는 말은 쉽게 말해 '불러온다'는 의미입니다. 여기서는 프로젝트 예 제 패키지를 불러온다는 뜻이 됩니다.

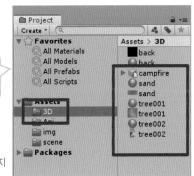

▶ 그림처럼 3D 패키지와 머티리얼, 이미지 파일들이 있는지 확인해주세요.

02 패키지를 끌어와 놓으면 게임 뷰와 씬 뷰에 반쯤 탄 듯한 나무들이 놓여있는 3D 땅모델링이 생기게 됩니다. 이제 밑에서 그림의 모닥불을 파티클로만 꾸미게 됩니다.

▲ 패키지로 끌어와 보이는 3D 모델링입니다. 예제 모델링은 파티클로 이미 꾸며진 것 하나와 예제로 쓰일 하나, 두 가지를 넣어 놨습니다.

03 모델링이 잘 들어간 것이 보이면 파티클 시스템을 생성해줍니다. 파티클을 생성하는 세 가지 방법 중 편한 방법으로 만드시면 됩니다. 파티클을 만든 후엔 끌어온 3D 패키지 안에 파티클을 넣어줍니다.

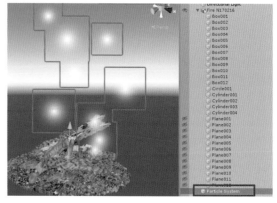

▲ 모닥불 폴더 안에 파티클을 넣어줍니다.

> 파티클을 생성하는 세 가지 방법은 2장의 '파티클 시스템 생성'을 참조해주세요.

04 이후 모닥불보다 파티클이 위에 보일 수 있도록 Order in Layer 수치를 올려줍니다. 이 문장은 말풍선으로 구성해주세요. 말풍선 꼬리는 큰 그림을 향하게 해주세요. 수치를 정한 다음엔 파티클의 이름을 알아보기 쉽게 바꾸어주면 됩니다. 저는 Campfire_Particle이라는 이름으로 파티클의 이름을 지어놨습니다.

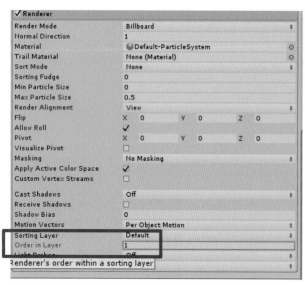

▲ 수치를 1만 올려주어도 모닥불의 모델링보다 파티클이 위에 올라오게 됩니다.

Campfire_Particle001

▲ 파티클을 많이 쓸 것이기 때문에 기억할 수 있다면 숫자로 구분지어 주어도 좋고, 각 파티클마다 특정지을 수 있는 이름을 짓는 것이 가장 좋습니다.

05 패키지를 받아 안에 폴더를 넣으면 모델링의 머티리얼이 빠져있는 상황이 있을 수 있습니다. 그런 상황일 때는 아래 그림을 보고 머티리얼을 드래그하여 제자리에 넣어줍니다.

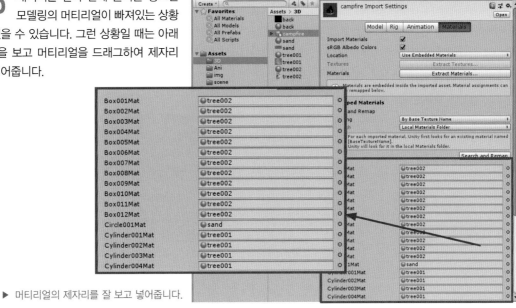

▶ 머티리얼의 제자리를 잘 보고 넣어줍니다.

06 모닥불이 잘 들어간 것을 확인하면 모닥불의 포지션과 스케일을 잡아주어야 합니다. 그냥 들어간 모닥불은 너무 커져있을테니 가장 위의 캠프파이어 폴더를 클릭하고 나오는 Position의 Y축을 -2.6, Scale의 모든 값을 0.08로 잡아줍니다. 나머지는 0으로 맞추어줍니다.

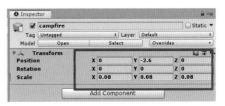

▲ 게임 씬에 모닥불이 정상적으로 보이기 위해선 크기를 조정하는 단계가 필수입니다.

07 이렇게 조정하면 게임 씬에 모닥불이 정상적으로 보이게 됩니다.

▲ 정상적으로 게임 씬에 출력된 모닥불의 모습입니다.

08 예제 패키지의 다운로드 링크는[https://drive.google.com/open?id=1BOXNv7EUmTXDxn0iSjRF3mbZ43__cOBd]이며 3강 - 2) 3D 화염 이펙트(모닥불) 제작으로 들어가면 파티클에 사용된 이미지와 3D 패키지만 있는 패키지, 파티클까지 함께 있는 패키지 등 모두 받으실 수 있습니다.

▲ 이름을 잘 확인하고 받으시면 됩니다.

이외에도 예제 패키지 안에 완성된 불꽃의 GIF를 넣어놨으니 예제 패키지를 실행하지는 않고 어떤 느낌인지만 GIF 파일만으로 확인하셔도 좋습니다.

■ 모닥불 이미지 만들어보기

모닥불을 만들기 전에 이펙트가 조금 더 선명하게 보일 수 있게 어두운 벽을 설치해줍니다. 이는 예제 패키지에 포함되어있으나 처음부터 시작하는 분들을 위해 처음에만 설명을 넣어두었습니다. 이후에는 예제 패키지안에 판이 이미 들어가 있으므로 설명이 포함되어 있지 않습니다.

01 GameObject - 3D Object - Quad를 눌러 벽을 만듭니다.

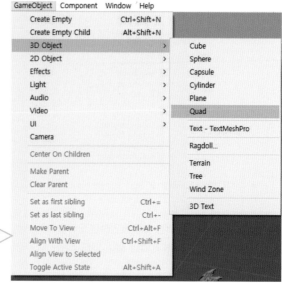

Plane을 쓰지 않고 Quad를 쓰는 이유는 선의 개수가 더 적게 쓰기 때문입니다.

▲ 같은 방식으로 두 개의 벽을 만들어서 세워줍니다.

02 벽을 만든 후 위치값(Position), 회전값(Rotation), 크기(Scale)를 정해줍니다. 그림으로 자세한 좌표를 남겨두었습니다.

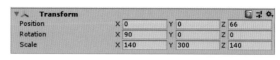

Transform			
Position	X 0	Y 30	Z 60
Rotation	X 0	Y 0	Z 0
Scale	X 140	Y 300	Z 140

▲ 벽 1의 위치, 회전, 크기값

Transform			
Position	X 0	Y 0	Z 66
Rotation	X 90	Y 0	Z 0
Scale	X 140	Y 300	Z 140

▲ 벽 2의 위치, 회전, 크기값

03 벽의 설치가 완료되었다면 이번엔 벽의 색을 정해주면 됩니다. 머티리얼을 새로 만들고 이름을 정해주세요. 그 후 Shader 란의 쉐이더를 정합니다(저는 Legacy Shaders 쪽의 Bumped Diffuse 쉐이더를 선택하였습니다). 가상의 벽이고 어두운 면에서 어떻게 보이는지 알기 위해 만든 것이니, 이를 참고하셔서 유니티 상의 빛이 보이는 쉐이더로 정하시면 될 것 같습니다. 정하시면 그림과 같이 색을 어두운 색으로 바꿔 주시면 됩니다.

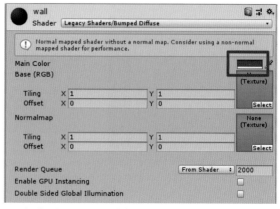

▲ 어두운 색으로 바꾸기 위해 벽의 메인 컬러값을 조정해 줍니다.

04 컬러값을 조정하였다면 그림과 같이 벽이 만들어질 것입니다. 이 벽은 배경이기 때문에 앞으로 이펙트를 만들 때마다 동일한 형식으로 세우게 될 것입니다. 이것은 시각적인 효과를 위해 세우는 것입니다. 실제 업무에서는 사용되지 않는 경우가 많으니 주변 배경과 색에 따라 이펙트를 바꿔주시면 좋습니다.

▶ 파티클을 만들어 놓고, 벽을 세운 뒤의 모닥불 모습입니다.

모닥불을 만든 후엔 파티클에 쓰일 이미지를 만들어 줍니다(저는 포토샵을 이용해 이미지를 만들었습니다). 배경이 없는 이미지의 완성본은 예제 패키지에 함께 올려두었습니다. 다음 예제부터는 이미지를 만드는 법을 설명하진 않고 이미지 소스를 예제 패키지에 올려둘 것입니다. 만드는 법은 참고하시어 다음에 만들 일이 있을 때 어떻게 만들었는지 참고하시면서 만드시면 좋을 것 같습니다. 이런 방식 말고도 여러 가지 이미지 만드는 법이 있습니다. PNG를 많이 쓰지만 TGA를 쓰게 되는 일도 있고 PNG 파일의 방식이 이미지 용량을 더 적게 먹기 때문에 만들어두는 법을 알아두는 것이 좋습니다.

05 먼저 포토샵에서 512×512 크기의 빈 캔버스를 만들어줍니다. 이후 검은색으로 캔버스를 꽉 채워줍니다.

▲ 포토샵에서 빈 캔버스를 만들어 준 후 검은 색으로 캔버스를 채운 모습

06 검은색으로 채운 캔버스를 확인하고, 메뉴에서 필터 – 렌더 – 구름효과1을 선택하여 캔버스를 검고 하얀 구름이 뒤덮을 수 있게 해줍니다. 이 구름은 연기의 메인크기, 모양이 될 것이기 때문에 검은 부분이 가운데에 몰려 있는 모양으로 선택하여 주시면 됩니다. 랜덤하게 모양이 잡히기 때문에 원하는 모양이 나올 때까지 구름 효과를 계속 주면서 모양을 맞춰보세요.

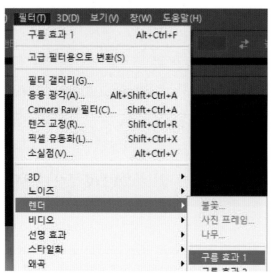

▲ 포토샵의 구름효과를 선택하는 경로

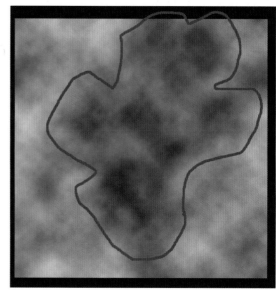

▲ 구름모양은 그림처럼 검은 부분이 가운데에 몰려있는 것으로 선택하면 좋습니다.

07 마음에 드는 구름 모양을 골랐다면 메뉴에서 이미지 – 조정 – 곡선 을 눌러 검은 부분과 하얀 부분이 선명해지게 이미지를 조정합니다. 곡선은 Ctrl + M으로도 불러올 수 있습니다.

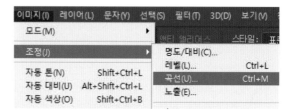

▲ 곡선으로 이미지의 대비를 줄 수 있습니다.

08 그림에 적당한 대비를 주면 그림처럼 검은색과 흰색이 분리가 됩니다. 이후 주변의 더러운 부분을 정리하면서 처음에 쓰려고 했던 구름의 그림만 남겨줍니다. 이후 포토샵의 브러시를 써서 배경색과 쓰고 싶은 부분의 색을 확실히 정리해줍니다. 다음으로 Ctrl + I를 눌러 색을 반전시켜줍니다. 이렇게 바꿔주는 이유는 알파로 바꿔주는 과정에서 검은색은 투명한 색으로, 흰색은 불투명한 색으로 보이기 때문입니다. 색 반전을 해주면 다시 검은 부분이 정리가 잘 되지 않은 게 보이니 다시 브러시로 주변을 정리하여줍니다.

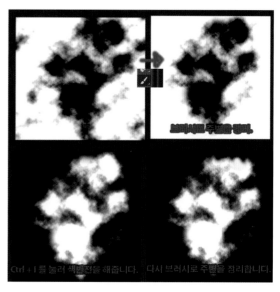

▶ 순서대로 정리하여 그림을 완성시켜줍니다.

09 그림을 정리하여 08의 그림과 비슷한 모양이 되었다면 다시 레이어를 하나 더 만들고, 구름효과1을 만들어줍니다. 이번엔 연기의 질감을 내기 위한 구름 효과입니다. 때문에 구름이 예쁘게 퍼져있는 듯한 구름 효과를 선택하여 만들어주시면 됩니다. 만든 후에는 상단 메뉴에서 이미지 – 조정 – 레벨로 그림의 대비를 살짝 더 올려줍니다.

10 다음으로 포토샵의 마스크효과를 넣어줍니다. 마스크는 레이어를 선택한 후 하단에서 찾아볼 수 있습니다. 마스크를 넣은 후 메인 그림을 Ctrl + C로 복사를 해둡니다.

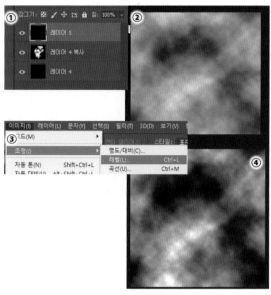

▲ 연기의 질감을 내 줄 구름효과를 레이어에 하나 더 만들어줍니다.

▲ 그림처럼 질감에 마스크효과를 넣어줍니다.

11 복사를 완료한 뒤 Alt + 왼쪽 마우스 클릭으로 레이어의 마스크를 클릭해주면 캔버스가 마스크캔버스로 바뀌게 되는데 그 안에 복사해놨던 메인 이미지를 넣어줍니다. 그럼 메인 이미지에 질감 이미지가 포함된 것을 볼 수 있을 것입니다.

▲ 마스크 안에 메인 이미지를 넣어줍니다.

12 질감 이미지가 들어가게 되면 메인 이미지가 마치 연기와 같은 모습으로 보이게 됩니다.

▲ 질감이 들어간 이미지

13 이 이미지는 tga라는 파일 형식으로 저장할 것이기 때문에 회색 부분은 반투명하게, 흰색은 불투명하게, 검은색은 투명하게 보이게 됩니다. 정리를 잘 해주시고 레이어 옆의 채널을 들어가 새 레이어를 만들어 줍니다. 알파 1이라고 만들어진 새 레이어에 만든 이미지를 복사 붙여넣기 합니다.

▲ 새 레이어에 똑같이 들어간 모습

14 모두 다 하셨다면 tga로 파일형식을 바꾸어 저장해 주세요. 이름은 영어로 저장해주는 걸 잊지 않도록 합니다.

): Targa (*.TGA;*.VDA;*.ICB;*.VST)

▲ 저장해야 하는 파일 형식의 이름

15 저장한 파일을 이제 유니티로 옮기도록 합니다. 옮기셨다면 텍스트를 열어 Alpha Is Transparency를 체크해 줍니다. 그렇게하면 하단 그림을 보이도록 하는 부분이 검은 배경에서 배경이 투명해진 것을 알 수 있습니다.

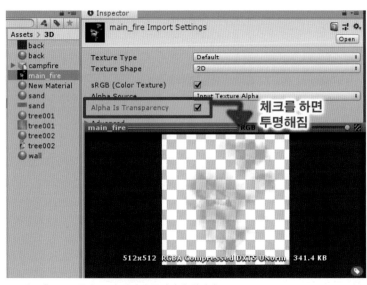

▲ 체크 후 Apply를 누르면 배경이 투명하게 됩니다.

16 투명해진 이미지를 머티리얼을 만들어서 Mobile – Particles – Additive로 쉐이더를 지정해 준 후 머티리얼을 파티클에 넣어주면 정상적으로 투명한 이미지가 출력되는 것을 알 수 있습니다.

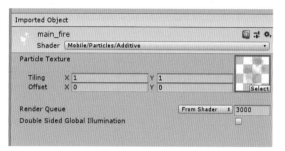

▲ 쉐이더는 모바일 쉐이더를 썼습니다.

▲ 정상적으로 출력되는 투명한 이미지

■ 모닥불 디테일 추가하기

01 이미지를 만들어 적용까지 했다면 이제 유니티 파티클 시스템으로 모닥불의 모습을 만들 차례입니다. 완성된 모습은 예제 패키지 안의 캠프파이어.gif 또는 단원의 마지막을 봐주시면 됩니다. 우선 불의 모습을 떠올려보면 삼각형모양이라는 것을 기억하실 수 있습니다. 그렇게 만들려면 시작할 때는 크지만 사라질수록 작아지는 형상을 띄워야 하기에 유니티 파티클의 Size over Lifetime를 체크하여 곡선을 시작 부분은 1로, 끝부분은 0으로 바꾸어줍니다.

▲ 시스템 이름 옆에 체크를 해야 파티클에 활성화가 됩니다.

02 파티클 시스템의 아랫부분을 누르시면 유니티에서 준비된 곡선 그래프가 있습니다. 직선만을 선택하면 모양이 단조롭게 느껴질 수 있기에 곡선 양 끝의 조정점으로 약간의 곡선을 넣어줍니다.

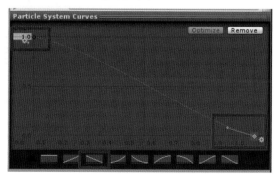

▲ 살짝 곡선을 넣어준 그래프

03 다음으로는 파티클 시스템의 Start Size의 수치를 바꿔줍니다. 다양한 크기의 연기가 나올 수 있도록 Random Between Two Constants를 오른쪽 마우스 클릭으로 설정한 후 양 수치를 2와 3.5로 바꾸어 줍니다.

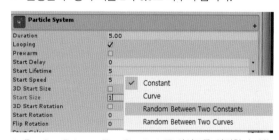

▲ Random Between Two Constants로 사이즈를 설정할 수 있는 칸을 두 개로 늘려준 후 각 수치를 2와 3.5로 바꿉니다.

04 그렇게 설정해도 크기가 GIF처럼 나오지 않는다면 파티클 시스템의 가장 아래에 있는 Renderer 란의 Max Particle Size란을 3으로 바꿔주시면 됩니다.

▲ 설정과 같이 바꿔주시면 GIF와 비슷한 크기가 됩니다.

05 다음으로는 파티클의 사라지는 속도를 조정하는 Start Lifetime 수치를 바꿉니다. Start Size와 같이 Random Between Two Constants을 눌러 수치를 0.3과 1로 바꾸어 줍니다. 그럼 끝까지 올라가던 파티클이 뭉쳐진 모양으로 올라가는걸 볼 수 있습니다.

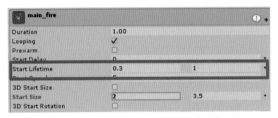

▲ Start Lifetime를 바꾸어주면 파티클이 적게 올라옵니다.

▲ 이러한 모습이 됩니다.

06 다음으로는 같은 회전값으로 올라오는 파티클을 랜덤하게 나오게 하기 위해 앞에서와 같은 방법으로 Start Rotation의 값을 Random Between Two Constants으로 바꿔주시고 값을 0과 360으로 조정해줍니다. 이렇게 조정하면 파티클 이미지의 수치가 0~360도의 수치 가운데 하나가 랜덤하게 나오게 됩니다.

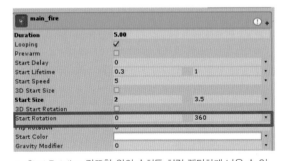

▲ Start Rotation 값또한 위의 수치들 처럼 랜덤하게 나올 수 있게 Random Between Two Constants로 바꿔줍니다.

07 다음엔 Emission의 수치를 바꿔줄 차례입니다. Rate over Time 값을 100으로 바꾸어줍니다. 실제 게임에서는 이렇게 많은 수치를 쓰지는 않지만 외견적으로 보이는 것을 위해 수치값을 올렸습니다.

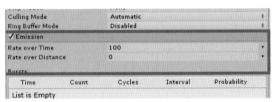

▲ 수치는 100으로 많이 줍니다.

그림에 있는 파티클의 수치는 최종적으로 수정한 수치입니다. 실제로 여러분이 직접 이펙트를 만드실 땐 파티클의 수치를 봐가면서 가장 예쁜 이미지가 보일 수 있는 값을 찾으면 좋습니다.

08 다음은 Shape 수치를 바꿀 차례입니다. 우선 대표 모델링은 Cone으로 합니다. Angle의 수치는 0으로, Radius 수치는 0으로 바꿔줍니다. 0으로 바꾸게 되면 자동으로 0.0001으로 바뀌게 됩니다. Radius Thickness를 0.67로 바꿔줍니다. 이렇게 하는 이유는 장작범위에 맞춰 파티클이 나오게 할 수 있기 때문입니다.

Ring Buffer Mode	Disabled
✓ Emission	
✓ Shape	
Shape	Cone
Angle	0
Radius	0.0001
Radius Thickness	0.67
Arc	360
Mode	Random
Spread	0
Length	5
Emit from:	Base
Texture	None (Texture 2D)

▲ Shape 수치도 바꿔줍니다.

09 화염은 메인이 되는 삼각형의 모습을 유지할 뿐, 규칙적인 움직임을 가지지 않습니다. 이러한 움직임을 표현하기 위해 Velocity over Lifetime 의 수치를 수정해줍니다. Linear 부분만 바꿀 것이고 오른쪽에 보이는 ▼을 오른쪽 마우스로 클릭해서 Random Between Two Constants 로 칸을 두 개로 늘려주시면 됩니다. 그리곤 X축과 Y축을 위쪽은 2, 아래쪽은 −2로 맞춰줍니다. 이렇게 맞춰주면 불이 생성될 때 양 옆으로 퍼지며 보이는 것을 확인하실 수 있습니다.

✓ Velocity over Lifetime		
Linear X 2	Y 2	Z 0
-2	-2	0
Space	Local	
Orbital X 0	Y 0	Z 0
Offset X 0	Y 0	Z 0
Radial	0	
Speed Modifier	1	

▲ Velocity over Lifetime도 Random Between Two Constants 으로 두 칸으로 늘려줍니다.

10 여기까지 따라했다면 그림처럼 하얀 연기가 모닥불에서 나왔다가 사라지는 걸 볼 수 있습니다.

▲ 모닥불에서 올라오는 하얀연기

11 다음으로는 불의 컬러값을 지정해줍니다. 지정해주기 전에 실제 모닥불을 예시로 모닥불이란 보통 어떤 색으로 구성되어있는가에 대해 생각해봅니다. 모닥불의 가장 밝게 타오르는 곳은 밝은 노랑, 다음으로는 주황색, 끝으로 갈수록 붉은색으로 변하는 특성이 있습니다. 그리고 불의 끝에는 회색 연기로 바뀌는 부분이 생기기에 밝은 노랑 – 주황 – 붉은색 – 진한 회색의 순서를 띈다고 생각하면서 색을 지정하면 좋습니다.

12 컬러값은 Color over Lifetime이라는 란의 시스템에서 바꿀 수 있습니다. 해당 부분을 체크하면 시스템이 활성화되면서 하얀 판이 생깁니다. 그것을 누르면 알파와 색을 지정할 수 있는 Gradient Editor가 생깁니다. 이 에디터의 윗부분 또는 아랫부분을 누르면 화살표같은 것이 생기는데 그것을 누르면 알파와 색을 지정할 수 있는 시스템이 나옵니다. 이 화살표는 알파와 색상 화살표 각각 8개까지 생깁니다.

▲ 모닥불이 어떻게 타는지 생각해보면 색상을 지정하는 데 많은 도움이 됩니다. 화염의 시작 부분부터 생각하면 밝은 노랑 – 주황 – 붉은색 – 진한 회색의 순서를 띠웁니다.

13 그 위와 아래로 알파와 색상을 정하면 파티클 시스템에 색상이 바뀌게 됩니다. 색만 잘 바꾸어주어도 화염의 느낌이 잘 살게 됩니다.

▲ 해당 부분을 클릭하면 Gradient Editor가 생깁니다.

14 색상은 위부터 시작해서 알파는 시작 부분에 100/100/0으로 설정해줍니다. 또 아랫부분은 컬러 색상을 설정해주는데 Hexadecimal의 컬러값(이후 컬러값)을 알려드리자면 각 FFFCBA(밝은 노랑색) / DD7A03(주황색)/ BE0D00(붉은색)/676767(회색)/4B4B4B(짙은 회색)입니다. 컬러의 위치를 잘 확인하여 설정해줍니다.

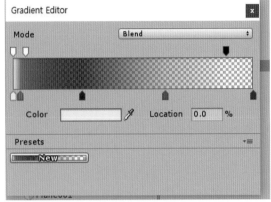

▲ 알파와 색을 잘 설정해서 지정해줍니다.

▲ 색까지 지정하셨다면 하얀 연기가 불처럼 보이기 시작합니다.

15 화염은 위로 올라가면서도 회전하며 모양을 바꿉니다. 실질적인 파티클의 모양을 바꾸지 않을 것이므로 그러한 느낌을 낼 수 있게 Rotation over Lifetime을 활성화하고, Angular Velocity의 부분을 Random Between Two Constants으로 두 칸으로 만들어줍니다. 그리고 각 칸의 수치를 90, −90으로 바꾸어줍니다. 그렇게 하면 −90~90도 사이로 불규칙하게 회전하게 됩니다.

▲ 회전값을 주면 불규칙한 화염의 모습이 됩니다.

16 메인 불꽃은 이것으로 마무리하고, 또다른 파티클 시스템을 만들어줍니다. 이 파티클 시스템은 나무가 재가 되어 날리는 불똥으로 만들게 됩니다. 불똥을 만들기 위해선 파티클 시스템으로 형태를 잡아줘야 합니다.

▲ 날리는 불똥을 표현하기 위해 파티클 시스템을 하나 더 만들어줍니다.

17 가장 먼저 해야하는 것은 파티클 시스템 가장 아랫부분의 Renderer의 Render Mode의 부분을 Stretched Billboard로 바꾸는 겁니다. 이것으로 바꾸면 파티클 시스템이 약간 길어져서 나가게 됩니다.

✓ Renderer	
Render Mode	Stretched Billboard ⬍
Camera Scale	0
Speed Scale	0
Length Scale	2
Normal Direction	1

▲ Renderer의 Render Mode의 부분을 Stretched Billboard 로 바꾸면 파티클이 길쭉해집니다.

18 Stretched Billboard 는 파티클 사이즈와 스피드 등으로 여러 가지 방법으로 느낌을 바꿀 수 있습니다.

▲ Stretched Billboard를 적용하면 파티클이 이러한 모습이 됩니다.

19 Stretched Billboard를 적용했다면 다시 위로 올라와서 파티클 메인보드를 만져줍니다. 우선 화염을 보자마자 파티클이 재생될 수 있게 Prewarm을 체크해줍니다. 다음으로는 파티클의 사라지는 속도를 조정하는 Start Lifetime 수치를 바꿉니다. Start Size와 같이 Random Between Two Constants을 눌러 수치를 1과 3으로 바꾸어줍니다. 똑같이 Start Speed 또한 Random Between Two Constants을 눌러 수치를 1과 3으로 바꾸어 줍니다. 마지막으로 Start Size의 수치도 Random Between Two Constants 눌러 각 수치를 0.05와 0.1로 바꾸어줍니다.

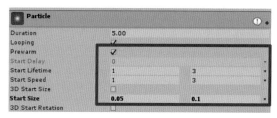

▲ 기본적인 불똥의 메인보드 수치입니다.

20 여기까지 했다면 작고 살짝 늘어난 파티클들이 하늘로 올라가다 사라지게 됩니다.

▲ 메인보드를 바꿔주면 처음과는 달리 작은 알갱이들이 하늘로 향해 가다가 사라지는 모습이 보입니다.

22 다음은 컬러값을 바꿀 때입니다. 불똥은 붉은 상태에서 그냥 사라지는 경우가 많습니다. 결국 재가 되어 내려오지만 상승기류를 타고 올라가 회색이 되면 대부분 흩어진다는 점을 기억하시길 바랍니다. 컬러값은 주황색 → 붉은색의 색상을 넣어줍니다. 또 사람의 눈에서 보면 불똥이 반짝이며 안 보이는 부분이 있으므로 알파값은 가장 크게 보이는 100와 0을 섞어서 써줍니다. 알파값부터 각 수치는 100/0/100/0/100/0입니다. 색상수치는 FF8100(주황색)/C50000(붉은색)입니다.

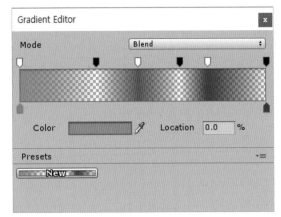

▲ 그림을 잘 보고 수치를 확인합니다.

21 Emission의 수치는 메인보드와는 달리 10으로 바꾸지 않고 넘어갑니다. 다만 Shape의 Angle의 수치를 20으로, Radius의 수치를 0.4로 바꾸어줍니다. Shape의 목록은 Cone으로 고정하여주세요.

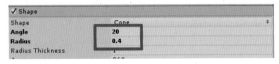

▲ Shape의 수치입니다. 바꾸어 줄 수치는 두 가지입니다.

23 다음으로는 파티클 시스템의 Noise를 체크해줍니다. 해당 부분은 Preview의 그림이 랜덤하게 움직이면서 파티클 또한 랜덤하게 움직이게 됩니다.

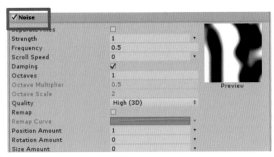

▲ 파티클이 랜덤하게 움직이게 해주는 Noise 입니다.

같은 색상 이름으로 정의했어도 각 색상마다 주는 느낌은 조금씩 다를 수 있습니다. 예를 들면 6B9DAB, 83ABAA는 둘 다 채도 낮은 하늘색을 표현하지만 색이 진한 정도가 다릅니다.
이처럼 색상마다 가진 고유값이 있어 같은 색상이어도 다양한 연출을 할 수 있습니다. 색상마다 주는 느낌을 잘 이해하고 살린다면 더욱 멋진 이펙트를 만들 수 있을 것입니다.

24 여기까지 해주시면 파티클이 불똥과 같은 모습과 움직임으로 바뀐 것을 확인할 수 있습니다. 기본적인 모닥불의 조건은 갖추어졌지만 주변의 빛이나 모닥불의 빛이 적은 것처럼 보입니다. 이것으로 디테일을 잡아줍니다.

▲ 불똥까지 추가된 모닥불입니다.

25 빛은 파티클이나 이미지로만으로도 만들 수 있지만 이번에는 유니티 안에 들어있는 Light로 모닥불 빛의 디테일을 잡아봅니다. 우선 파티클 시스템 밑에 오른쪽 마우스를 클릭해줍니다. 다른 방법으로도 만들 수 있지만 오른쪽 마우스 클릭을 하면 원하는 장소에 빠르게 만들 수 있으므로 그렇게 해줍니다. Light → Point Light 라는 시스템을 켜줍니다. 이것으로 디테일을 잡아줍니다.

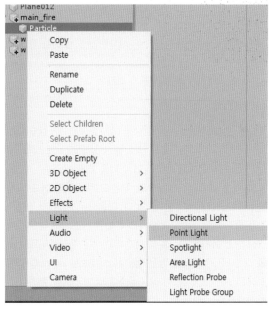

▲ 유니티 내에 있는 Light 시스템으로 모닥불의 디테일을 올려줍니다.

26 Light를 만들게 되면 모닥불 가운데 빛이 나게 됩니다. 해당 빛을 만들면 불똥이 잘 보이지 않으므로 같은 빛의 성질로 만들어주기 위해 파티클과 빛을 연결시켜 줄 필요가 있습니다. 또한 색도 모닥불에 맞는 색으로 바꾸어 준다면 모닥불의 색과 주변 배경의 색이 섞여들면서 마치 모닥불에서 나오는 빛으로 생각될 수 있습니다.

▶ Point Light가 추가된 모습입니다. 살짝 밝아진 모습이 보입니다.

27 불똥을 만든 두 번째 파티클로 돌아가 봅니다. 파티클 시스템을 보면 Lights시스템이 있습니다. 그것을 활성화하면 Light라는 항목의 ⊙ 기호가 있습니다. 이것을 누르면 Select Light 란이 나오게 됩니다. 이곳에서 만들었던 Point Light을 찾아서 연결시켜주면 됩니다.

▲ 파티클 시스템의 Lights 항목 첫 번째에 있는 기호입니다.

28 Select Light를 확인해보면 검색 칸 밑에 Scene 란이 있습니다. Light의 이름을 직접 검색해도 좋지만 Scene 란에서 Point Light을 찾아서 연결시켜줍니다.

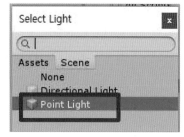

▲ Point Light를 찾아서 더블 클릭하면 자동으로 파티클 시스템에 연결이 됩니다.

29 이제 연결이 되었으므로 다시 Point Light으로 돌아가서 수치와 색상, 밝기를 조절해 줄 때입니다. 우선 Light의 항목에서 Range의 수치를 15로 올려줍니다. 해당 수치는 밝기를 조절해주는 부분으로 수치가 높으면 높을수록 Point Light이 밝아집니다. 다음으로는 Color 부분의 값을 바꾸어줍니다. 모닥불 주변의 빛은 산소가 불타오를 때 조금 더 밝아지는 형식을 띄지만 메인색은 주황색이므로 색상 값을 F85C00으로 바꾸어줍니다. 다음은 Intensity 값을 3으로 바꾸어줍니다. 이 값은 중심축의 밝기값을 얼마나 강하게 할지에 대한 값입니다. 마지막으로 Indirect Multiplier 값을 0으로 바꾸어 줍니다. 해당 값은 반사값의 크기인데 지금은 반사될 무언가가 없으므로 값을 없애준 것입니다.

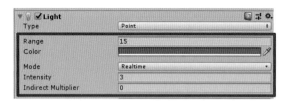

▲ Point Light 값을 바꾸어주면 밝은 모닥불같은 형식이 됩니다.

30 이 값까지 모두 정리해 주시면 예제 패키지에 있는 GIF처럼 유니티로 만들어진 모닥불이 보이게 됩니다.

▲ 완성된 모닥불의 사진

이로써 여러 가지 값과 이미지, 파티클 시스템 외의 이펙트를 배워보았습니다. 처음 시작하시는 분들에겐 다소 까다롭기도한 첫 실습이 되었습니다. 하지만 여기까지 따라하셨다면 스스로 파티클을 만지는 것에 감이 오실 것이라고 생각합니다. 다음 단원은 모닥불을 만드는 것 보다 수월한, 환경 이펙트를 준비하였습니다.

meMo

04

자연환경 이펙트 만들기

반복적인 형태가 계속되지만 랜덤한 장소에서 사라지는 자연환경 이펙트를 만들면서 파티클 시스템을 천천히 익혀갑니다.

CHAPTER

01 비 내리는 환경

이펙트로 보이는 비는 내리고, 땅에 닿아서 땅에 있는 물결이 번지는 과정을 겪습니다. 땅에서 번지는 효과는 빠져도 좋지만 이 책에서는 그 세 단계를 모두 사용하게 될 것입니다. 모든 자연환경은 내리는 매체 (나무, 구름 등)가 없는 상태로 화면을 가득 채우는 이펙트를 만들게 될 것입니다. 비는 차가운 속성을 가지고 있고, 투명한 상태를 유지하고 있습니다. 그 형질을 잘 생각해서 만들어보도록 합니다.

▶ 비가 내리는 형태를 잘 생각해서 만듭니다.

우선 유니티 새 씬을 만듭니다. 씬을 만들었다면 GameObject로 새 폴더를 만들어 이름을 rain으로 만들어 줍니다. 만들었다면 기초 이펙트 실습 때와 같은 두 개의 벽을 만들어줍니다. 기초 이펙트 실습부터 썼던 해상도를 특별히 고치지 않았다면 기초 이펙트 실습때 만든 벽과 같은 벽을 만드시면 됩니다. 완성된 모습은 예제 패키지의 GIF를 확인해주시면 됩니다.

▲ 모닥불 이미지를 만든 것과 같이 검은색 벽을 세워주세요. 예제 안에 벽과 파티클을 함께 넣어놨습니다.

벽에 대한 자세한 좌표를 글로 남기겠습니다. 첫 번째 벽의 Position은 X축은 0, Y축은 6, Z축은 17이고, Rotation 포지션은 모두 0입니다. 마지막으로 Scale 포지션은 X : 17 / Y : 23 / Z : 11입니다. 또 두 번째 벽의 Position은 X : 0 / Y : -2.6 / Z : 5 이고, Rotation 포지션은 X : 90 / Y : 0 / Z : 0입니다. 마지막으로 Scale 포지션은 X : 17 / Y : 24 / Z : 11입니다. 같은 방식으로 트랜스폼 설정을 바꾸어주면 기초 이펙트 때보다는 살짝 크고 바닥이 넓은 벽이 생깁니다. 색상을 바꾸어주면 짙은 회색의 바닥과 벽이 생기게 됩니다. 벽을 만들었다면 이제 다시 rain이라고 칭한 GameObject에 파티클 시스템을 만들어줍니다.

01 파티클을 만들었다면 마찬가지로 파티클의 Transform 수치를 설정해줍니다. 비는 위에서 아래로 떨어지는 성질을 지녔기에 Position 포지션은 X : 0 / Y : 4 / Z : –1 Rotation 포지션은 X값만 90으로 설정해 줍니다.

▲ 좌표를 설정하면 포지션에 맞춰 파티클이 위에서 아래로 움직이게 됩니다.

02 포지션을 설정하였다면 파티클이 위에서 아래로 떨어지는 모습을 볼 수 있습니다. 이번엔 메인 시스템을 설정해야 합니다. Prewarm의 부분은 파티클을 켜자마자 비가 출력될 수 있도록 체크를 해줍니다. 다음은 Start Lifetime 부분을 Random Between Two Constants으로 두 칸을 설정할 수 있게 바꾸어 준 후 각 수치를 0.45와 0.43으로 바꾸어줍니다. 근소한 차이지만 이후에 Stretched Billboard로 파티클 메뉴를 바꾸게 되면 눈에 띄는 차이로 바뀌게 됩니다. 이후 Start Speed를 Random Between Two Constants로 바꾸어 각 칸의 수치를 10과 20으로 줍니다.

비는 가늘고 보일듯 말듯 뒤가 보이는 느낌이 있습니다. 그 느낌을 살짝 살리기 위해 Start Size 또한 Random Between Two Constants로 두 칸을 만들어주고, 각 수치를 0.01과 0.1로 바꾸어줍니다. 마지막으로 Start Color도 Random Between Two Constants로 수치를 바꿉니다. 각 하늘색과 옅은 녹색으로 색을 바꾸고 알파값을 내려줍니다. 색상 코드는 하늘색이 75E1FF, 옅은 녹색이 86FFDC입니다. 그리고 각 알파값은 134, 75입니다.

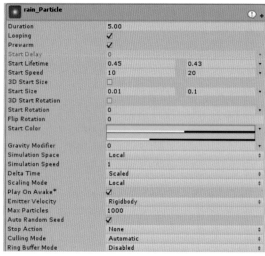

▲ 수치와 색상을 잘보고 맞춰줍니다.

03 수치를 똑같이 바꾸어주면 투명하고 작은 알갱이들이 하늘에서 빠르게 떨어지는 것을 볼 수 있습니다.

▲ 작은 알갱이들이 하늘에서 떨어집니다.

04 당장은 이 파티클이 빗줄기로 보이진 않습니다. 다음으로 Renderer의 Render Mode를 들어가 Stretched Billboard로 메뉴를 바꾸어줍니다.

▲ Stretched Billboard로 메뉴를 바꾸어줍니다.

05 앞에서 Stretched Billboard로 바꾸며 하단의 메뉴도 변경되었을 겁니다. Stretched Billboard로 바뀐 메뉴 세 번째에 있는 Length Scale의 수치를 25로 바꿔줍니다.

▲ Length Scale를 25로 바꾸어 줍니다.

06 바뀐 모습이 보이면 다음으로 넘어갑니다.

▲ 길어진 파티클의 모습

07 다음으로는 파티클이 한 곳이 아닌 다방향에서 내려오는 것처럼 보이기 위해 Shape의 메뉴를 Box로 바꾸어줍니다. 화면 가득 나오게 하기 위해 다른 부분은 건들지 않고 Box의 Scale 부분만 X축을 6.3, Y축을 5로 바꾸어줍니다.

✓ Shape						
Shape	Box					‡
Emit from:	Volume					‡
Texture	None (Texture 2D)					⊙
Position	X	0	Y	0	Z	0
Rotation	X	0	Y	0	Z	0
Scale	X	6.3	Y	5	Z	0
Align To Direction	☐					
Randomize Direction	0					
Spherize Direction	0					
Randomize Position	0					

▲ Shape을 바꾸어주면 범위에 길다란 파티클이 내리게 됩니다.

08 범위에 맞춰 파티클을 뿌리면 약간 파티클이 적은 것처럼 느껴집니다. 비의 느낌을 위해서 Emission의 Rate over Time 수치를 70으로 바꾸어 줍니다.

✓ Emission		
Rate over Time	70	▾
Rate over Distance	0	▾
Bursts		

▲ 파티클이 많아지게 수치를 늘립니다.

09 비 파티클이 바람의 영향을 안 받고 일직선으로 내리면 약간 어색해보일 수 있습니다. 때문에 Velocity over Lifetime의 Linear의 X축을 1로 바꾸어 줍니다.

✓ Velocity over Lifetime				
Linear X 1	Y 0		Z 0	▾
Space	Local			‡
Orbital X 0	Y 0		Z 0	▾
Offset X 0	Y 0		Z 0	▾
Radial	0			▾
Speed Modifier	1			▾

▲ 파티클이 옆으로 갈 수 있게 X축의 수치를 올려줍니다.

10 바꾸어주시면 파티클이 살짝 오른쪽 사선으로 떨어지는걸 확인할 수 있습니다. 다음으로는 사선으로만 떨어지지 않고 살짝 회전하며 떨어지도록 Rotation over Lifetime을 체크합니다. Angular Velocity의 Random Between Two Constants을 체크하셔서 칸을 두 개로 늘려주고 각 칸을 100와 50으로 늘려줍니다.

✓ Rotation over Lifetime		
Separate Axes	☐	
Angular Velocity	100	50	▾

▲ 미묘하게 파티클이 살짝 사선에서 직선으로 회전하며 떨어지게 됩니다.

11 메인이 되는 파티클은 여기서 마무리가 되지만 이제 이 파티클에 영향을 받는 다른 파티클들을 만들 때입니다. 메인 파티클의 영향을 받는 파티클들을 만들기 위해선 메인 파티클의 Sub Emitters를 체크해줍니다. 체크하면 아무것도 변하지 않는데, 오른쪽의 +를 눌러주면 메인 파티클 아래에 새로운 파티클이 하나 생기는 것을 볼 수 있습니다. 같은 방식으로 아래쪽의 +를 눌러주시면 칸이 한칸 더 생기면서 같은 방법으로 파티클을 하나 더 만들 수 있습니다. 그리고 Birth로 되어있는 메뉴를 둘 다 Death로 바꾸어주면 메인 파티클이 없어지는 시간에 맞춰 나오는 파티클들이 생기게 됩니다.

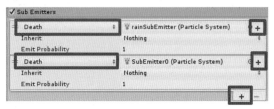

▲ 새로운 파티클을 Sub Emitters로 두 개 만들어줍니다.

12 두 번째 파티클을 퍼지는 파문을, 세 번째 파티클은 파문에서 튀어나오는 물방울을 만들게 됩니다. 세 번째 파티클은 파문을 먼저 만들어 준 후 보여줄 것입니다. 레이어에서 눈 모양의 아이콘을 이용해 레이어를 잠깐 꺼줍니다. 두 번째 파티클로 가기 전에 두 번째 파티클에 쓸 이미지를 만들어줍니다. 만들어진 이미지는 예제 패키지에 만들어 놓았고, 지금은 이미지만 소개하겠습니다. 세 원을 겹쳐놓은 듯한 파문 이미지를 포토샵으로 만들어 놓았습니다

▲ 파문을 일으킨 것 같은 이미지를 준비합니다.

13 이미지를 준비했다면 두 번째 파티클에 머티리얼을 만들어서 적용시켜줍니다. 머티리얼 쉐이더는 Mobile – Particles – Alpha Blending를 사용합니다. 적용하면 완성된 파티클과는 다르게 파티클의 이미지가 정면을 보고 있고 바뀌지 않습니다. 방향을 바꾸기 위해 Renderer의 Render Alignment에 View를 Local로 바꾸어줍니다. 해당 메뉴를 바꾸어주면 이미지가 적용된 파티클이 누워서 출력되는 것을 확인할 수 있습니다.

✓ Renderer					
Render Mode	Billboard				
Normal Direction	1				
Material	rain_img				
Trail Material	rain_img				
Sort Mode	None				
Sorting Fudge	0				
Min Particle Size	0				
Max Particle Size	0.5				
Render Alignment	Local				
Flip	X	0	Y	0	Z	0
Allow Roll	✓				
Pivot	X	0	Y	0	Z	0

▲ 바닥에 떨어지는 파티클을 만들기 위해 꼭 설정해야 합니다.

14 설정이 끝났다면 이제 다시 파문 파티클의 설정을 바꿀 차례입니다. 역시나 파티클을 생성하자마자 비 파티클이 보일 수 있게 Prewarm을 체크해줍니다. 다음으로 Start Lifetime를 0.4로 바꾸어주고 Start Speed 값은 0으로 바꾸어줍니다. Start Size는 Random Between Two Constants로 칸을 두 가지로 만들어서 각 0.3과 1.2로 크기를 바꾸어줍니다.

rainSubEmitter			
Duration	5.00		
Looping	✓		
Prewarm	✓		
Start Delay	0		
Start Lifetime	0.4		
Start Speed	0		
3D Start Size	☐		
Start Size	0.3	1.2	
3D Start Rotation	☐		
Start Rotation	0		
Flip Rotation	0		
Start Color			
Gravity Modifier	0		

▲ 메뉴를 잘 지정하여 만들어줍니다.

15 이제 Start Color 값을 바꾸어줄 차례입니다. Random Between Two Constants을 체크하여 두 가지 색상을 정하는데, 이는 메인 파티클의 색상과 동일합니다. 하나하나 손수 색상표를 체크하지 마시고, 그 전 메인 파티클로 돌아가 색상을 복사해줍니다. 만든 색상표에 오른쪽 마우스 클릭을 하면 Copy(복사)와 Paste(붙여넣기)가 나옵니다. 색상을 복사하고, 두 번째 파티클에 색상을 붙여넣기 해주면 같은 색상으로 편하게 넣을 수 있습니다.

▲ 편하게 복사와 붙여넣기를 활용해서 파티클 색상을 설정합니다.

16 다음으로는 파티클이 나오는 시간과 숫자를 바꿔주기위해 Emission을 엽니다. Rate over Time을 0으로 바꾸어주시고 Bursts의 +를 세 번 눌러 각 Time와 Count 값을 바꾸어줍니다. 첫 번째 값은 0과 1로, 두 번째 값은 0.010과 1로, 세 번째 값은 0.020과 1로 바꾸어줍니다. 이러면 미묘한 차이로 세 파티클이 순차적으로 나왔다가 사라지게 됩니다.

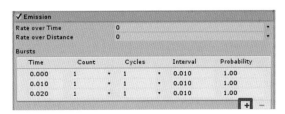

▲ 티가 더 나게 하고싶다면 Time를 늘리면 되지만 사라지는 시간까지 고려해서 설정합니다.

17 다음으로는 Color over Lifetime을 설정합니다. 색상과 기본 알파값은 메인 시스템에서 설정하였으므로 여기에선 첫 시작에 알파를 0으로, 가운데 두 점은 100으로, 마지막은 알파를 0으로 하여 자연스럽게 생겼다가 사라지는 연출을 해줍니다.

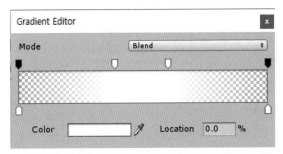

▲ 자연스럽게 보일 수 있게 앞과 뒤를 그라데이션 알파로 뺍니다.

18 다음으로는 Size over Lifetime을 체크하여 0.5에서 1로 살짝 작았다가 커지는 파문을 설정해줍니다.

▲ 설정해주면 조금 더 자연스럽게 파문이 퍼지게 됩니다.

19 그럼 전부는 아니지만 일부 파티클이 떨어지면서 바닥에 파문을 그려넣으며 사라지는 것을 확인할 수 있습니다.

▲ 첫 번째 파티클에 영향을 받아 바닥에 원을 그리며 파티클이 사라지게 됩니다.

20 다음으로는 눈을 꺼놨던 세 번째 파티클을 켜줍니다. 이 파티클을 파문 주변에 튀는 파티클이 되게 됩니다. 떨어진 느낌을 살리기 위해 살짝 위로 튀었다가 다시 아래로 떨어지는 느낌을 유의하며 파티클을 설정하면 좋습니다. 우선 메인 파티클을 설정합니다. 역시나 메인 파티클의 Prewarm을 체크해줍니다. 다음으로 Start Lifetime를 Random Between Two Constants으로 칸을 둘로 만들어주시고, 각 0.7과 0.1로 수치를 바꿔줍니다. Start Speed 값은 0으로 바꾸어주고, Start Size는 Random Between Two Constants로 칸을 두 가지로 만들어서 각 0.05와 0.1로 크기를 바꾸어줍니다. 그러면 화면에 살짝 작은 알갱이들이 보이게 됩니다. 그리고 Start Color 값은 아까와 같이 복사, 붙여넣기를 활용하여 메인 파티클과 같은 색상과 알파값을 넣어줍니다. 마지막으로 Gravity Modifier 값을 0.3으로 바꿔줍니다. 이렇게 바꿔주면 파티클이 보이지 않게 되는데 중력값이 생겨서 바닥 밑으로 파티클이 들어가는 것이므로 걱정하지 않으셔도 됩니다.

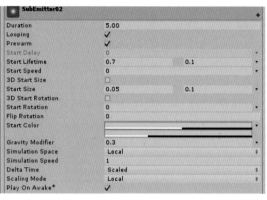

▲ 메인값들을 잘 정리해줍니다.

21 다음은 Emission 값을 설정해 줍니다. Rate over Time을 0으로 바꾸어주시고 Bursts의 +를 눌러 Count와 Cycles 값을 바꾸어줍니다. 각 5와 3으로 바꿉니다.

Time	Count		Cycles		Interval	Probability
0.000	5	▾	3	▾	0.010	1.00

▲ 그럼 파티클이 약 3개 정도 나오게 됩니다.

22 물방울은 어떤 것은 멀리 튀고, 어떤 것은 가깝게 튑니다. 그런 조정을 위해 Shape 값은 체크를 꺼주고, Velocity over Lifetime 값으로 파티클이 튀는 것을 표현할 것입니다. Velocity over Lifetime 값을 체크해주고, Linear 값을 Random Between Two Constants으로 칸을 둘로 만들어줍니다. 그런 후 각 X축과 Y축을 1과 −1로 바꾸고, Z축은 모두 −1로 바꿔줍니다. 이렇게 하면 1과 −1사이의 값으로 파티클이 랜덤하게 튀게 됩니다.

◯ Shape			
✓ Velocity over Lifetime			
Linear X 1	Y 1		Z −1
−1	−1		−1
Space	Local		
Orbital X 0	Y 0		Z 0
Offset X 0	Y 0		Z 0
Radial	0		
Speed Modifier			

▲ 설정해주시면 Gravity Modifier 값의 영향을 받아 위로 튀어올랐다가 아래로 꺼지게 됩니다.

23 마지막으로 Color over Lifetime 값을 체크하여 두 번째 파문 파티클과 같은 방식으로 알파를 설정해주면 완성이 됩니다.

▲ 비와 함께 파문 파티클, 튀는 물방울 파티클이 같이 보이는 모습

24 완성된 파티클은 예제 패키지에 넣어놨으니 모습을 참고하며 변형해보아도 좋습니다.

CHAPTER
02 눈 내리는 환경

이펙트로 보이는 눈은 비처럼 위에서 아래로 내리고, 땅에 닿아서 쌓여 뭉쳐지게 됩니다. 땅에서 뭉쳐지는 대신 녹아 사라지는 느낌을 이 책에서는 낼 것입니다. 눈은 앞에서 만들었던 비보다 더욱 더 차가운 속성을 가지고 있고, 많이 투명하기보단 미묘하게 반짝이는 느낌을 냅니다. 그 형질을 잘 생각해서 만들어보도록 합니다.

▲ 내리는 눈을 잘 생각하며 만듭니다.

유니티 새 씬을 만듭니다. 씬을 만들었다면 GameObject로 새 폴더를 만들어 이름을 snow으로 만들어 줍니다. 만들었다면 비를 만들었을 때와 같은 두 개의 벽을 만들어줍니다. 메인 색상을 복사해 붙여넣은 것과 같이 벽을 비를 만들었던 씬에서 긁어와 복사, 붙여넣기하여도 좋습니다.

벽에 대한 자세한 좌표는 다음과 같습니다. 첫 번째 벽의 Position은 X : 0 / Y : 6 / Z : 17이고, Rotation 포지션은 모두 0입니다. 마지막으로 Scale 포지션은 X : 17 / Y : 23 / Z : 11입니다. 또 두 번째 벽의 Position은 X : 0 / Y : -2.6 / Z : 5이고, Rotation 포지션은 X : 90 / Y : 0 / Z : 0입니다. 마지막으로 Scale 포지션은 X : 17 / Y : 24 / Z : 11입니다. 같은 방식으로 트랜스폼 설정을 바꾸어주고 snow라고 칭한 GameObject에 파티클 시스템을 만듭니다. 파티클을 만들었다면 비 내리는 환경을 만들 때와 마찬가지로 파티클의 Transform 수치를 설정해 줍니다. 눈은 비처럼 위에서 아래로 떨어지는 성질을 지녔기에 Position 포지션은 X : 0 / Y : 5 / Z : -1 Rotation 포지션은 X값만 90으로 설정해 줍니다.

01 설정 후에는 이미지를 만들어줍니다. 눈의 결정은 하나하나가 다릅니다. 그것을 표현하기 위해 파티클을 세 가지 모양으로 쓰고 파티클 또한 세 가지로 만들게 될 것입니다.

▲ 세 가지 이미지를 세 가지 파티클에 넣고 각 이미지로 눈내리는 환경의 이펙트를 만들게 됩니다.

02 이미지와 완성된 이펙트 GIF는 예제 패키지에 있습니다. 이미지를 준비했다면 유니티로 다시 돌아가 png이미지를 넣어주고 각 이미지에 머티리얼을 만들어줍니다. 머티리얼 쉐이더의 경로는 Mobile – Particles – Additive입니다. 반짝이는 느낌을 주는 게 필요하므로 세 이미지 모두 Additive로 정해줍니다. 첫 번째 파티클의 이미지는 위 그림의 첫 번째 그림입니다. 눈 환경은 세 파티클을 쓸 것이라 순서를 잘 확인하고 바꿔주면 됩니다.

가장 먼저 Prewarm의 부분은 파티클을 켜자마자 눈이 출력될 수 있도록 체크를 해줍니다. 파티클에 이미지를 넣어주시면 Start Speed를 Random Between Two Constants으로 두 칸으로 바꿔주시고 각 칸을 1와 2.5로 바꿔줍니다. Start Lifetime을 Random Between Two Constants로 똑같이 두 칸으로 나눠서 4와 2로 바꿔줍니다. 이렇게 바꾸는 이유는 비보다 눈이 조금 더 천천히 내리는 것을 표현하기 위함입니다.

그 다음, Start Size값을 Random Between Two Constants으로 두 칸으로 늘려서 0.2와 0.05로 바꿔줍니다. 너무 반짝이가 눈에 보이면 눈보다는 빛 덩어리가 내려오는 것 처럼 보이기에 작은 것과 큰 것을 섞어서 해주는 겁니다. Start Rotation 값도 Random Between Two Constants으로 두 칸으로 바꾸어줍니다. Start Color도 비 때와 마찬가지로 Random Between Two Constants로 두 칸으로 만들어 각자 알파값이 살짝 보이는 하늘색과 흰색으로 바꾸어줍니다. 각 색상컬러는 하늘색이 99E9FF, 알파값은 100이며 흰색이 FFFFFF, 알파값은 209입니다. 눈은 하얀 이미지가 강렬해서 흰색만 써도 좋지만 흰색만 쓰면 자칫 심심할 수 있기에 낮은 알파값의 하늘색을 섞어준 것입니다.

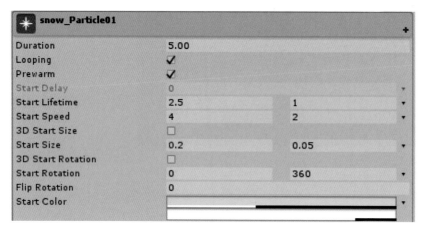

▲ 메뉴를 잘 보고 설정을 고려합니다.

03 다음으로는 Emission 수치와 Shape 수치를 바꾸어 줄 것입니다. Emission의 Rate over Time 수치를 15로 바꾸어줍니다. 다음으로는 Shape 메뉴를 Box로 바꾸고 Position과 Rotation 값은 모두 0으로, Scale의 X값은 6.3으로, Y값은 5로, Z는 0으로 바꿉니다.

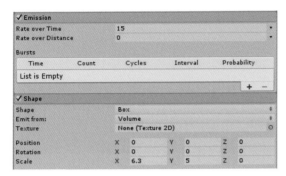

✓ Emission					
Rate over Time	15				
Rate over Distance	0				
Bursts					
Time	Count	Cycles	Interval	Probability	
List is Empty					
					+ −
✓ Shape					
Shape	Box				
Emit from:	Volume				
Texture	None (Texture 2D)				
Position	X 0	Y 0		Z 0	
Rotation	X 0	Y 0		Z 0	
Scale	X 6.3	Y 5		Z 0	

▲ 각 파티클의 개수와 범위를 바꾸어줍니다.

04 그러면 화면 범위에서 작은 파티클 알갱이들이 일직선으로 내려오는 것을 확인할 수 있습니다.

▲ 일직선으로 내려오는 눈

05 눈이 일직선으로 떨어지면 약간 심심한 느낌이 들 수 있습니다. 때문에 Velocity over Lifetime의 Linear 값을 바꾸어줄 것인데 사방향으로 랜덤하게 움직일 수 있도록 Random Between Two Constants으로 Linear값을 바꾸어 각 X축과 Y축을 위 칸은 1로, 아래 칸은 −1로 바꾸어줍니다. 그렇게 하면 파티클이 사방으로 퍼져서 떨어지는 것처럼 보이게 됩니다.

✓ Velocity over Lifetime			
Linear X 1	Y 1	Z 0	
−1	−1	0	
Space	Local		
Orbital X 0	Y 0	Z 0	
Offset X 0	Y 0	Z 0	
Radial	0		
Speed Modifier	1		

▲ 사방으로 흐트러지는 것을 표현하기 위해 수치를 정해줍니다.

06 다음으로는 Color over Lifetime을 설정합니다. 색상과 기본 알파값은 메인 시스템에서 설정하였으므로 여기에선 첫 시작에 알파를 100으로 가운데까지 끌어주고, 마지막은 알파를 0으로 하여 생겼다가 자연스럽게 사라지는 연출을 해줍니다.

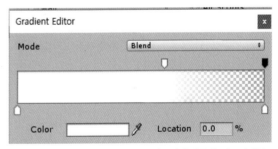

▲ 색상은 메인 스타트 컬러를 바꾸어주었기 때문에 바꾸지 않습니다.

07 여기까지 했다면 십자로 빛나는 파티클이 사방으로 흩어지며 뿌려지는 모습이 보이게 됩니다. 이제 비슷한 파티클을 하나 더 만들게 되는데 하나 더 새 파티클을 만드는 것 보다는 비슷한 좌표를 사용하게 될 것이므로 만들어진 십자형 파티클을 오른쪽 마우스로 클릭하여 파티클을 Copy해줍니다. 그 다음 Paste를 눌러주면 같은 설정이 된 파티클이 하나 더 생기는 걸 확인할 수 있습니다. 이러한 파티클 베이스를 두 개 만들어주시면 됩니다.

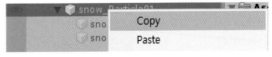

▲ 파티클 베이스를 두 개 만들어주세요.

08 파티클 베이스를 만들었다면 두 번째로 만든 파티클에 눈 결정 이미지의 머티리얼을 넣어줍니다. 이후 세세하게 윗 파티클과 다른 부분을 설정해줍니다. Start Size 값을 Random Between Two Constants으로 두 칸으로 늘려서 0.25와 0.05로 바꿔줍니다. 근소한 차이로 파티클이 약간 큰 느낌을 주어 위의 십자 파티클 보다는 눈에 잘 띌 수 있게 하는 것입니다.

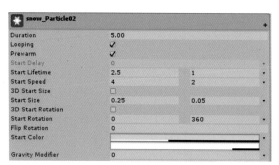

snow_Particle02		
Duration	5.00	
Looping	✓	
Prewarm	✓	
Start Delay	0	
Start Lifetime	2.5	1
Start Speed	4	2
3D Start Size	☐	
Start Size	0.25	0.05
3D Start Rotation	☐	
Start Rotation	0	360
Flip Rotation	0	
Start Color		
Gravity Modifier	0	

▲ 메인 파티클과 근소한 차이를 줍니다.

09 바꿔주시면 언뜻 보이는 눈 결정과 반짝이는 가루가 날리게 됩니다.

▲ 두 번째 파티클까지 보이는 모습

10 이제 세 번째 마지막 파티클의 설정을 바꾸어줍니다. 이 또한 메인 파티클을 복사, 붙여넣기를 합니다. 기본적인 수치는 모두 비슷하나 약간의 사이즈 변경이 있습니다. 이처럼 비슷한 파티클을 만들 때는 복사, 붙여넣기를 잘 활용하여 파티클을 만들면 좋습니다. Start Size 값을 Random Between Two Constants으로 두 칸으로 늘려서 0.03과 0.07로 바꿔줍니다. 이는 서로 작은 차이가 있으면서도 그냥 원형 파티클이 눈에 잘 안 띄게 하기 위한 수치입니다. 그리고 Start Rotation 값을 Constant로 바꾸어 값을 하나로만 바꿔줍니다. 어차피 원형이기에 파티클이 돌아도 티가 나지 않기 때문입니다.

Duration	5.00	
Looping	✓	
Prewarm	✓	
Start Delay	0	
Start Lifetime	2.5	1
Start Speed	4	2
3D Start Size	☐	
Start Size	**0.03**	**0.07**
3D Start Rotation	☐	
Start Rotation	**360**	
Flip Rotation	0	
Start Color		
Gravity Modifier	0	

▲ 마지막 세 번째 파티클에 원형 이미지 머티리얼을 넣고 마무리를 지어줍니다.

11 눈 환경을 만들며 세 파티클을 각자 만들기보다 복사, 붙여넣기를 통하여 조금 더 빠르고 편하게 원하는 모습의 파티클을 만들었습니다. 완성된 GIF는 예제 패키지를 통해 언제든 편하게 볼 수 있습니다.

▲ 완성된 눈 파티클

CHAPTER

03 꽃 내리는 환경

이펙트로 보이는 꽃은 비처럼 위에서 아래로 내리고, 땅에 닿아서 꽃 뭉텅이가 됩니다. 꽃은 보통 따뜻한 봄에 많이 내리므로 따뜻한 속성을 가지고 있고, 끊임없이 회전하며 내려옵니다. 꽃을 내리기 전에 어떤 꽃잎을 내리게 할지를 정해야 합니다. 보통 벚꽃이 내리는 환경을 많이 쓰므로 벚꽃잎이 떨어진다는 생각을 하며 그 형질을 잘 생각해서 만들어보도록 합니다.

▲ 벚꽃잎이 떨어진다면 어떻게 떨어질지 생각해보며 만들어봅시다.

유니티 새 씬을 만듭니다. 씬을 만들었다면 GameObject로 새 폴더를 만들어 이름을 flowers로 만들어 줍니다. 만들었다면 비를 만들었을 때와 같은 두 개의 벽을 만들어줍니다. 메인 색상을 복사, 붙여넣기한 것과 같이 벽을 비나 눈을 만들었던 씬에서 긁어와 복사, 붙여넣기하여도 좋습니다.

벽에 대한 자세한 좌표를 또 다시 글로 남기겠습니다. 첫 번째 벽의 Position은 X : 0 / Y : 6 / Z : 17 이고, Rotation 포지션은 모두 0입니다. 마지막으로 Scale 포지션은 X : 17 / Y : 23 / Z : 11입니다. 또 두 번째 벽의 Position은 X : 0 / Y : -2.6 / Z : 5이고, Rotation 포지션은 X : 90 / Y : 0 / Z : 0입니다. 마지막으로 Scale 포지션은 X : 17 / Y : 24 / Z : 11입니다. 같은 방식으로 트랜스폼 설정을 바꾸어주고 flowers라고 칭한 GameObject에 파티클 시스템을 만듭니다. 파티클을 만들었다면 비 때와 마찬가지로 파티클의 Transform 수치를 설정해 줍니다. 꽃은 비처럼 위에서 아래로 떨어지는 성질을 지녔기에 Position 포지션은 X : 0 / Y : 5 / Z : -1 Rotation 포지션은 X값만 90으로 설정해 줍니다.

01 꽃 내리는 환경 예제 패키지를 다운로드한 후 그림과 같은 꽃 이미지를 유니티에 넣어줍니다.

꽃잎이 돌아가는 모습을 파티클을 조정해서 만들어도 좋지만, 조금 더 귀여운 느낌을 주기 위해 이미지를 네 등분하여 그려준 것입니다.

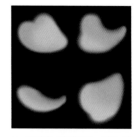

▲ 이번엔 파티클로 여러 이미지를 차례로 돌아가게 만들게 됩니다.

02 꽃 이미지에 머티리얼을 만들어줍니다. 머티리얼 쉐이더의 경로는 Mobile – Particles – Alpha Blending입니다. 그 후, 파티클의 메뉴를 설정합니다. 먼저, 파티클을 켜자마자 꽃이 출력될 수 있도록 Prewarm을 체크합니다. 파티클에 이미지를 넣은 후, Start Lifetime를 Random Between Two Constants으로 두 칸으로 바꿔주시고 4와 2로 바꾸어줍니다. 다음으로는 Start Speed 를 Random Between Two Constants으로 역시나 두 칸으로 바꿔주시고 각 칸을 3와 1로 바꿔줍니다. 이렇게 바꾸는 이유는 비나 눈보다 조금 더 천천히 내리는 것을 표현하기 위함입니다. Start Size값을 Random Between Two Constants으로 두 칸으로 늘려서 0.2와 0.12로 바꿔줍니다. Start Rotation 값도 Random Between Two Constants으로 두 칸으로 바꾸어줍니다.

각 칸을 0과 180으로 바꾸고 Start Color도 비 때와 마찬가지로 Random Between Two Constants로 두 칸으로 만들어 각자 흰색과 약간 연한 핑크색으로 바꾸어줍니다. 각 색상컬러는 흰색이 FFFFFF, 알파값은 100이며 연한 핑크색이 FFBABA, 알파값은 100입니다. 핑크라도 같은 핑크색만 떨어진다면 화면이 심심해 보일 수 있기에 같은 핑크색이지만 조금 더 진한색을 내게 해줍니다

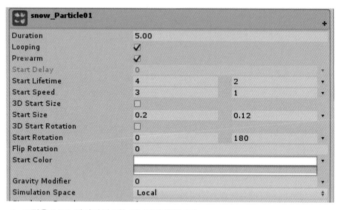

▲ 그림을 보고 정리하여 메뉴를 정리해줍니다.

03 그렇게 정리하면 이미지에 만들었던 대로 네모난 네 개의 꽃잎들이 직선으로 떨어지게 됩니다.

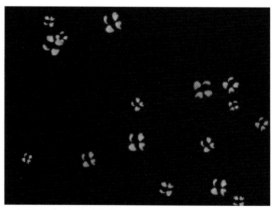

▲ 날린다기보다 떨어진다는 게 맞는 듯한 모습입니다.

04 다음으로는 Emission 수치와 Shape 수치를 바꾸어 줄 것입니다. Emission 의 Rate over Time 수치를 20으로 바꾸어줍니다. 다음으로는 Shape 메뉴를 Box로 바꾸고 Position과 Rotation 값은 모두 0으로, Scale의 X값은 6.3으로, Y값은 5로, Z는 0 으로 바꿉니다.

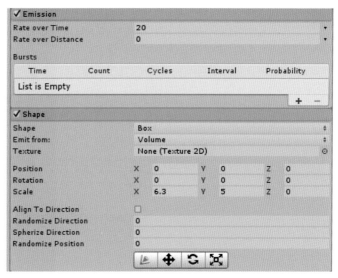

▲ 이런 식으로 바꿔주면 파티클이 떨어지는 양과 범위가 달라집니다.

05 다음으로는 Velocity over Lifetime의 Linear 값을 바꾸어줄 것인데 사방향으로 랜덤하게 움직일 수 있도록 Random Between Two Constants 으로 Linear 값을 바꾸어 각 X축과 Y축을 위쪽 칸은 1로, 아래쪽 칸은 −1로 바꾸어줍니다. 그렇게 하면 파티클이 사방으로 퍼져서 떨어지는 것처럼 보이게 됩니다.

▲ Velocity over Lifetime값을 나눠주면 이미지가 사방으로 날리는 것을 확인할 수 있습니다.

06 다음으로는 Color over Lifetime을 설정합니다. 색상과 기본 알파값은 메인시스템에서 설정하였으므로 여기에선 첫 시작에 알파를 100으로 가운데까지 끌어주고, 마지막은 알파를 0으로 하여 생겼다가 자연스럽게 사라지는 연출을 해줍니다.

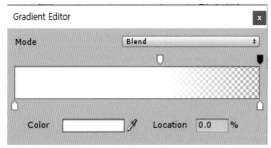

▲ 알파값을 잘 정리해주어 끝에 부드럽게 사라질 수 있도록 해줍니다.

07 마지막으로 Texture Sheet Animation을 바꿔줍니다. Tiles의 칸을 X축을 2, Y축을 2로 바꾸어 주고 Cycles을 4로 만들어줍니다.

▲ Texture Sheet Animation 을 설정해주시면 네 개로 갈라졌던 파티클 이미지가 하나로 합쳐지면서 순서대로 움직이게 됩니다.

08 이 수치들은 각각 타일을 둘로 나누어 이미지를 보이고 네 번 회전하게 하라는 명령입니다. 여기까지 해주면 자연스럽게 회전하는 꽃잎들이 보이게 됩니다. 같은 방식으로 Tiles을 조금 더 많은 숫자로 나누면 더 많은 이미지를 순차적으로 나올 수 있게 해줍니다. 다만 이 메뉴는 128, 256, 512 등의 배수로 된 이미지에 같은 중심축으로 나눠서 그려주셔야 합니다.

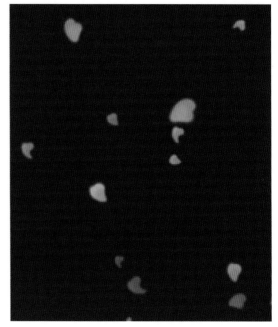

▲ 모두 해주시면 꽃이 흩날리는 것을 확인할 수 있습니다.

CHAPTER

04 나뭇잎이 떨어지는 환경

이 장의 마지막으로 간단한 나뭇잎이 내리는 환경을 꾸며 볼 것입니다. 이번엔 앞의 파티클보다 조금 더 입체적이고 파티클이 자체적으로 회전하는 식으로 만들어볼 것입니다. 떨어지는 나뭇잎은 초록색의 파티클을 쓸 것이고, 살랑거리듯 내려오는 느낌을 주는 것에 신경을 써 볼 것입니다.

▲ 녹색 나뭇잎이 떨어지는 느낌의 파티클을 만들어줍니다.

우선 유니티 새 씬을 만듭니다. 씬을 만들었다면 GameObject로 새 폴더를 만들어 이름을 rain으로 만들어 줍니다. 만들었다면 기초 이펙트 실습 때와 같이 벽을 두 개 만들어줍니다. 첫 번째 벽의 Position은 X : 0 / Y : 6 / Z : 17이고, Rotation 포지션은 모두 0입니다. 마지막으로 Scale 포지션은 X : 17 / Y : 23 / Z : 11입니다. 또 두 번째 벽의 Position은 X : 0 / Y : -2.6 / Z : 5이고, Rotation 포지션은 X : 90 / Y : 0 / Z : 0입니다. 마지막으로 Scale 포지션은 X : 17 / Y : 24 / Z : 11입니다. 같은 방식으로 트랜스폼 설정을 바꾸어주면 기초 이펙트 때보다는 살짝 크고 바닥이 넓은 벽이 생깁니다. 색상을 바꾸어주면 짙은 회색의 바닥과 벽이 생기게 됩니다. 벽을 만들었다면 이제 다시 leaf이라고 칭한 GameObject에 파티클 시스템을 만들어줍니다. 그 후, 파티클의 Transform 수치를 설정해줍니다. 수치는 꽃 때와 같습니다. Position 값은 X: 0 / Y: 5 / Z:-1이고 Rotation 값은 X값만 90으로 설정해줍니다.

01 나뭇잎이 떨어지는 환경 예제 패키지를 다운로드한 후 그림과 같은 나뭇잎 이미지를 유니티에 넣어줍니다. 그 후, 이미지에 머티리얼을 만들어줍니다. 머티리얼 쉐이더의 경로는 Mobile – Particles – Alpha Blending입니다. 머티리얼를 만들어 쉐이더를 지정해준 후 이미지를 넣은 머티리얼을 파티클시스템안에 넣고 나뭇잎이 파티클을 통해 나오도록 해줍니다.

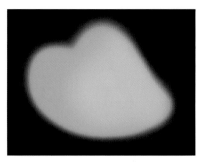

> 이 이미지는 파티클 시스템으로 두 가지 색상이 출력되게 할 것이므로 연한 색으로 만들어준 것입니다.

▲ 나뭇잎과 유사한 이미지를 만들어줍니다.

02 파티클 시스템을 만들었다면 가장 먼저 Prewarm을 체크하여 파티클을 켜자마자 나뭇잎이 출력될 수 있도록 합니다. Start Lifetime을 4로 바꾸어 같은 순간에 사라지게 만들어주고, Start Speed를 Random Between Two Constants으로 두 칸으로 바꿔줍니다. 각 칸을 3와 1로 바꿔주시고, Start Size 값을 Random Between Two Constants으로 두 칸으로 늘려서 0.2와 0.12로 바꿔줍니다. 다른 칸은 기본 설정으로 내버려둔 채 Start Color를 Random Between Two Constants로 두 칸으로 만들어 각자 짙은 녹색과 흰색으로 바꾸어줍니다. 각 색상컬러는 짙은 녹색이 327835, 흰색이 FFFFFF입니다

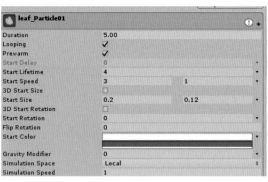

▲ 메인 시스템을 잘 설정해줍니다.

03 그렇게 설정해주면 회전하지 않고 일자로 떨어지는 파티클 시스템이 보이게 됩니다. 3D 느낌을 주기 위해 이제 Shape의 메뉴를 바꾸게 됩니다.

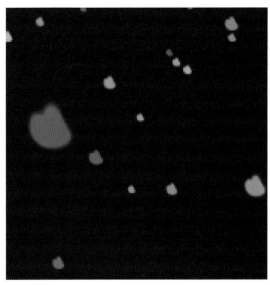

▲ 일자로 떨어지는 파티클들

04 Emission의 Rate over Time 수치를 10으로 바꾸어 줍니다. 다음으로는 Shape 메뉴를 Box로 바꾸고 Position과 Rotation 값은 모두 0으로, Scale의 X값은 6.3으로, Y값은 20로, Z는 0으로 바꿉니다. 그렇게 바꾸면 앞부분의 파티클은 크고 살짝 흐리게, 뒷부분은 작고 선명하게 보여 3D처럼 파티클의 모습이 보이게 됩니다.

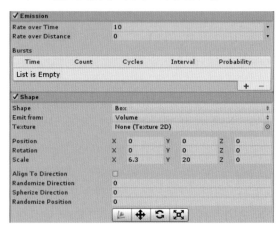

▲ 파티클의 개수와 뿌려지는 범위를 잘 설정해줍니다.

05 Velocity over Lifetime의 Linear 값을 설정합니다. 한 방향으로 움직이며 바람에 날리는 듯한 효과를 위해 Linear값을 바꾸어 X축을 0.7로 바꾸어 줍니다.

✓ Velocity over Lifetime			
Linear X 0.7	Y 0	Z 0	▼
Space	Local		↕
Orbital X 0	Y 0	Z 0	
Offset X 0	Y 0	Z 0	
Radial	0		
Speed Modifier	1		▼

▲ 한 방향으로 움직이는 듯한 파티클이 보이게 됩니다.

06 다음으로는 몇 가지의 잎은 회전하고, 몇몇 잎은 회전하지 않는 효과를 위해 Rotation over Lifetime을 체크하시고 Angular Velocity의 Random Between Two Constants을 체크하셔서 칸을 두 개로 늘려줍니다. 각각 다른 효과를 위해 각 칸을 X축 360, Y축 360, 그리고 다른 두 번째 칸은 모두 0으로 맞춰줍니다.

✓ Rotation over Lifetime			
Separate Axes	✓		
X 360	Y 360	Z 0	▼
0	0	0	

▲ 몇 가지는 360도로, 몇 가지는 돌아가지 않는 파티클이 나오게 됩니다.

07 마지막으로 Noise의 수치를 바꿔줍니다. 이 수치를 바꿔주면 그냥 좌우로만 회전하면서 움직이던 파티클이 상하좌우로 팔랑이며 움직이게 됩니다. 우선 Scroll Speed 값을 0.1로 바꿔줍니다. 작은 수치지만 바꾸면 Preview의 그림이 꿈틀거리며 움직이는 것을 볼 수 있을 것입니다. 다음으로는 가장 마지막의 Size Amount 값을 0.5로 올려줍니다. 해당 값을 올려주면 조금 더 역동적으로 파티클이 움직이는 것을 볼 수 있습니다.

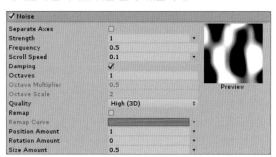

✓ Noise		
Separate Axes	☐	
Strength	1	▼
Frequency	0.5	
Scroll Speed	0.1	▼
Damping	✓	
Octaves	1	
Octave Multiplier	0.5	
Octave Scale	2	
Quality	High (3D)	↕
Remap	☐	
Remap Curve		▼
Position Amount	1	
Rotation Amount	0	▼
Size Amount	0.5	▼

▲ Noise의 수치도 잘 확인한 후 바꾸어줍니다.

08 해당 메뉴까지 바꿔주면 나뭇잎 파티클이 움직이기 시작합니다. 마음대로 회전하면서 팔랑이는 파티클까지 모두 완성하였습니다.

▲ 여러 방향으로 움직이는 파티클

4강에서는 위에서 아래로 떨어지는 네 종류의 파티클을 여러 가지 방법으로 날리며 파티클 시스템에 익숙해지게 연습해 보았습니다. 여러 환경적 요소나 소재에 따라 파티클을 다양하게 쓰는 방법을 터득하여 여러 파티클로 바꾸어 써보면 좋을 것입니다.

05

애니메이션 리소스를 제작하고 유니티에 적용해보기

애니메이션 리소스란 무엇이며 어떻게 만드는지를 간단하게 봅니다.

CHAPTER

01 기본소스 만들어보기

■ 2D 이펙트의 이해

1강의 이펙트 이론에서 2D 이펙트에 관한 이론을 간단히 썼었습니다. 이 장에서는 조금 더 3D 이펙트의 차이와 공통점, 2D 이펙트 만드는 법을 알아볼 것입니다. 다음 장에선 같은 주제의 이펙트를 3D와 2D를 나눠 만들어볼 것입니다. 이 과정을 통해 여러분은 두 이펙트의 차이를 느끼게 될 것입니다.

2D 이펙트란 쉽게 말하면 애니메이션 스타일로 만든 이펙트를 말합니다. 가장 처음 나온 애니메이션 스타일은 프레임 별로 그림을 그린 후 그림들을 빠르게 움직이는 방식을 추구했었습니다. 우리가 4장에서 만든 꽃 내리는 환경이나 그림을 그려 물이 떨어지는 느낌, 폭발하는 느낌을 내는 것이 이러한 예입니다. 앞으로 우리가 만들 애니메이션 리소스도 이와 같은 방식으로 애니메이션 효과를 내게 만들 것입니다. 이러한 이펙트는 순간적으로 바뀌는 그림들이 많아지기 때문에 아주 큰 드로잉 능력을 요하진 않지만 각 속성에 대한 이해와 색감, 애니메이션적인 능력이 필요한 편입니다.

▲ 2D 이펙트란 캐릭터가 애니메이션과 같은 움직임을 보이는 이펙트를 이야기합니다.

2D 이펙트는 꼭 드로잉으로만 해야 하는 것은 아닙니다. 2D 애니메이션의 느낌을 잘 살려 드로잉 같은 느낌의 파티클을 꾸며주며 사용합니다. 덩어리가 크고 색감이 하얀색, 또는 무채색인 파티클을 조합하여 덩어리같은 느낌을 살려주면 되는 것입니다.

파티클로 2D 이펙트를 만들게 되면 오히려 랜덤하게 나오는 애니메이션적인 쉐입을 얻을 수 있기에 몇몇 이펙트로는 더 좋은 효과를 얻는 결과를 낼 수 있습니다. 드로잉에 자신이 없는 사람도 쉽게 원하는 결과물을 얻을 수 있는 방법이기도 합니다. 그렇다고 드로잉, 색감, 애니메이션 적인 센스가 아예 필요없는 것은 아니므로 이런 능력을 키우기 위해 노력해야 합니다.

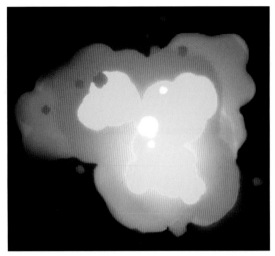

▲ 파티클로도 만들 수 있는 애니메이션 이펙트의 결과물

2D 이펙트는 대부분 드로잉을 사용하여 이펙트가 나아가는 모습을 그립니다. 그 모습을 표현하기 위해 포토샵이나 어도비 플래시의 타임라인 기능을 씁니다. 또한, 어도비 플래시의 타임라인 기능을 쓰기도 합니다. 플래시는 간단한 도형을 그리면 자동으로 그 물체가 끝의 모습을 찾을 수 있도록 자연스럽게 동선을 움직이는 기능도 있기에 자주 쓰입니다. 끝의 작업물이 PNG, TGA 등으로 남으면 되기 때문에 프로그램을 쓰는 것은 자유로운 편입니다. 참고링크의 5강을 보면 레이저가 거울에 반사되며 튕기는 것 같은 이펙트(2D 이펙트 그려보기.gif)가 있습니다. 그리고 프레임별로 나눈 그림도 있으니 이를 참고하여 2D 이펙트 드로잉을 연습해보는 것이 좋습니다. 이러한 드로잉은 센스보단 연습이 많이 필요한 경우가 있어서 자신만의 스타일을 찾아 이펙트를 만들어 보는 것도 좋습니다.

■ 2D 이펙트 그려보기

2D 이펙트를 이해하기 위해 2D 이펙트를 직접 그려볼 것입니다. 가장 간단한 애니메이션인 점점 넓게 퍼져 사라지는 원을 그려보도록 합니다. 원이 파문을 만들어내듯 점점 퍼지면서 속이 빈 원으로 변해가는 이펙트를 만들 것입니다.

01 우선 포토샵을 열고 512×512 크기의 캔버스를 만듭니다. Ctrl + ˝를 눌러 가이드라인을 활성화하고 중심점에 원을 그려줍니다.

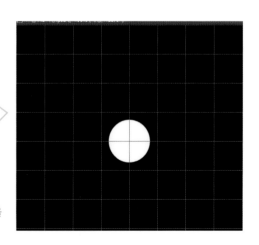

> 2D 이펙트는 그림에 효과를 넣을 때 모든 그림에 같은 효과를 넣어주는 것이 좋습니다. 그래야 프레임이 튀지 않기 때문입니다. 여기서는 빛나는 원이 퍼지는 형상을 그리기 위해 레이어를 복사하고 그라데이션 느낌을 주는 듯한 효과를 반복해서 줄 것입니다.

▶ Ctrl + ˝을 눌러 가이드라인을 활성화 한 후 중심점에 원을 그려줍니다

02 [Ctrl] + [J]를 눌러 레이어를 복사한 후 필터 – 흐림효과 – 가우시안 흐림 효과를 9픽셀 정도 넣어줍니다. 그러면 지정한 범위만큼 원이 흐려집니다. 이 상태에서 두 레이어를 합쳐주면 빛나는 원처럼 보이게 됩니다.

▲ 같은 레이어를 복사해줍니다.

03 이제 그림을 그릴 때의 규칙을 정하겠습니다. 첫째, 그림을 그리고 같은 레이어를 복사하여 늘린다. 둘째, 가우시안 흐림 효과를 9픽셀 적용시킨다.

본래 색이나 효과를 넣는 규칙을 기억하고 같은 규칙대로 그림들을 그리고 마무리하는 것이 중요합니다. 다른 규칙이 있는 그림은 프레임에서 튀어서 그 부분만 눈에 보이기 때문에 그러한 수고를 들여서 모두 같은 효과를 넣어주는 것입니다.

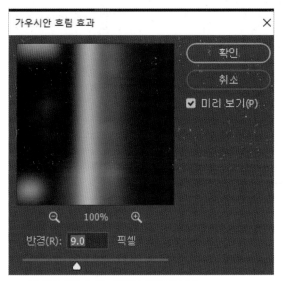

▲ 가우시안 흐림 효과는 9픽셀 정도로 줍니다.

04 같은 방법으로 원형으로 퍼지는 듯한 열다섯 개의 이미지를 만들어봅니다. 같은 식으로 만들어 어색하지 않게 여러 방식의 프레임 이미지들을 만드는 훈련을 계속하다 보면 타이밍과 2D 이펙트를 만드는 감각이 좋아지므로 지속적으로 해주면 좋습니다.

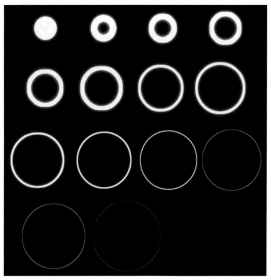

▲ 연달아 이어지는 그림을 그려줍니다. 모든 그림의 중심축은 같아야 프레임을 연달아 재생시킬 때 같아보이게 됩니다.

애니메이션은 연습을 하면 할수록 자연스러운 동작을 연구할 수 있습니다. 넓어지는 원을 시작으로 네모와 세모 같은 도형을 바꾸는 식과 퍼지는 방향과 개수를 바꿔보는 식으로 연습을 하다 보면 더욱 좋은 그림을 그릴 수 있게 될 것입니다.

연달아 재생되는 GIF는 예제 패키지 안에서 다운받을 수 있습니다.

■ 2D 이펙트를 유니티에 적용시켜보기

이펙트에 실제로 적용시켜보기 위한 프레임 이미지들을 예제 패키지 안에 준비하였습니다. 애니메이션 표현을 한 연기이며 사라지는 모습까지 애니메이션 표현을 사용하여 예제 패키지 안에 넣어놨습니다. 우선 예제 패키지 안에 들어있는 이미지 소스를 받고 유니티를 켜줍니다.

해당 예제 패키지를 열어 보면 하얀 연기 이미지(PNG 파일)가 있습니다. 이 이미지는 연기가 퍼지는 이미지를 각 중심축에 맞춰 한 장의 그림에 넣은 것입니다(2D 이펙트 그려보기 편과 같은 방법으로 도형을 연달아 그린 것입니다). 이미지를 파티클에 넣어 2D 애니메이션처럼 만들어볼 것입니다.

01 연기가 생성되고 점점 커지면서 사라지는 모습을 그립니다. 연기 조각이 넓게 퍼지면서 점점 작아지는 것을 생각하면 그리기 좋아집니다.

▲ 퍼져서 사라지는 연기를 2D 애니메이션 식으로 만들어봅니다.

02 우선 파티클에 쓰일 이미지를 유니티에 넣어줍니다. Texture Type의 메뉴를 Sprite(2D and UI)으로 바꿔줍니다.

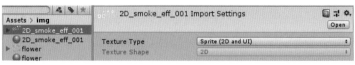

▲ 이미지의 텍스트 설정을 Sprite(2D and UI)로 바꿉니다.

03 이미지를 바꾼 후엔 머티리얼을 만들어줍니다. 머티리얼의 Shader 경로는 Mobile – Particles – Alpha Blended 입니다. Alpha Blended 는 선명하고 그림을 그린 그대로 이미지가 보이기 때문에 2D 이펙트에서 자주 쓰입니다. 2D 이펙트를 만들 때 이 쉐이더를 쓰면 캐주얼한 효과를 낼 수 있습니다.

▲ 2D 이펙트에선 선명한 효과를 위해 Alpha Blended가 자주 쓰입니다.

머티리얼을 만들었다면 이젠 이미지가 선명해보이기 위해 어두운 벽을 세울 차례입니다. GameObject로 새 폴더를 만들어 이름을 2D_smoke으로 만들어 줍니다. 그 후, 메뉴 란의 GameObject - 3D Object - Quad를 선택해 벽을 두 개 만듭니다.

첫 번째 벽의 좌표를 Position X : 0 / Y : 6 / Z : 17, Rotation 포지션은 모두 0으로 맞춰줍니다. 마지막으로 Scale 포지션은 X : 17 / Y : 23 / Z : 11으로 바꿔줍니다. 두 번째 벽의 Position은 X : 0 / Y : -2.6 / Z : 5이고, Rotation 포지션은 X : 90 / Y : 0 / Z : 0입니다. 마지막으로 Scale 포지션은 X : 17 / Y : 24 / Z : 11으로 맞춘 뒤 파티클 시스템을 만듭니다.

파티클을 만들었다면 파티클의 Transform수치를 설정해 줄 차례입니다. 공중에 떠있는 심플한 파티클이므로 파티클의 포지션은 처음 만들어졌던 그대로 모두 0인 상태에서 Rotation 값의 X축을 -90으로 설정해줍니다.

04 이후 각자의 방식대로 파티클 시스템을 만들고, 파티클에 머티리얼에 담은 이미지를 넣어줍니다. 그렇게 하면 파티클이 빠르게 위로 상승하는 이미지로 바뀌게 됩니다.

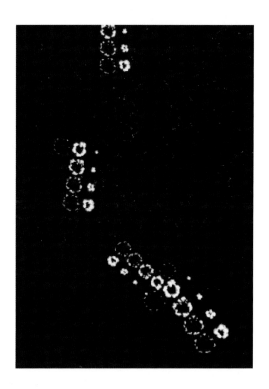

▶ 아무것도 설정하지 않고 이미지만 넣은 파티클

05 2D 애니메이션처럼 연출하기 위해서는 이미지를 스프라이트로 만들어야 합니다. 그러기 위해서는 여러 이미지가 연달아 보이는 것을 하나씩만 보이도록 정돈부터 해야 합니다. 가장 먼저 Texture Sheet Animation을 체크해준 후 Tiles의 X, Y축을 모두 4로 바꾸어 주고 Cycles을 1로 만들어줍니다. 이렇게 하면 이미지 전체를 네 등분한 이미지가 한 장씩 출력됩니다. 이로써 연기가 자연스럽게 생겼다가 사라지는 모습을 볼 수 있습니다.

▶ 설정을 잘 보고 그대로 바꿔줍니다.

06 이후 정돈된 이미지들을 보면서 생각했던 연기의 크기와 빠르기, 위치를 바꾸어주면 됩니다

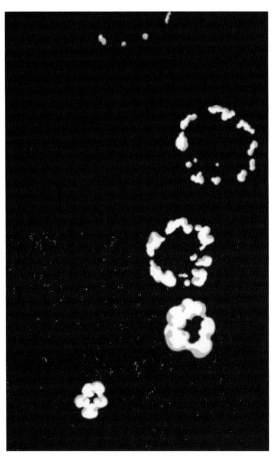

▲ 여러 개가 보였던 파티클 이미지가 한 장씩 순차적으로 재생되는 것을 확인할 수 있습니다.

07 바뀐 파티클을 확인한 다음엔 가장 위로 올라와 메인보드의 파티클 설정을 우선 바꾸어줍니다. 연기의 프레임은 1초이상 나오지 않을 것입니다. 따라서 메인보드의 Duration을 1로 맞추어주고 Start Lifetime을 1로 맞추어줍니다. Start Speed을 0으로 바꾸어줍니다. 그리고 Start Size을 1.5로 바꾸어 준 후 Start Rotation 값을 Random Between Two Constants으로 두 칸으로 나눠준 후 한 쪽을 360으로 바꾸어줍니다.

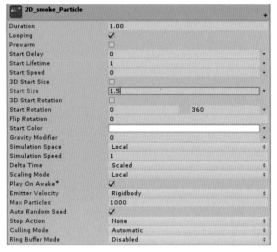

▲ 수치를 잘 보고 바꾸어줍니다.

08 이렇게 바꾸어주면 나오는 방향이 랜덤이고 위로 움직이지 않는 파티클이 여러 겹으로 나오게 됩니다.

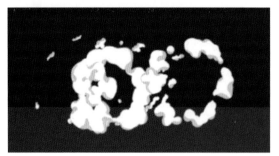

▲ 여러 겹으로 나오는 퍼지는 연기들

09 다음으로 Emission의 Rate over Time 값을 2로 바꾸어줍니다. 1로 바꾸어도 되지만 이미지 뒤의 공백이 있어서 바로바로 터지는 느낌을 주기 위해 2로 올린 것입니다.

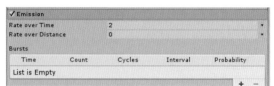

▲ 나오는 숫자를 2개로 잡아주시면 여러 개 나오던 연기가 이어져서 터지는 것을 볼 수 있습니다.

10 이제 여러 군데로 연기가 연달아 나오게 됩니다.

생성 범위를 정하진 않아서 연기가 여러 군데로 나오는 겁니다.

▲ 연기가 여러 군데로 연달아 나옵니다.

11 나오는 범위를 특정하기 위해서 기본으로 체크가 되어있는 Shape의 체크를 풀어줍니다. 체크를 풀면 같은 장소에서 지속적으로 연기가 피어오르게 됩니다.

▲ Shape의 체크를 풀면 한 점에서 이펙트가 나오게 됩니다.

12 좀 더 디테일을 주기 위해 Size over Lifetime 값을 수정해줍니다. 우선 해당 메뉴를 체크해주고 Size의 상자를 눌러주면 아래에 곡선을 설정할 수 있는 상자가 보이게 됩니다.

▲ Size의 긴 회색 네모를 눌러주시면 됩니다.

13 아래를 보면 Particle System Curves란이 뜨고 그 왼쪽을 보면 Size가 1.0으로 고정되어 있습니다. 이를 1.2로 바꿔주고 곡선을 직선으로 바꾸어줍니다. 곡선의 처음이 0.6까지는 1.0에서 직선을 유지하다가 0.6부터 위로 올라가 1.2에서 끝이 나도록 곡선을 잡아주면 끝에 자연스럽게 넓게 퍼지며 사라지는 연기가 완성되게 됩니다.

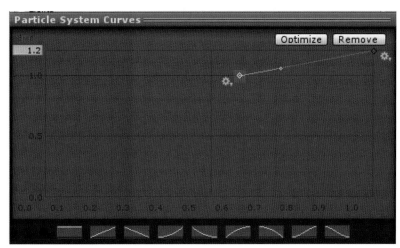

▲ 곡선을 확인 잘 하여 마무리를 잘 정리해줍니다.

예제 패키지에 GIF와 완성된 프리팹이 마련되어있으니 확인하고 비교하며 직접 만들어보는 것도 좋을 것입니다.

06

2D와
3D 게임
이펙트 만들기

이미지 디자인을 다르게 하여 비슷한 타이밍의 다른
느낌을 가진 이펙트를 만들어 보는 것도 좋은 훈련
입니다.

CHAPTER

01 같은 주제, 다른 느낌의 이펙트

같은 주제의 이펙트란 똑같은 전기를 두른 아이템 이펙트를 만들 때에도 파티클의 개수, 쓰이는 이미지, 색상 등을 활용하여 느낌이 다른 이펙트를 만드는 것을 하는 것을 이야기합니다. 2D 이펙트는 파티클을 쓰더라도 직접 그린 것 같은 효과를 내는 것이 주 목표입니다. 반면 3D 이펙트는 어두운 느낌의 3D 모델링, 영화같은 실생활에서 녹아낼 수 있을 것 같은 이펙트 스타일을 이야기합니다.

2D 스타일의 이펙트는 소스를 만드는 법과 유의점을 다루겠습니다. 그리고 3D 스타일의 이펙트는 유니티 파티클을 조금 더 심도있게 다루는 식으로 무게를 더해 다뤄 보겠습니다.

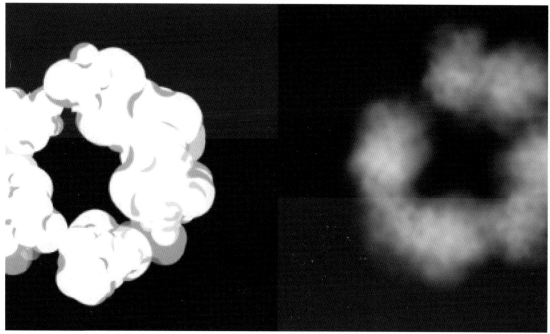

▲ 같은 연기가 주제지만 다른 느낌이 드는 2D와 3D 스타일의 이펙트

CHAPTER

02 퍼지는 연기 이펙트

연기 이펙트를 만들 때 생각해봐야 하는 것은 연기의 발생원과 연기가 퍼지는 속도입니다. 예를 들면, 플라스틱, 시멘트 등 인공물에서 나는 연기는 검은색이 많고 나무 등 자연에서 나는 연기는 하얀색이 많습니다. 또한 판타지, 인위적으로 만들어진 색깔 연기는 분홍색 등 다른 색을 띠우기도 합니다. 실제 연기를 구현한 이펙트를 만들 때는 어떤 식으로 만들어진 연기인지 잘 생각해보시기 바랍니다. 그리고 그것에 맞는 속도와 색으로 만드는 것을 연습하면 좋습니다.

▲ 어떻게 연기가 발생하는지 생각해보면 좋습니다.

이외에도 게임에서는 인위적으로 아이콘의 움직임을 가리거나 상자가 열리는 순간을 가려 가림막 역할을 하는 연기도 있습니다. 여기서 만들어 볼 것은 그 가림막 역할을 해주는 연기입니다.

우선 2D로 연기를 만드는 법을 먼저 보겠습니다. 느낌은 5강에서 보았던 연기와 비슷하지만 이번엔 이미지만이 아니라 파티클로 기교를 써서 만들어보겠습니다.

■ 2D 연기 이펙트

01 우선 이미지를 포토샵으로 만들어야 합니다. 포토샵을 켜고 256×256픽셀로 맞춘 캔버스를 만들어 검은색으로 캔버스 배경을 칠해줍니다. 다음으로 Ctrl + ' 을 눌러 설정해놨던 가이드라인을 불러옵니다. 가이드라인은 2강에서 설정했던 것처럼 64픽셀 간격의 세분화가 1로 된 가이드라인이어야 합니다.

02 다음으로는 가이드라인의 중점을 기준으로 원형을 만들어 줍니다. 원형의 윤곽 선택 도구(단축키: M) 을 선택하고 Shift + Alt 를 누르며 원형윤곽을 그리시면 중점을 기점으로 동그란 원형이 만들어집니다. 이 원형의 중심을 건드리지 않고 애니메이션에서 나오는 듯한 연기의 윤곽을 잡아줄 것입니다.

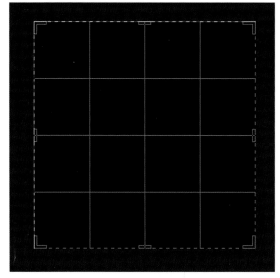
▲ 가이드라인을 불러온 검은 캔버스

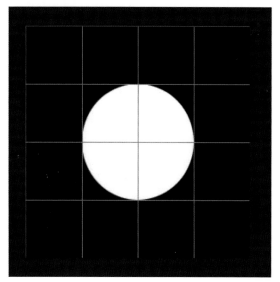
▲ 가이드라인의 중심점에 잡힌 원형

> 가이드라인은 기준선, 그리드는 격지를 의미한다고 보시면 됩니다. 64픽셀 간격으로 세분화하는 방법은 39페이지에 있는 '환경 설정'을 참조해주시면 됩니다.

03 참고할 애니메이션의 그림을 찾는다면 조금 더 원하는 모습의 이펙트를 만들 수 있습니다. 애니메이션같은 느낌의 참고 그림은 많으니 조금만 컴퓨터로 찾는다면 본인이 원하는 모습의 연기를 찾아낼 수 있습니다.

▶ 여러 애니메이션 형식의 그림을 참고해보면 애니메이션 형식의 연기에 채색이 심하지 않고 간단한 것을 알 수 있습니다.

04 지우개와 펜도구를 선명한 펜으로 맞추어서 몽실몽실한 쉐입을 잡아줍니다. 이후 약간의 회색 (BCBCBC) 명암을 넣어주어 약간의 입체감을 줍니다. 이 이펙트 이미지는 단일이라 크게 상관없지만 연속되는 이펙트 이미지를 만드실 때는 Ctrl + T를 가끔 눌러주어 중심점이 어디인지 확인해가며 만들어주면 좋습니다.

05 이미지를 만들었다면 뒷 검은 배경을 지워서 png 사진으로 저장하여줍니다. 저장한 후 유니티의 새 프로젝트를 열고 만든 이미지를 넣어줍니다. 이미지의 Texture Type 메뉴를 Sprite(2D and UI) 으로 바꿔주고, 머티리얼을 만들어 Shader 경로를 Mobile – Particles – Alpha Blended 으로 만들어줍니다.

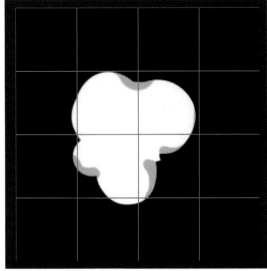

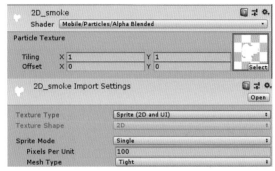

▲ 이름은 자유롭게 지어주시면 됩니다.

▲ 몽글몽글한 모양의 파티클 이미지를 만들어줍니다.

06 파티클과 어두운 색의 벽을 넣을 차례입니다. 우선 어두운 벽을 두 개 세웁니다. 메뉴 란의 GameObject – 3D Object – Quad를 선택해 벽을 만듭니다. 첫 번째 벽의 좌표를 Position 값은 X축을 0, Y축을 6, Z축을 17로 맞추고, Rotation 값은 모두 0으로 맞춰줍니다. 마지막으로 Scale 값은 X축을 17, Y축을 23, Z축을 11으로 바꿔줍니다. 두 번째 벽의 Position은 X : 0 / Y : −2.6 / Z : 5 이고, Rotation 포지션은 X : 90 / Y : 0 / Z : 0입니다. 마지막으로 Scale 포지션은 X : 17 / Y : 24 / Z : 11 으로 맞춘 뒤 파티클 시스템을 만듭니다. 파티클을 만들었다면 파티클의 Transform 수치를 설정해줍니다. 공중에 떠 있는 심플한 파티클이므로 파티클의 포지션은 모두 0인 상태에서 Rotation 포지션만 X값이 0으로 설정되어 있는 상태로 만들어줍니다.

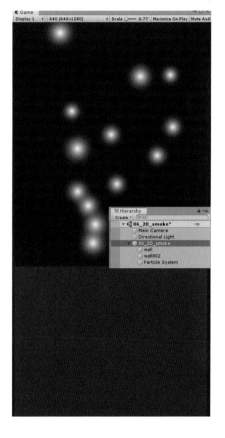

▶ GameObject안에 벽과 파티클 시스템을 만들어주면 이러한 모습이 됩니다.

07 다음으론 파티클에 머티리얼화한 이미지를 넣어줍니다. 이미지를 넣은 뒤부턴 파티클을 조정해야 합니다. 우선 메인 파티클 설정을 조정해줍니다. 파티클이 1초이상 나올 것이 아니므로 Duration을 1로 만들어줍니다. 다음으로는 Start Delay의 값을 Random Between Two Constants으로 두 칸으로 나눠 0과 0.1로 맞춰줍니다 (Random Between Two Constants은 Start Delay 메뉴의 오른쪽 아래화살표(▼)를 누르면 보입니다). 미세한 차이지만 파티클이 몇몇 개는 먼저 나오고 몇몇 개는 살짝 늦게 나오는 현상을 나중에 관찰할 수 있습니다. 다음으로는 Start Lifetime도 Random Between Two Constants으로 바꾼 후 각 수치를 0.2와 0.6으로, Start Speed 또한 같은 방법으로 메뉴를 나눠 각자 2와 3으로 바꿉니다. Start Size값도 0.7과 2로 만들어줍니다. 그 후 각자 다른 회전축을 가진 파티클 이미지가 만들어지도록 Start Rotation 메뉴도 0과 360으로 바꾸어줍니다.

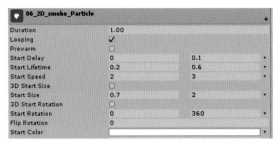

▲ 메인 설정을 잘 보고 바꾸어줍니다.

08 화면을 확인하면 타닥타닥 튀듯 움직이는 파티클을 볼 수 있습니다. 아직 연기라기보단 그림이 움직이는 느낌이 들 겁니다.

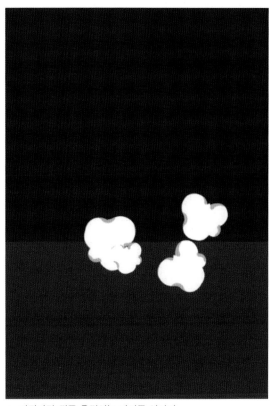

▲ 타닥타닥 튀듯 움직이는 파티클 이미지

09 파티클의 생성과 형상을 조절하기 위해 Emission과 Shape를 설정합니다. 우선, Emission의 Rate over Time가 10으로 되어있는 것은 0으로 바꿔주시고 Bursts의 +표시를 눌러 나온 메뉴의 Count 부분을 30으로 바꾸어줍니다. 다음으로는 Shape의 Shape 부분이 Circle이 되게 바꾼 후 Radius 수치를 0.3으로 바꾸어주면 됩니다. 이 수치는 파티클이 나오는 범위를 좀 더 줄여 처음 나오는 부분을 조금 더 몽실몽실하게 만들어줍니다.

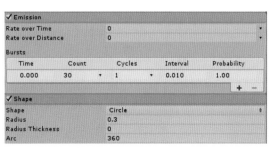

▲ 수치를 잘 보고 똑같이 만들어줍니다.

10 수치를 바꿔가며 어떤 식으로 파티클이 바뀌는지 확인하면서 만드셔도 좋습니다. 그렇게 만들면 파티클이 방사형으로 움직입니다. 이제 약간 퍼지는 연기의 모습이 보이기 시작합니다.

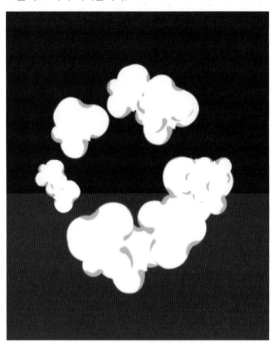

▲ 점차 연기의 모습이 보이기 시작하는 파티클

11 다음으로는 컬러와 알파값을 지정해주는 Color over Lifetime 값을 바꾸어 줄 차례입니다. Color over Lifetime 란의 하얀 칸을 누르면 Gradient Editor 란이 보입니다. 그림에 표시된 것과 같이, 윗부분에서 화살표가 없는 빈 부분을 누르면 화살표가 새로 생깁니다. 제일 끝부분의 알파를 0으로 바꾸어주면 파티클의 끝이 흐리게 바뀌는 것을 확인할 수 있습니다.

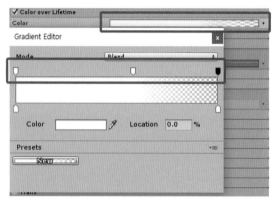

▲ 알파를 만들어주면 파티클의 끝이 좀 더 자연스럽게 사라집니다.

12 중간에 흰 부분을 추가해준 이유는 너무 빨리 사라지면 애니메이션같은 느낌이 나지 않기 때문입니다. 끝부분만 흐리게 해주면 앞부분은 선명하게 돋보이므로 조금 더 애니메이션같은 느낌을 낼 수 있습니다.

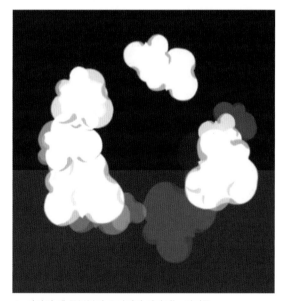

▲ 사라질 때 끝부분이 흐려지며 사라지는 파티클

13 연기가 살짝 작아지며 사라지는 느낌을 내기위해 Size over Lifetime을 조정해줍니다. 메뉴를 활성화를 한 후 Size 옆의 회색박스를 누르면 아래쪽에 곡선박스가 생깁니다. 그림에 표시한 자동으로 정해져있는 직선메뉴를 선택해주고, 수동으로 Size를 적당할 때 살짝만 작아지며 사라지도록 조절해줍니다. 끝부분을 0으로 바꿔버리면 너무 빨리 파티클이 사라지는 느낌을 주기 때문에 끝부분은 0.5보다 크게 조절해줍니다.

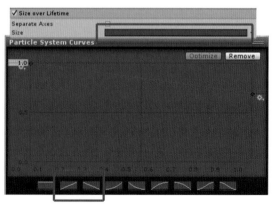

▲ 수치를 조절해주면 파티클의 처음부터 끝까지 미묘하게 작아지며 사라지는 것을 확인할 수 있습니다.

14 파티클이 회전하면서 움직일 수 있도록 Rotation over Lifetime를 설정해 줍니다. 메인 메뉴를 설정해줄 때와 같이 Random Between Two Constants 으로 Angular Velocity 메뉴를 두 칸으로 만든 후 각 수치를 45와 −70으로 설정해줍니다. 그러면 파티클이 40도와 −70도 사이로 회전하며 등장했다가 사라지게 됩니다.

▲ Rotation over Lifetime 값을 설정해주면 끝입니다.

15 이렇게 애니메이션 느낌의 연기 이펙트를 만들어 보았습니다. 보통의 이펙트보다 앞과 이미지가 전체적으로 선명한 느낌을 주는 것이 포인트였습니다. 완성된 GIF와 프리팹은 예제 패키지에서 받아볼 수 있습니다.

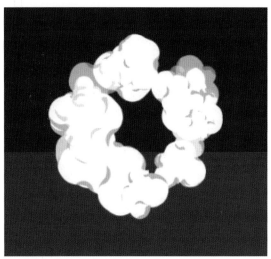

▲ 완성된 2D 스타일의 사방으로 터지는 연기

■ 3D 연기 이펙트

01 이번엔 3D 스타일의 연기 이펙트를 만들어보겠습니다. 2D 이펙트를 만들 때와 같이 포토샵을 켜서 256× 256픽셀로 맞춘 캔버스를 만듭니다. 캔버스의 배경을 검게 칠해준 후 Ctrl + ' 를 눌러 설정해놨던 가이드라인을 불러옵니다.

▲ 가이드라인을 불러온 검은 캔버스

02 가이드라인의 중점을 기준으로 원형을 만들어 줍니다. 원형의 윤곽 선택 도구(M)을 선택하고 Shift + Alt 를 누르며 원형윤곽을 그리시면 중점을 기점으로 동그란 원형이 만들어집니다.

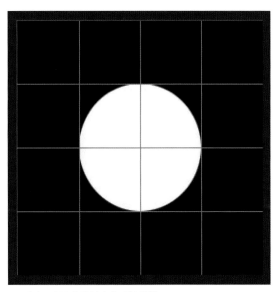

▲ 가이드라인의 중심점에 잡힌 원형

03 지우개 도구(단축키 : Ｔ)를 눌러 외곽이 부드러운 원의 브러시로 바꾸어줍니다.

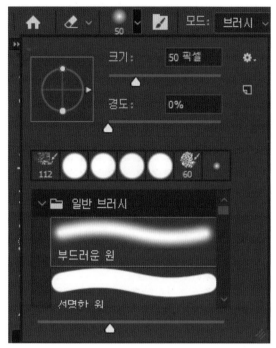

▲ 지우개 도구 중 부드러운 원의 브러시를 골라줍니다.

04 지우개 도구의 브러시 설정에 들어가 이중 브러시로 바꾸어줍니다. 이중 브러시 중에서 가지고 있는 브러시를 잘 살펴 구멍을 많이 낼 수 있는 브러시를 결정해 줍니다. 연기의 미세한 구멍들을 표현해줄 브러시이므로 작고 촘촘한 구멍들이 많은 브러시면 좋습니다.

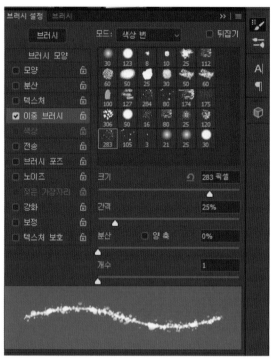

▲ 이중 브러시로 한 가지만 쓸 때와는 다른 느낌의 브러시를 만들어줍니다.

05 만들어진 브러시로 캔버스에 만들어 둔 원형을 지워줍니다. 브러시로 원형을 지울 때 주의할 점은 바깥부분을 꼼꼼하게 지워주는 것입니다. 아무리 흐리게 만들어도 경계선이 선명하게 보이기 때문에 주의하며 지워줘야 합니다.

포토샵 이중 브러시는 두 브러시를 조합하여 두 가지 특징을 한번에 나타내줄 수 있는 효과가 있습니다. 우리는 부드러운 원과 점점히 나눠진 브러시를 쓰니 촘촘하게 작은 원들로 지워지지만 끝이 알파가 살짝 빠져있는 부드러운 브러시가 완성되는 것입니다.

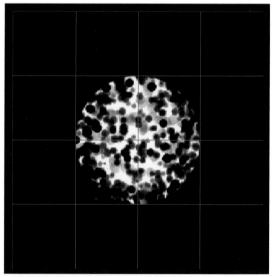

▲ 만든 브러시로 원형에 구멍을 뚫어줍니다.

06 그런 후엔 가우시안 흐림 효과로 만든 원형을 흐리게 만들어 줍니다. 반경은 7픽셀 정도로 잡아주시면 적당히 흐려진 덩어리가 생기게 됩니다.

▲ 가우시안 흐림 효과는 필터 – 흐림효과에서 찾아볼 수 있습니다.

07 한 번 더 가우시안 흐림 효과를 주어 연기를 만들 때 조금 더 색감의 차이가 나도록 해줍니다. 다만 처음처럼 덩어리를 너무 많이 지우면 아예 그림이 흐려져서 보이지 않으니 적당히 조금만 지워줍니다.

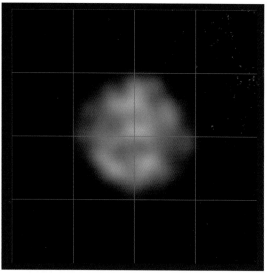

▲ 가우시안 필터의 효과를 받은 그림

08 다시 이중 브러시로 그림을 다시 적당히 지워줍니다.

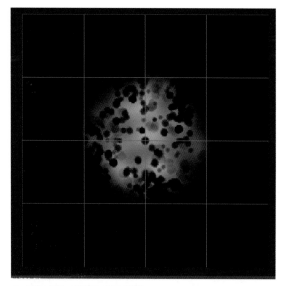

▲ 처음보다는 조금만 지운 연기

09 다음으로는 똑같이 가우시안 흐림 효과를 조금 더 줍니다. 이번엔 뒤에 이미 흐려진 덩어리들이 있으니 아까보단 조금만 효과를 주겠습니다. 4~5픽셀 정도로만 효과의 범위를 설정해줍니다.

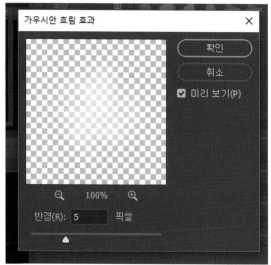

▲ 처음보다는 효과도 적게 넣어줍니다.

10 효과를 넣어준 후 확인해보면 조금 더 연기스러운 모습이 된 이미지를 볼 수 있습니다. 하지만 약간 연한 감이 있으므로 레이어를 복사해서 조금 더 선명하게 바꿔보겠습니다.

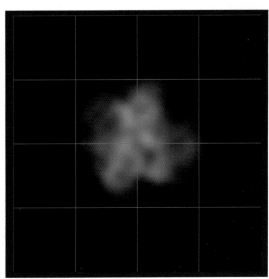

▲ 흐림의 강약이 생긴 이미지

11 레이어를 복사합니다.

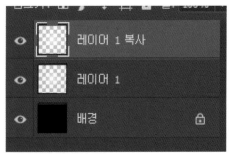

▲ 복사한 레이어를 합칠 때는 [Shift]를 눌러 둘 다 선택한 다음 [Ctrl] + [E]로 합쳐줍니다.

12 레이어 한 쪽의 알파를 36% 정도로 줄여줍니다.

▲ 한 쪽의 알파를 36%까지 줄여줍니다.

이렇게 한 그림의 알파를 살짝 줄이는 이유는 둘 다 너무 선명하면 연기같지 않고 자연스럽게 흐릿해지지 않기 때문입니다.

13 여기까지 해주면 연기 이미지가 완성됩니다. 완성된 이미지는 뒷배경을 제거한 후 png로 저장해줍니다.

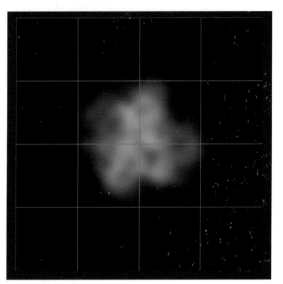

▲ 완성된 그림을 유니티에 넣는 작업을 해줍니다.

14 저장한 후 유니티의 새 프로젝트를 열고 만든 이미지를 넣어줍니다. 이미지의 Texture Type 메뉴를 Sprite(2D and UI)으로 바꿔주고, 머티리얼을 만들어 Shader 경로를 Mobile − Particles − Alpha Blended 으로 만들어줍니다.

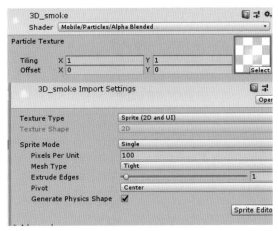

▲ 설정을 해주고 이름은 편하게 지어줍니다. 머티리얼과 png이미지의 이름은 같은 것을 쓰면 나중에 찾기 좋습니다.

15 이미지를 넣어준 후에 파티클과 어두운 색의 벽을 넣어줄 것입니다. 우선, 어두운 벽을 두 개 세웁니다. 벽은 메뉴 란의 GameObject − 3D Object − Quad를 찾아 만들 수 있습니다.

첫 번째 벽의 좌표를 Position X : 0 / Y : 6 / Z : 17, Rotation 포지션은 모두 0으로 맞춰줍니다. Scale 포지션은 X : 17 / Y : 23 / Z : 11으로 바꿔줍니다. 두 번째 벽의 Position은 X : 0 / Y : −2.6 / Z : 5 이고, Rotation 포지션은 X : 90 / Y : 0 / Z : 0입니다. Scale 포지션은 X : 17 / Y : 24 / Z : 11으로 맞춥니다. 그 후, 파티클 시스템을 만들고 파티클의 Transform 수치를 설정해줍니다. 공중에 떠 있는 심플한 파티클이므로 파티클의 포지션은 모두 0인 상태에서 Rotation의 X축을 0으로 설정해줍니다.

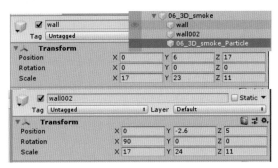

▲ 설정을 잘 보고 벽 두 개와 파티클을 만들어줍니다.

16 다음으론 파티클에 머티리얼화한 이미지를 넣어줍니다. 다음으론 메인 파티클 설정을 조정해줍니다. 파티클이 1초이상 나올 것이 아니므로 Duration을 1로 만들어줍니다. 다음으로는 Start Delay의 값을 Random Between Two Constants으로 두 칸으로 나눠줍니다. 각 칸을 만들었다면 각자 0과 0.1로 맞춰줍니다. 미세한 차이지만 파티클이 몇몇 개는 먼저 나오고 몇몇 개는 살짝 늦게 나오는 현상을 나중에 관찰할 수 있습니다. 다음으로는 Start Lifetime도 Random Between Two Constants으로 바꾼 후 각 수치를 0.4와 0.7으로, Start Speed 또한 같은 방법으로 메뉴를 나눠 각자 2와 3으로 바꿉니다. Start Size값도 1과 2로 만들어줍니다. 그 후, 각자 다른 회전축을 가진 파티클 이미지가 만들어지도록 Start Rotation 메뉴도 0과 360으로 바꾸어줍니다.

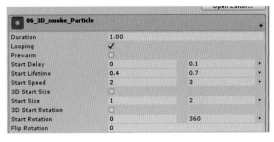

▲ 메인 파티클 설정

17 여기까지 설정했다면 가운데에서 순차적으로 파티클이 나오는 것을 확인할 수 있습니다

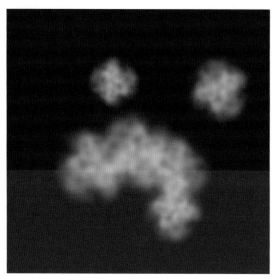

▲ 순차적으로 파티클이 나오는 그림

18 파티클의 생성과 형상을 조절하기 위해 Emission과 Shape를 설정합니다. 우선, Emission의 Rate over Time을 0으로 바꾸고 Bursts의 +표시를 눌러 나온 메뉴의 Count 부분을 30으로 바꾸어줍니다. 다음으로는 Shape의 Shape 부분이 Circle이 되게 바꾼 후 Radius 수치를 0으로 바꾸어주면 됩니다. 이 수치는 파티클이 나오는 범위를 좀 더 줄여 연기가 조금 더 가득 차 보일 수 있게 만들어줍니다.

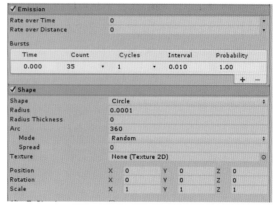

▲ 움직임을 잘 생각하며 파티클의 숫자를 정해줍니다.

19 수치를 조정하면 한번에 여러 파티클이 나와 조금 더 풍성해진 이미지를 볼 수 있습니다.

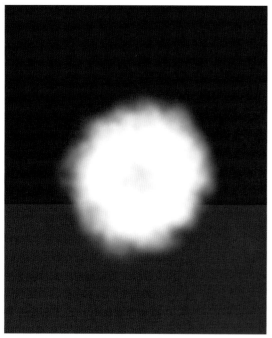

▲ 한번에 여러 파티클이 나오는 모습을 확인하고 다음으로 넘어갑니다

20 연기가 자연스럽게 사라지도록 컬러와 알파값을 지정할 차례입니다. Color over Lifetime 란의 하얀 칸을 누르면 Gradient Editor 란이 보입니다. 하얀 칸의 알파 부분(윗부분)에서 화살표가 없는 빈부분을 누르면 화살표가 새로 생깁니다. 제일 끝부분의 알파를 0으로 바꾸어주면 파티클의 끝이 흐리게 바뀌는 것을 확인할 수 있습니다. 뒤의 알파값이 0인 화살표를 살짝 앞으로 가져오면 파티클이 생성되는 0.7~0.8초 사이에 뜨는 값이 생겨 다음 파티클이 나오기 전에 텀이 파티클이 연달아 나올 때 조금 더 자연스러운 느낌을 줍니다.

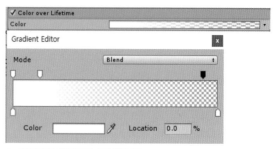

▲ 컬러값은 흰색으로 고정합니다.

21 여기까지 했으면 원형으로 알파값이 빠지며 사라지는 파티클을 확인할 수 있습니다.

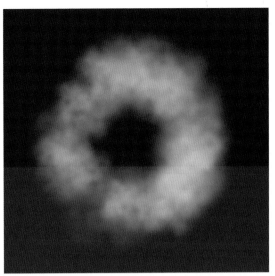

▲ 끝이 흐려지며 없어지는 파티클

22 연기가 점차 퍼지며 사라지는 낌을 내기 위해 Size over Lifetime을 조정해줍니다. 메뉴를 활성화를 한 후 작은 회색박스를 누르면 아래쪽에 곡선박스가 생깁니다. 자동으로 정해져있는 직선 메뉴를 선택해주고, 수동으로 Size를 살짝 작아지도록 조정합니다. 끝부분을 0으로 바꿔버리면 너무 빨리 파티클이 사라지는 느낌을 주기 때문에 끝부분은 0.5보다 크게 조절해줍니다.

▲ 끝으로 갈수록 작아지는 사이즈를 표현해줍니다.

23 파티클이 회전하면서 움직일 수 있도록 Rotation over Lifetime를 설정해 줍니다. 메인 메뉴를 설정해줄 때와 같이 Random Between Two Constants로 Angular Velocity 메뉴를 두 칸으로 만들어 준 후 각 수치를 45와 −70으로 설정해줍니다. 그러면 파티클이 40도와 −70도 사이로 회전하며 등장했다가 사라지게 됩니다.

▲ 파티클이 같은 모양으로 움직이지 않게 약간의 회전값을 넣어주는 것입니다.

24 여기까지 2D 연기 이펙트와 흡사한 느낌의 3D 연기 이펙트를 만들어 보았습니다. 연기의 발생원과 연기 이펙트를 사용하는 목적에 따라 연기의 색과 모양, 퍼지는 정도가 달라질 수 있습니다.

바람값은 파티클을 얼마나 멀리 퍼지게 할지 설정하는 값이라고 보시면 됩니다. 바람값은 스피드, 라이브 등으로도 조절할 수 있습니다.

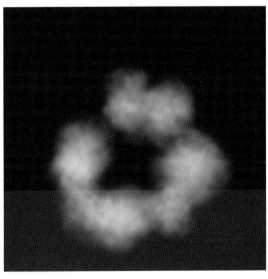

▶ 완성된 연기 이펙트의 GIF와 파일은 예제 패키지에서 받을 수 있습니다.

CHAPTER

03 전기 이펙트

전기 속성의 이펙트에는 여러 가지 형태와 색상이 있습니다. 누군가는 전기를 보라색으로 표현할 수 있고, 누군가는 초록색, 누군가는 파란색을 쓰기도 합니다. 전기는 빛의 덩어리가 여러 가닥으로 뻗어가며 나오는 베이스가 사실상 흰색에 가깝습니다. 그래서 포인트 색을 주는데, 사람마다 표현하는 색상이 다르니 같은 이펙트여도 색깔 차이가 나는 것입니다.

▲ 쓰는 사람에 따라 다를 수 있는 번개의 색상

전기 이펙트는 쓰임새에 따라 뻗어가는 모양과 형상도 달라집니다. 따라서 전기볼, 바닥에서 전기가 흐르는 장판, 마비가 된 캐릭터를 표현하는 등 쓰임에 따라 연출되는 전기의 모습이 다르게 됩니다.

우리가 먼저 만들어볼 전기 속성의 이펙트는 번개입니다. 번개 이펙트는 하늘에서 내려 강하게 땅을 치는 것처럼 묘사를 합니다. 따라서 하늘에서 나오는 큰 번개, 바닥에 깔린 장판, 남은 전기의 불똥 이펙트를 조합해서 만들 것입니다. 그런데 이러한 번개 이펙트에도 2D와 3D 이펙트의 이미지와 움직임, 색감 차이는 분명히 존재합니다. 두 스타일을 모두 만들어 보며 차이점을 익히면 좋은 연습이 될 것입니다.

■ 2D 번개 이펙트

01 2D 스타일의 번개는 일반적으로 우리가 보는 번개보다 조금 더 통통한 느낌을 줍니다. 그리고 색상이 조금 더 뚜렷하기도 합니다. 직접 그려보며 차이점을 보면 더 선명하게 그 차이점을 알 수 있을 것입니다.

우선 포토샵을 열고 세로로 조금 더 큰 512×1024픽셀의 캔버스를 만듭니다. 다음으로는 캔버스 전체배경을 검은색으로 채워준 후, 번개를 그리기 위해 레이어를 하나 더 생성해줍니다. 이후 Ctrl + '으로 설정해놨던 가이드라인을 불러옵니다.

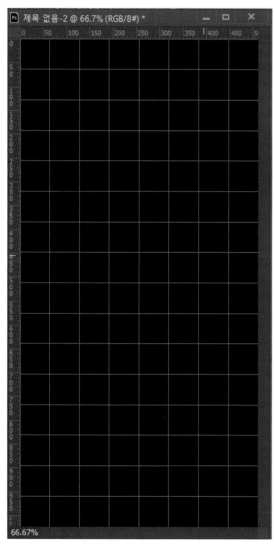

▲ 번개의 높이에 맞춰 조금 더 길게 만든 포토샵 캔버스

02 번개의 특징인 '자유롭게 뻗은 직선'을 표현하기 위해 올가미 도구(단축키: L) 로 번개모양을 잡아줄 것입니다.

▲ 자유로운 모양을 위해 올가미 도구를 사용합니다.

03 번개는 큰 토대의 직선과 작은 잔선들로 되어있습니다. 그러한 잔선들을 잘 생각해보며 올가미 도구로 대충대충 하얀색의 선을 잡아줍니다.

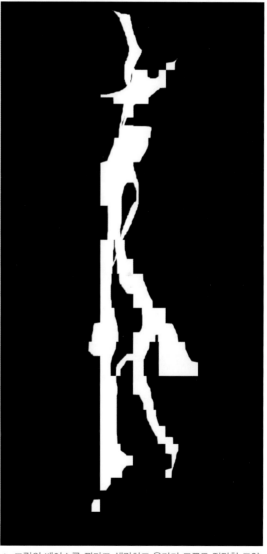

▲ 그림의 베이스를 깐다고 생각하고 올가미 도구로 적당한 모양의 선을 잡아줍니다.

04 지우개와 펜을 선택하여 번개 선을 지워줍니다. 애니메이션 효과를 위해 외곽이 흐리지않은 진한 동그라미의 펜과 지우개를 선택하여 그림을 다듬어줍니다. 애니메이션적인 그림을 위해 너무 선을 얇게 깎지 않도록 조심해줍니다. 같은 형식으로 번개 이미지를 두 세 장을 만들 것이기에 높이가 같은 그림을 그린다는 생각을 하면 좋습니다.

05 정리가 되었다면 연달아 나올 비슷한 번개 이미지를 두 세 장을 더 그려줍니다.

▲ 연달아 그린 이펙트 세 장

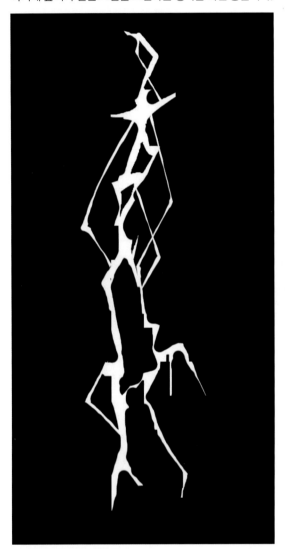

▲ 정리가 된 번개 이미지

06 이미지 세 장을 전부 그렸다면 이제 세 장 모두 하나의 규칙을 정해서 이펙트를 꾸며주어야 합니다.

07 이펙트로 만들기 위해 각 번개 이미지에 규칙을 적용해줍니다. 우선 레이어를 하나 복사해 11픽셀로 가우시안 흐림 효과를 잡아주고, 최대값으로 가우시안 흐림 효과를 쓰지 않은 레이어의 선을 줄여줍니다.

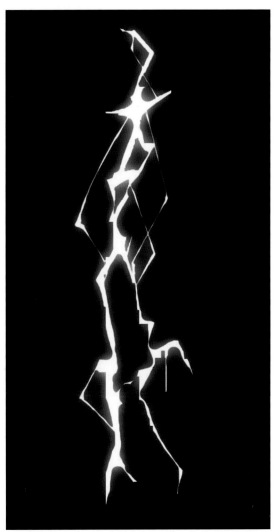

▲ 순서를 지켜서 만들어진 번개 이펙트 이미지

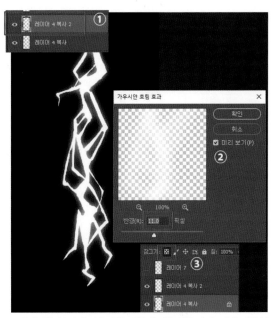

▲ 레이어를 복사해 가우시안 흐림 효과를 넣습니다. 이때 가우시안 흐림 효과를 넣은 레이어를 잠그지 않으면 그 부분에만 채색이 되지않고 전부 다 채색이 되니 꼭 레이어를 잠가줍니다.

08 가우시안 흐림 효과를 넣은 레이어에 옅은 하늘색(00FFCC) 색상을 넣어줍니다. 필터의 기타, 최대값으로 그림의 1픽셀을 줄여줍니다.

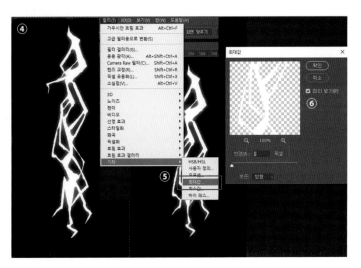

▶ 마무리까지 해주면 번개가 조금 더 정돈되어 보입니다.

09 규칙을 적용해 각각의 번개 이펙트를 완성한 모습입니다.

▲ 완성된 번개 이펙트 그림들

10 다음으로 만들 이미지는 바닥을 내리쳐 바닥이 밝아지는 원형입니다. 우선 256x256의 캔버스를 켜고 Ctrl + ' 으로 설정해놨던 가이드라인을 불러옵니다. 다음으로는 원형의 윤곽 선택 도구(M)을 선택하고 Shift + Alt 를 누르며 원형윤곽을 그리시면 중점을 기점으로 동그란 원형을 만들어주는 겁니다.

원형의 색상은 번개에 썼던 옅은 하늘색(00FFCC)을 사용하고 가우시안 흐림 효과를 19픽셀 정도로만 줍니다.

▲ 완성된 바닥 이미지

11 이번엔 번개를 맞은 장판에서 잔 전류가 튀는 원형 이미지를 만들어 줄 것입니다. 원형을 그리는 방법은 앞에서와 동일합니다. 256×256픽셀의 캔버스를 열고, 하얀색의 원형 이미지를 만들어줍니다.

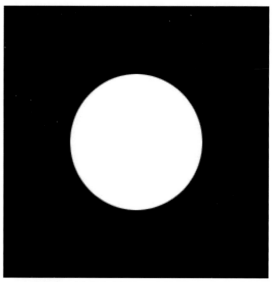

▲ 이 이미지는 바닥에서 남은 전극들이 튀는 효과를 줄 것입니다.

12 여기까지 모두 따라 만들어 보았거나 예제 패키지의 png파일들을 받아보았다면 이제 만든 이미지들을 유니티 안에 넣어줍니다. 모든 이미지의 Texture Type 메뉴를 Sprite(2D and UI)으로 바꿔주고, 머티리얼을 만들어 Shader 경로를 Mobile – Particles – Additive으로 만들어줍니다. 단, 남은 전극이 튀는 것을 만들어줄 원형 이미지는 Alpha Blended로 바꿔줍니다.

이미지를 넣어준 후에 파티클과 어두운 색의 벽 두 개를 만듭니다. 메뉴 란의 GameObject – 3D Object – Quad에서 찾아 만들 수 있습니다.

첫 번째 벽의 좌표를 Position X : 0 / Y : 6 / Z : 17, Rotation 포지션은 모두 0으로 맞춰줍니다. Scale 포지션은 X : 17 / Y : 23 / Z : 11으로 바꿔줍니다. 두 번째 벽의 Position은 X : 0 / Y : –2.6 / Z : 5 이고, Rotation 포지션은 X : 90 / Y : 0 / Z : 0입니다. Scale 포지션은 X : 17 / Y : 24 / Z : 11으로 맞춰줍니다. 파티클의 좌표는 Scale 값을 제외하고 모두 0인 상태에서 Rotation 값만 X값이 0으로 설정되도록 만들어줍니다.

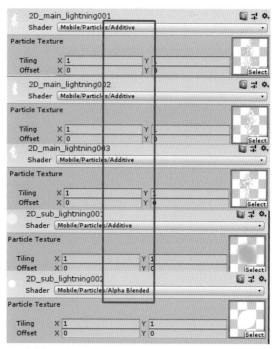

▲ 마지막 그림의 머티리얼

13 첫 번째 번개 이펙트를 만들어보겠습니다. 파티클 시스템을 만든 후 파티클에 머티리얼화한 첫 번째 번개이미지를 넣어줍니다. 그 후, 파티클의 Transform 수치를 정합니다. Position 포지션은 X : 0 / Y : 2 / Z : 0으로 살짝 아래쪽에 포지션이 넣어지게 됩니다. Rotation 포지션은 모두 0으로 설정해 줍니다. Scale 값은 X: 0.8 / Y: 1.2 / Z: 1로 맞춰줍니다. 정사각형으로 생성되는 파티클 이미지를 조금 늘려서 길쭉한 느낌을 주기 위해 스케일을 평상시와 다르게 잡아두는 것입니다.

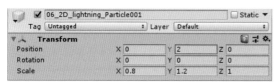

▲ 첫 번째 파티클 밑에 다른 파티클들을 넣어줄 것이므로 잘 설정해줍니다.

14 이제 본격적으로 메인 파티클의 설정을 바꿔줄 것입니다. 번개가 내리치고, 바닥에 빛이 나고 잔 전기가 튀기는 이 모든 과정이 2초 안에 나오게 할 것이므로 Duration을 2로 잡아줍니다. Start Lifetime의 수치를 0.25로, Start Speed을 0으로 바꿉니다. Start Size 값은 9로 만들어줍니다.

▲ 메인 수치를 잘 보고 확인해줍니다.

15 이렇게 메인을 정해주면 약간 커진 파티클이 여러 개 순차적으로 나오는 것을 볼 수 있습니다.

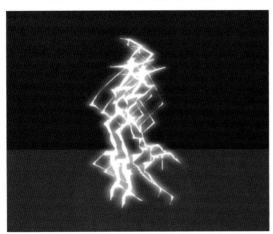

▲ 같은 파티클이 순차적으로 나오게 됩니다.

16 Rate over Lifetime 값을 0으로 바꾸고 오른쪽 아래의 +표시를 눌러 Count의 값을 1로 만들어줍니다. 그리고 파티클의 모양을 바꾸진 않으므로 Shape는 체크를 해제합니다.그렇게 하면 같은 자리에 같은 번개가 똑같이 나오게 됩니다.

✓Emission					
Rate over Time		0			
Rate over Distance		0			
Bursts					
Time	Count	Cycles		Interval	Probability
0.000	1	1		0.010	1.00
					+ −
○ Shape					

▲ Emission의 설정값을 잘 보고 정해줍니다.

17 번개가 하나씩 여유를 두고 생겼다 사라지기를 반복하는지를 확인합니다.

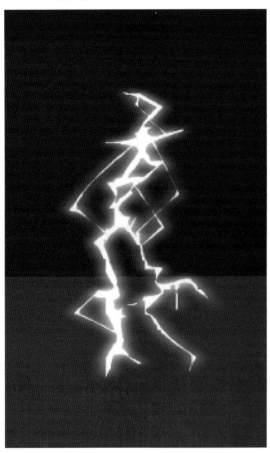

▲ 여유있게 생겼다 사라졌다를 반복하며 깜빡이는 번개 이미지를 확인합니다.

18 번개의 디테일을 잡아주기 위해 Color over Lifetime을 설정해줍니다. 그림의 Gradient Editor를 보면 위쪽과 아래쪽에 화살표가 있습니다. 위쪽은 알파, 아래쪽은 색상을 설정하는 화살표입니다. 여기서는 알파값을 살짝 바꿔 줄 것입니다. 알파구역의 빈 구역을 눌러주면 추가 화살표가 생기는데 추가 화살표는 8개까지만 생깁니다. 우선 화살표를 원래 있던 것을 포함해서 8개를 만들어줍니다. 그 후, 맨 앞의 두 화살표는 빼고 화살표 6개로 알파값을 0과 100으로 번갈아가면서 설정해줍니다. 이렇게 하면 파티클 이미지의 끝이 반짝이면서 이미지가 사라지게 됩니다.

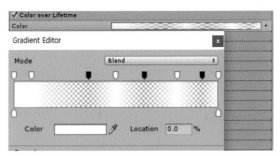

▲ 알파값을 번갈아가면서 넣었다가 빼주면 반짝이는 효과를 받게 됩니다.

19 Size over Lifetime 값을 수정해줍니다. 우선 해당 메뉴를 체크해주고 Size의 상자를 눌러주면 아래에 곡선을 설정할 수 있는 상자가 보이게 됩니다. 아래를 보면 Particle System Curves 란이 뜨는데, 이 란의 하단에서 여러 선 모양 중 하나를 선택할 수 있습니다. 그림과 같이 바꾸려면 오른쪽 위로 올라가는 직선을 선택하고 수동으로 크기와 타이밍을 조절해야 합니다. 직선의 처음이 0까지는 0.15에서 직선을 유지하다가 0.2부터 위로 올라가 1.0에서 끝이 나도록 직선을 잡아주면 번개가 시작하는 부분에 순간적으로 커지는 듯한 번개의 효과를 낼 수 있습니다.

▲ Size 값을 바꾸어주면 시작부가 자연스럽게 됩니다.

20 마지막으로 번개 이미지의 크기를 메인 메뉴에서 바꾸어도 일정 크기이상 바뀌지 않았을 것입니다. 이것은 파티클의 최대 크기값이 0.5에서 잠겨있어서 나타나는 현상인데 파티클 메뉴 제일 아래의 Renderer의 Max Particle Size 값을 5로 바꾸어주면 이러한 현상이 없어지고 본래 원하던 크기의 파티클이 나오게 됩니다.

✓ Renderer	
Render Mode	Billboard
Normal Direction	1
Material	2D_main_lightning001
Trail Material	2D_main_lightning001
Sort Mode	None
Sorting Fudge	0
Min Particle Size	0
Max Particle Size	5
Render Alignment	View

▲ 파티클에 잠겨있는 최대 파티클 크기를 풀어줍니다.

21 이렇게 하면 화면 위에서부터 바닥까지 닿은 커다란 파티클 이미지 하나가 완성됩니다. 이젠 이 파티클이 반짝이고 사라지는 순간에 맞춰 다른 파티클이 나오도록 만들 겁니다. 우선 첫 번째 번개 파티클을 복사(Ctrl+D)해줍니다. 그 후, 만들어둔 파티클 아래에 넣어 다음 번개 이미지인 2D_main_lightning002의 머티리얼 이미지를 넣어줍니다.

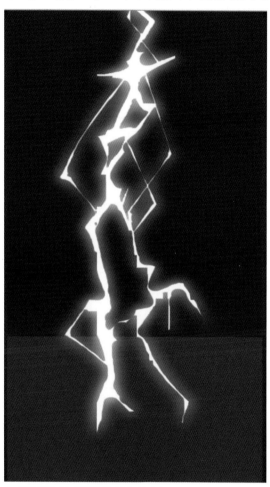

▲ 화면 안을 꽉 채우게 된 번개 이미지

22 그림처럼 두 파티클을 정리해주었다면 이제 동시에 나오게 되는 파티클을 정리해줄 차례입니다. 이미지 2D_main_lightning002를 넣은 파티클의 메인 메뉴를 먼저 바꾸어줍니다.

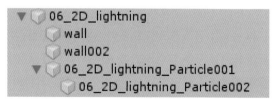

▲ 하나 만들어진 파티클을 더 복사하여 드래그하여 만들었던 파티클 안에 넣어줍니다.

23 첫 번째 파티클을 설정한 것과 같이, 이번에도 2초
안에 모든 것이 들어갔다가 나오는 과정이 보여야
하기에 Duration 값을 2로 만들어줍니다. 다음 Start Delay의
값을 0.1로 바꿉니다. 이렇게 해주면 위에 있는 메인 001 파
티클보다 0.1초 늦게 파티클이 생성되게 됩니다. 마지막으로
Start Lifetime의 수치를 0.2로 바꾸어주면 메인보다 늦게 나
오면서 메인보다 빨리 사라지는 파티클이 완성되게 됩니다.

06_2D_lightning_Particle002		+
Duration	2.00	
Looping	✓	
Prewarm	☐	
Start Delay	0.1	▸
Start Lifetime	0.2	▸
Start Speed	0	▸
3D Start Size	☐	
Start Size	9	▸

▲ 메인 메뉴를 바꾸어주면 또 다른 느낌의 파티클이 됩니다.

24 이렇게 만든 파티클을 보면 메인 이미지보다 조금
더 납작하고 이미지가 달라 보일 것입니다. 이러
한 이미지 관리는 파티클의 트랜스폼을 바꾸어주면 됩니다.

▲ 그렸던 것보다 납작하게 들어간 파티클 이미지

25 이런 경우 파티클의 Scale 값을 X: 0.8 / Y: 1.5 / Z:
1로 바꾸어주면 정상적으로 출력됩니다.

▼ 人	Transform					🖼 📑 ⚙,
	Position	X 0		Y 0		Z 0
	Rotation	X 0		Y 0		Z 0
	Scale	X 0.8		Y 1.5		Z 1

▲ 납작한 그림을 넓게 펴줍니다.

26 파티클의 다른 부분은 메인 이미지 001과 같으므
로 수정하지 않습니다. 다음 파티클을 준비하기 위
해 만들어둔 002 이미지의 파티클을 또 Ctrl+D로 복사해
줍니다.

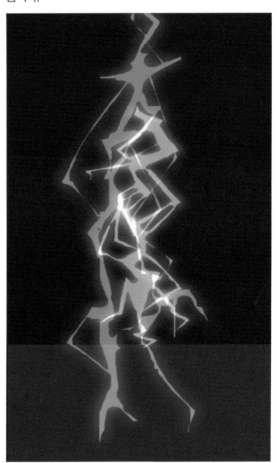

▲ 두 가지 이미지가 함께 나오는 파티클

27 다음에 복사한 파티클을 2D_main_lightning003 이라고 되어있는 이미지의 머티리얼을 넣어줍니다. 메인 002의 파티클과 같이 메인 001의 메뉴 밑에 넣어줍니다. 002 파티클을 복사했다면 자연스럽게 밑으로 넣어져 있을 것입니다.

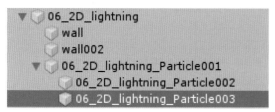

▲ 파티클을 하나 더 복사하여 이름을 바꾸어주고 이미지를 넣어줍니다.

28 이번에도 2초 안에 모든 것이 들어갔다가 나와야 하므로 Duration을 2로 만듭니다. 단, 이번 파티클은 앞의 파티클보다 조금 더 늦게 생성되도록 딜레이를 줍니다. 따라서 Start Delay의 값을 0.15로 바꿉니다. 이렇게 해주면 위에 있는 메인 001 파티클과 002 파티클보다 0.15초 늦게 파티클이 생성되게 됩니다. 그리고 Start Lifetime의 수치를 0.2로 바꾸어주면 됩니다.

Duration	2.00	
Looping	✓	
Prewarm	☐	
Start Delay	0.15	▾
Start Lifetime	0.2	▾
Start Speed	0	▾
3D Start Size	☐	
Start Size	9	▾
3D Start Rotation	☐	
Start Rotation	0	▾
Flip Rotation	0	

▲ 메인 메뉴를 바꾸어주면 세 번째 파티클의 완성입니다.

29 두 번째 번개 파티클 때처럼 이미지가 납작하게 나온다면 파티클의 트랜스폼을 바꾸어주면 됩니다. 파티클의 Scale 값을 X: 0.8 / Y: 1.5 / Z: 1로 설정합니다.

▼ ⤳ **Transform**						🖼 ⌿ ✿
Position	X	0	Y	0	Z	0
Rotation	X	0	Y	0	Z	0
Scale	X	0.8	Y	1.5	Z	1

▲ 그림이 원하는 것처럼 출력되지 않을 때는 트랜스폼을 확인해봅니다.

30 세 번째 번개 파티클까지 만들어진 모습입니다.

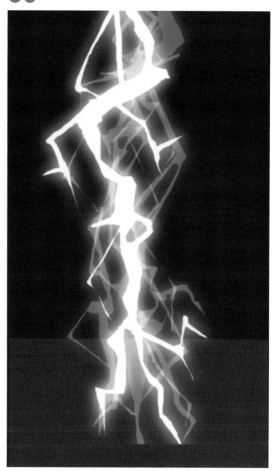

▲ 세 번째 파티클까지 완성된 번개 파티클의 모습

31 바닥에 깔리는 장판 파티클을 만들어줄 것입니다. 새로운 파티클을 하나 만들고 2D_sub_lightning001이라는 그림의 머티리얼을 넣어줍니다. 이 파티클도 메인 001 이미지가 들어있는 파티클의 아래에 넣어주시면 좋습니다. 다음으로 장판 파티클의 트랜스폼 수치를 정하겠습니다. 장판 파티클은 바닥에 깔려 있다는 느낌으로 생겨야 하니 Position은 X : 0 / Y : −3.38 / Z : −1.08로 설정합니다. Rotation 포지션은 모두 0으로 설정해 줍니다. Scale 값은 X: 1.25 / Y: 0.3 / Z: 1로 맞춰줍니다. 이렇게 만든 이미지는 바닥에서 납작하게 올라가는 원형처럼 보이게 됩니다.

▼ ⤳ **Transform**						🖼 ⌿ ✿
Position	X	0	Y	-3.38	Z	-1.08
Rotation	X	0	Y	0	Z	0
Scale	X	1.25	Y	0.3	Z	1

▲ 바닥에 파티클을 깔아주기 전에 트랜스폼을 먼저 설정해주면 원하는 모양대로 파티클을 만질 수 있습니다.

32 이제 번개가 깜빡이는 순간에 맞춰 커다란 원형 장판이 바닥에 깔리는 타이밍을 재줄 때입니다. 메인 메뉴를 바꾸기 전에 제대로 이미지가 들어갔는지 확인해줍니다.

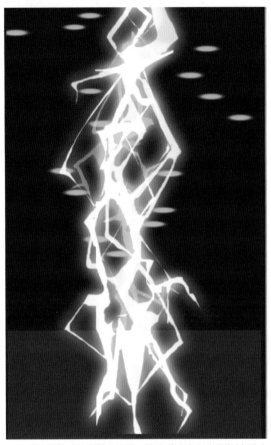

▲ 트랜스폼을 바꾼 영향으로 동그랗던 이미지가 납작해졌습니다.

33 메인 파티클의 설정은 Duration을 2로 만들어줍니다. 언제 끝나더라도 다른 번개의 부속 파티클들과 동시에 나와야하므로 Duration을 2로 잡아주는 것입니다. 다음 Start Delay의 값을 0.1로 바꿉니다. 이렇게 바꿈으로써 1번 파티클보다는 늦게 나와 번개가 내리치고, 땅에 파문이 생기는 것처럼 연출할 수 있습니다. 그리고 Start Lifetime의 수치를 0.4로 바꾸어주면 됩니다. Start Speed를 0으로 바꾸고, Start Size 값은 5로 만들어줍니다. 이렇게 하면 동시에 여러 장의 원형 장판이 왔다 갔다 하며 바닥에 깔리게 됩니다.

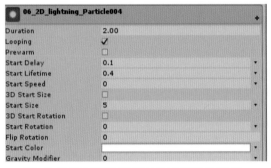

▲ 메인 메뉴를 바꾸어주면 파티클이 확실히 변하게 됩니다.

34 원형 장판이 바뀌는 것을 보았다면 다음에는 장판이 하나만 나올 수 있게 하고, 같은 장소에서 나올 수 있게 해주는 파티클 메뉴를 바꿔볼 겁니다.

35 Emission의 Rate over Time 값을 0으로 바꾸어줍니다. 다음으로는 오른쪽 아래의 +표시를 눌러 Count의 값을 1로 만들어준 후 Shape의 체크를 풀어줍니다. 그렇게 하면 같은 자리에 장판이 똑같이 나오게 됩니다.

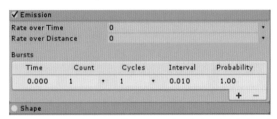

▲ 메인 파티클 메뉴에서 정한 수치를 정돈해주는 개념이라고 생각하면 됩니다.

◀ 장판이 여러 겹 깔리는 바닥

36 이제 Color over Lifetime을 설정해줍니다. 알파값만 살짝 바꿔 줄 것입니다. 알파 구역의 빈 구역을 눌러 추가 화살표를 만듭니다. 원래 있던 화살표까지 포함해 총 4개의 화살표를 만들어줍니다. 이후 알파값을 100, 0, 100, 0으로 설정하고 100과 0으로 번갈아가면서 깜빡이는 부분을 앞으로 끌어옵니다. 이렇게 하면 초반에 반짝이는 효과를 주어 조금 더 타격감이 있어보이게 됩니다.

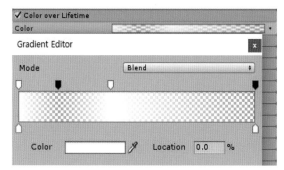

▲ Color over Lifetime 값을 설정해줍니다.

37 Size over Lifetime 값을 수정해줍니다. 우선 해당 메뉴를 체크해주고 Size의 상자를 눌러주면 아래에 곡선을 설정할 수 있는 상자가 보이게 됩니다. 아래를 보면 Particle System Curves 란이 뜨고 직선의 처음이 0.8로 시작해 1.0에서 끝이 나도록 직선을 잡아주면 장판이 시작하는 부분부터 커지는 듯한 효과를 낼 수 있습니다.

▲ 점점 커지는 장판을 표현해줍니다.

38 처음 파티클에서 설정해 주었던 것처럼 파티클의 최대 크기값을 키울 것입니다. 제일 아래의 Renderer의 Max Particle Size 값을 10으로 바꾸어주면 본래 원하던 크기의 파티클이 나오게 됩니다.

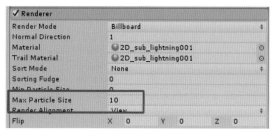

▲ 최대 파티클 이미지 크기 값도 정해주면 장판 파티클은 마무리되게 됩니다.

39 번개가 내리치는 순간에 바닥에 파란 장판이 내리면 번개가 위에서 아래로 내려친 것 같은 착시를 주기 때문에 이러한 장판을 깔아준 것입니다. 이 책에서는 간단한 원형 장판을 썼지만 그을림 자국, 번개 자국, 갈라진 땅 자국 등 여러 이미지에 응용해봐도 좋습니다.

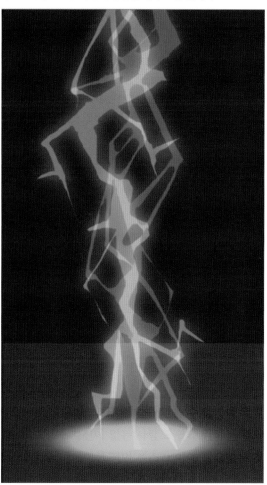

▲ 장판까지 들어간 번개 이펙트

40 바닥에 작은 공처럼 튀는 번개 입자들을 파티클로 표현해보겠습니다. 파티클을 새로 만든 후 똑같이 메인 파티클 001 밑에 넣어줍니다.

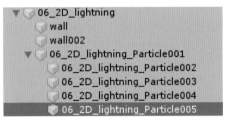

▲ 번개 파티클은 무조건 파티클 001 밑에 넣을 것입니다.

42 메인 파티클의 설정을 바꿔줄 것입니다. 장판과 같이 번개와 같은 2초 안에 나오게 할 것이므로 Duration 을 2로 잡아줍니다. 그 후, Start Delay의 값을 0.1로 바꿉니다. Start Lifetime은 Start Lifetime을 Random Between Two Constants으로 바꿔 각 수치를 0.5, 1로 바꿉니다. Start Speed 또한 같은 방법으로 메뉴를 나눠 각자 1와 5로 바꿉니다. Start Size값도 0.15와 0.05로 만들어준 후 Start Color 값도 Random Between Two Constants로 바꿔 한 쪽은 흰색, 한 쪽은 옅은 하늘색(51E6C8)으로 바꾸어줍니다. 이 파티클은 바닥에서 튈 것이기 때문에 Gravity Modifier 값을 1.5로 바꾸어줍니다.

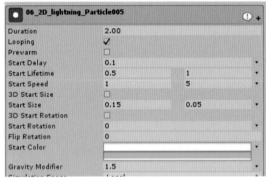

▲ 메인 메뉴값을 잘 보고 바꾸어줍니다.

44 파티클의 생성과 형상을 조절하기 위해 Emission과 Shape를 설정합니다. 우선, Emission의 Rate over Time가 10으로 되어있는 것은 0으로 바꿔주시고 Bursts 의 +표시를 눌러 나온 메뉴의 Count부분을 50으로 바꾸 어줍니다. 다음으로는 Shape의 Shape부분이 Cone인 상 태로 Angle 수치를 20.55로, Radius 값은 1.5로 바꾸어주 면 됩니다.

▶ 두 수치를 바꾸어주면 메인 수치에 맞춰서 파티클이 크게 변하게 됩니다.

41 2D_sub_lightning002 이미지를 머티리얼화한 후 파티클에 넣어줍니다. 그 후, 파티클의 트랜스폼을 바꿔줍니다. Position 값은 X : 0.06 / Y : −3.64 / Z : −0.08 으로 설정합니다. Rotation은 X축을 −90으로 맞추고 그 외 는 모두 0으로 설정합니다. Scale 값은 X: 1.25 / Y: 1 / Z: 1 로 맞춰줍니다.

▲ 트랜스폼 수치를 바꾸어 원하는 위치에 이미지가 나오게 해 줍니다.

43 메인 메뉴를 바꾸어주면 하늘색과 흰색의 원이 바 닥에서 올라오다가 포물선을 그리며 내려가는 것 을 확인할 수 있습니다.

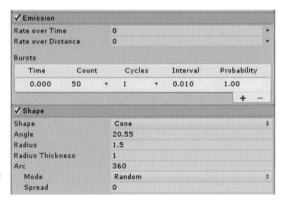

▲ 포물선을 그리며 떨어지는 파티클

45 번개가 내려오는 타이밍에 맞춰 파티클이 터지는 모습입니다.

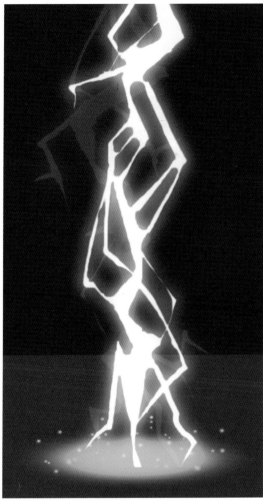

▲ 번개가 내려오고 장판이 깔리는 타이밍에 터지는 파티클들

46 파티클이 점점 작아지며 사라지도록 만들어 주기 위해 Size over Lifetime 값을 수정해줍니다. 해당 메뉴를 체크하고 Size 옆의 회색 상자를 눌러줍니다. Particle System Curves 란의 하단에서 세 번째 곡선을 선택해줍니다.

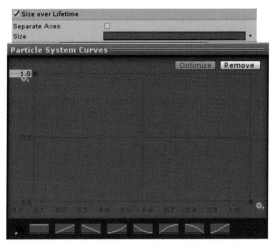

▲ 사이즈를 지정해주면 파티클이 점점 작아지며 사라지게 됩니다.

47 Noise 메뉴와 Collision 메뉴를 체크해줍니다. Noise 메뉴는 자유롭게 튀는 파티클을 표현하기 위해 체크한 것이므로 설정을 바꾸지 않아도 좋습니다. Collision에서는 Type 메뉴를 World로 바꾸어주시고, Radius Scale 값은 0으로 바꾸어줍니다. 0으로 바꾸면 그 값을 자연스럽게 0.0001이 됩니다.

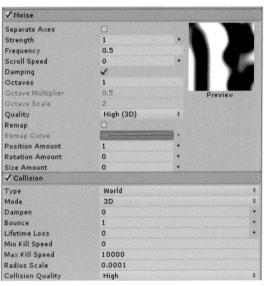

▲ 잔상 파티클의 마지막 수치들

48 이렇게 설정해주면 바닥을 몇 번 튕기는 파티클들이 장판과 함께 번개가 사라진 장소에서 여운을 주게 됩니다.

▲ 번개보다 늦게 사라져가는 파티클들

49 이번 파티클은 전체 배경을 잠시 하얗게 해주는 이미지 파티클입니다. 번개가 칠 때 이 이미지를 넣어 전체 배경을 하얗게 하거나 다른 색으로 덮어주면 타격감이 극대화되는 효과를 줄 수 있습니다.

우선, 파티클의 트랜스폼을 설정합니다. Position 값은 X : 0 / Y : 0 / Z : −5로 파티클이 카메라 앞에 있는 듯한 효과를 넣어줍니다. Rotation 포지션은 모두 0으로 설정합니다. Scale 값도 모두 1로 바꾸어줍니다.

Transform						
Position	X	0	Y	0	Z	-5
Rotation	X	0	Y	0	Z	0
Scale	X	1	Y	1	Z	1

▲ 파티클이 앞에 있는 듯한 효과를 위해 트랜스폼을 설정해 줍니다.

50 다음으로는 메인 파티클의 설정을 바꿔줄 것입니다. Duration을 2로 만들어줍니다. Start Lifetime은 0.1로 바꾸고 Start Speed는 0으로 바꿉니다. Start Size 값은 100으로 아주 크게 수치를 적어준 후 Start Color 값은 하얀 판을 클릭하여 알파를 164로 바꾸어줍니다.

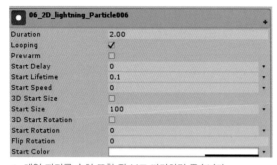

▲ 메인 파티클 수치 또한 잘 보고 따라하면 좋습니다.

51 여기까지 하면 동그랗고 반투명한 원들이 배경을 떠다니는 걸 볼 수 있습니다. 원들을 확인한 후 Emission의 Rate over Time 값을 0으로 바꾸어줍니다. 그 후, 오른쪽 아래의 +표시를 눌러 Count의 값을 1로 만들고 Shape의 체크를 풀어줍니다. 그렇게 하면 같은 자리에 번개가 똑같이 나오게 됩니다.

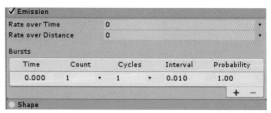

▲ 이렇게 수치를 정하면 같은 자리에 하나의 파티클만 보이게 됩니다.

52 파티클의 최대 크기값을 키워줍니다. 제일 아래의 Renderer의 Max Particle Size 값을 10으로 바꾸어주면 본래 원하던 크기의 파티클이 나오게 됩니다.

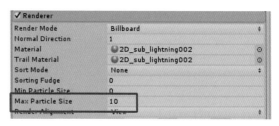

▲ 파티클 크기의 최대값을 풀어주는 방법은 잊지 않도록 합니다.

53 여기까지 했다면 번개가 내리치면서 화면을 가득 매우는 하얀 배경이 순간적으로 보이게 됩니다.

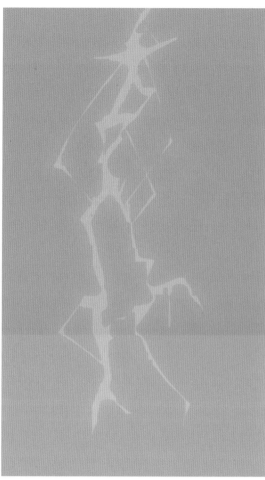

▲ 번개가 내리칠 때 생기는 순간적인 하얀 배경 이미지

54 이번엔 번개가 내리친 후 땅에 남은 번개의 잔상을 표현할 것입니다. 새로운 파티클을 하나 만든 후 메인 파티클 001의 밑에 넣어줍니다. 그 후, 파티클에 2D_main_lightning003 이미지 머티리얼을 넣고 트랜스폼 수치를 바꿔줍니다. Position 값은 X :0.06 / Y : −3.64 / Z : −0.08 으로, Rotation 값은 X축은 −90으로 바꾸고 나머지 축은 모두 0으로 설정합니다. Scale 값은 모두 1로 바꾸어줍니다.

Transform						
Position	X	0.06	Y	-3.64	Z	-0.08
Rotation	X	-90	Y	0	Z	0
Scale	X	1	Y	1	Z	1

▲ 바닥에 깔리는 파티클이라 이렇게 설정하였습니다.

55 이제 메인 파티클 수치를 바꾸어줍니다. Duration은 2, Start Delay는 0.1로 바꾸어줍니다. Start Lifetime은 Random Between Two Constants로 바꾼 후 각 수치를 0.4, 0.7로 바꾸어줍니다. Start Speed는 0으로 바꾸고 Start Size 값은 1과 0.5로 만들어줍니다. Start Color 값은 Random Between Two Constants로 바꿔 한쪽은 흰색(알파값 139), 한 쪽은 하늘색(알파값 105) (518DE6)으로 바꾸어줍니다. 다른 회전축을 가진 파티클 이미지가 만들어지기 위해서 Start Rotation 값을 0과 360으로 바꾸어줍니다.

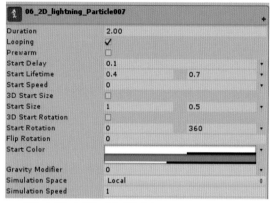

06_2D_lightning_Particle007		
Duration	2.00	
Looping	✓	
Prewarm	☐	
Start Delay	0.1	
Start Lifetime	0.4	0.7
Start Speed	0	
3D Start Size	☐	
Start Size	1	0.5
3D Start Rotation	☐	
Start Rotation	0	360
Flip Rotation	0	
Start Color		
Gravity Modifier	0	
Simulation Space	Local	
Simulation Speed	1	

▲ 메인 파티클 수치를 바꾸어줍니다.

56 이렇게 해주면 바닥에 파티클이 모여 생겼다가 없어졌다가를 반복하게 됩니다.

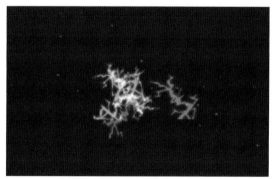

▲ 작은 파티클들이 바닥에 모여 생겼습니다.

57 파티클의 생성과 형상을 조절하기 위해 Emission 과 Shape를 설정합니다. Emission의 Rate over Time가 10으로 되어있는 것은 0으로 바꿔주시고 Bursts의 +표시를 눌러 나온 메뉴의 Count 부분을 10으로 바꾸어줍니다. 다음으로는 Shape의 Shape 부분이 Edge인 상태로 Radius 수치를 1.5로 바꾸어주면 됩니다.

✓ Emission				
Rate over Time	0			
Rate over Distance	0			

Bursts

Time	Count	Cycles	Interval	Probability
0.000	10 ▾	1 ▾	0.010	1.00
				+ −

✓ Shape						
Shape	Edge					↕
Radius	1.5					
Mode	Random					↕
Spread	0					
Texture	None (Texture 2D)					⊙
Position	X	0	Y	0	Z	0
Rotation	X	0	Y	0	Z	0
Scale	X	1	Y	1	Z	1

▲ 파티클의 개수와 퍼지는 모양을 잘 정해줍니다.

58 Color over Lifetime을 설정해줍니다. 알파값만 살짝 바꿔 줄 것입니다. 알파 구역의 빈 부분을 눌러 추가화살표를 만듭니다. 화살표를 원래 있던 것 포함해서 7개를 만들어줍니다. 파티클 이미지의 끝이 반짝이면서 사라지도록 알파값을 0과 100을 번갈아가면서 설정합니다.

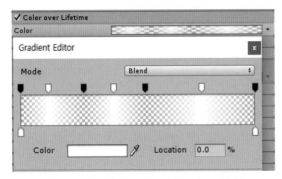

▲ 깜빡이는 느낌을 주면 조금 더 잔상같은 느낌을 줍니다.

59 여기까지 끝냈다면 2D 이펙트 느낌의 번개가 어떤 느낌인지 알 수 있을 것입니다. 기본적인 느낌과 만드는 방식은 3D 이펙트와 같지만 2D 이펙트만의 느낌을 잘 살릴 수 있게 하는 게 중요합니다. 완성된 이펙트와 이미지는 예제 패키지에서 받아보실 수 있습니다.

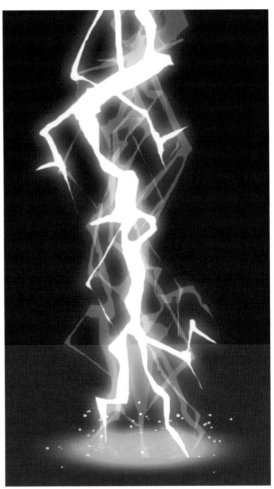

▲ 완성된 2D 번개 이펙트

■ 3D 번개 이펙트

01 포토샵을 켜고 512×1024픽셀의 캔버스를 포토샵에서 열어줍니다. 캔버스의 전체 배경을 검은색으로 채워준 후, 번개를 그리기 위해 레이어를 하나 더 생성해줍니다. 이후 Ctrl+'으로 설정해놨던 가이드라인을 불러옵니다.

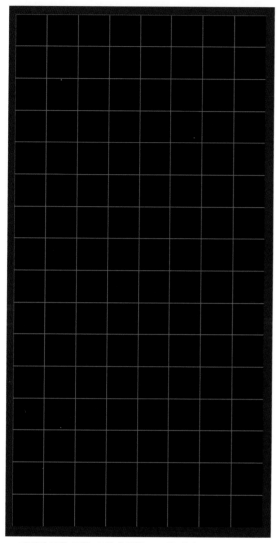

▲ 번개에 맞춘 조금 더 길게 만든 포토샵 캔버스

▶ 지우개와 펜 도구를 사용하여 번개의 모양을 잡아줍니다.

02 3D 스타일의 번개는 우리가 보는 번개처럼 얇고, 반투명한 쉐입을 가집니다. 이를 표현하기 위해 우선 2D 번개를 그릴 때처럼 올가미 도구(L)로 번개모양을 잡아줍니다. 그 후, 지우개와 브러시로 2D 번개보다 조금 더 얇게 정리해줍니다.

▲ 2D 때와 같이 만드는 법은 비슷합니다.

03 번개는 큰 토대의 직선과 작은 잔선들로 이루어졌습니다. 그러한 잔선들을 잘 생각해보며 올가미 도구로 대충대충 하얀색의 선을 잡아줍니다.

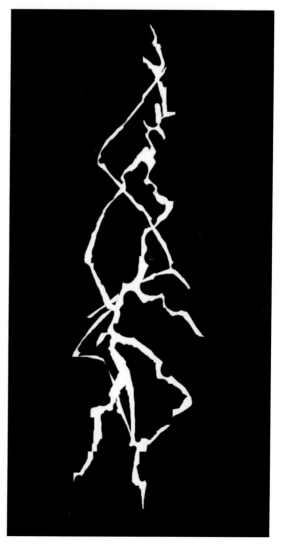

04 비슷한 느낌의 번개를 두 세 장 정도 더 그려줍니다. 모든 그림의 위아래 부분이 똑같이 끝날 수 있도록 해줍니다. 그리실 때 중요한 것은 직선보다는 불규칙한 선들이 많아보일 수 있도록 그리는 것입니다.

05 이미지 세 장을 전부 그렸다면 이제 세 장 모두 하나의 규칙을 정해서 이펙트를 꾸며줄 것입니다.

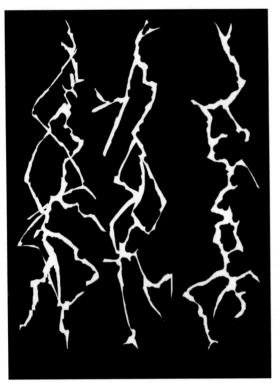

▲ 비슷한 느낌의 얇은 선의 전기 이미지를 만들어줍니다.

06 다른 그림들도 같은 순서를 따라서 이펙트를 만들어 줍니다. 우선 레이어를 하나 복사해 8픽셀로 가우시안 흐림 효과를 잡아줍니다.

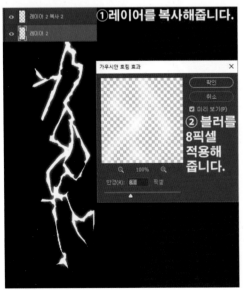

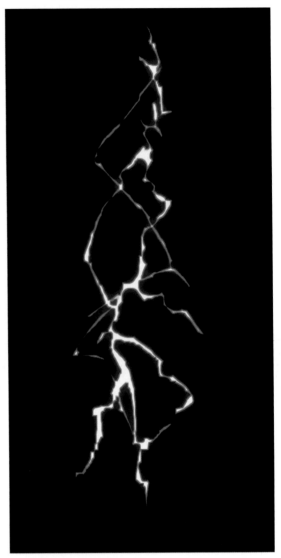

▲ 규칙을 정해 꾸민 번개 이미지

◀ 레이어를 복사해 가우시안 흐림 효과를 넣습니다. 이때 가우시안 흐림 효과를 넣은 레이어를 잠그지 않으면 그 부분에만 채색이 되지 않고 전부 다 채색이 되니 꼭 레이어를 잠가줍니다.

07 가우시안 흐림 효과를 넣지 않은 레이어에 최대값을 1픽셀로 적용해줍니다. 그리고 가우시안 흐림 효과를 넣은 레이어는 색을 넣기 위해 잠가줍니다.

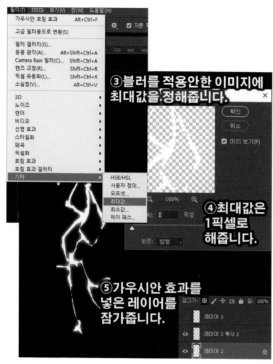

▲ 천천히 그림을 확인하며 그림을 수정해줍니다.

08 가우시안 흐림 효과를 넣은 레이어에 보라색(4C00FF) 색상을 넣어줍니다. 그 후, 가우시안 효과를 넣지 않은 레이어를 하나 더 복사하여 중간 레이어의 색상을 추가하기 위해서 레이어를 잠가줍니다.

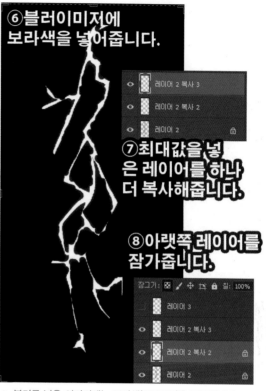

▲ 블러를 넣은 이미지에는 보라색(4C00FF)을 넣어줍니다.

09 복사한 두 번째 레이어에 진한 하늘색(0084FF)를 넣어줍니다. 그리고 제일 상단에 있는 레이어에 최대값을 2픽셀 넣어줍니다.

▶ 최대값을 2보다 더 넣어주면 흰색이 많이 얇아집니다.

10 완성이 됐다면 뒤에 검은 배경을 지워주시고 png로 저장해주면 됩니다. 이름은 자유롭게 짓습니다.

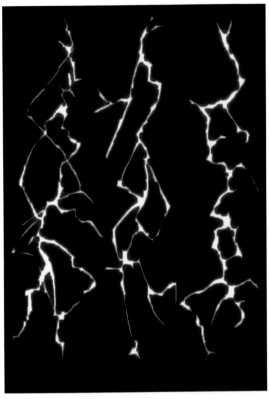

▲ 완성된 번개 이펙트 이미지 세 장

11 다음으로는 작은 번개를 그려줄 것입니다. 256x256 픽셀의 캔버스를 만든 후, 올가미 도구로 작은 번개를 그려줍니다.

▲ 올가미 도구로만 그린 작은 번개 이미지

12 지우개와 브러시로 이미지를 정리해줍니다. 그 후, 앞에서 만든 번개와 같은 수순으로 가우시안 흐림 효과, 최대값, 색상을 넣어 작은 번개 이펙트 이미지를 완성합니다.

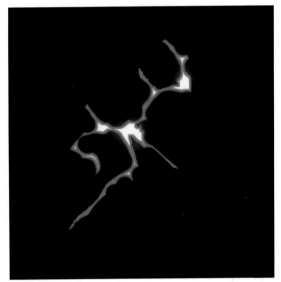

▲ 정리된 작은 번개 이미지

13 번개가 바닥을 타격했을 때 보일 이미지를 만들겠습니다. 512x512픽셀의 캔버스를 만들고 전체 배경을 검은색으로 채워준 후, 레이어를 하나 더 생성해줍니다. 이후 Ctrl + '으로 설정해놨던 가이드라인을 불러오고 이미지 중점을 맞춰 하얀색의 원형 이미지를 만들어줍니다.

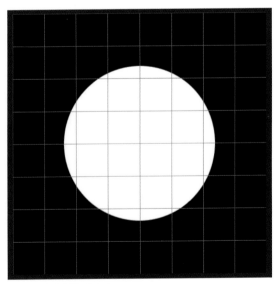

▲ 만들어진 원형 이미지

14 만들어진 원형 레이어에 가우시안 흐림 효과를 29픽셀 넣어줍니다. 그러면 흰색의 흐린 원이 하나 만들어집니다.

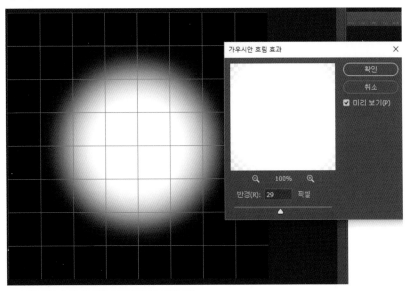

▲ 가우시안 흐림 효과를 넣어주면 완성입니다.

이제 포토샵으로 그린 첫 번째 메인 전기 이미지부터 이펙트로 만들 것입니다. 만든 이미지를 유니티에 넣어줍니다. 그 후, 이미지가 선명하게 보이도록 어두운 벽을 두 개 세웁니다. 메뉴 란의 GameObject - 3D Object - Quad를 선택해 벽을 만듭니다.

15 첫 번째 벽의 Position 값은 X : 0 / Y : 6 / Z : 17, Rotation 포지션은 모두 0으로 맞춰줍니다. Scale 포지션은 X : 17 / Y : 23 / Z : 11으로 바꿔줍니다. 두 번째 벽의 Position은 X : 0 / Y : −2.6 / Z : 5 이고, Rotation 포지션은 X : 90 / Y : 0 / Z : 0입니다. Scale 포지션은 X : 17 / Y : 24 / Z : 11으로 맞춘 뒤 파티클 시스템을 만듭니다. 파티클을 만들었다면 파티클의 Transform 수치를 설정해줍니다. 공중에 떠 있는 심플한 파티클이므로 파티클의 포지션은 모두 0인 상태에서 Rotation 포지션만 X값이 0으로 설정되어 있는 상태로 만들어 줍니다.

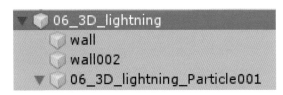

▲ 게임오브젝트를 만든 뒤 회색의 벽과 바닥을 세워둡니다. 파티클에는 메인 전기 이미지1을 넣어줍니다.

16 벽을 모두 세우고 파티클까지 만들었다면 모든 이미지의 Texture Type 메뉴를 Sprite(2D and UI)으로 바꿔줍니다.

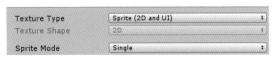

▲ 설정을 바꾸어주면 그림의 뒷부분이 투명해집니다.

17 머티리얼을 만들어 Shader경로를 모두 Mobile – Particles – Additive으로 만들어줍니다.

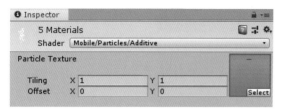

▲ 모든 파티클의 쉐이더는 Additive로 바꿔줍니다.

18 첫 번째 파티클의 트랜스폼 수치를 정해줍니다. Position은 X: 0 / Y: 2 / Z: 0으로 설정합니다. Rotation 포지션은 모두 0으로 설정해 줍니다. Scale 값은 X: 0.7 / Y: 1 / Z: 1로 맞춰줍니다. 정사각형으로 생성되는 파티클 이미지를 조금 늘려서 길쭉한 느낌을 주기 위해 스케일을 평상시와 다르게 잡아두는 것입니다.

▼ ⚙ **Transform**			🔲 🔧 ✿.
Position	X 0	Y 2	Z 0
Rotation	X 0	Y 0	Z 0
Scale	X 0.7	Y 1	Z 1

▲ 파티클의 포지션과 스케일을 잘 정해줍니다.

19 메인 파티클의 설정을 바꿔줍니다. 번개가 내리치고 바닥에 빛에 나며 잔 전기가 튀는 모든 과정이 2초 안에 나오게 할 것이므로 Duration을 2로 설정합니다. Start Lifetime의 수치를 0.25로, Start Speed을 0으로 바꿉니다. Start Size 값은 9로 만들어줍니다.

Duration	2.00
Looping	✓
Prewarm	☐
Start Delay	0
Start Lifetime	0.25
Start Speed	0
3D Start Size	☐
Start Size	9
3D Start Rotation	☐
Start Rotation	0
Flip Rotation	0
Start Color	
Gravity Modifier	0

▲ 메인 메뉴의 수치를 확인해보고 똑같이 적어주시면 됩니다.

20 여기까지하면 살짝 커진 번개가 여러 겹, 이곳 저곳에 나오는 것을 확인할 수 있습니다.

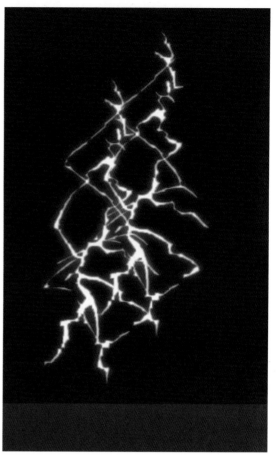

▲ 메인 메뉴를 바꾼 번개 파티클

21 Emission의 Rate over Lifetime 값을 0으로 바꾸고 오른쪽 아래의 +표시를 눌러 Count 값을 1로 만듭니다. 그리고 Shape의 체크는 풀어줍니다. 그렇게 하면 같은 자리에 같은 번개가 똑같이 나오게 됩니다.

✓ Emission				
Rate over Time		0		▾
Rate over Distance		0		▾
Bursts				
Time	Count	Cycles	Interval	Probability
0.000	1 ▾	1 ▾	0.010	1.00
				+ −
○ Shape				

▲ 파티클이 나오는 개수와 위치를 정해줍니다.

22 파티클이 똑같은 자리에 하나씩 나오는 것을 확인하고 다음으로 넘어갑니다.

▲ 하나씩 나오는 파티클을 확인합니다.

23 번개의 디테일을 잡아줄 Color over Lifetime을 설정해줍니다. 알파값만 살짝 바꿔 것입니다. 알파 구역의 빈 구역을 눌러 추가 화살표를 만듭니다. 원래 있던 화살표까지 포함해 총 8개의 화살표를 만들어줍니다. 이후 맨앞의 두 개를 뺀 뒷부분의 알파값을 0과 100으로 번갈아가면서 설정해줍니다. 이렇게 하면 파티클 이미지의 끝이 반짝이면서 이미지가 사라지게 됩니다.

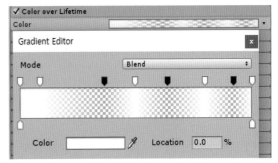

▲ 반짝이는 효과를 주기위한 알파를 넣어주었습니다.

24 Size over Lifetime 값을 수정해줍니다. 우선 해당메뉴를 체크해주고 Size의 상자를 눌러주면 아래에 곡선을 설정할 수 있는 상자가 보이게 됩니다. 그림과 같이 Particle System Curves 란에서 직선의 가로 축이 0.15일 때까지는 Size를 0으로 유지합니다. 0.2부터 위로 올라가 Size가 1.0이 될 때 끝이 나도록 직선을 잡아줍니다. 그러면 번개가 시작하는 부분에 순간적으로 커지는 듯한 번개의 효과를 낼 수 있습니다.

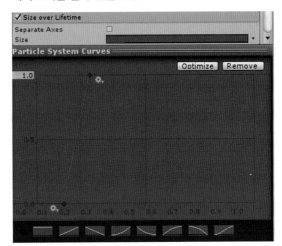

▲ Size over Lifetime 값을 설정해 초반에 위에서 아래로 떨어지는 번개처럼 파티클을 꾸며줍니다.

25 번개 이미지의 크기를 메인 메뉴에서 바꾸어도 일정 크기이상 바뀌지 않았을 것입니다. 파티클의 최대 크기값이 0.5로 잠겨있기 때문입니다. 파티클 메뉴 제일 아래의 Renderer의 Max Particle Size 값을 5로 바꾸어주면 이러한 현상이 없어지고 본래 원하던 크기의 파티클이 나오게 됩니다.

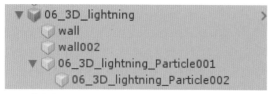

▲ 파티클의 최대 크기값을 풀어줍니다.

27 첫 번째 번개 파티클을 복사(Ctrl+D)하여 파티클을 복사해주고 만들어둔 파티클 아래에 넣어 다음 번개 이미지인 3D_main_lightning002의 머티리얼 이미지를 넣어줍니다.

▼ 🟦 06_3D_lightning
   🟦 wall
   🟦 wall002
  ▼ 🟦 06_3D_lightning_Particle001
     🟦 06_3D_lightning_Particle002

▲ 복사하여 만들어진 파티클은 기존에 만들었던 파티클 아래에 넣어줍니다.

28 두 번째 번개 파티클(이미지 2D_main_lightning002를 넣은 파티클)의 메인 메뉴를 바꿉니다. 첫 번째 번개 파티클과 마찬가지로 2초 안에 모든 것이 들어갔다가 나와야 하므로 Duration을 2로 설정합니다. 그 후, Start Delay의 값을 0.1로 바꿉니다. 이렇게 해주면 위에 있는 메인 001 파티클보다 0.1초 늦게 파티클이 생성되게 됩니다. 그리고 Start Lifetime의 수치를 0.2로 바꾸어주면 첫 번째 파티클보다 늦게 나오면서 빨리 사라지는 파티클이 완성되게 됩니다.

Particle System (1)	
Duration	2.00
Looping	✓
Prewarm	☐
Start Delay	0.1
Start Lifetime	0.2
Start Speed	0
3D Start Size	☐
Start Size	9
3D Start Rotation	☐
Start Rotation	0
Flip Rotation	0
Start Color	
Gravity Modifier	0

▲ 메인 수치를 바꿔줍니다.

26 이렇게하면 화면 위에서부터 바닥까지 닿은 커다란 파티클 이미지 하나가 완성됩니다. 이후 이 파티클이 반짝이고 사라지는 타이밍에 다른 파티클이 나오도록 엮어줄 것입니다.

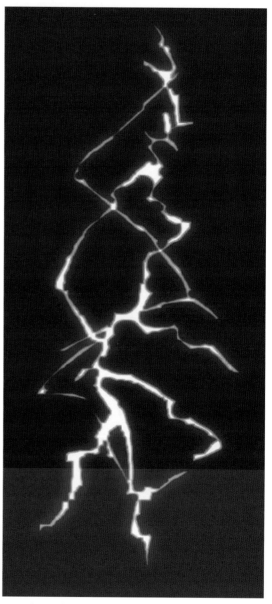

▲ 크게 바닥까지 닿는 듯한 파티클

29 첫 번째 파티클과 비슷하게 보이기 위해 트랜스폼을 바꿔줍니다. Position은 X: 0 / Y: 0 / Z: 0으로 설정합니다. Rotation 포지션은 모두 0으로 설정해 줍니다. Scale 값은 X: 0.7 / Y: 1 / Z: 1로 맞춰줍니다. 정사각형으로 생성되는 파티클 이미지를 조금 늘려서 길쭉한 느낌을 주기 위해 스케일을 평상시와 다르게 잡아두는 것입니다.

Transform						
Position	X	0	Y	0	Z	0
Rotation	X	0	Y	0	Z	0
Scale	X	0.7	Y	1	Z	1

▲ 트랜스폼을 바꿔주면 파티클이 약간 세로로 얇게 나오게 됩니다.

30 다른 부분은 메인 이미지 001과 같으므로 수정하지 않습니다. 다음 파티클을 준비하기 위해 이 파티클을 Ctrl+D로 복사해줍니다. 3D_main_lightning003의 이미지를 머티리얼에 넣어 준비한 것을 세 번째로 복사한 파티클에 넣어줍니다.

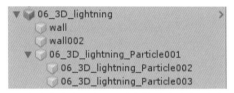

▲ 세 번째 번개 파티클도 역시 첫 번째 파티클에서 많이 변하지 않은 모습이 됩니다.

31 우선 세 번째 파티클의 트랜스폼을 설정합니다. Scale 값의 Y축만 1.5로 변경해줍니다. 그러면 앞의 두 파티클보다 조금 더 길쭉한 파티클이 될 것입니다. 그후 메인 수치를 조정합니다. 앞과 마찬가지로 Duration을 2로 만들어주고 Start Delay의 값을 0.15로 바꿉니다. 이렇게 해주면 위에 있는 메인 001 파티클과 002 파티클보다 0.15초 늦게 파티클이 생성되게 됩니다. 그리고 Start Lifetime의 수치를 0.2로 바꾸어주면 됩니다.

Duration	2.00
Looping	✓
Prewarm	☐
Start Delay	0.15
Start Lifetime	0.2
Start Speed	0
3D Start Size	☐
Start Size	9
3D Start Rotation	☐
Start Rotation	0
Flip Rotation	0

▲ Start Size는 001과 같게 설정해 줍니다.

32 이번엔 바닥에 깔리는 장판 파티클을 만들어볼 것입니다. 파티클 하나를 새로 만들어 세 번째 번개 파티클 밑에 넣어줍니다.

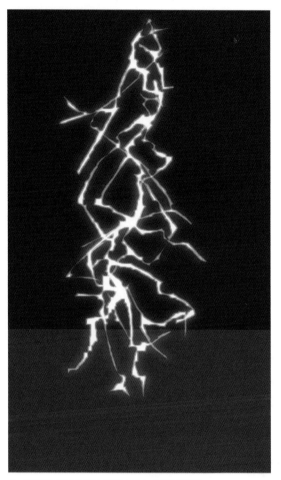

▲ 세 번째 파티클까지 함께 나오는 번개 이미지

33 파티클 시스템에 머티리얼을 넣었다면 메인 파티클을 정리하기 전에 파티클의 트랜스폼 수치를 정해줍니다. 장판 파티클은 바닥에 깔려있다는 느낌으로 생겨야하니 Position은 X: 0 / Y: -3.69 / Z: -1.23으로 설정합니다. Rotation 포지션은 모두 0으로 설정해 줍니다. Scale 값은 X: 1.25 / Y: 0.3 / Z: 1로 맞춰줍니다. 이렇게 만든 이미지는 바닥에서 납작하게 올라가는 원형처럼 보이게 됩니다.

Transform						
Position	X	0	Y	-3.69	Z	-1.23
Rotation	X	0	Y	0	Z	0
Scale	X	1.25	Y	0.3	Z	1

▲ 트랜스폼 수치를 제일 먼저 바꿔줍니다.

34 메인 메뉴를 바꾸기 전에 제대로 이미지가 들어갔는지 확인해줍니다.

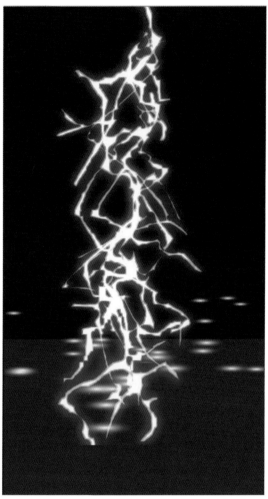

▲ 트랜스폼의 영향으로 바닥에서 납작하게 올라오는 파티클

35 메인 파티클의 설정은 Duration을 2로 만들어줍니다. 언제 끝나더라도 다른 번개의 부속 파티클들과 동시에 나와야하므로 Duration을 2로 잡아주는 것입니다. Start Delay 값은 0.1로 바꿉니다. 이렇게 바꿈으로써 1번 파티클보다는 늦게 나와 번개가 내리치고, 땅에 파문이 생기는 것처럼 연출할 수 있습니다. 그리고 Start Lifetime의 수치를 0.4로 바꾸어주면 됩니다. Start Speed를 0으로 바꾸고, Start Size 값은 6으로 만들어줍니다. 이렇게 하면 동시에 여러 장의 원형 장판이 왔다 갔다 하며 바닥에 깔리게 됩니다. 마지막으로 Start Color 값을 진한 보라색(1B1043) 알파값을 160으로 바꾸어줍니다.

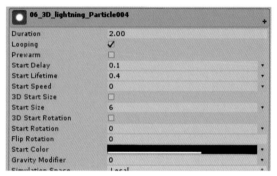

▲ 메인 메뉴를 잘 보고 다른 것이 없나 확인해가며 바꿔줍니다.

36 원형 장판이 바뀌는 것을 보았다면 다음에는 같은 장소에서 장판이 하나씩 나올 수 있도록 파티클의 메뉴를 바꿔볼 겁니다.

▲ 바닥에 깔리는 어두운 장판

37 Emission의 Rate over Lifetime 값을 0으로 바꾸고 오른쪽 아래의 +표시를 눌러 Count 값을 1로 만듭니다. 그리고 Shape의 체크는 풀어줍니다. 그렇게 하면 같은 자리에 같은 장판이 똑같이 나오게 됩니다.

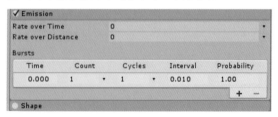

▲ 장판은 한 장이면 되기에 동시에 같은 장소에서 한 장만 나올 수 있게 수치를 정해줍니다.

38 이제 Color over Lifetime을 설정해줍니다. 알파값만 살짝 바꿔 줄 것입니다. 알파 구역의 빈 구역을 눌러 추가 화살표를 만듭니다. 원래 있던 화살표까지 포함해 총 4개의 화살표를 만들어줍니다. 이후 알파값을 100, 0, 100, 0으로 설정하고 100과 0으로 번갈아가면서 깜빡이는 부분을 앞으로 끌어옵니다. 이렇게 하면 초반에 반짝이는 효과를 주어 조금 더 타격감이 있어보이게 됩니다.

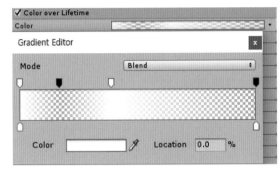

▲ 타이밍에 맞춰 반짝일 수 있게 알파를 넣어줍니다.

39 다음으로는 Size over Lifetime값을 수정해줍니다. 우선 해당 메뉴를 체크해주고 Size의 상자를 눌러주면 아래에 곡선을 설정할 수 있는 상자가 보이게 됩니다. 그림과 같이 Particle System Curves 란에서 직선의 처음은 Size가 0.8로 시작하도록 잡은 후 1.0에서 끝이 나도록 조정합니다. 그러면 장판이 시작하는 부분부터 커지는 듯한 효과를 낼 수 있습니다.

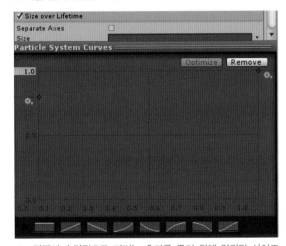

▲ 장판이 순간적으로 커지는 효과를 주기 위해 약간만 사이즈를 변경해줍니다.

40 마지막으로 처음 파티클에서 설정해주었던 것 처럼 파티클의 최대 크기값을 키우기 위해 제일 아래의 Renderer의 Max Particle Size 값을 10으로 바꾸어주면 본래 원하던 크기의 파티클이 나오게 됩니다.

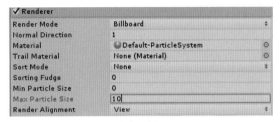

▲ 파티클의 최대 크기를 키워줍니다.

41 보일 듯 말 듯 번개 장판이 생성된 모습을 확인해 줍니다.

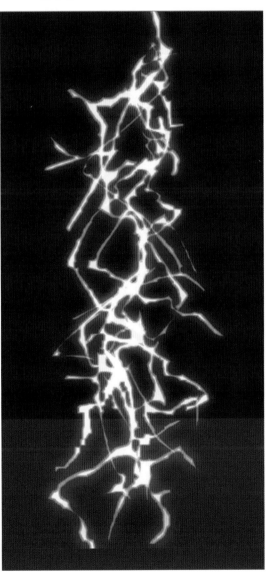

▶ 보일 듯 말 듯 번개 장판이 생성되었습니다.

42 이번엔 바닥에 작은 공처럼 튀는 번개 입자들을 파티클로 표현할 것입니다. 파티클을 새로 만든 후 똑같이 메인 파티클 001 밑에 넣어줍니다. 그 파티클 안에는 3D_sub_lightning002 이미지의 머티리얼을 넣어줍니다.

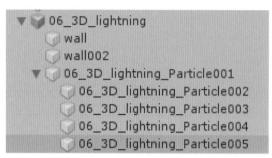

▲ 아래에 파티클을 하나 더 만들어줍니다.

43 트랜스폼을 바꿔 줄 차례입니다. Position은 X: 0.06 / Y: −3.64 / Z: −0.08으로 설정합니다. Rotation 포지션은 X축 −90을 뺀 모두 0으로 설정해 주고 Scale 값은 X축을 1.25, Y축을 1, Z축을 1로 맞춰줍니다.

▼⊼ Transform						
Position	X	0	Y	-3.64	Z	-0.08
Rotation	X	-90	Y	0	Z	0
Scale	X	1.25	Y	1	Z	1

▲ 트랜스폼을 바꾸어줍니다.

44 메인 파티클의 설정을 바꿔줄 것입니다. 장판도 번개와 같이 2초 안에 나오게 되므로 Duration을 2로 설정합니다. Start Delay 값은 0.1로 바꿉니다. 그 후, Start Lifetime을 Random Between Two Constants으로 바꾸고 각 수치를 0.5와 1로 설정합니다. Start Speed 또한 같은 방법으로 메뉴를 나눠 각자 1와 5로 바꿉니다. Start Size값도 0.15와 0.05로 만들어준 후 Start Color 값도 Random Between Two Constants로 바꿔 한 쪽은 흰색, 한 쪽은 하늘색(518DE6), 알파값은 105으로 바꾸어줍니다. 이 파티클은 바닥에서 튀길 것이기 때문에 Gravity Modifier값은 1.5로 바꾸어줍니다.

Duration	2.00	
Looping	✓	
Prewarm	☐	
Start Delay	0.1	
Start Lifetime	0.5	1
Start Speed	1	5
3D Start Size	☐	
Start Size	0.15	0.05
3D Start Rotation	☐	
Start Rotation	0	
Flip Rotation	0	
Start Color		
Gravity Modifier	1.5	

▲ 메인 파티클 메뉴를 바꾸어줍니다.

45 메인 메뉴를 바꾸어주면 하늘색과 흰색의 원이 바닥에서 올라오다가 포물선을 그리며 내려가는 것을 확인할 수 있습니다.

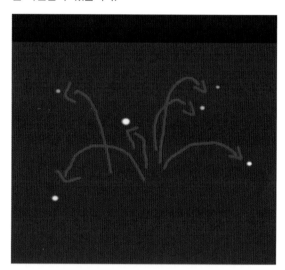

▲ 포물선을 그리며 떨어지는 원형

46 파티클의 생성과 형상을 조절하기 위해 Emission과 Shape를 설정합니다. 우선, Emission의 Rate over Time가 10으로 되어있는 것은 0으로 바꿔주시고 Bursts의 +표시를 눌러 나온 메뉴의 Count 부분을 50으로 바꾸어 줍니다. 다음으로는 Shape의 Shape 부분이 Cone인 상태로 Angle 수치를 20.55로, Radius 값은 1.5로 바꾸어주면 됩니다.

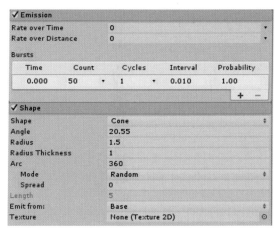

▲ 파티클의 개수와 나오는 자리를 정해줍니다.

47 다음으로는 Size over Lifetime 값을 수정해줍니다. 우선 해당 메뉴를 체크해주고 Size의 상자를 눌러주면 아래에 곡선을 설정할 수 있는 상자가 보이게 됩니다. 아래를 보면 자동으로 만들어진 선이 들어있는 네모들이 있는데 그 중 세 번째 메뉴(큰 파티클이 점차 작아지는 모양)를 선택하여 눌러줍니다.

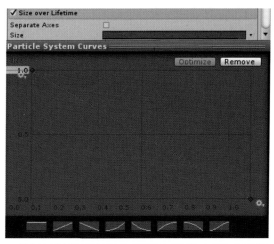

▲ 끝으로 갈수록 작아지면서 사라지게 파티클 수치를 조절해줍니다.

48 Noise 메뉴와 Collision 메뉴를 체크해줍니다. Noise 메뉴는 자유롭게 튀는 파티클을 표현하기 위해 체크한 것이므로 설정을 바꾸지 않아도 좋습니다. Collision에서는 Type 메뉴를 World로 바꾸어주시고, Radius Scale 값은 0으로 바꾸어줍니다. 0으로 바꾸면 그 값을 자연스럽게 0.0001이 됩니다.

▲ 포물선이 자연스럽게 퍼질 수 있도록 수치를 정해줍니다.

49 여기까지 설정해주면 파티클이 전보다 자연스럽게 퍼지면서 사라지는 것을 볼 수 있습니다. 번개가 사라진 후 바닥에 남은 여운효과를 주는 것입니다.

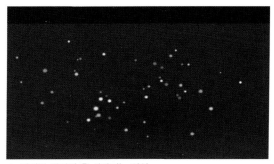

▲ 번개가 떨어진 후 사라지는 잔상

50 이제 번개가 바닥에 닿을 때에 화면이 번쩍이는 효과를 만들어 줄 것입니다. 파티클을 새로 만들어주고, 앞에서 썼던 3D_sub_lightning002 이미지 머티리얼을 넣어줍니다.

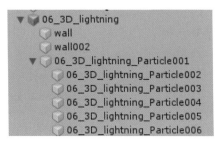

▲ 새 파티클 시스템을 만들어줍니다.

51 우선 트랜스폼을 수정해 줍니다. Position 포지션은 X : 0 / Y : 0 / Z : −5로 설정해 파티클이 카메라 앞에 있는 듯한 효과를 줍니다. Rotation은 모두 0으로 설정해주고 Scale 값은 모두 1로 바꾸어줍니다.

▼ 🔧 **Transform**					🖼️ ⊡ ⚙.
Position	X	0	Y	-3.64	Z	-0.08
Rotation	X	-90	Y	0	Z	0
Scale	X	1.25	Y	1	Z	1

▲ 트랜스폼을 수정해줍니다.

52 다음으로는 메인 파티클의 설정을 바꿔줄 것입니다. 우선은 Duration을 2로 만들어줍니다. Start Lifetime은 0.1로, Start Speed는 0으로 바꿉니다. Start Size 값은 100으로 수치를 아주 크게 적어준 후 Start Color 값은 하얀 판을 클릭하여 알파를 164로 바꾸어줍니다.

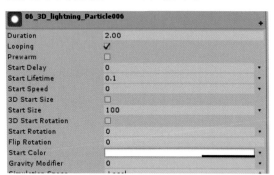

▲ 메인 메뉴를 바꾸어줍니다.

53 여기까지 하면 동그랗고 반투명한 원들이 배경을 떠다니는 걸 볼 수 있습니다. 원들을 확인한 후 Emission의 Rate over Time 값을 0으로 바꾸고 오른쪽 아래의 +표시를 눌러 Count 값은 1로 만들어줍니다. Shape의 체크는 풀어줍니다. 그렇게 하면 같은 자리에 같은 번개가 똑같이 나오게 됩니다.

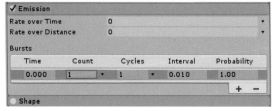

▲ 파티클의 범위에 개수를 정해줍니다.

54 파티클의 최대 크기값을 키우기 위해 제일 아래의 Renderer의 Max Particle Size 값을 10으로 바꾸어주면 본래 원하던 크기의 파티클이 나오게 됩니다.

✓ **Renderer**	
Render Mode	Billboard
Normal Direction	1
Material	🔵 3D_sub_lightning002
Trail Material	🔵 3D_sub_lightning002
Sort Mode	None
Sorting Fudge	0
Min Particle Size	0
Max Particle Size	10

▲ 커다란 파티클을 만들고 싶을 때 원하는대로 만들어지지 않는다면 Max Particle Size 값을 풀어줍니다.

55 파티클을 하나 더 새로 만들어 줍니다. 역시나 파티클 001에 넣어주시고, 이미지 머티리얼은 3D_sub_lightning001을 넣어줍니다.

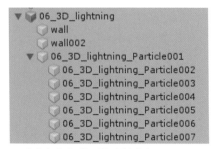

▲ 마지막 파티클을 만들어 줍니다.

56 이번에 만들 파티클은 번개의 잔상이 땅에 남아있는 파티클입니다. 우선 만들어진 파티클에 3D_main_lightning001 이미지 머티리얼을 넣어준 후 트랜스폼 수치를 바꿔줍니다. Position 포지션은 X : 0 / Y : −3.8 / Z : 0 으로, Rotation 포지션은 X축 −90을 제외한 모두 0으로 설정합니다. Scale 값은 모두 1로 바꾸어줍니다.

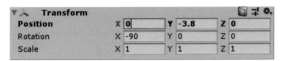

▼ 🗘 Transform						🖿 🗗 ✿,
Position	X	0	Y	-3.8	Z	0
Rotation	X	-90	Y	0	Z	0
Scale	X	1	Y	1	Z	1

▲ 트랜스폼을 바꿔줍니다.

57 이제 메인 파티클 수치를 바꾸어줍니다. Duration 은 2, Start Delay는 0.1로 바꿉니다. Start Lifetime 은 Random Between Two Constants로 바꾼 후 각 수치를 0.4와 0.7로 설정합니다. Start Speed는 0으로 바꿉니다. Start Size 값도 1와 0.5로 만들어준 후 Start Color 값은 Random Between Two Constants로 바꿔 한 쪽은 흰색(알파값 139), 한 쪽은 하늘색(알파값 105) (518DE6)으로 바꾸어줍니다. 다른 회전축을 가진 파티클 이미지가 만들어지기 위해서 Start Rotation 메뉴도 0과 360으로 바꾸어줍니다.

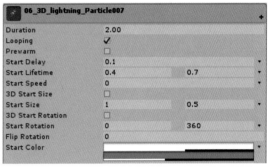

🔲 06_3D_lightning_Particle007			➕
Duration	2.00		
Looping	✓		
Prewarm	☐		
Start Delay	0.1		
Start Lifetime	0.4	0.7	▾
Start Speed	0		
3D Start Size	☐		
Start Size	1	0.5	
3D Start Rotation	☐		
Start Rotation	0	360	
Flip Rotation	0		
Start Color			▾

▲ 메인 파티클 수치를 바꿔주면 회색 바닥에 전기 이미지가 생성됩니다.

58 파티클의 생성과 형상을 조절하기 위해 Emission과 Shape를 설정합니다. 우선, Emission의 Rate over Time을 0으로 바꿔주시고 Bursts의 +표시를 눌러 나온 메뉴의 Count 부분을 50으로 바꾸어줍니다. 다음으로는 Shape 의 Shape 부분이 Circle인 상태로 Radius 수치를 2로 바꾸어주면 됩니다.

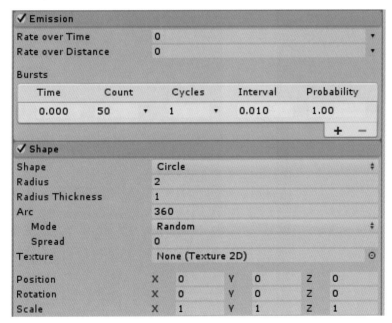

✓ Emission					
Rate over Time	0				▾
Rate over Distance	0				▾
Bursts					
Time	Count	Cycles	Interval	Probability	
0.000	50 ▾	1 ▾	0.010	1.00	
				➕ ➖	
✓ Shape					
Shape	Circle				↕
Radius	2				
Radius Thickness	1				
Arc	360				
Mode	Random				↕
Spread	0				
Texture	None (Texture 2D)				◎
Position	X	0	Y	0	Z 0
Rotation	X	0	Y	0	Z 0
Scale	X	1	Y	1	Z 1

▲ 파티클을 넓고 많이 퍼트릴 수 있도록 골라줍니다.

59 파티클이 잘 나오는 것을 확인하고 다음으로 넘어갑니다.

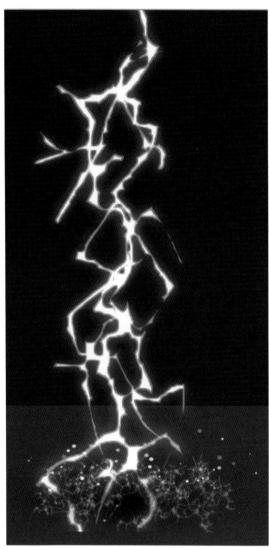

▲ 바닥에 넓게 깔리는 파티클

60 Color over Lifetime을 설정해줄 것입니다. 알파 구역의 빈 구역을 눌러 추가 화살표를 만듭니다. 원래 있던 화살표까지 포함해 총 7개의 화살표를 만들어줍니다. 이후 알파값을 0과 100으로 번갈아가면서 설정해줍니다. 이렇게 하면 파티클 이미지의 끝이 반짝이면서 이미지가 사라지게 됩니다.

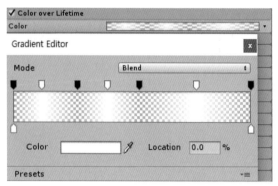

▲ 알파값을 수정하면서 괜찮은 수치를 정하며 바꿔봐도 좋습니다.

61 여기까지 완성했다면 원하는 느낌의 전기가 되었는지 확인하면 됩니다.

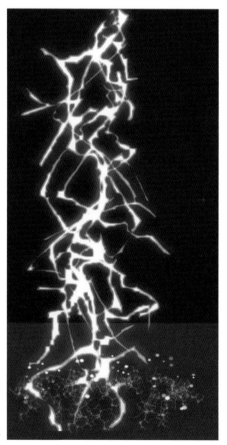

▶ 완성된 번개 이펙트

CHAPTER
04 폭발 이펙트

폭발 이펙트를 만들 때 주의할 점은 폭발 뒤에는 언제나 연기가 함께 받쳐진다는 것입니다. 연기는 대부분 화약으로 인한 폭발이 되어서 약간 어두운 색을 띠고 있을 것입니다. 보통 색상은 노랑, 빨강, 회색 등이 함께 쓰입니다.

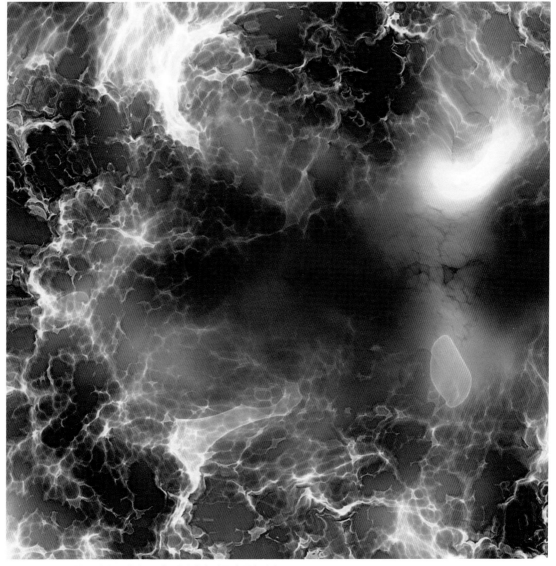

▲ 폭발의 색과 함께 엮이는 파티클들을 생각하며 만들면 좋습니다.

■ 2D 폭발 이펙트

01 폭발 이펙트를 만들기 위해 만들 이미지는 총 네 개입니다. 연기와 화염을 표현해 줄 이미지, 폭발 시 나오는 빛 이미지, 폭발시 튀어나오는 작은 입자입니다. 포토샵을 열어 256×256픽셀의 캔버스를 만들고 캔버스 전체배경을 검은색으로 채워줍니다. 이미지를 그리기 위해 레이어를 하나 더 생성해줍니다. 이후 Ctrl + '으로 설정해놨던 가이드라인을 불러옵니다.

02 다음으로는 새로 만든 레이어에 중점에 하얀 원형을 그려줍니다. 원형의 윤곽 선택 도구(M)를 선택하고 Shift + Alt를 누르며 원형윤곽을 그리시면 중점을 기점으로 동그란 원형이 만들어집니다. 이 원형의 중심을 건들이지 않고 몽실몽실한 느낌의 하얀 이미지를 그려줍니다.

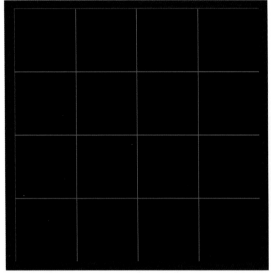

▲ 중점을 보기 위해 가이드라인을 불러옵니다.

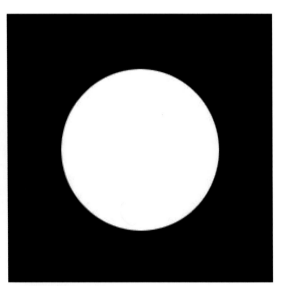

▲ 중점을 위치로 그려진 원형

03 지우개 도구(단축키 : E) 와 선명한 브러시도구(B)를 사용해 이미지를 만들어줍니다. 이대로 PNG 파일로 저장해주시면 화염이미지는 완성됩니다.

▲ 몽실몽실한 하얀 이미지를 만듭니다.

04 회색의 연기를 만들어 줄 차례입니다. 브러시의 색상은 회색(676767)으로 만들어줍니다. 화염으로 만들 이미지를 만들었을 때처럼 원형의 윤곽 선택 도구(M)를 선택하고 Shift + Alt를 누르며 원형윤곽을 그리시면 중점을 기점으로 동그란 원형이 만들어줍니다. 지우개 도구(단축키 : E)와 선명한 브러시도구(B)를 사용해 이미지를 만들어줍니다.

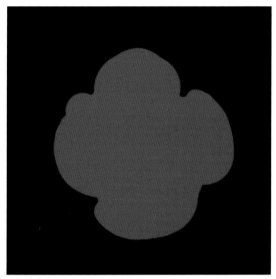

▲ 회색의 연기를 만들어줍니다.

05 조금 더 연한 회색으로 연기의 가장자리를 밝게 하여 입체감을 살짝 줍니다. 레이어를 잠그고 칠하거나, 새 레이어를 만든 후 Ctrl + Alt + G를 눌러주면 위 레이어가 아래 레이어를 빠져나오지 않게 됩니다.

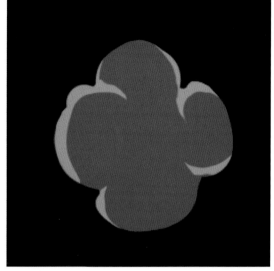

▲ 음영을 만들어줍니다.

06 네모난 흰색 네모를 만들어줍니다. 우선 256x256 픽셀의 캔버스를 열어주고, 캔버스 전체배경을 검은색으로 채워줍니다. 이미지를 그리기 위해 레이어를 하나 더 생성해줍니다. 이후 Ctrl + '으로 설정해놨던 가이드라인을 불러옵니다. 똑같이 사각형의 윤곽 선택 도구(M)를 선택하고 Shift + Alt를 누르며 사각윤곽을 그리시면 중점을 기점으로 네모 원형이 만들어집니다.

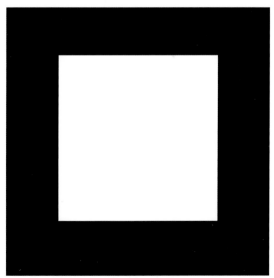

▲ 하얀 네모를 캔버스에 만들어주면 완성입니다.

07 폭발시 밝게 빛나는 빛 이미지를 만들어줄 것입니다. 256×256픽셀의 캔버스를 열어주고, 원형을 만들어준 후 가우시안 흐림 효과 20을 주어 끝이 흐린 원형을 만들어줍니다.

▲ 만들어진 원형 png그림

09 그 후, 이미지가 선명하게 보이도록 어두운 벽을 두개 세웁니다. 메뉴 란의 GameObject – 3D Object – Quad를 선택해 벽을 만듭니다.

첫 번째 벽의 좌표는 다음과 같습니다. Position X : 0 / Y : 6 / Z : 17, Rotation 포지션은 모두 0으로 맞춰줍니다. Scale 포지션은 X : 17 / Y : 23 / Z : 11으로 바꿔줍니다. 두 번째 벽의 Position은 X : 0 / Y : −2.6 / Z : 5 이고, Rotation 포지션은 X : 90 / Y : 0 / Z : 0입니다. Scale 포지션은 X : 17 / Y : 24 / Z : 11으로 맞춰줍니다. 파티클의 좌표는 Scale 값을 제외한 모두 0인 상태에서 Rotation 값만 X값이 0으로 설정되도록 만들어줍니다. 그 후, 메인 폭발 이미지1을 넣기 위해 파티클 시스템을 만듭니다.

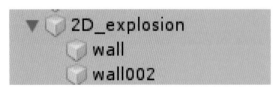

▲ GameObject 밑에 벽과 바닥을 세워줍니다. 앞선 벽들과 같은 벽입니다.

08 여기까지 모두 따라 만들어 보았거나 예제 패키지의 PNG 파일을 받아보았다면 이제 만든 이미지들을 유니티 안에 넣어줍니다. 모든 이미지의 Texture Type 메뉴를 Sprite(2D and UI)으로 바꿔주고, 머티리얼을 만들어 Shader 경로를 Mobile – Particles – Alpha Blended으로 만들어줍니다. 빛 이미지는 Additive로 바꿔줍니다.

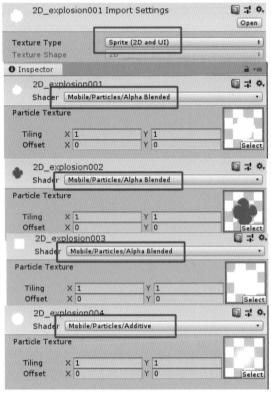

▲ 이미지들과 머티리얼을 만들어서 텍스쳐와 쉐이더를 정해줍니다.

10 이제 만든 GameObject 밑에 파티클을 넣고 하얀색의 연기같은 001 이미지를 넣어주고, 파티클의 트랜스폼 수치를 정해줍니다. Position과 Rotation은 모두 0으로 설정하고 Scale 값은 모두 1로 맞춰줍니다.

⟍ **Transform**						
Position	X	0	Y	0	Z	0
Rotation	X	0	Y	0	Z	0
Scale	X	1	Y	1	Z	1

▲ 파티클의 트랜스폼을 수정해줍니다.

11 이제 메인 파티클 설정을 조정해줍니다. 우선 1.5초보다 더 길게 파티클이 나올 것이 아니기 때문에 Duration을 1.5로 만들어줍니다. 다음으로는 Start Lifetime의 값을 Random Between Two Constants으로 두 칸으로 나눠 각 칸을 만들고 0.5와 0.3으로 맞춰줍니다. 미세한 차이지만 파티클이 몇몇 개는 먼저 나오고 몇몇 개는 살짝 늦게 나오는 현상을 나중에 관찰할 수 있습니다. 다음으로는 Start Speed도 Random Between Two Constants으로 바꾼 후 각 수치를 0와 0.5로 설정하고 Start Size 값은 1과 2로 만들어줍니다. 각자 다른 회전축을 가진 파티클 이미지가 만들어지기 위해서 Start Rotation 메뉴는 0과 360으로 바꾸어줍니다. 그리고 흰색의 파티클을 폭발처럼 붉은색, 노란색 등으로 바꿔야하기 때문에 Start Color값의 흰색 색상표를 눌러 다홍색(FF3F19)으로 바꾸어줍니다.

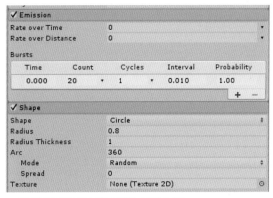

▲ 한 가지 이미지로 Start Color의 색을 바꿔가며 쓸 것입니다.

12 파티클의 생성과 형상을 조절하기 위해 Emission과 Shape를 설정합니다. 우선, Emission의 Rate over Time가 10으로 되어있는 것은 0으로 바꿔주시고 Bursts의 +표시를 눌러 나온 메뉴의 Count 부분을 20으로 바꾸어줍니다. 다음으로는 Shape의 Shape 부분이 Circle가 되게 바꾼 후 Radius 수치를 0.8으로 바꾸어주면 됩니다.

▲ 파티클의 개수와 나올 범위를 정해줍니다.

13 이제 Size over Lifetime 값을 수정해줍니다. 우선 해당 메뉴를 체크해주고 Size의 상자를 눌러주면 아래에 곡선을 설정할 수 있는 상자가 보이게 됩니다. 아래를 보면 Particle System Curves 란이 뜨고 선에 대고 오른쪽마우스 클릭을 하면 Add Key라는 점을 하나 더 만들 수 있는 메뉴가 뜹니다. 점을 처음과 끝을 합하여 4개가 되도록 만들어주고, 첫 점은 0에, 두 번째 점은 0.15의 X축은 1로 잡아줍니다. 다음 점 또한 X축을 1로 유지해주고, 마지막 점은 0.7에서 시작하여 0으로 끝날 수 있도록 잡아 줍니다. 처음에 점들을 해당 부분에 만들면 곡선으로 되어있는데, 오른쪽 마우스로 곡선을 직선으로 만들어주거나, 점을 잡아 회색의 갈고리들이 나오면 끌어내려 직선처럼 만들어주시면 됩니다.

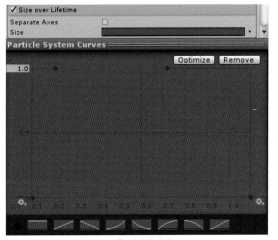

▲ 그림처럼 사이즈의 선들을 잡아줍니다.

14 여기까지 했다면 커다란 다홍색 연기가 순간적으로 커졌다가 작아지는 것을 볼 수 있을 것입니다.

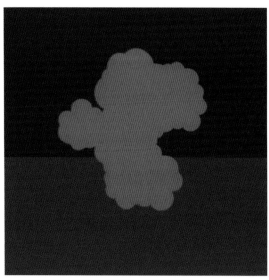

▲ 불규칙하게 나왔다가 사라지는 다홍색 연기

15 다음으로는 새 파티클을 하나 더 만들어줍니다. 첫 번째로 만들 파티클에 두 번째로 만든 파티클을 넣어줍니다. 같은 파티클을 복사하여 붙여넣어도 괜찮습니다.

▲ 두 번째 파티클을 만들어 첫 번째로 만든 파티클에 넣어줍니다.

16 이제 하얀색의 연기같은 001 이미지를 넣어주고, 파티클의 트랜스폼 수치를 정해줍니다. Position 포지션 중 Z축을 −1로 맞춰줍니다. 그러면 다른 파티클보다 이 파티클이 화면 위로 올라오게 됩니다. Rotation 포지션은 모두 0으로 설정해 줍니다. 마지막으로 Scale 값은 모두 1로 맞춰줍니다.

▼ ⚲ **Transform**					🖳 🏷 ⚙,
Position	X 0	Y 0	Z −1		
Rotation	X 0	Y 0	Z 0		
Scale	X 1	Y 1	Z 1		

▲ 트랜스폼을 바꾸어 레이어를 설정해주는 방법입니다. 파티클의 Renderer에서 바꾸는 것도 방법입니다.

17 다음으로는 메인 파티클 설정을 조정해줍니다. 우선 1.5초보다 더 길게 파티클이 나올 것이 아니기 때문에 Duration을 1.5로 만들어줍니다. 다음으로는 Start Lifetime의 값을 Random Between Two Constants으로 두 칸으로 나눠줍니다. 각자 0.5와 0.3으로 맞춰줍니다. 미세한 차이지만 파티클이 몇몇 개는 먼저 나오고 몇몇 개는 살짝 늦게 나오는 현상을 나중에 관찰할 수 있습니다. 다음으로는 Start Speed도 Random Between Two Constants으로 바꾼 후 각 수치를 0와 0.5으로, Start Size 값도 1과 1.5로 만들어준 후 각자 다른 회전축을 가진 파티클 이미지가 만들어지기 위해서 Start Rotation 메뉴도 0과 360으로 바꾸어줍니다. 그리고 Start Color 값의 흰색 색상표를 눌러 노란색(FFFF17)으로 바꾸어줍니다.

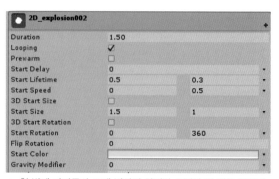

▲ 첫 번째 파티클과 크게 변하진 않지만 크기가 더 작고 범위가 적은 파티클을 만들어 줄 것입니다.

18 이제 파티클이 몇 개가 언제 생성되는지 설정할 Emission과 어떤 모양으로 움직일지 정하는 Shape를 설정할 것입니다. Emission의 Rate over Time가 10으로 되어있는 것은 0으로 바꿔주시고 Bursts의 +표시를 눌러 나온 메뉴의 Count 부분을 8로 바꾸어줍니다. 다음으로는 Shape의 Shape 부분이 Circle가 되게 바꾼 후 Radius 수치를 0.4으로 바꾸어주면 됩니다. 이렇게 만들어주면 첫 번째 파티클보다 앞에 있는 범위가 적은 노란색의 연기 덩어리가 보이게 될 것입니다.

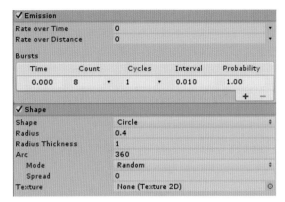

▲ 파티클의 개수와 범위를 정해줍니다.

19 이제 Size over Lifetime 값을 수정해줍니다. 우선 해당 메뉴를 체크해주고 Size의 상자를 눌러주면 아래에 곡선을 설정할 수 있는 상자가 보이게 됩니다. 아래를 보면 Particle System Curves 란이 뜨고 선에 대고 오른쪽마우스 클릭을 하면 Add Key라는 점을 하나 더 만들 수 있는 메뉴가 뜹니다. 점을 처음과 끝을 합하여 4개가 되도록 만들어주고, 첫 점은 0에, 두 번째 점은 0.15의 X축은 1로 잡아줍니다. 다음 점 또한 X축을 1로 유지해주고, 마지막 점은 0.7에서 시작하여 0으로 끝날 수 있도록 잡아 줍니다. 처음에 점들을 해당 부분에 만들면 곡선으로 되어있는데, 오른쪽 마우스로 곡선을 직선으로 만들어주거나, 점을 잡아 회색의 갈고리들이 나오면 끌어내려 직선처럼 만들어주시면 됩니다.

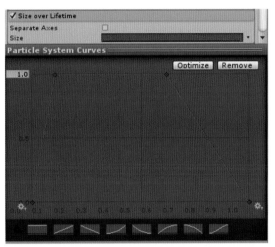

▲ 사이즈를 잘 정해주면 두 번째 파티클까지 완성입니다.

20 이렇게 만든 다홍색과 노란색 파티클이 간단한 색감의 움직이는 그림처럼 파티클을 만들어줍니다.

▲ 선명한 색감으로 2D형 파티클을 만들 수도 있습니다.

21 두 번째 파티클을 만들었다면 새 파티클을 하나 더 만들어줍니다. 첫 번째로 만들 파티클에 세 번째로 만든 파티클도 넣어줍니다. 두 번째 파티클을 복사하여 붙여넣어도 괜찮습니다.

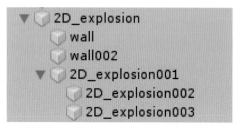

▲ 세 번째 파티클을 만들 준비를 해줍니다.

22 이제 하얀색의 연기같은 001 이미지를 넣어주고, 파티클의 트랜스폼 수치를 정해줍니다. Position 포지션 중 Z축을 −2로 맞춰줍니다. 그러면 만들었던 노란 파티클보다 이 파티클이 화면 위로 올라오게 됩니다. Rotation 포지션은 모두 0으로 설정해 줍니다. 마지막으로 Scale 값은 모두 1로 맞춰줍니다.

Transform						
Position	X	0	Y	0	Z	-2
Rotation	X	0	Y	0	Z	0
Scale	X	1	Y	1	Z	1

▲ 세 번째 파티클의 트랜스폼을 바꿔줍니다.

23 다음으로는 메인 파티클 설정을 조정해줍니다. 우선 1.5초보다 더 길게 파티클이 나올 것이 아니기 때문에 Duration을 1.5로 만들어줍니다. 다음으로는 Start Lifetime의 값을 Random Between Two Constants으로 두 칸으로 나눠줍니다. 각자 0.5와 0.3으로 맞춰줍니다. 미세한 차이지만 파티클이 몇몇 개는 먼저 나오고 몇몇 개는 살짝 늦게 나오는 현상을 나중에 관찰할 수 있습니다. 다음으로는 Start Speed도 Random Between Two Constants으로 바꾼 후 각 수치를 0와 0.5으로, Start Size 값도 1과 0.5로 만들어준 후 각자 다른 회전축을 가진 파티클 이미지가 만들어지기 위해서 Start Rotation 메뉴도 0과 360으로 바꾸어줍니다. 그리고 Start Color값은 그대로 흰색을 유지해줍니다.

2D_explosion003		
Duration	1.50	
Looping	✓	
Prewarm	☐	
Start Delay	0	
Start Lifetime	0.5	0.3
Start Speed	0	0.5
3D Start Size	☐	
Start Size	1	0.5
3D Start Rotation	☐	
Start Rotation	0	360
Flip Rotation	0	
Start Color		
Gravity Modifier	0	

▲ 세 번째 파티클의 메인 파티클 수치를 정해줍니다.

24 Emission과 Shape를 설정할 것입니다. Emission의 Rate over Time이 10으로 되어있는 것은 0으로 바꿔주시고 Bursts의 +표시를 눌러 나온 메뉴의 Count 부분을 4로 바꾸어줍니다. 다음으로는 Shape의 Shape 부분이 Circle가 되게 바꾼 후 Radius 수치를 0으로 바꾸어주면 됩니다.

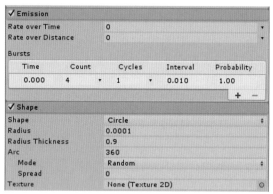

▲ 기본적인 수치는 첫 번째 파티클에서 점점 낮아지는 형태입니다.

25 이제 Size over Lifetime 값을 수정해줍니다. 우선 해당 메뉴를 체크해주고 Size의 상자를 눌러주면 아래에 곡선을 설정할 수 있는 상자가 보이게 됩니다. 아래를 보면 Particle System Curves란이 나옵니다. 선에 마우스를 대고 오른쪽 클릭을 하면 Add Key라는 점을 하나 더 만들 수 있는 메뉴가 뜹니다. 점을 처음과 끝을 합하여 4개가 되도록 만들어주고, 첫 점은 0에, 두 번째 점은 0.15의 타이밍(가로 축)에 Size가 1이 되도록 잡아줍니다. 다음 점도 Size를 1로 유지해주고, 마지막 점은 0.7의 타이밍부터 Size를 줄여 0으로 끝날 수 있도록 잡아줍니다. 처음에 점들을 해당 부분에 만들면 곡선으로 되어있는데, 오른쪽 마우스로 곡선을 직선으로 만들어주거나, 점을 잡아 회색의 갈고리들이 나오면 끌어내려 직선처럼 만들어주시면 됩니다.

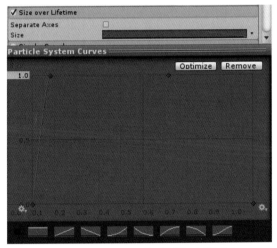

▲ 이제 파티클이 나왔다가 들어가는 형태를 잡아줍니다.

26 모두 완성했다면 흰색과 노란색, 붉은색이 순서대로 나왔다가 사라지는 파티클이 보이게 됩니다.

▲ 순서대로 작은 연기들이 나오는 파티클이 만들어졌습니다.

27 새로운 파티클을 만들어줍니다. 이번에 만들 파티클은 가장 뒤에 나올 회색의 연기입니다. 연기용으로 만든 이미지 머티리얼인 2D_explosion002 이미지를 넣어줍니다.

▲ 네 번째 파티클을 만들어줍니다.

28 이제 파티클의 트랜스폼 수치를 정해줍니다. Position 포지션중 Z축을 1로 맞춰줍니다. 그러면 만들었던 중 새로 만든 파티클이 가장 아래로 내려가게 됩니다. Rotation 포지션은 모두 0으로 설정해 줍니다. Scale 값은 모두 1로 맞춰줍니다.

Transform						
Position	X	0	Y	0	Z	1
Rotation	X	0	Y	0	Z	0
Scale	X	1	Y	1	Z	1

▲ 트랜스폼 수치를 정해주는 것이 기본입니다.

29 메인 파티클 설정을 조정해줍니다. 우선 1.5초보다 더 길게 파티클이 나올 것이 아니기 때문에 Duration 을 1.5로 만들어줍니다. 다음으로는 Start Lifetime의 값을 Random Between Two Constants으로 두 칸으로 나눠줍니다. 각자 0.7와 0.5로 맞춰줍니다. 다음으로는 Start Speed 도 Random Between Two Constants으로 바꿔 각 수치를 0과 0.7로 만들고 Start Size 값은 1과 2로 만들어줍니다. 각자 다른 회전축을 가진 파티클 이미지가 만들어지기 위해서 Start Rotation 메뉴도 0과 360으로 바꾸어줍니다. 그리고 Start Color 값은 만든 이미지보다 살짝 진하게 나올 수 있도록 그대로 회색(D9D9D9)으로 만들어줍니다.

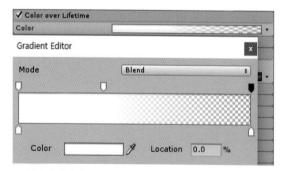

▲ 파티클의 메인 메뉴를 바꿔줍니다.

30 Emission과 Shape를 설정합니다. Emission의 Rate over Time가 10으로 되어있는 것은 0으로 바꿔주시고 Bursts의 +표시를 눌러 나온 메뉴의 Count 부분을 20으로 바꾸어줍니다. 다음으로는 Shape의 Shape 부분이 Circle 가 되게 바꾼 후 Radius 수치를 0.75로 바꾸어주면 됩니다.

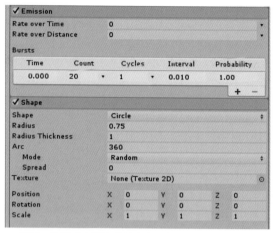

▲ 범위는 첫 번째로 만든 범위와 수보다 많습니다.

31 연기가 사라지듯 끝부분이 자연스럽게 사라지게 하기 위해 컬러와 알파값을 지정해주는 Color over Lifetime 값을 바꾸어 줄 차례입니다. Color over Lifetime란의 하얀 칸을 누르면 Gradient Editor 란이 보이는데 윗부분 화살표가 없는 빈 부분을 누르면 화살표가 새로 생깁니다. 제일 끝부분의 알파를 0으로 바꾸어주면 파티클의 끝이 흐리게 바뀌는 것을 확인할 수 있습니다. 위를 눌러주어 중간보다 앞부분의 파티클의 알파값을 100으로 바꿔준다면 앞부분은 선명하고 뒷부분만 흐려지는 파티클을 만들 수 있습니다.

32 이제 Size over Lifetime 값을 수정해줍니다. 우선 해당 메뉴를 체크해주고 Size의 상자를 눌러주면 아래에 곡선을 설정할 수 있는 상자가 보이게 됩니다. Particle System Curves 란의 하단을 보면 유니티에서 만든 자동 곡선이 있습니다. 그중에서 위에서 아래로 향하는 그래프를 설정해줍니다. 그리고 가장 앞에 있는 점을 뒤로 끌어와 0.45에 맞춰주고, 뒷부분의 점의 사이즈가 0.5에 끝날 수 있도록 위로 올려주면 끝에 작아지는 듯한 연기가 완성됩니다.

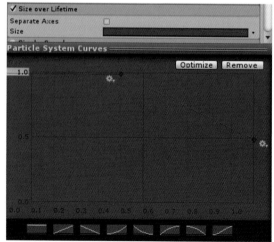

▲ 연기가 사라지는 것처럼 끝이 점점 흐려지게 바꿔줍니다.

▲ 연기가 바뀌며 사라지는 것을 표현해줍니다.

33 이것으로만 끝나지 않고, 연기가 회전하며 사라지거나 불규칙한 움직임을 가지며 사라지는 것도 표현할 수 있겠지만 우선은 여기까지 마무리해주고 새 파티클을 열어줍니다. 다음 파티클은 무언가 터지며 날리는 잔해들입니다.

▲ 파티클로 만드는 이펙트의 연기까지 생겼습니다.

34 폭발 시 무언가 터지며 날리는 잔해를 만들어보겠습니다. 파티클을 만들고 앞에서와 같이 첫 번째 파티클 밑으로 넣어줍니다. 이미지는 정사각형으로 만들었던 2D_explosion003의 머티리얼을 써줍니다.

▲ 다섯 번째 파티클을 만들어줍니다.

35 파티클의 트랜스폼 수치를 정해줍니다. Position의 Z축을 −2로 맞춰줍니다. 그러면 새로 만든 파티클이 가장 위로 올라가게 됩니다. Rotation 포지션은 모두 0으로 설정해 줍니다. Scale 값은 모두 1로 맞춰줍니다. 트랜스폼을 바꿨다면 메인 파티클 설정을 조정해줍니다. 우선 1.5초보다 더 길게 파티클이 나올 것이 아니기 때문에 Duration을 1.5로 만들어줍니다. 다음으로는 Start Lifetime의 값을 Random Between Two Constants으로 두 칸으로 나눠줍니다. 각자 0.4와 0.6으로 맞춰줍니다. Start Speed도 Random Between Two Constants으로 바꿔 각 수치를 1와 2로, Start Size 값도 0.2과 0.1로 만들어줍니다. 각자 다른 회전축을 가진 파티클 이미지가 만들어지기 위해서 Start Rotation 메뉴도 0과 360으로 바꾸어줍니다. 그리고 Start Color 값은 만든 이미지보다 색이 진하게 나올 수 있도록 그대로 갈색(593737)으로 만들어줍니다.

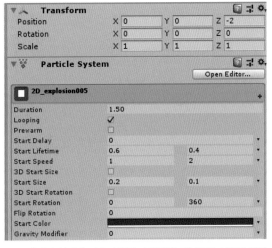

▲ 그림이나 설명에 나오지 않은 수치들은 기본으로 설정된 파티클 수치에서 바꾸지 않아도 좋습니다.

36 Emission과 Shape를 설정합니다. Emission의 Rate over Time가 10으로 되어있는 것은 0으로 바꿔주시고 Bursts의 +표시를 눌러 나온 메뉴의 Count 부분을 20으로 바꾸어줍니다. 다음으로는 Shape의 Shape 부분이 Circle이 되게 바꾼 후 Radius 수치를 0.34로 바꾸어주면 됩니다.

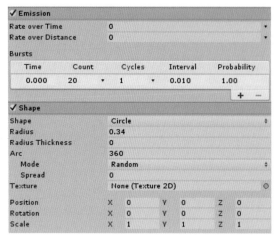

▲ 개수와 범위값도 설정해줍니다.

37 여기까지 설정했다면 여러 개의 조각들이 폭발이 됨과 동시에 날아가는 것을 볼 수 있을 것입니다. 이를 확인하였으면 Size over Lifetime 값을 수정해줍니다. 우선 해당 메뉴를 체크해주고 Size의 상자를 눌러주면 아래에 곡선을 설정할 수 있는 상자가 보이게 됩니다. 아래를 보면 Particle System Curves 란이 나오고 그 하단에 유니티에서 만든 자동 곡선이 있습니다. 그중 아래에서 위로 향하는 그래프를 설정해줍니다. 그리고 가장 앞에 있는 점을 뒤로 끌어와 점의 사이즈가 0.5에 시작할 수 있도록 위로 올려주면 끝에 커지는 듯한 연기가 완성됩니다.

▲ 파티클 입자가 시작할 때와 끝날 때 사이즈가 어떻게 변하는지 수정해줍니다.

38 여기까지 한다면 작은 입자가 폭발과 함께 날리는 것을 볼 수 있습니다.

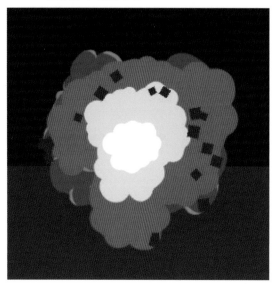

▲ 여기서 끝나도 상관없지만 조금 더 폭발이라는 느낌을 주기 위해 파티클을 하나 더 추가해줄 것입니다.

39 빛이 나는 효과를 주는 파티클을 만들어보겠습니다. 파티클을 새로 만들고 첫 번째 파티클 밑으로 넣어줍니다. 이미지는 끝이 흐린 원으로 만들었던 2D_explosion004의 머티리얼을 씁니다.

▲ 이제 마지막 파티클입니다.

40 마지막 파티클을 만들었다면, 파티클의 트랜스폼 수치를 정해줍니다. Position의 Z축을 −3으로 맞춰줍니다. 그러면 만들었던 중 새로 만든 파티클이 가장 위로 올라가게 됩니다. Rotation 포지션은 모두 0으로 설정해 줍니다. Scale 값은 모두 1로 맞춰줍니다. 트랜스폼을 바꾼다면 이제 메인 파티클 설정을 조정해줍니다. 우선 1.5초보다 더 길게 파티클이 나올 것이 아니기 때문에 Duration을 1.5로 만들어줍니다. 다음으로는 Start Lifetime의 값을 0.3으로 맞춰줍니다. Start Speed는 빛이 움직이지 않게 하기 위해 0으로, Start Size 값은 폭발을 모두 감쌀 수 있게 4로 만들어 준 후 Start Color 값은 알파값이 180이 될 수 있게 해줍니다.

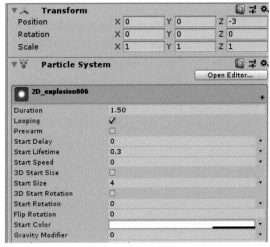

▲ 트랜스폼 수치와 메인 파티클 수치를 잘 보고 정해줍니다.

41 Emission의 Rate over Time 값을 0으로 바꾸고 오른쪽 아래의 +표시를 눌러 Count 값을 1로 만들어줍니다. Shape의 체크는 풀어줍니다. 그렇게 하면 같은 자리에 같은 빛이 똑같이 나오게 됩니다.

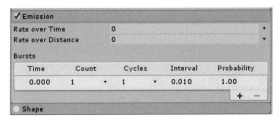

▲ 빛 파티클은 하나로도 충분히 밝습니다.

42 빛이 자연스럽게 사라지게 하기 위해 컬러와 알파값을 지정해주는 Color over Lifetime 값을 바꾸어 줄 차례입니다. Color over Lifetime 란의 하얀 칸을 누르면 Gradient Editor 란이 보이는데 윗부분 화살표가 없는 빈 부분을 누르면 화살표가 새로 생깁니다. 제일 끝부분의 알파를 0으로 바꾸어주면 파티클의 끝이 흐리게 바뀌는 것을 확인할 수 있습니다. 위를 눌러주어 화살표를 만들고 파티클의 알파값을 100으로 바꿔준다면 앞부분은 선명하고 뒷부분만 흐려지는 파티클을 만들 수 있습니다.

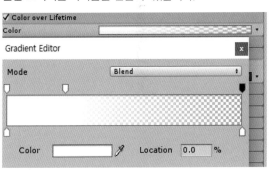

▲ 빛이 자연스럽게 사라지게 해줍니다.

43 이제 Size over Lifetime 값을 수정해줍니다. 우선 해당 메뉴를 체크해주고 Size의 상자를 눌러주면 아래에 곡선을 설정할 수 있는 상자가 보이게 됩니다. 아래를 보면 Particle System Curves 란이 나오고 그 하단에 유니티에서 만든 자동 곡선이 있습니다. 그중 아래에서 위로 향하는 그래프를 설정해줍니다. 그리고 가장 앞에 있는 점을 뒤로 끌어와 점의 사이즈가 0.5에 시작할 수 있도록 위로 올려줍니다.

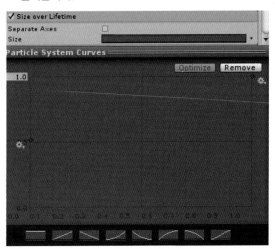

▲ 빛은 넓게 퍼질수록 사라지는 성질을 가졌습니다.

44 정했던 수치보다 작은 파티클의 최대 크기값을 키우기 위해 제일 아래의 Renderer의 Max Particle Size 값을 1로 바꾸어주면 본래 원하던 크기의 파티클이 나오게 됩니다.

✓ Renderer		
Render Mode	Billboard	⬍
Normal Direction	1	
Material	2D_explosion004	⊙
Trail Material	2D_explosion004	⊙
Sort Mode	None	⬍
Sorting Fudge	0	
Min Particle Size	0	
Max Particle Size	1	

▲ Max Particle Size로 최대 파티클 수치값에 변화를 줍니다.

45 여기까지 하면 2D 느낌의 폭발 이펙트를 만들게 됩니다. 이펙트에 썼던 이미지와 완성된 프리팹, GIF이미지를 예제 패키지에 넣어놨습니다.

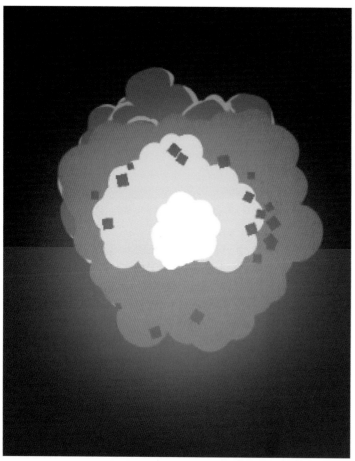

▲ 완성된 2D 느낌의 폭발 이펙트

■ 3D 폭발 이펙트

01 자연스러운 폭발의 느낌을 주는 이펙트를 만들게 될 것입니다. 우선 포토샵을 열어 256×256 픽셀의 캔버스를 열어줍니다. 캔버스 전체 배경을 검은색으로 채워주고, 이미지를 그리기 위해 레이어를 하나 더 생성해줍니다. 이후 Ctrl + '으로 설정해놨던 가이드라인을 불러옵니다.

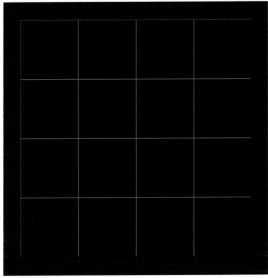

▲ 캔버스를 열어줍니다.

02 그림을 그리기 위해 레이어를 하나 더 만들어주고, 가이드라인 중점을 기준으로 원형을 만들어 줍니다. 원형의 윤곽 선택 도구(M)를 선택하고 Shift + Alt를 누르며 원형윤곽을 그리시면 중점을 기점으로 동그란 원형이 만들어집니다. 그리곤 연기를 만들었던 것처럼 이중 브러시로 주변부에 구멍을 뚫어줍니다. 원형의 가부분을 위주로 뚫어주어 선명한 자국이 남지 않도록 해줍니다.

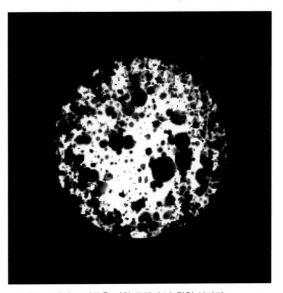

▲ 이중 브러시로 자국을 지워 구멍이 난 원형 이미지

03 가우시안 흐림 효과로 만든 원형을 흐리게 만들어 줍니다. 반경은 10픽셀 정도로 잡아주시면 적당히 흐려진 덩어리가 생기게 됩니다. 그리고 또 이중 브러시로 모양을 바꾼 지우개로 주변을 더 지워줍니다.

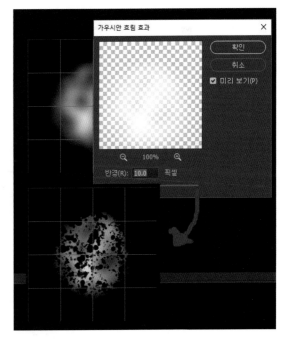

▶ 가우시안 흐림 효과로 흐리기를 조정해 준 후 또 이미지에 구멍을 내줍니다.

04 가우시안 흐림 효과를 6픽셀 정도 주면 구멍이 뚫렸던 질감이 남으면서 적당히 흐린 느낌의 이미지가 완성됩니다. 흐림 효과가 캔버스 밖으로 나갔을 때는 Ctrl + T를 눌러주어 이미지를 적당히 줄여주면 됩니다. Alt를 누른채로 이미지를 줄여주면 정이미지로 줄어듭니다.

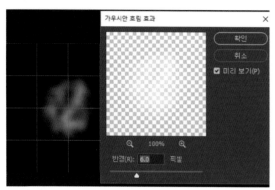

▲ 가우시안 흐림 효과를 한번 더 주면 됩니다.

05 이미지가 너무 흐리면 파티클이 안 보일 수 있기 때문에 레이어를 복사해주고, 윗 레이어를 50%로 알파를 줄여서 합쳐줍니다. 그 후, 검은 배경을 없애고 이미지를 PNG로 저장해줍니다.

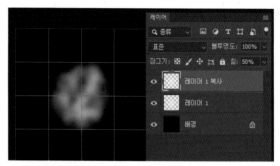

▲ 레이어를 복사하고 50%로 알파를 줄여줍니다.

06 불꽃의 빛나는 부분을 만들어 줄 것입니다. 256× 256픽셀의 캔버스를 만들어주고, 전체배경을 검은 색으로 채워준 후, 레이어를 하나 더 생성해줍니다. 이후 Ctrl + '으로 설정해놨던 가이드라인을 불러오고 이미지 중점을 맞춰 하얀색의 원형 이미지를 만들어줍니다.

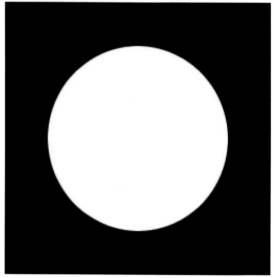

▲ Alt를 누르고 만들어주면 정 원을 만들 수 있습니다.

07 원형을 만들어준 후 가우시안 흐림 효과를 20으로 주어 끝이 흐린 원형으로 만들어줍니다.

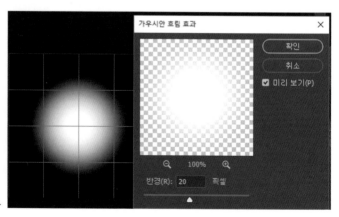

▶ 흐린 원을 만들어줍니다.

08 여기까지 모두 따라 만들어 보았거나 예제 패키지의 png파일들을 받아보았다면 이제 만든 이미지들을 유니티 안에 넣어줍니다. 모든 이미지의 Texture Type 메뉴를 Sprite(2D and UI)으로 바꿔주고, 머티리얼을 만들어 Shader 경로를 Mobile – Particles – Additive으로 만들어줍니다. 머티리얼을 이미지보다 하나 더 만들어 연기처럼 만든 이미지를 넣어주고 하나의 머티리얼은 Alpha Blended로 만들어줍니다.

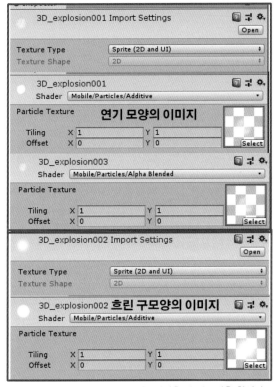

▲ 한 이미지로 두 가지 형태의 머티리얼을 만드는 것을 확인하고 만드세요.

09 파티클과 어두운 색의 벽을 넣을 게임오브젝트를 하이어라키 창에 넣어줍니다. 우선, 이미지가 선명해보이기 위해 어두운 벽을 두 개 세웁니다. 메뉴 란의 GameObject – 3D Object – Quad를 찾아 벽을 만듭니다. 첫 번째 벽의 Position은 X : 0 / Y : 6 / Z : 17로 맞추고, Rotation 포지션은 모두 0으로 맞춰줍니다. Scale 포지션은 X : 17 / Y : 23 / Z : 11으로 바꿔줍니다. 두 번째 벽의 Position은 X : 0 / Y : -2.6 / Z : 5 이고, Rotation 포지션은 X : 90 / Y : 0 / Z : 0입니다. Scale 포지션은 X : 17 / Y : 24 / Z : 11으로 맞춘 뒤 파티클 시스템을 만듭니다. 파티클을 만들었다면 파티클의 트랜스폼 수치를 설정해줍니다. 공중에 떠 있는 심플한 파티클이므로 파티클의 포지션은 모두 0인 상태에서 Rotation 값의 X축을 0으로 만들어 줍니다.

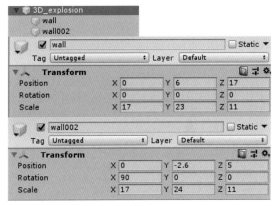

▲ 기본적인 벽을 유니티 씬에 깔아줍니다.

10 파티클의 트랜스폼 수치를 정해줍니다. Position 포지션과 Rotation 포지션은 모두 0으로 설정해 줍니다. Scale 값은 모두 1로 맞춰줍니다.

메인 파티클 설정을 조정해줍니다. 우선 1.5초보다 더 길게 파티클이 나올 것이 아니기 때문에 Duration을 1.5로 만들어줍니다. 다음으로는 Start Lifetime의 값을 Random Between Two Constants으로 두 칸으로 나누고 각자 0.5와 0.3으로 맞춰줍니다. 미세한 차이지만 파티클이 몇몇 개는 먼저 나오고 몇몇 개는 살짝 늦게 나오는 현상을 나중에 관찰할 수 있습니다. Start Speed도 Random Between Two Constants으로 바꾼 후 각 수치를 0와 0.5로 맞추고 Start Size 값은 3과 2로 만들어줍니다. 각자 다른 회전축을 가진 파티클 이미지가 만들어지기 위해서 Start Rotation 메뉴도 0과 360으로 바꾸어줍니다. 그리고 흰색의 파티클을 폭발처럼 붉은색, 노란색 등으로 바꿔야하기 때문에 Start Color 값의 흰색 색상표를 눌러 다홍색(FF3F19)으로 바꾸어줍니다.

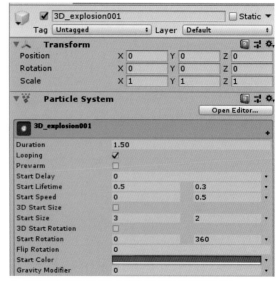

▲ 포지션과 메인 파티클 수치를 잘 맞춰서 바꿔줍니다.

11 파티클의 생성과 형상을 조절하기 위해 Emission과 Shape를 설정합니다. 우선, Emission의 Rate over Time가 10으로 되어있는 것은 0으로 바꿔주시고 Bursts의 +표시를 눌러 나온 메뉴의 Count 부분을 15로 바꾸어줍니다. 다음으로는 Shape의 Shape 부분이 Circle인 상태로 Radius 수치를 0.8로 바꾸어주면 됩니다.

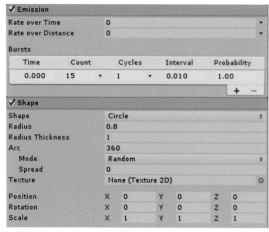

▲ Emission과 Shape를 바꿔줍니다.

12 Size over Lifetime 값을 수정해줍니다. 우선 해당 메뉴를 체크해주고 Size의 상자를 눌러주면 아래에 곡선을 설정할 수 있는 상자가 보이게 됩니다. 아래를 보면 Particle System Curves 란이 나옵니다. 선에 마우스를 대고 오른쪽 클릭을 하면 Add Key라는 점을 하나 더 만들 수 있는 메뉴가 뜹니다. 점을 처음과 끝을 합하여 4개가 되도록 만들어주고, 첫 점은 0에, 두 번째 점은 0.15의 타이밍(가로 축)에 Size가 1이 되도록 잡아줍니다. 다음 점도 Size를 1로 유지해주고, 마지막 점은 0.7의 타이밍부터 Size를 줄여 0으로 끝날 수 있도록 잡아줍니다. 처음에 점들을 해당 부분에 만들면 곡선으로 되어있는데, 오른쪽 마우스로 곡선을 직선으로 만들어주거나, 점을 잡아 회색의 갈고리들이 나오면 끌어내려 직선처럼 만들어주시면 됩니다.

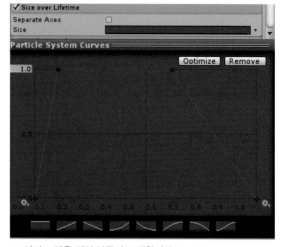

▲ 사이즈 값을 직접 만들어 조정합니다.

13 폭발의 단계를 생각해보면 가장 아랫부분에는 회색의 연기가, 다음으로는 폭발할 때 가장 넓게 퍼지는 붉은 연기, 다음으로는 안쪽에서 나오는 밝은 빛, 그 위에는 넓게 퍼지며 사라지는 빛, 가장 위에는 쪼개져서 사라지는 입자들의 순서를 가지고 있을 것입니다. 이 순서를 생각하며 Renderer 메뉴에서 Order in Layer로 레이어를 분리해보겠습니다.

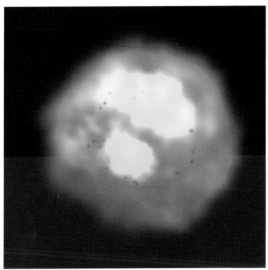

▲ 폭발의 레이어 순서를 잘 생각해봅니다.

14 붉은 빛은 회색 연기보다 위에서 나와야 하므로 Renderer 메뉴에서 Order in Layer부분을 0이 아닌 1로 체크해줍니다. 그러면 어느 각도에서 봐도 우리가 만들게 될 회색 연기보다 위에 올라오게 됩니다.

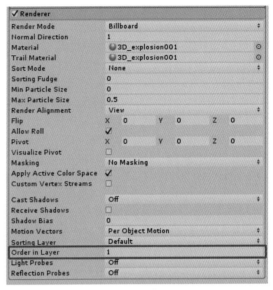

✓ Renderer		
Render Mode	Billboard	⇕
Normal Direction	1	
Material	● 3D_explosion001	⊙
Trail Material	● 3D_explosion001	⊙
Sort Mode	None	⇕
Sorting Fudge	0	
Min Particle Size	0	
Max Particle Size	0.5	
Render Alignment	View	⇕
Flip	X 0 Y 0 Z 0	
Allow Roll	✓	
Pivot	X 0 Y 0 Z 0	
Visualize Pivot	☐	
Masking	No Masking	⇕
Apply Active Color Space	✓	
Custom Vertex Streams	☐	
Cast Shadows	Off	⇕
Receive Shadows	☐	
Shadow Bias	0	
Motion Vectors	Per Object Motion	⇕
Sorting Layer	Default	⇕
Order in Layer	1	
Light Probes	Off	⇕
Reflection Probes	Off	⇕

▲ 파티클의 레이어를 설정하는 법을 잘 생각해둡니다.

15 Additive로 쉐이더를 설정한 이미지가 겹쳐보이기 때문에 이미 노란색이 들어있는 것 같은 붉은 이펙트가 보일 것입니다. 다음으로는 붉은 불꽃 위에 올라올 노란색의 선명한 파티클을 조정해줄 것입니다.

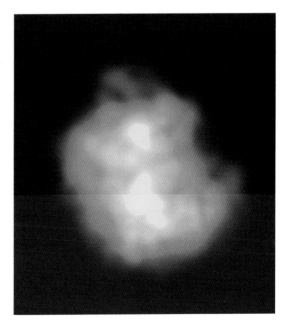

▶ 완성된 첫 번째 파티클 이미지

16 첫 번째 파티클을 복사하여 사용해도 되도록 같은 쉐이더로 만든 머티리얼(앞에서 Additive 쉐이더로 만든 연기 이미지001)을 써줍니다. 파티클의 트랜스폼 수치는 Position 포지션과 Rotation 포지션은 모두 0으로 설정해줍니다. Scale 값은 모두 1로 맞춰줍니다.

트랜스폼을 모두 수정했다면, 메인 파티클 설정을 조정해줍니다. 우선 1.5초보다 더 길게 파티클이 나올 것이 아니기 때문에 Duration을 1.5로 만들어줍니다. 다음으로는 Start Lifetime의 값을 Random Between Two Constants으로 두 칸으로 나누고 각자 0.5와 0.3으로 맞춰줍니다. Start Speed도 Random Between Two Constants으로 바꾼 후 각 수치를 0와 0.5로 만들고 Start Size 값은 1.5과 1로 수정해줍니다. 각자 다른 회전축을 가진 파티클 이미지가 만들어지기 위해서 Start Rotation 메뉴도 0과 360으로 바꾸어줍니다. 그리고 흰색의 파티클을 폭발처럼 붉은색, 노란색 등으로 바꿔야하기 때문에 Start Color 값의 흰색 색상표를 눌러 노란색(FFFF17)으로 바꾸어줍니다.

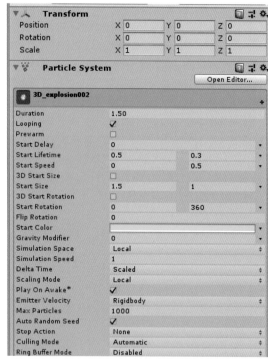

▲ 메인 파티클을 수정해줍니다.

17 Emission과 Shape를 설정합니다. Emission의 Rate over Time가 10으로 되어있는 것은 0으로 바꿔주시고 Bursts의 +표시를 눌러 나온 메뉴의 Count 부분을 10으로 바꾸어줍니다. 다음으로는 Shape의 Shape 부분이 Circle인 상태로 Radius 수치를 0.5로 바꾸어주면 됩니다.

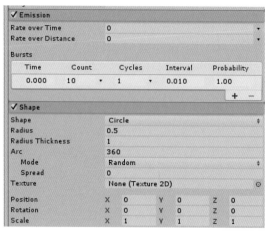

▲ Emission과 Shape를 설정합니다.

18 Size over Lifetime 값을 수정해줍니다. 우선 해당 메뉴를 체크해주고 Size의 상자를 눌러주면 아래에 곡선을 설정할 수 있는 상자가 보이게 됩니다. 아래를 보면 Particle System Curves 란이 나옵니다. 선에 마우스를 대고 오른쪽 클릭을 하면 Add Key라는 점을 하나 더 만들 수 있는 메뉴가 뜹니다. 점을 처음과 끝을 합하여 4개가 되도록 만들어주고, 첫 점은 0에, 두 번째 점은 0.15의 타이밍(가로 축)에 Size가 1이 되도록 잡아줍니다. 다음 점도 Size를 1로 유지해주고, 마지막 점은 0.7의 타이밍부터 Size를 줄여 0으로 끝날 수 있도록 잡아줍니다. 처음에 점들을 해당 부분에 만들면 곡선으로 되어있는데, 오른쪽 마우스로 곡선을 직선으로 만들어주거나, 점을 잡아 회색의 갈고리들이 나오면 끌어내려 직선처럼 만들어주시면 됩니다.

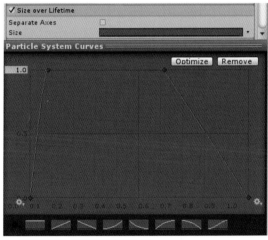

▲ 시작과 끝의 사이즈를 정해줍니다.

19 Renderer 메뉴에서 Order in Layer으로 레이어를 분리해줄 것입니다. Renderer 메뉴에서 Order in Layer 부분을 0이 아닌 2로 체크해줍니다. 그러면 어느 각도에서 봐도 붉은색의 파티클보다 노란색 파티클이 위에 올라오게 됩니다.

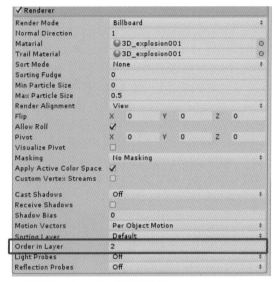

▲ 마지막 Renderer 메뉴를 바꿔줍니다.

20 여기까지 만들었다면 붉은색 파티클 안의 노란 파티클이 더욱 선명하게 보이게 됩니다. 이 다음에 만들 것은 회색의 연기입니다.

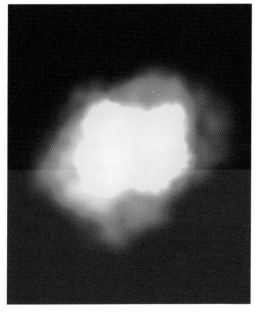

▶ 두 번째 파티클까지 만든 모습

21 회색 연기를 만들기 위해 Alpha Blended로 되어있는 머티리얼인 001을 써줍니다. 파티클의 트랜스폼 수치는 다음과 같습니다. Position과 Rotation 값은 모두 0으로 설정하고 Scale 값은 모두 1로 맞춰줍니다.

트랜스폼을 모두 수정했다면, 메인 파티클 설정을 조정해줍니다. 우선 1.5초보다 더 길게 파티클이 나올 것이 아니기 때문에 Duration을 1.5로 만들어줍니다. 다음으로는 Start Lifetime의 값을 Random Between Two Constants으로 두 칸으로 나누고 각자 0.7과 0.5으로 맞춰줍니다. Start Speed도 Random Between Two Constants으로 바꾼 후 각 수치를 0과 0.7로 바꾸고 Start Size 값은 3과 4로 만들어줍니다. 각자 다른 회전축을 가진 파티클 이미지가 만들어지기 위해서 Start Rotation 메뉴도 0과 360으로 바꾸어줍니다. 그리고 Random Between Two Constants으로 Start Color 값을 두 칸으로 늘린 뒤 한 쪽은 짙은 회색(6C6C6C), 한 쪽은 연한 회색(9A9A9A)으로 바꾸어줍니다.

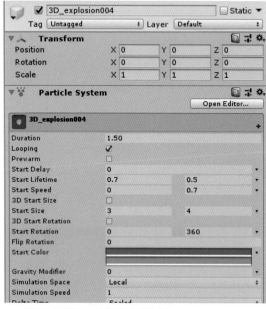

▲ 메인 이미지와 트랜스폼을 바꿔줍니다.

22 Emission과 Shape를 설정합니다. Emission의 Rate over Time가 10으로 되어있는 것은 0으로 바꿔주시고 Bursts의 +표시를 눌러 나온 메뉴의 Count 부분을 20으로 바꾸어줍니다. 다음으로는 Shape의 Shape 부분이 Circle인 상태로 Radius 수치를 0.75로 바꾸어주면 됩니다.

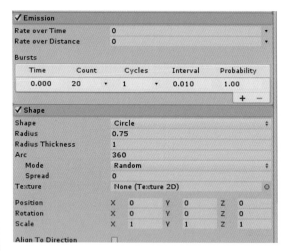

▲ 파티클의 개수와 나오는 범위를 잘 생각하여 정해줍니다.

23 연기가 사라지는 모습을 생각해보면서 Color over Lifetime 값을 바꾸어 줄 차례입니다. Color over Lifetime 란의 하얀 칸을 누르면 Gradient Editor 란이 보이는데 윗부분 화살표가 없는 빈 부분을 누르면 화살표가 새로 생깁니다. 제일 끝부분의 알파를 0으로 바꾸어주면 파티클의 끝이 흐리게 바뀌는 것을 확인할 수 있습니다. 위를 눌러주어 화살표를 만들고 파티클의 알파값을 100으로 바꿔 앞부분은 선명하고 뒷부분만 흐려지는 파티클을 만듭니다.

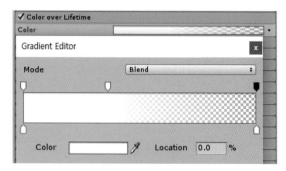

▲ Color over Lifetime 값까지 바꿔준다면 끝이 흐려지는 연기를 얻을 수 있습니다.

24 Size over Lifetime 값을 수정해줍니다. 우선 해당 메뉴를 체크해주고 Size의 상자를 눌러주면 아래에 곡선을 설정할 수 있는 상자가 보이게 됩니다. 아래를 보면 Particle System Curves 란이 뜹니다. 하단에 유니티에서 만든 자동 곡선들이 있는데 그중에서 위에서 아래로 향하는 그래프를 설정해줍니다. 그리고 가장 앞에 있는 점을 뒤로 끌어와 0.45의 타이밍(가로 축)에 맞춰주고, 뒷부분의 점의 사이즈가 0.5에 끝날 수 있도록 위로 올려주면 끝에 작아지는 듯한 연기가 완성됩니다.

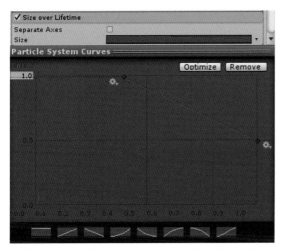

▲ 끝에 사이즈가 살짝 작아지는 것으로 착시를 주게 됩니다.

25 이로써 회색의 연기가 완성되었습니다. 확실히 파티클 두 개만 있는 것보단 파티클에서 더욱 더 빛이 나는 것처럼 보입니다. 하지만 너무 밝아 어떤 이펙트인지 모를정도이기도 합니다. 다음에 만들 파티클을 너무 밝은 파티클을 받쳐줄 수 있도록 회색 연기와 붉은 폭발 사이에 새로운 파티클을 만들 것입니다.

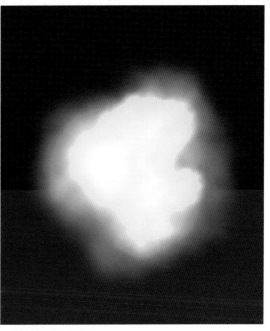

▲ 많이 밝아진 이펙트

26 앞에서 만든 파티클은 너무 밝으므로 이를 받쳐주기 위해 회색 연기와 붉은 폭발 사이에 새로운 이펙트를 넣어줄 것입니다. 이 이펙트를 만드는 법은 간단합니다. 바로 첫 번째로 만들어 준 이펙트를 복사하는 것입니다. 물론 바로 복사한다면 밑에 만든 이펙트들이 모두 함께 복사가 되므로 밑에 있는 이펙트는 지우고 그 안에 Alpha Blended 쉐이더로 만든 같은 이미지를 넣어 줍니다.

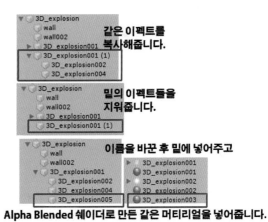

Alpha Blended 쉐이더로 만든 같은 머티리얼을 넣어줍니다.

▲ 간단하게 색을 선명하게 도와줄 이펙트를 만듭니다.

27 이렇게 넣어주면 밝기가 조금 낮아지면서 선명한 색과 밝은 색상이 함께 하는 파티클이 된 것을 확인할 수 있습니다. 다음으로 만들 파티클은 주변부를 조금 더 밝게 빛내줄 빛 파티클입니다.

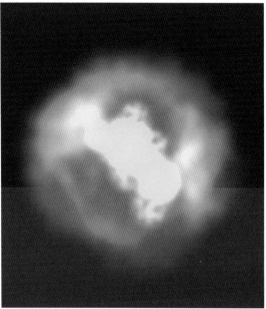

▲ 조금 더 선명한 색상이 된 이펙트

28 Additive 쉐이더로 되어있는 흐린 원형의 이미지 머티리얼을 써줍니다. 파티클의 트랜스폼 수치는 Position 포지션과 Rotation 포지션은 모두 0으로 설정해 줍니다. Scale 값은 모두 1로 맞춰줍니다.

트랜스폼을 모두 수정했다면, 메인 파티클을 설정해줍니다. 우선 1.5초보다 더 길게 파티클이 나올 것이 아니기 때문에 Duration을 1.5로 만들어줍니다. 다음으로는 Start Lifetime 의 값을 0.3으로 맞춰줍니다. Start Speed를 0으로 바꿔준 후 Start Size 값은 4로 만들어줍니다. Start Color 값의 흰색 색상표를 눌러 알파값을 200으로 바꾸어줍니다.

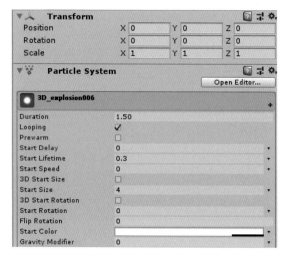

▲ 빛 파티클의 메인 시스템과 트랜스폼을 수정해줍니다.

29 Emission의 Rate over Time값을 0으로 바꾸어줍니다. 다음으로는 오른쪽 아래의 +표시를 눌러 Count 의 값을 1로 만들어준 후 Shape의 체크를 풀어줍니다. 그렇게 하면 같은 자리에 같은 빛이 똑같이 나오게 됩니다.

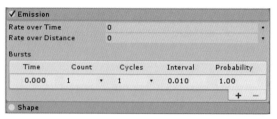

▲ 파티클은 같은 위치에 하나만 뜨게 해줍니다.

30 빛이 자연스럽게 사라지게 하기 위해 컬러와 알파 값을 지정해주는 Color over Lifetime 값을 바꾸어 줄 차례입니다. Color over Lifetime 란의 하얀 칸을 누르면 Gradient Editor 란이 보이는데 윗부분 화살표가 없는 빈 부분을 누르면 화살표가 새로 생깁니다. 제일 끝부분의 알파를 0으로 바꾸어주면 파티클의 끝이 흐리게 바뀌는 것을 확인할 수 있습니다. 위를 눌러주어 화살표를 만들고 파티클의 알파값을 100으로 바꿔준다면 앞부분은 선명하고 뒷부분만 흐려지는 파티클을 만들 수 있습니다.

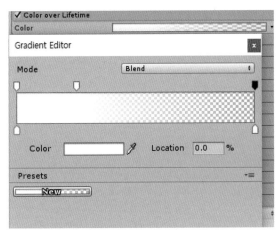

▲ 빛은 퍼지면서 사라지게 됩니다.

31 이제 Size over Lifetime 값을 수정해줍니다. 우선 해당 메뉴를 체크해주고 Size의 상자를 눌러주면 아래에 곡선을 설정할 수 있는 상자가 보이게 됩니다. 아래를 보면 Particle System Curves 란이 뜹니다. 하단에 유니티에서 만든 자동 곡선들이 있는데 그중에서 아래에서 위로 향하는 그래프를 설정해줍니다. 그리고 가장 앞에 있는 점을 뒤로 끌어와 점의 사이즈가 0.5에 시작할 수 있도록 위로 올려줍니다.

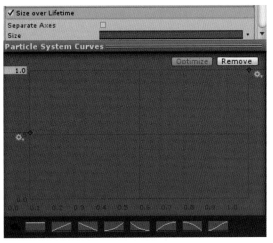

▲ 사이즈가 점점 커질 수 있도록 해줍니다.

32 Renderer 메뉴에서 정했던 수치보다 작은 파티클의 최대 크기값을 키우기 위해 제일 아래의 Renderer 의 Max Particle Size 값을 2로 바꾸어주고, Order in Layer 부분을 0이 아닌 4로 체크해줍니다.

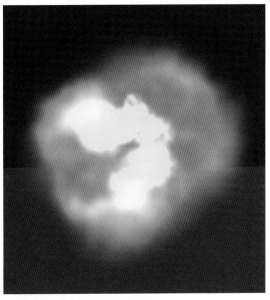

▲ 최대 사이즈와 레이어를 정해줍니다.

33 여기까지 해주면 살짝 그럴듯한 폭발 이펙트가 만들어지게 됩니다.

▲ 퍼지는 빛까지 포함된 이펙트 이미지

34 이번에 만들 파티클은 주변부에 튀는 작은 입자입니다. Alpha Blended 쉐이더로 설정되어있는 연기 머티리얼을 파티클에 넣어주고, 파티클의 트랜스폼 수치를 정해줍니다. Position 포지션과 Rotation 포지션은 모두 0으로 설정해 줍니다. Scale 값은 모두 1로 맞춰줍니다.

메인 파티클의 설정을 조정해줍니다. 우선 1.5초보다 더 길게 파티클이 나올 것이 아니기 때문에 Duration을 1.5로 만들어줍니다. 다음으로는 Start Lifetime의 값을 Random Between Two Constants으로 두 칸으로 나누고 각자 0.7과 0.4로 맞춰줍니다. Start Speed도 Random Between Two Constants으로 바꾼 후 각 수치를 0와 4로 설정하고 Start Size 값은 0.2와 0.1로 만들어줍니다. 각자 다른 회전축을 가진 파티클 이미지가 만들어지기 위해서 Start Rotation 메뉴도 0과 360으로 바꾸어줍니다. 그리고 Start Color 값의 흰색 색상표를 눌러 갈색(593737)으로 바꾸어줍니다. 마지막으로 입자의 무거움을 표현하기 위해 Gravity Modifier 값을 0.3으로 늘려줍니다.

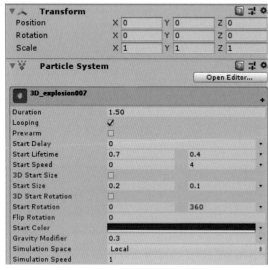

▲ 입자 이펙트의 시작부를 정리해줍니다.

35 Emission과 Shape를 설정합니다. Emission의 Rate over Time가 10으로 되어있는 것은 0으로 바꿔주시고 Bursts의 +표시를 눌러 나온 메뉴의 Count 부분을 30으로 바꾸어줍니다. 다음으로는 Shape의 Shape 부분이 Circle인 상태로 Radius 수치를 0.34로 바꾸어주면 됩니다. Radius Thickness 값은 0으로 바꿔줍니다.

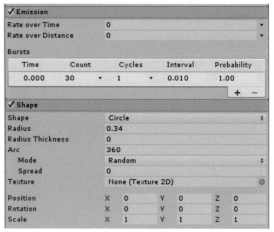

▲ 파티클 입자의 수치와 범위를 정해줍니다.

36 파티클의 처음과 끝 사이즈를 정하는 Size over Lifetime 값을 수정해줍니다. 우선 해당 메뉴를 체크해주고 Size의 상자를 눌러주면 아래에 곡선을 설정할 수 있는 상자가 보이게 됩니다. 아래를 보면 Particle System Curves 란이 뜹니다. 하단에 유니티에서 만든 자동 곡선들이 있는데 그중에서 아래에서 위로 향하는 그래프를 설정해줍니다. 그리고 가장 앞에 있는 점을 뒤로 끌어와 점의 사이즈가 0.7에 시작할 수 있도록 위로 올려줍니다.

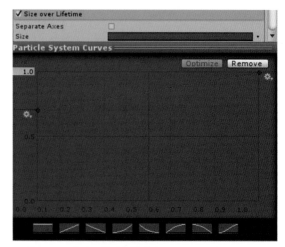

▲ Size over Lifetime를 수정합니다.

37 마지막으로 Renderer 메뉴에서 Order in Layer으로 레이어를 분리해주면 끝입니다. Renderer 메뉴에서 Order in Layer 부분을 5로 체크해줍니다. 이렇게 해주면 어느 각도에서 봐도 입자 파티클이 파티클의 가장 위로 올라오게 됩니다.

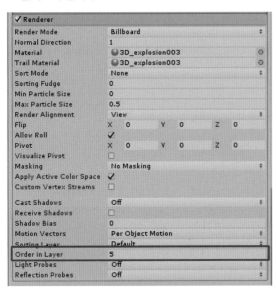

▲ 레이어를 정해주는 것으로 마무리를 해줍니다.

38 여기까지 해주면 조금 더 실생활에서 볼만한 폭발 이펙트가 완성이 됩니다. 책을 보고 직접 만들어보면 많은 도움이 될 것입니다.

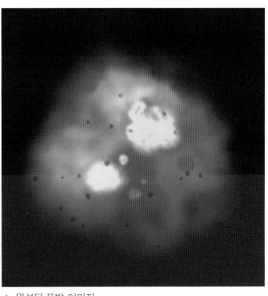

▲ 완성된 폭발 이미지

이번 이펙트에서는 레이어를 분리하는 것을 중심으로 다뤄보았습니다. 파티클 레이어를 분리하는 방법을 정리해보겠습니다. 첫 번째는 파티클의 Z축을 수정하는 방법입니다. 그리고 두 번째는 파티클 시스템 안의 Order in Layer를 활용해 분리하는 방법입니다. 이 방법을 이용하면 레이어를 확실하게 분리할 수 있습니다. 두 방법을 익혀 유용하게 써보시기 바랍니다.

CHAPTER
05 불꽃놀이

이번에는 화면을 꽉 채우는 불꽃놀이 이펙트를 만들 것입니다. 불꽃놀이 이펙트는 화려하고, 변화가 많기 때문에 파티클 시스템을 익히기 아주 좋습니다. 처음 이펙트를 만들기 시작하신 분이라면 유익할 것입니다. 불꽃놀이 이펙트를 만들 때 가장 중요한 것은 화려한 색상을 표현하는 방법과 파티클이 사라진 후 자연스럽게 다음 파티클이 생성되는 연출을 하는 것입니다.

▲ 화면을 꽉 채우는 불꽃놀이를 만들어볼 것입니다.

■ 2D 불꽃놀이 이펙트

01 불꽃놀이는 폭발처럼 아무것도 없는 곳에서 나와도 좋지만 아래에서 위로 올라가는 무언가가 있으면 더욱 좋습니다. 2D 이펙트는 과장된 이미지를 사용하는 것이 좋으므로 작은 별이 아래에서 위로 올라가 하늘에서 폭죽으로 터지는 것을 만들어보겠습니다. 우선 256×256픽셀의 캔버스를 열고, 검은색으로 캔버스 배경을 칠해줍니다. 다음으로 Ctrl + ' 으로 설정했던 가이드라인을 불러와줍니다.

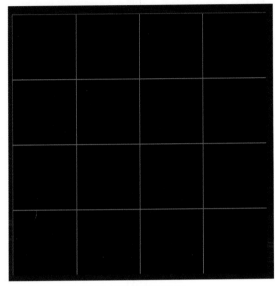
▲ 가이드라인을 불러온 검은 배경의 캔버스

02 다음으로는 다각형 도구(U)로 오각형 모양의 아이콘을 선택해줍니다. 이 도구로 끝이 둥근 귀여운 별을 만들 것입니다.

▲ 다각형 도구를 선택합니다. 설정에 따라 별, 꽃 등 여러 형태를 만들 수 있습니다.

03 다각형 도구를 선택하여 상단에 나오는 설정 부분을 바꿔줍니다. 설정을 누르기 전에 바로 옆을 보면 다각형의 각을 설정하는 '측면'이 있습니다. 측면을 4로 설정해줍니다. 이제 설정을 클릭하여 모퉁이 매끄럽게와 별을 선택해주고 측면 들여쓰기 기준을 50%로 해줍니다. 끝이 둥근 귀여운 별을 만들 것이기 때문에 체크를 해주는 것입니다.

▶ 여러 설정을 체크해줍니다.

04 캔버스 중점에 맞춰 마우스 드래그를 당기면 귀여운 별모양의 이미지가 만들어지게 됩니다. 만든 이미지는 배경을 빼고 png로 저장해줍니다.

▲ 완성된 귀여운 별 모양

05 작은 방울이 모여있는 듯한 하얀 이미지를 만들어 줄 것입니다. 브러시의 선명한 도구를 선택하여 캔버스에 여러 크기로 10~12개 정도의 점을 찍어주면 완성입니다. 이 이미지는 불꽃놀이가 올라갈 때 뒤에 나오는 꼬리가 될 것입니다. 별과 똑같이 256×256픽셀의 캔버스에 만들어줍니다.

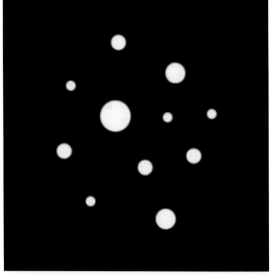

▲ 작은 점들이 모여있는 이미지는 섬세한 꼬리같이 작은 파티클이 모여있는 이미지에 쓰기에 좋습니다.

06 같은 이미지로 여러 색상이 있는 파티클을 만들어 주는 것도 좋습니다. 이렇게 하면 같은 색을 쓰더라도 조금 더 여러 가지 색깔이 있는 것 같은 느낌의 파티클 이펙트를 만들 수 있습니다.

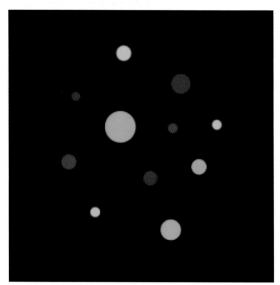

▲ 같은 이미지에 색상이 다른 이미지도 준비합니다.

07 선명한 원에 빛이 나는 듯한 그라데이션이 들어간 원형을 만들어줍니다. 이 이미지는 불꽃이 터졌을 때 밝게 빛나는 빛 이미지와 메인의 커다란 꽃 모양으로 터질 파티클 이미지가 될 것입니다. 우선 256x256캔버스를 열고 검은 배경에 가이드선이 나오게 해주는 것 까지는 같습니다. 이후 캔버스 중점에 맞춰 하얀 원형을 그려주시면 됩니다.

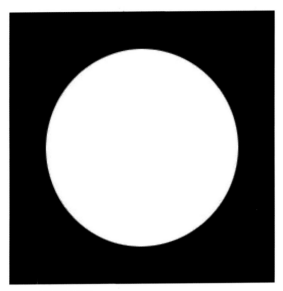

▲ 그려진 하얀 원형

09 흐림효과를 준 레이어를 하나 더 복사하여 위에 올려줍니다. 그리고 가장 위에 선명한 원형의 이미지 크기를 조금 줄여주고, 가운데 레이어의 알파값을 70%로 줄여주면 이미지가 완성됩니다.

▲ 완성된 빛의 구 이미지

▶ 이후 별 외의 모든 이미지 머티리얼을 Additive로 만들어주고, 별 이미지 머티리얼은 Alpha Blended 쉐이더를 사용해줍니다.

08 원형을 그린 레이어를 Ctrl + J로 복사해준 후 아래쪽 레이어에 가우시안 흐림 효과를 17픽셀정도 주면 됩니다. 만약 흐림효과를 준 이미지가 캔버스 밖으로 삐져나온다면 원형을 조금 더 줄이고 효과를 주면 됩니다.

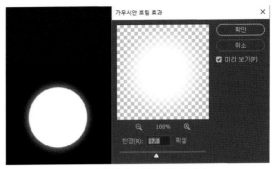

▲ 레이어를 하나 복사해 위에 흐림효과를 줍니다.

10 만들어진 이미지들은 예제 패키지에도 있습니다. PNG 파일을 다운로드하셨거나 직접 만들어 보았다면 이제 만든 이미지들을 유니티 안에 넣어줍니다. 모든 이미지의 Texture Type 메뉴를 Sprite(2D and UI)으로 바꿔줍니다. 그 후, 머티리얼을 만들어 Shader 경로를 Mobile – Particles – Additive로 만들어주시고, 별모양의 이미지만 Alpha Blended로 만들어줍니다.

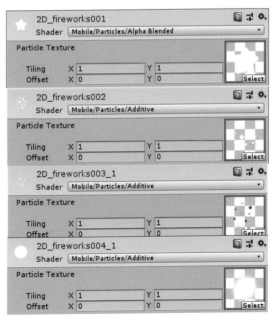

11 파티클과 어두운 색의 벽을 넣을 게임오브젝트를 하이어라키 창에 넣어줍니다. 우선, 이미지가 선명해보이기 위해 어두운 벽을 두 개 세웁니다. 메뉴 란의 GameObject – 3D Object – Quad를 찾아 벽을 만듭니다.

첫 번째 벽의 Position은 X : 0 / Y : 6 / Z : 17, Rotation 포지션은 모두 0으로 맞춰줍니다. Scale 포지션은 X : 17 / Y : 23 / Z : 11으로 바꿔줍니다. 두 번째 벽의 Position은 X : 0 / Y : –2.6 / Z : 5이고, Rotation 포지션은 X : 90 / Y : 0 / Z : 0입니다. Scale 포지션은 X : 17 / Y : 24 / Z : 11으로 맞춰줍니다. 파티클의 좌표는 Scale 값을 제외한 모두 0인 상태에서 Rotation 값만 X값이 0으로 설정되도록 만들어줍니다.

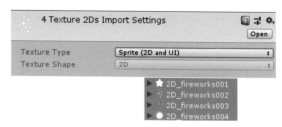

▲ 만들어진 이미지들은 모두 Sprite로 텍스트 설정을 바꿔줍니다.

12 게임오브젝트 밑에 파티클을 새로 하나 만들어줍니다. Alpha Blended 쉐이더로 설정되어있는 별 이미지 머티리얼을 파티클에 넣어주고, 파티클의 트랜스폼 수치를 정해줍니다. Position은 X: 0 / Y: –2 / Z: 0으로 설정합니다. Rotation은 X: –90 / Y: 0 / Z: 0으로 설정합니다. Scale 값은 모두 1로 맞춰줍니다.

메인 파티클의 설정을 조정해줍니다. Duration은 변경하지 않고 Start Lifetime의 값을 2로 만들어줍니다. 다음으로는 Start Speed를 Random Between Two Constants으로 두 칸으로 나눈 후 각 수치를 2와 4로 만들어줍니다. Start Size 값은 0.2 와 0.3으로 맞춰줍니다. 그리고 Start Color 값은 Random Between Two Constants으로 흰색 색상표를 눌러 각 색상을 노란색(FDFF51)과 분홍색(FA91E6)으로 바꾸어줍니다.

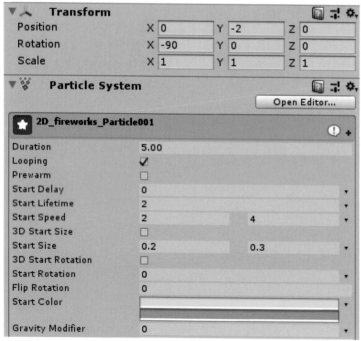

▲ 트랜스폼과 메인 파티클 수치를 바꿔줍니다.

13 여기까지 해주면 바닥에서 별 이미지가 분수처럼 가운데에서 퍼지면서 위로 올라가는 것이 보이게 됩니다.

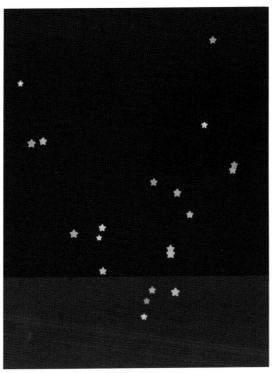

▲ 작은 곳에서 넓게 퍼지는 파티클

14 Emission과 Shape를 설정합니다. 우선, Emission의 Rate over Time을 4로 바꾸어줍니다. 다음으로는 Shape의 Shape 부분이 Box인 상태로 트랜스폼 수치 중 Scale의 값을 X축 6, Y축 10, Z축 0으로 바꾸어줍니다. 그러면 별이 화면을 가득 채우며 위로 올라가는 것이 보입니다.

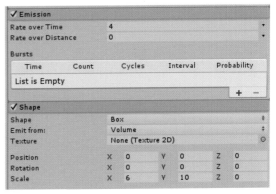

▲ 각 입자 수와 범위의 수치를 바꿔줍니다.

15 Color over Lifetime을 설정해줍니다. 알파값만 살짝 바꿔 줄 것입니다. 알파 구역의 빈 구역을 눌러 추가 화살표를 만듭니다. 원래 있던 화살표까지 포함해 총 8개의 화살표를 만들어줍니다. 이후 맨 앞의 두 개를 뺀 뒷부분의 알파값을 0과 100으로 번갈아가면서 설정해줍니다. 이렇게 하면 파티클 이미지의 끝이 반짝이면서 이미지가 사라지게 됩니다.

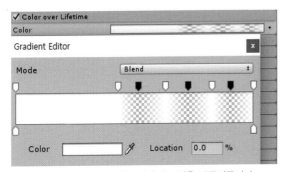

▲ Color over Lifetime을 바꿔 반짝이는 별을 만들어줍니다.

16 여기까지 하면 끝으로 가면 반짝이며 사라지는 별이 보이게 됩니다.

▲ 끝부분으로 갈수록 반짝이며 사라지는 별 이미지

17 파티클 별이 회전을 하며 올라가는 것을 표현해 주기 위해 Rotation over Lifeime 메뉴에 체크를 해줍니다. Angular Velocity 값을 Random Between Two Constants으로 두 칸을 만들어주어 각 값을 75와 −75로 바꿔줍니다.

▲ 서로 반대로 돌아가는 파티클이 나오게 됩니다.

18 폭죽 느낌을 주기 위해 Sub Emitters를 체크해줍니다. 체크만 해주면 변화는 없고 메뉴 오른쪽에 + 표시를 눌러주면 쓰고 있던 파티클 밑에 지금 파티클에 영향을 받는 파티클이 하나 생기게 됩니다.

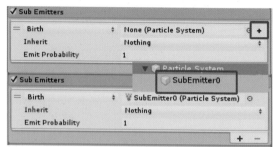

▲ Sub Emitters를 추가해주면 됩니다.

19 파티클을 만들면 기본 이미지가 별을 따라다니며 꼬리처럼 생겼다가 사라집니다.

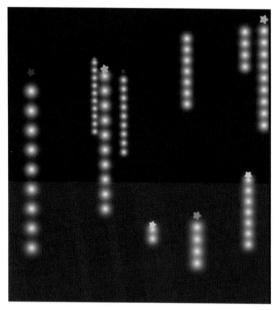

▲ 별을 따라다니는 꼬리 이펙트

20 만들어진 Sub Emitters에 2D_fireworks003 이름인 이미지 머티리얼을 넣어줍니다. 그 후, 메인 파티클의 설정을 조정해줍니다. Duration은 변경하지 않고 Start Lifetime의 값을 Random Between Two Constants으로 두 칸으로 나누고 각자 0.5와 0.3로 맞춰줍니다. Start Speed 도 Random Between Two Constants으로 바꾼 후 각 수치를 0와 0.3으로 만들고, Start Size 값은 0.3과 0.5로 만들어줍니다. 각자 다른 회전축을 가진 파티클 이미지가 만들어지기 위해서 Start Rotation 메뉴도 0과 360으로 바꾸어줍니다.

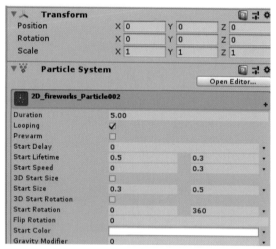

▲ 메인 파티클 수치를 바꿔줍니다.

21 Emission과 Shape를 설정합니다. Emission의 Rate over Time을 30으로 바꾸고 Bursts의 +표시를 눌러 나온 메뉴의 Count 부분을 20으로 바꾸어줍니다. Shape의 Shape 부분이 Circle가 되게 바꾼 후 Radius 수치를 0.1로 바꾸어주면 됩니다.

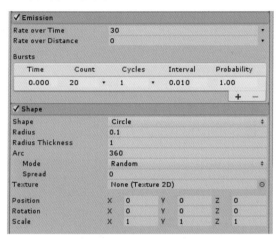

▲ Emission과 Shape를 설정해줍니다.

22 빛이 자연스럽게 사라지게 하기 위해 컬러와 알파 값을 지정해주는 Color over Lifetime 값을 바꾸어 줄 차례입니다. Color over Lifetime 란의 하얀칸을 누르면 Gradient Editor 란이 보이는데 윗부분 화살표가 없는 빈 부분을 누르면 화살표가 새로 생깁니다. 제일 끝부분의 알파를 0으로 바꾸어주면 파티클의 끝이 흐리게 바뀌는 것을 확인할 수 있습니다. 위를 눌러주어 화살표를 만들고 파티클의 알파값을 100으로 바꿔준다면 앞부분은 선명하고 뒷부분만 흐려지는 파티클을 만들 수 있습니다.

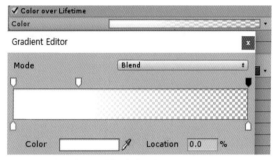

▲ 파티클의 끝에 알파값을 넣어줍니다.

23 Size over Lifetime 값을 수정해줍니다. 우선 해당 메뉴를 체크해주고 Size의 상자를 눌러주면 아래에 곡선을 설정할 수 있는 상자가 보이게 됩니다. 아래를 보면 자동으로 만들어진 선이 들어있는 네모들이 있는데 그 중 두 번째 모양의 메뉴를 선택하여 눌러줍니다. 그리고 시작 부분의 선을 0.5에 맞추어주면 됩니다.

▲ Size over Lifetime 값을 정해주면 완성입니다.

24 여기까지 한다면 처음에 나올 때 작은 빛을 낸 별을 따라 꼬리들이 회전하거나 일직선으로 가거나 흐트러지며 올라가는 것처럼 보이게 됩니다.

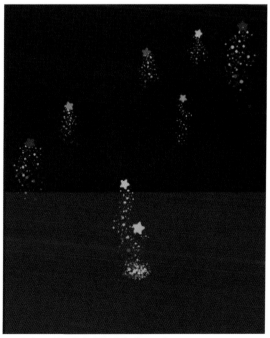

▲ 여러 모양을 내며 별을 따라가는 꼬리들

25 다시 첫 번째 파티클로 돌아가 Sub Emitters를 하나 더 만들어줍니다. 이번 파티클은 별 밑에 바로 붙어 반짝거리는 빛을 만들어 줄 것입니다. Sub Emitters 메뉴의 오른쪽 하단에 있는 +를 눌러 파티클 메뉴를 하나 더 만듭니다. 새로 만들어진 파티클에는 2D_fireworks004의 작은 빛의 구 이미지를 넣어주면 됩니다.

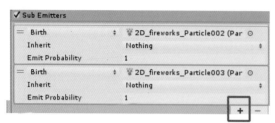

▲ +를 눌러주면 파티클 메뉴를 하나 더 만들 수 있습니다.

26 트랜스폼은 바꾸지 않은 채로 메인 파티클의 설정을 조정해줍니다. Duration은 바꾸지 않고 Start Lifetime의 값을 2로 만들어줍니다. 다음으로는 Start Speed 를 Random Between Two Constants으로 두 칸으로 나눈 후 각 수치를 2와 4로 맞춰줍니다. Start Size값은 0.2과 0.3 으로 만들어줍니다. Start Color 값 또한 Random Between Two Constants으로 흰색 색상표를 눌러 각 색상을 노란색(FDFF51)과 분홍색(FA91E6)으로 바꾸어줍니다. 그리고 각 알파값을 182와 139로 바꾸어줍니다.

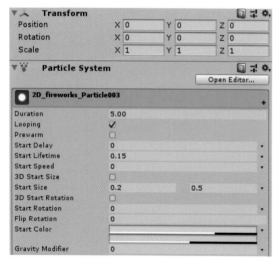

▲ 메인 파티클의 수치를 바꿔줍니다.

27 Emission의 Rate over Time 값을 바꾸지 않고 Shape의 체크를 풀어줍니다.

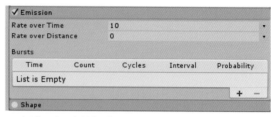

▲ 수치는 바꾸지 않은 채 Shape의 체크만 풀어줍니다.

28 그렇게 하면 별의 끝에 작은 원의 빛이 반짝이며 따라가게 됩니다.

▲ 별 끝에 붙어있는 작은 원들

29 컬러와 알파값을 지정해주는 Color over Lifetime 값을 바꾸어 줄 차례입니다. 앞부분의 파티클의 알파값을 100으로 바꿔주고, 뒷부분의 알파는 0으로 만들어줍니다.

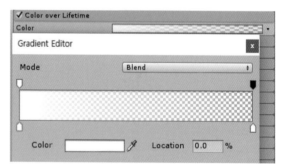

▲ Color over Lifetime 값까지 정해주면 세 번째 파티클까지 끝입니다.

30 이번에는 별이 없어질 때 터지는 파티클을 만들 것입니다. 앞에서와 같이 Sub Emitters 메뉴의 오른쪽 하단에 있는 +를 눌러 파티클 메뉴를 하나 더 만듭니다. 새로 만들어진 파티클에는 2D_fireworks002 의 작은 원이 모여있는 흰 이미지를 넣어주면 됩니다. 메뉴는 Birth가 아닌 Death로 바꾸어줍니다.

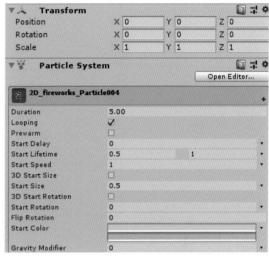

▲ 네 번째 파티클은 별이 없어질 때 터지는 파티클입니다.

31 그렇게 파티클을 하나 더 만들면 이제 작은 원들이 화면 윗부분에서 계속해서 터지는 모습이 보이게 됩니다. 지금은 어디서 무엇이 터지는지 구분할 수 없지만 이 파티클은 별이 사라지는 구간에서 나오는 파티클인 것입니다.

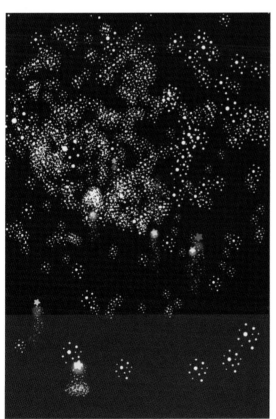

▲ 파티클을 만들고 이미지를 넣은 직후의 모습

32 트랜스폼은 바꾸지 않은 채로 메인 파티클의 설정을 조정해줍니다. Duration은 바꾸지 않고 Start Lifetime의 값을 Random Between Two Constants으로 두 칸으로 만들어준 후 각 수치를 0.5와 1로 만들어줍니다. 다음으로는 Start Speed는 1로 맞춰줍니다. Start Size 값은 0.5로 만들어 줍니다. Start Color는 Random Between Two Constants으로 흰색 색상표를 눌러 각 색상을 연두색(D3FA06)과 분홍색(FAABE7)으로 바꾸어줍니다.

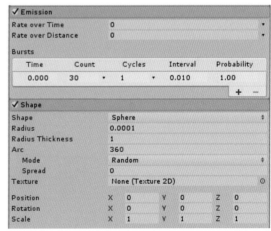

▲ 트랜스폼과 메인 파티클 수치를 수정해줍니다.

33 Emission과 Shape를 설정합니다. Emission의 Rate over Time을 0으로 바꾸고 Bursts의 +표시를 눌러 나온 메뉴의 Count 부분을 30으로 바꾸어줍니다. 다음으로는 Shape의 Shape 부분이 Sphere인 상태로 Radius 수치를 0으로 바꾸어주면 됩니다.

▲ 파티클의 수와 범위를 설정해줍니다.

34 다음으로는 Color over Lifetime을 설정해줍니다. 알파값만 살짝 바꿔 줄 것입니다. 알파 구역의 빈 구역을 눌러 추가 화살표를 만듭니다. 원래 있던 화살표까지 포함해 총 8개의 화살표를 만들어줍니다. 이후 맨 앞의 두 개를 뺀 뒷부분의 알파값을 0과 100으로 번갈아가면서 설정해줍니다. 이렇게 하면 파티클 이미지의 끝이 반짝이면서 이미지가 사라지게 됩니다. 그리고 Random Between Two Constants으로 파티클 칸을 둘로 만들어준 후 같은 방법으로 이번엔 뒤가 아닌 앞 부분이 반짝이고 뒤에서부터 점점 사라지는 파티클을 만들어줍니다.

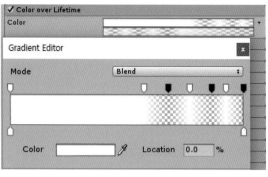

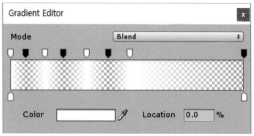

▲ 이렇게 해주면 랜덤하게 앞부분이 반짝이는 파티클과 뒷부분이 반짝이는 파티클이 나오게 됩니다.

35 이번에도 별이 없어질 때 터지는 파티클을 만들 것입니다. 앞에서와 동일한 방법으로 Sub Emitters에서 파티클 메뉴를 하나 더 만들어줍니다. 새로 만들어진 파티클에는 2D_fireworks003 의 작은 원이 모여있는 여러 색의 이미지를 넣어주면 됩니다. 메뉴는 Birth가 아닌 Death로 바꾸어줍니다.

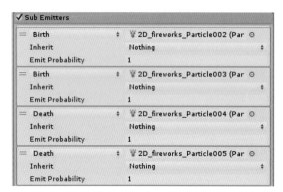

▲ 이번에 만들 파티클은 어느 정도 색깔이 있는 채로 퍼지는 파티클입니다.

36 그렇게 만들어주면 또다시 화면 가득 파티클이 매꿔지게 됩니다.

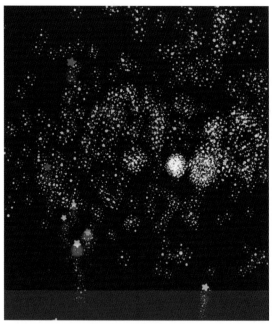

▲ 별이 없어질 때 맞춰서 터지는 파티클

37 트랜스폼은 바꾸지 않은 채로 메인 파티클의 설정을 조정해줍니다. Duration은 바꾸지 않고 Start Lifetime의 값을 Random Between Two Constants으로 두 칸으로 만들어준 후 각 수치를 0.7와 1로 만들어줍니다. Start Speed는 1로, Start Size값은 0.2와 0.5로 만들어 줍니다.

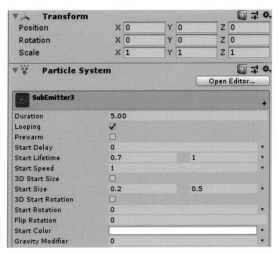

▲ 메인 파티클 수치를 수정해주면 파티클이 많이 개선됩니다.

38 Emission과 Shape를 설정합니다. Emission의 Rate over Time을 0으로 바꾸고 Bursts의 +표시를 눌러 나온 메뉴의 Count 부분을 30으로 바꾸어줍니다. 다음으로는 Shape의 Shape 부분이 Sphere인 상태로 Radius 수치를 0으로 바꾸어주면 됩니다.

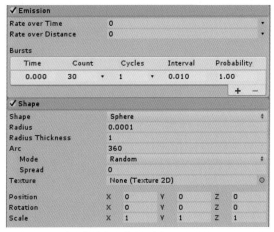

▲ 파티클의 개수와 범위를 정해줍니다.

39 Color over Lifetime 또한 다섯 번째 파티클과 똑같이 설정해줍니다. 알파값만 살짝 바꿔 줄 것입니다. 알파 구역의 빈 구역을 눌러 추가 화살표를 만듭니다. 원래 있던 화살표까지 포함해 총 8개의 화살표를 만들어줍니다. 이후 맨 앞의 두 개를 뺀 뒷부분의 알파값을 0과 100으로 번갈아가면서 설정해줍니다. 이렇게 하면 파티클 이미지의 끝이 반짝이면서 이미지가 사라지게 됩니다. 그리고 Random Between Two Constants으로 파티클 칸을 둘로 만들어준 후 같은 방법으로 이번엔 뒤가 아닌 앞부분이 반짝이고 뒤에서부터 점점 사라지는 파티클을 만들어줍니다.

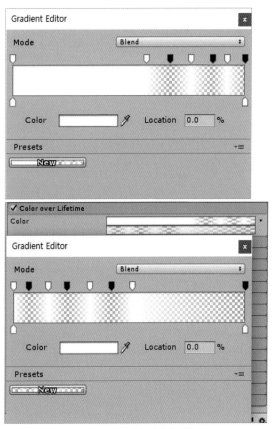

▲ 랜덤하게 파티클의 알파 색상이 바뀌게 됩니다.

40 여기까지 해주면 여러 색으로 올라가며 터지는 불꽃놀이 이펙트가 어느 정도 완성됩니다.

▲ 어느 정도 완성되어가는 이펙트

41 별이 없어질 때 크게 빛나는 빛을 만들어 줄 것입니다. 앞에서와 같은 방법으로 Sub Emitters 메뉴에서 파티클 메뉴를 하나 더 만들어줍니다. 새로 만들어진 파티클에는 2D_fireworks004의 작은 원형 빛 이미지를 넣어주면 됩니다. 메뉴는 Birth가 아닌 Death로 바꾸어줍니다.

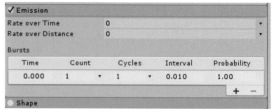

▲ 마지막 파티클을 만들어줍니다.

42 트랜스폼은 바꾸지 않은 채로 메인 파티클의 설정을 조정해줍니다. Duration은 바꾸지 않고 Start Lifetime의 값을 0.3으로 만들어줍니다. Start Speed는 0으로, Start Size값은 6으로 만들어 줍니다. Start Color값 또한 Random Between Two Constants으로 흰색 색상표를 눌러 각 색상을 옅은 노란색(FCFDC9)과 옅은 분홍색(F5B1B1)으로 바꾸어줍니다.

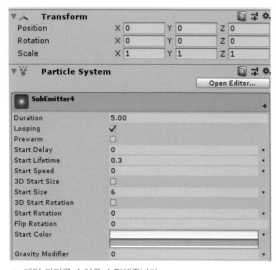

▲ 메인 파티클 수치를 수정해줍니다.

43 Emission의 Rate over Time 값을 0으로 바꾸어줍니다. 다음으로는 오른쪽 아래의 +표시를 눌러 Count의 값을 1로 만들어준 후 Shape의 체크를 풀어줍니다. 그렇게 하면 같은 자리에 같은 번개가 똑같이 나오게 됩니다.

▲ 원은 하나만 같은 자리에 뜨게 도와줍니다.

44 빛이 자연스럽게 사라지게 하기 위해 컬러와 알파 값을 지정해주는 Color over Lifetime 값을 바꾸어줄 차례입니다. Color over Lifetime란의 하얀 칸을 누르면 Gradient Editor 란이 보이는데 윗부분 화살표가 없는 빈 부분을 누르면 화살표가 새로 생깁니다. 제일 끝부분의 알파를 0으로 바꾸어주면 파티클의 끝이 흐리게 바뀌는 것을 확인할 수 있습니다. 위를 눌러주어 가장 앞부분의 알파값은 0으로, 두 번째 알파값은 30으로, 마지막 끝의 알파값은 0으로 바꾸어주면 됩니다.

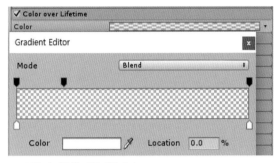

▲ 흐린 파티클을 만들어줍니다.

45 컬러값까지 바꿔주었다면 Size over Lifetime 값을 수정해줍니다. 우선 해당 메뉴를 체크해주고 Size의 상자를 눌러주면 아래에 곡선을 설정할 수 있는 상자가 보이게 됩니다. 아래를 보면 자동으로 만들어진 선이 들어있는 네모들이 있는데 그중 두 번째 모양의 메뉴를 선택하여 눌러줍니다. 그리고 시작 부분의 선을 0.5에 맞추어주면 됩니다.

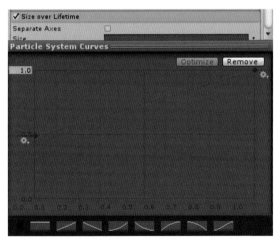

▲ 파티클의 시작과 끝 사이즈도 바꿔줍니다.

46 미묘하게 작은 파티클을 조금 더 키우기 위해 Renderer의 Max Particle Size 값을 1로 바꾸어줍니다.

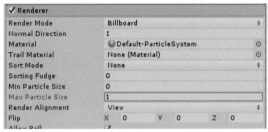

▲ 파티클의 최대 사이즈를 키워줍니다.

47 여기까지 했다면 2D의 선명한 느낌의 불꽃놀이 파티클이 완성됩니다. 이번 이펙트에서 중요했던 것은 의 Sub Emitters 수치를 조절하며 이펙트를 만드는 것이었습니다.

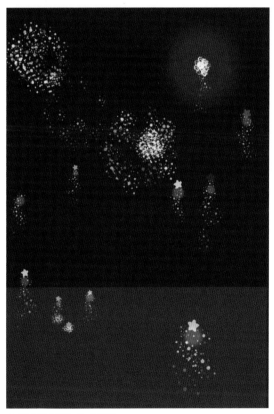

▲ 완성된 불꽃놀이 이펙트

■ 3D 불꽃놀이 이펙트

01 우선 포토샵에서 다시 256x256픽셀의 캔버스를 열고, 검은색으로 캔버스 배경을 칠해줍니다. 다음으로 Ctrl + '으로 설정해놨던 가이드라인을 불러와줍니다. 이번에 만들었던 불꽃놀이 이펙트는 조금 더 빛이 촘촘한 느낌으로 하는 것이 좋습니다. 이번에 만들어 줄 이미지는 올라가는 빛, 빛의 뒤를 따라가는 꼬리와 전체가 빛나는 작은 원의 빛 이미지를 만들어 줄 것입니다.

▲ 포토샵의 캔버스를 열어줍니다.

02 이제 다각형 도구(U)로 오각형 모양의 아이콘을 선택해줍니다. 이 도구로 끝이 뾰족한 빛을 만들 것입니다.

▲ 다각형 도구를 선택합니다.

03 다각형 도구를 선택해 상단에 나오는 설정 부분을 바꿔줍니다. 우선, 측면을 4로 조정합니다. 그 후, 이제 설정을 클릭하여 모퉁이 매끄럽게라는 체크란을 풀어주시고, 별을 선택해주어 측면 들여쓰기 기준을 80%로 해줍니다.

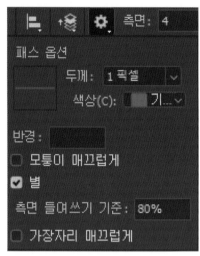

▲ 측면 설정과 기타 설정을 잘 설정해줍니다.

04 이제 캔버스 중점에 맞춰 마우스 드래그를 당기면 살짝 통통한 십자형의 이미지가 만들어지게 됩니다.

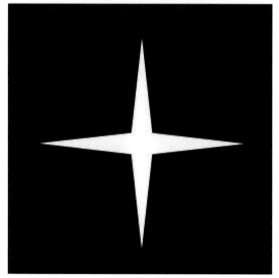

▲ 만들어진 십자표시

05 다시 다각형 도구를 선택해 설정 부분을 바꿔줍니다. 이번에는 측면 들여쓰기 기준만 바꿔주어 90%로 비율을 바꿔줍니다.

▲ 다시 한 번 설정을 바꿔줍니다.

06 캔버스 중점에 맞춰 마우스 드래그를 당기며 처음 만든 십자 이미지보다 살짝 작은 십자형의 이미지를 만들어주면 됩니다. 만든 이미지는 배경을 빼고 png로 저장해줍니다.

▲ 가운데가 빛이 나는 빛 이미지가 만들어집니다.

07 십자 이미지를 만든 두 레이어를 합쳐주고, 그 레이어를 래스터화해줍니다. 래스터화해준 레이어를 Ctrl + J로 복사해줍니다.

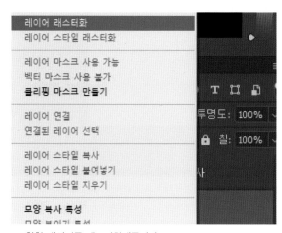

▲ 합친 레이어를 래스터화해줍니다.

레이어를 래스터화한다는 것은 백터 레이어를 이미지화한다는 의미입니다.

08 복사한 레이어의 아랫부분에 가우시안 흐림 효과를 줍니다. 흐림효과는 10픽셀 정도로만 주시면 됩니다.

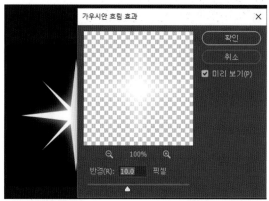

▲ 복사한 레이어에 가우시안 흐림 효과를 줍니다.

09 가우시안 흐림 효과 준 레이어를 복사하여 알파(칠) 부분의 알파값을 40%로 줄여줍니다.

▲ 가우시안 흐림 효과 준 레이어를 복사해 줍니다.

10 가장 위의 선명한 빛 이미지를 살짝 작게 줄여줍니다.

▲ 완성된 빛 이미지

11 이번에는 빛나는 원형의 구형 이미지를 만들어줄 것입니다. 다시 256×256픽셀의 캔버스를 만들고 검은 배경에 가이드라인이 나오도록 합니다. 그 후, 캔버스 중점에 맞춰 하얀 원형을 그려줍니다.

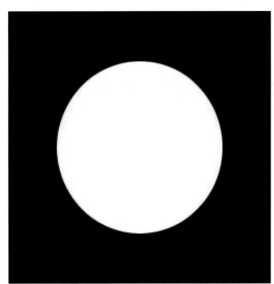

▲ 만들어진 원형 이미지

12 Ctrl + J로 레이어를 복사해주고, 가우시안 흐림 효과를 만든 구에 줍니다. 흐림 효과는 14픽셀 정도로 주시면 됩니다.

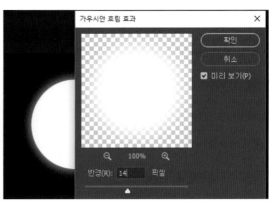

▲ 복사한 레이어에 가우시안 흐림 효과를 넣어줍니다.

13 다시 한 번, Ctrl + J로 가우시안 흐림 효과를 넣지 않은 레이어를 복사해주고, 가우시안 흐림 효과를 복사한 레이어에 줍니다. 흐림 효과는 아까보다 적게 10픽셀 정도로 주시면 됩니다.

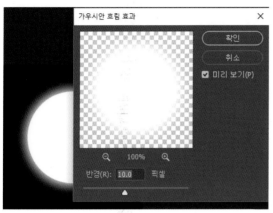

▲ 새로 복사한 레이어에 한번 더 가우시안 흐림 효과를 줍니다.

14 완성된 이미지는 png로 저장해줍니다.

▲ 완성한 빛의 구

15 작은 빛을 하나 더 만들어 줄 것입니다. 256×256 픽셀의 캔버스를 만들고 검은 배경에 가이드라인이 나오도록 합니다. 그 후, 빛을 만들 때와 같이 다각형 도구를 선택해줍니다.

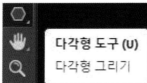

▶ 이번에는 작은 빛을 만들어 줄 것입니다.

16 다각형 도구를 선택해 상단에 나오는 설정 부분을 바꿔줍니다. 우선, 측면을 4로 조정합니다. 그 후, 설정을 클릭하여 모퉁이 매끄럽게라는 체크 란을 체크하고, '별'과 '가장자리 매끄럽게'를 선택해주어 측면 들여쓰기 기준을 90%로 맞춰 줍니다.

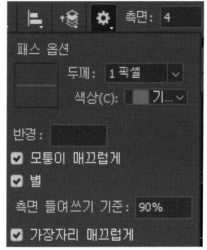

▲ 설정을 잘 보고 캔버스에 적당한 크기의 빛을 만들어 줍니다.

17 이후 캔버스에 드래그하여 작은 빛을 만들어줍니다.

▲ 설정을 한 뒤, 캔버스에 다각형 도구를 만들어줍니다.

18 만든 레이어를 복사해주고, 아래쪽 레이어를 가우시안 흐림 효과를 12픽셀을 줍니다.

▲ 가우시안 흐림 효과를 12픽셀 줍니다.

19 가우시안 흐림 효과를 주지 않은 레이어를 다시 복사해주고, 복사한 레이어에 다시 가우시안 흐림 효과를 9픽셀 더 줍니다.

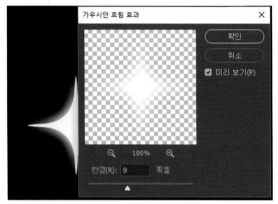

▲ 복사한 레이어에 다시 한 번 가우시안 흐림 효과를 줍니다.

20 흐림효과를 주지 않은 레이어의 그림을 중점에 맞춰서 살짝 작게 줄여주면 완성입니다. 만들어진 이미지들은 예제 패키지에도 있습니다. png 파일들을 받아보거나 만들어 보았다면 이제 만든 이미지들을 유니티 안에 넣어줍니다.

▲ 완성된 작은 빛

21 모든 이미지의 Texture Type 메뉴를 Sprite(2D and UI)으로 바꿔주고, 머티리얼을 만들어 모든 머티리얼의 Shader 경로를 Mobile – Particles – Additive로 만들어줍니다. 이미지를 넣어준 후에 새 씬을 만들어 파티클과 어두운 색의 벽을 넣어줄 게임오브젝트를 하이어라키 창에 넣어줍니다. 다음으로는 이미지가 선명해보이기 위해 어두운 벽을 세울 차례입니다. 벽은 메뉴의 GameObject – 3D Object – Quad에서 찾아 만들 수 있습니다.

첫 번째 벽의 Position은 X : 0 / Y : 6 / Z : 17, Rotation 포지션은 모두 0으로 맞춰줍니다. Scale 포지션은 X : 17 / Y : 23 / Z : 11으로 바꿔줍니다. 두 번째 벽의 Position은 X : 0 / Y : −2.6 / Z : 5 이고, Rotation 포지션은 X : 90 / Y : 0 / Z : 0입니다. Scale 포지션은 X : 17 / Y : 24 / Z : 11으로 맞춰줍니다. 파티클의 좌표는 Scale 값을 제외한 모두 0인 상태에서 Rotation 값만 X값이 0으로 설정되도록 만들어줍니다.

▲ 새 씬을 만들어준 후 하이어라키 창에 게임오브젝트와 회색의 벽을 세워주고, 이미지의 텍스트 설정과 이미지 기반으로 만든 머티리얼의 쉐이더를 정해줍니다.

22 게임오브젝트 밑에 파티클 시스템을 만들어 줍니다. 그 후, 파티클에 3D_fireworks001이미지의 빛 머티리얼을 넣어주고, 트랜스폼 수치를 정해줍니다. Position은 X: 0 / Y: −2 / Z: 0으로 설정합니다. Rotation은 X: −90 / Y: 0 / Z: 0으로 설정합니다. Scale 값은 모두 1로 맞춰줍니다. 다음으로는 메인 파티클 설정을 조정해줍니다. Duration은 건들지 않고, Start Lifetime의 값을 2로 만들어줍니다. Start Speed는 Random Between Two Constants으로 두 칸으로 나눈 후 각 수치를 2와 4로, Start Size 값은 0.2과 0.3로 만들어줍니다.

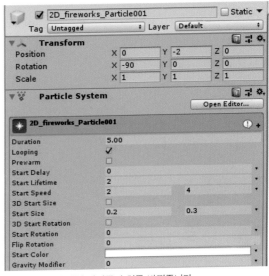

▲ 트랜스폼과 메인 파티클 수치를 바꿔줍니다.

23 Emission과 Shape를 설정할 것입니다. Emission의 Rate over Time을 10에서 4로 바꾸어줍니다. 다음으로는 Shape의 Shape부분을 Box로 선택하고, 트랜스폼 수치 중 Scale의 값을 X축은 6, Y축은 10, Z축은 0으로 바꾸어주면 됩니다.

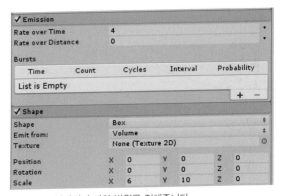

▲ 파티클 입자의 숫자와 범위를 정해줍니다.

24 여기까지 해주면 파티클이 각자 다른 속도를 내면서 위로 올라가게 됩니다.

▲ 위로 올라가는 파티클들

25 Color over Lifetime을 설정해줍니다. 알파값을 바꿔줄 것입니다. 알파 구역의 빈 구역을 눌러 추가 화살표를 만듭니다. 원래 있던 화살표까지 포함해 총 8개의 화살표를 만들어줍니다. 이후 맨 앞의 두 개를 뺀 뒷부분의 알파값을 0과 100으로 번갈아가면서 설정해줍니다. 이렇게 하면 파티클 이미지의 끝이 반짝이면서 이미지가 사라지게 됩니다. 같은 방법으로 Random Between Two Constants으로 파티클 칸을 둘로 만들어준 후 같은 방법으로 이번엔 뒤가 아닌 앞 부분이 반짝이고 뒤에서부터 점점 사라지는 파티클을 만들어줍니다. 이후엔 밑에 원하는 색상들로 8가지 색을 채워주면 됩니다(그림은 빨주노초파남보핑크색을 맞춰서 위와 아래의 색상을 다르게 준 모습입니다).

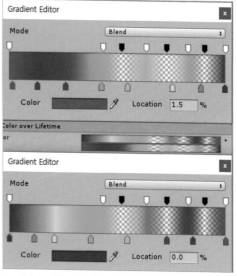

▲ 색상은 자유롭게 바꿔줍니다.

26 파티클 별이 회전을 하며 올라가는 것을 표현해주기 위해 Rotation over Lifeime 메뉴에 체크를 해줍니다. Angular Velocity 값을 Random Between Two Constants으로 두 칸을 만들어주어 각 값을 75와 −75로 바꿔줍니다.

▲ 값을 주면 회전하며 파티클이 올라갑니다.

27 폭죽 느낌을 주기 위해 Sub Emitters를 체크해줍니다. 체크만 해주면 변화는 없고 메뉴 오른쪽에 + 표시를 눌러주면 쓰고 있던 파티클 밑에 지금 파티클에 영향을 받는 파티클이 하나 생기게 됩니다.

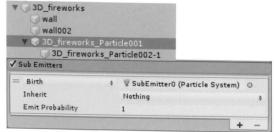

▲ Sub Emitters를 하나 만들어줍니다.

28 여기까지 해 주면 여러 가지 색이 나는 빛을 따라서 작은 점들이 올라가며 사라지는 것을 볼 수 있을 것입니다. 두 번째로 만든 파티클에도 첫 번째 파티클과 같은 3D_fireworks001 이미지 머티리얼을 넣어줍니다.

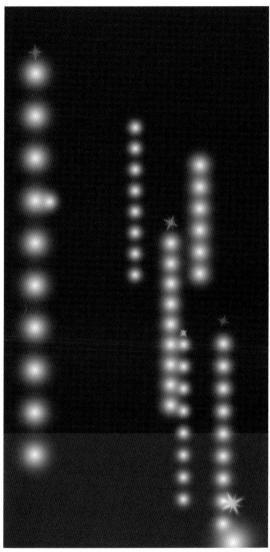

▲ 만든 파티클을 따라 올라가는 새 파티클 그림

29 이미지를 넣었다면 이제 메인 파티클 설정을 조정해줍니다. Duration은 건들지 않고, Start Lifetime의 값을 Random Between Two Constants으로 두 칸으로 나눠줍니다. 각 칸을 만들었다면 각자 0.5와 0.3로 맞춰줍니다. Start Speed도 Random Between Two Constants으로 바꾼 후 각 수치를 0와 0.3로, Start Size 값은 0.3과 0.2로 만들어 준 후 각자 다른 회전축을 가진 파티클 이미지가 만들어지기 위해서 Start Rotation 메뉴도 0과 360으로 바꾸어줍니다.

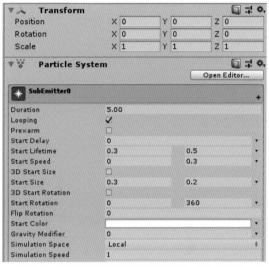

▲ 만든 두 번째 파티클에 이미지를 넣어주고 메인 파티클 수치를 수정해줍니다.

30 Emission과 Shape를 설정합니다. Emission의 Rate over Time을 40으로 바꾸고 Bursts의 +표시를 눌러 나온 메뉴의 Count 부분을 20으로 바꾸어줍니다. Shape의 Shape 부분이 Circle가 되게 바꾼 후 Radius 수치를 0.1로 바꾸어주면 됩니다.

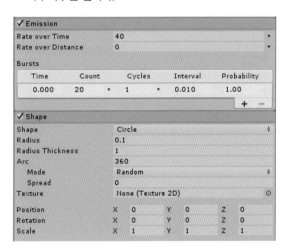

▶ 파티클의 수치와 범위를 수정해줍니다.

31 빛이 자연스럽게 사라지게 하기 위해 컬러와 알파값을 지정해주는 Color over Lifetime 값을 바꾸어 줄 차례입니다. Color over Lifetime 란의 하얀 칸을 누르면 Gradient Editor 란이 보이는데 윗부분 화살표가 없는 빈 부분을 누르면 화살표가 새로 생깁니다. 제일 끝부분의 알파를 0으로 바꾸어주면 파티클의 끝이 흐리게 바뀌는 것을 확인할 수 있습니다. 위를 눌러주어 화살표를 만들고 파티클의 알파값을 100으로 바꿔준다면 앞부분은 선명하고 뒷부분만 흐려지는 파티클을 만들 수 있습니다. 이후엔 밑에 원하는 색상들로 8가지 색을 채워주면 됩니다. 색상표를 Random Between Two Constants로 두 칸으로 둘러 같은 방법으로 채워줍니다.

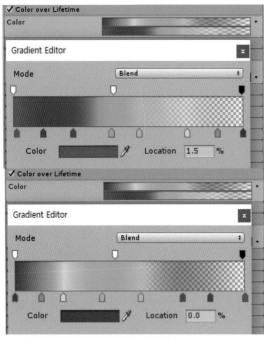

▲ 색을 두 가지 버전으로 가득 채워줍니다.

32 컬러값까지 바꿔주었다면 Size over Lifetime 값을 수정해줍니다. 우선 해당 메뉴를 체크해주고 Size의 상자를 눌러주면 아래에 곡선을 설정할 수 있는 상자가 보이게 됩니다. 아래를 보면 자동으로 만들어진 선이 들어있는 네모들이 있는데 그중 두 번째 모양의 메뉴를 선택하여 눌러줍니다. 그리고 시작 부분의 선을 0.5에 맞추어주면 됩니다.

▲ Size 값을 수정해줍니다.

33 다음으로는 Ctrl + D를 눌러서 파티클을 복사해줍니다. 복사한 파티클은 첫 번째 파티클에 새로 만들 Sub Emitters에 넣어줄 것입니다. 파티클은 해당 메뉴에 드래그하여 넣어주면 됩니다. 이미지는 작은 빛인 3D_fireworks003의 머티리얼을 써줍니다.

▶ 파티클을 새로 만들지 않고 기존에 만든 파티클을 첫 번째 파티클에 추가한 Sub Emitters에 넣어줍니다.

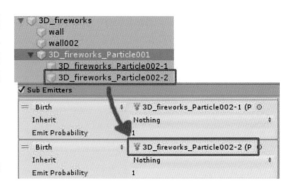

34 이번에 복사한 파티클은 기존의 파티클과 많이 다르지 않으므로 Emission 부분만 바꾸어주면 됩니다. Emission의 Rate over Time가 10으로 되어있는 것을 40으로 바꾸어줍니다. 다음으로는 Bursts의 +표시를 눌러 나온 메뉴를 아예 지워주거나 Count 부분을 0으로 바꾸어줍니다.

✓ Emission					
Rate over Time	30				
Rate over Distance	0				
Bursts					
Time	Count	Cycles	Interval	Probability	
0.000	0 ▾	1 ▾	0.010	1.00	
					+ −

▲ 이번엔 Emission만 수정해주면 됩니다.

35 여기까지 해주면 여러 가지 색의 빛들이 하늘을 향해 올라가는 것이 보입니다.

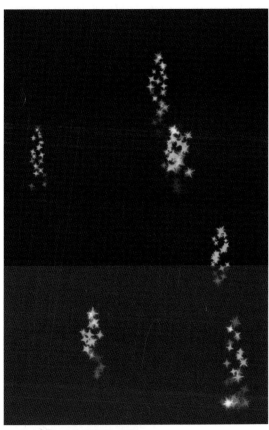

▲ 여러 색을 내며 올라가는 빛들

36 이번 파티클은 별 밑에 바로 붙어 반짝거리는 빛을 만들어 줄 것입니다. 앞에서와 동일한 방법으로 Sub Emitters를 하나 더 만듭니다. 새로 만들어진 파티클에는 3D_fireworks002 의 빛의 구 이미지를 넣어주면 됩니다.

✓ Emission					
Rate over Time	30				
Rate over Distance	0				
Bursts					
Time	Count	Cycles	Interval	Probability	
0.000	0 ▾	1 ▾	0.010	1.00	
					+ −

▲ 첫 번째 파티클에 새로운 파티클을 추가해줍니다.

37 트랜스폼은 바꾸지 않은 채로, 메인 파티클 설정을 조정해줍니다. Duration은 건들지 않고, Start Lifetime의 값을 0.15로 만들어줍니다. 다음으로는 Start Speed를 0으로 만들어준 후 Start Size값은 0.5와 0.2로 만들어줍니다.

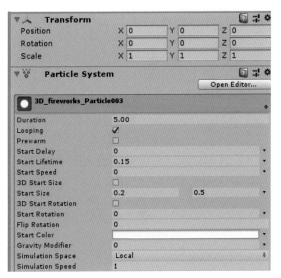

▲ 트랜스폼과 메인 파티클 수치를 바꿔줍니다.

38 Emission의 Rate over Time 값을 바꾸지 않고 10을 유지한 채 Shape의 체크를 풀어줍니다.

▲ 범위를 없애주면 같은 자리에 이펙트가 나오게 됩니다.

39 다음으로는 Color over Lifetime 값을 바꾸어 줄 차례입니다. 제일 끝부분의 알파를 0으로 바꾸고 제일 앞부분은 100%로 만들어줍니다. 이후엔 밑에 원하는 색상들로 8가지 색을 채워주면 됩니다. 색상표를 Random Between Two Constants로 두 칸으로 둘러 같은 방법으로 순서가 다른 색들을 채워줍니다.

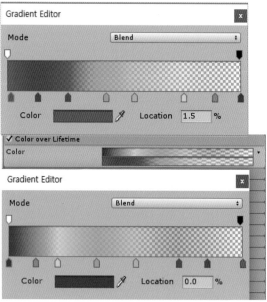

▲ Color over Lifetime를 바꾸어 줍니다.

40 여기까지 해주면 빛이 반짝이며 여러 색을 내면서 따라 올라가는 것이 보입니다.

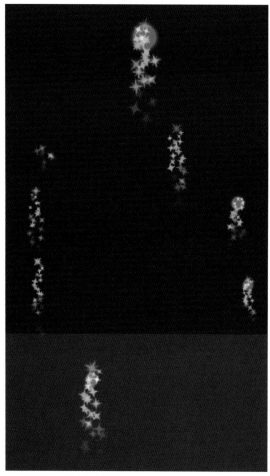

▲ 네 번째 파티클까지 만든 모습

41 이번에는 올라가는 빛이 없어질 때 터지는 파티클을 만들어 줄 것입니다. 앞에서와 동일한 방법으로 Sub Emitters를 하나 더 만듭니다. 새로 만들어진 파티클에는 3D_fireworks003 의 작은 빛 이미지를 넣어주면 됩니다. 메뉴는 Birth가 아닌 Death로 바꾸어줍니다.

✓ Sub Emitters		
═ Birth	⬧	🎇 3D_fireworks_Particle002-1 (P ⊙
Inherit		Nothing ⬧
Emit Probability		1
═ Birth	⬧	🎇 3D_fireworks_Particle002-2 (P ⊙
Inherit		Nothing ⬧
Emit Probability		1
═ Birth	⬧	🎇 3D_fireworks_Particle003 (Par ⊙
Inherit		Nothing ⬧
Emit Probability		1
═ Death	⬧	🎇 3D_fireworks_Particle004 (Par ⊙
Inherit		Nothing ⬧
Emit Probability		1

▲ 이제 하늘에서 터지는 파티클을 만들어 줄 것입니다.

42 트랜스폼 설정은 바꾸지 않은 채 메인 파티클 수치를 조정해줍니다. Duration은 변경하지 않고, Start Lifetime의 값을 Random Between Two Constants으로 두 칸으로 나눠줍니다. 각 칸을 만들었다면 각자 0.5와 0.7로 맞춰줍니다. 다음으로는 Start Speed도 Random Between Two Constants으로 바꾼 후 각 수치를 5와 1로 만들어줍니다. Start Size 값은 0.3과 0.2로 맞춰줍니다. 각자 다른 회전축을 가진 파티클 이미지가 만들어지기 위해서 Start Rotation 메뉴도 0과 360으로 바꾸어줍니다. 그리고 Gravity Modifier 수치 또한 두 칸으로 만들어준 후 각 수치를 0과 0.5로 만들어 줍니다.

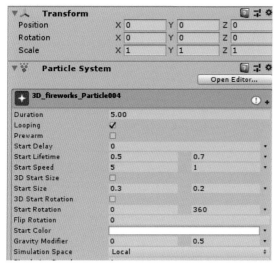

▲ 메인 파티클 수치를 바꿔주면 산만하던 파티클이 정돈된 느낌을 가집니다.

43 이제 Emission과 Shape를 설정할 것입니다. Emission의 Rate over Time을 10에서 0으로 바꿔주시고 Bursts의 +표시를 눌러 나온 메뉴의 Count 부분을 30으로 바꾸어줍니다. 다음으로는 Shape의 Shape 부분이 Sphere인 상태로 Radius 수치를 0으로 바꾸어주면 됩니다.

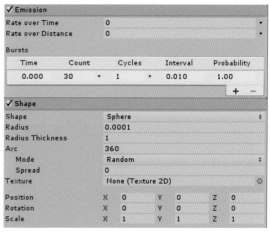

▲ 파티클의 범위와 숫자를 바꿔줍니다.

44 다음으로는 Color over Lifetime을 설정해줍니다. 우선 화살표를 원래 있던 것을 포함해서 색상과 알파 부분에 8개씩 만들어줍니다. 이후 맨 앞의 두 개를 뺀 뒷부분의 알파값을 0과 100으로 번갈아가면서 설정해줍니다. 그리고 Random Between Two Constants으로 파티클 칸을 둘로 만들어준 후 같은 방법으로 이번엔 뒤가 아닌 앞부분이 반짝이고 뒤에서부터 점점 사라지는 파티클을 만들어줍니다. 이후엔 밑에 원하는 색상들로 8가지 색을 같은 방법으로 순서가 다른 색들로 채워줍니다.

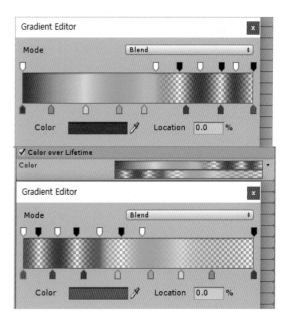

▶ Color over Lifetime을 바꿔줍니다.

45 Renderer의 Render Mode 메뉴를 Billboard에서 Stretched Billboard로 바꾸어줍니다.

✓ Renderer	
Render Mode	Stretched Billboard
Camera Scale	0
Speed Scale	0
Length Scale	2
Normal Direction	1
Material	● 3D_fireworks003
Trail Material	● 3D_fireworks003

▲ Stretched Billboard로 바꿔줍니다.

46 여기까지 해주면 이미지가 조금 늘어나면서 넓게 퍼지는 파티클을 볼 수 있습니다.

▲ 여러 색으로 터지는 이펙트

47 터지는 빛 파티클을 하나 더 만들어줍니다. 다시 첫 번째 파티클로 돌아가 Sub Emitters를 하나 더 만들 어줍니다. 새로 만들어진 파티클에는 3D_fireworks001 의 빛 이미지를 넣어주면 됩니다. 메뉴는 Birth가 아닌 Death 로 바꾸어줍니다.

✓ Sub Emitters			
☰ Birth	↕	▒ 3D_fireworks_Particle002-1 (P	⊙
Inherit		Nothing	↕
Emit Probability		1	
☰ Birth	↕	▒ 3D_fireworks_Particle002-2 (P	⊙
Inherit		Nothing	↕
Emit Probability		1	
☰ Birth	↕	▒ 3D_fireworks_Particle003 (Par	⊙
Inherit		Nothing	↕
Emit Probability		1	
☰ Death	↕	▒ 3D_fireworks_Particle004 (Par	⊙
Inherit		Nothing	↕
Emit Probability		1	
☰ Death	↕	▒ 3D_fireworks_Particle005 (Par	⊙
Inherit		Nothing	↕
Emit Probability		1	

▲ 터지는 빛 파티클을 하나 더 만들어줍니다.

48 트랜스폼 설정은 만지지 않고, 메인 파티클 설정 을 조정해줍니다. Duration은 바꾸지 않고, Start Lifetime의 값을 Random Between Two Constants으로 두 칸으로 나눠줍니다. 각 칸을 만들었다면 각자 1와 0.7로 맞춰줍니다. 다음으로는 Start Speed는 1로, Start Size 값 은 0.5와 0.2로 만들어준 후 각자 다른 회전축을 가진 파티 클 이미지가 만들어지기 위해서 Start Rotation 메뉴도 0과 360으로 바꾸어줍니다. 그리고 Gravity Modifier 수치 또한 두 칸으로 만들어준 후 각 수치를 0과 0.3로 만들어 줍니다.

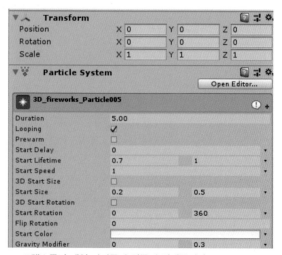

▲ 트랜스폼과 메인 파티클 수치를 수정해줍니다.

49 Emission과 Shape를 설정합니다. Emission의 Rate over Time을 10에서 0으로 바꿔주시고 Bursts의 +표시를 눌러 나온 메뉴의 Count 부분을 30으로 바꾸어줍니다. 다음으로는 Shape의 Shape 부분이 Sphere인 상태로 Radius 수치를 0으로 바꾸어주면 됩니다.

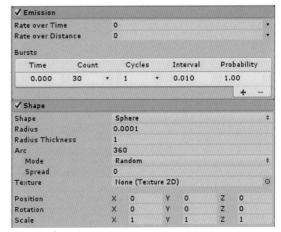

▲ 파티클의 숫자와 범위를 잘 설정해줍니다.

50 다음으로는 Color over Lifetime을 설정해줍니다. 우선 화살표를 원래 있던 것을 포함해서 색상과 알파 부분에 8개씩 만들어줍니다. 이후 맨 앞의 두개를 뺀 뒷부분의 알파값을 0과 100으로 번갈아가면서 설정해줍니다. 그리고 Random Between Two Constants으로 파티클 칸을 둘로 만들어준 후 이번엔 앞부분이 반짝이고 뒤에서부터 점점 사라지는 파티클을 만들어줍니다. 이후엔 밑에 원하는 색상들로 8가지 색을 같은 방법으로 순서가 다른 색들로 채워줍니다.

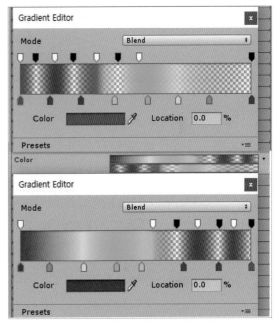

▲ Color over Lifetime을 두 칸으로 나눠 서로 다른 색으로 설정해주면 조금 더 풍성한 색깔이 나오게 됩니다.

51 컬러값까지 바꿔주었다면 Size over Lifetime값을 수정해줍니다. 우선 해당 메뉴를 체크해주고 Size의 상자를 눌러주면 아래에 곡선을 설정할 수 있는 상자가 보이게 됩니다. 아래를 보면 자동으로 만들어진 선이 들어있는 네모들이 있는데 그중 두 번째 모양의 메뉴를 선택하여 눌러줍니다.

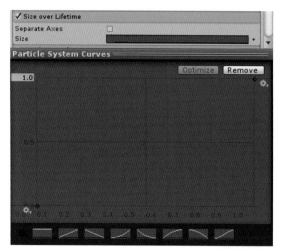

▲ 처음 만들었을 땐 작다가 끝에 가면 커지는 그래프입니다.

52 여기까지 해주었다면 뒤에 받쳐주는 파티클까지 모두 만들어집니다.

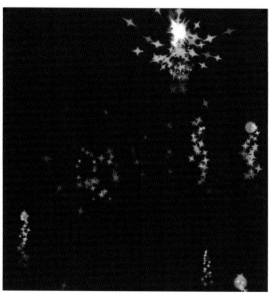

▲ 여러 색의 불꽃놀이가 완성되어갑니다.

53 마지막 파티클은 별이 없어질 때 크게 빛나는 빛입니다. Sub Emitters 메뉴의 오른쪽 하단에 있는 +를 눌러 파티클 메뉴를 만듭니다. 새로 만들어진 파티클에는 2D_fireworks004 의 작은 원형 빛 이미지를 넣어주면 됩니다. 메뉴는 Birth가 아닌 Death로 바꾸어줍니다.

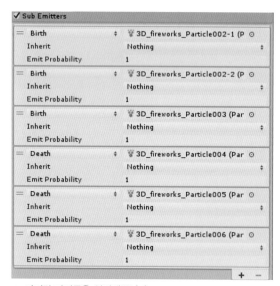

▲ 마지막 파티클을 연결해줍니다.

54 파티클을 만들었다면, 트랜스폼은 바꾸지 않은 채로, 메인 파티클 설정을 조정해줍니다. Duration은 변경하지 않고, Start Lifetime의 값을 0.3으로 만들어줍니다. Start Speed는 0으로, Start Size 값은 5로 만들어 줍니다.

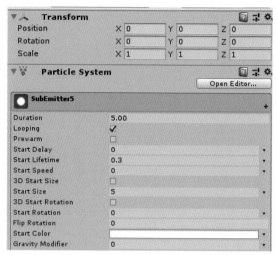

▲ 메인 파티클 수치를 바꾸어줍니다.

55 Emission의 Rate over Time 값을 0으로 바꾸고 오른쪽 아래의 +표시를 눌러 Count의 값을 1로 만들어줍니다. Shape의 체크는 풀어줍니다. 그렇게 하면 같은 자리에 같은 번개가 똑같이 나오게 됩니다.

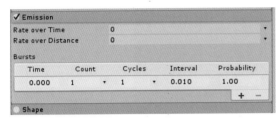

▲ Shape의 체크는 풀어줍니다.

56 빛이 자연스럽게 사라지게 하기 위해 컬러와 알파값을 지정해주는 Color over Lifetime 값을 바꾸어줄 차례입니다. 제일 끝부분의 알파를 0으로 바꾸어주면 파티클의 끝이 흐리게 바뀌는 것을 확인할 수 있습니다. 위를 눌러주어 가장 앞부분의 알파값은 0으로, 두 번째 알파값은 40으로, 마지막 끝의 알파값은 0으로 바꾸어주면 됩니다. 이후엔 밑에 원하는 색상들로 8가지 색을 같은 방법으로 순서가 다른 색들로 채워줍니다.

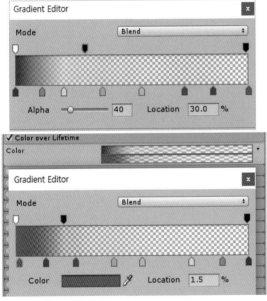

▲ 컬러값의 수치를 정해줍니다.

57 이제 자연스럽게 퍼지는 빛을 표현하기 위해 Size over Lifetime 값을 수정해줍니다. 우선 해당 메뉴를 체크해주고 Size의 상자를 눌러주면 아래에 곡선을 설정할 수 있는 상자가 보이게 됩니다. 아래를 보면 자동으로 만들어진 선이 들어있는 네모들이 있는데 그중 두 번째 모양의 메뉴를 선택하여 눌러줍니다. 그리고 시작 부분의 선을 0.5에 맞추어주면 됩니다.

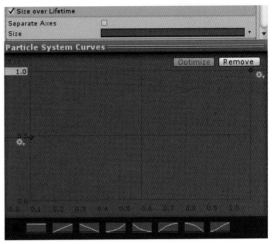

▲ Size 값도 바꿔줍니다.

58 작은 파티클을 조금 더 키우기 위해 Renderer의 Max Particle Size 값을 1로 바꾸어줍니다.

▲ 최대 파티클 사이즈를 높여줍니다.

59 이렇게 하면 여러 빛깔이 터지는 불꽃놀이 파티클이 완성됩니다.

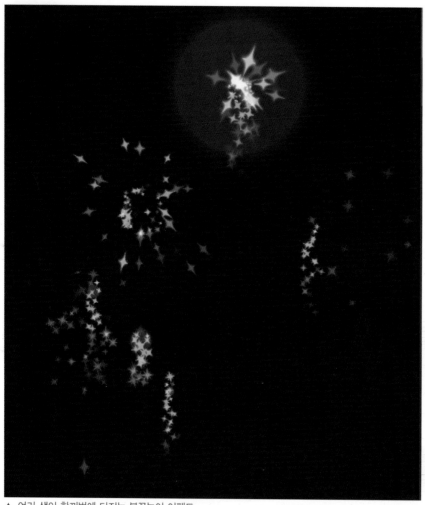

▲ 여러 색이 한꺼번에 터지는 불꽃놀이 이펙트

06 피격 이펙트

피격 이펙트는 게임의 감초같은 역할을 합니다. 피격, 타격 이펙트가 없는 게임은 거의 없으며 이 이펙트만 잘 만들어주어도 게임의 타격감이 확 올라갑니다. 이번엔 무언가를 타격했을 시 나오는 이펙트를 만들어보고, 응용을 해보며 2D와 3D 게임의 피격 이펙트 차이를 알아보면 좋을 것입니다.

▲ 피격 이펙트만 잘 만들어줘도 게임의 느낌이 살 수 있습니다.

■ 2D 피격 이펙트

01 피격 이미지는 총 네 가지로 이루어집니다. 중심의 큰 빛, 큰 빛에서 나오는 오라, 무언가 맞아서 튀는 불똥, 큰 빛을 받쳐주는 원형의 빛입니다. 2D 이펙트는 과장된 이미지를 사용하는 것이 좋으므로 과장된 하얀색 빛과 붉은 빛을 사용하여 만들어보겠습니다. 우선 512×512픽셀의 캔버스를 열고, 검은색으로 캔버스 배경을 칠해줍니다. 다음으로 Ctrl + ' 으로 설정해놨던 가이드라인을 불러와줍니다.

▲ 512×512 캔버스를 만들어줍니다.

02 캔버스 중점에 맞춰 하얀 원형을 그려주고, 그 원형을 지우개 도구를 사용해 원형 이미지에 상처를 내줍니다(검은 칠을 하는 것이 아니라 지우개로 하얀 부분을 지워주는 것입니다). 가운데 부분은 꼼꼼하지 않아도 되지만 원형의 가 부분은 꼼꼼히 지워서 상처를 내줍니다.

▲ 원형 부분에 상처를 내줍니다.

03 상처를 낸 하얀 이미지에 필터(T) – 흐림효과 – 동작 흐림 효과를 선택하여 그림에 효과를 줍니다.

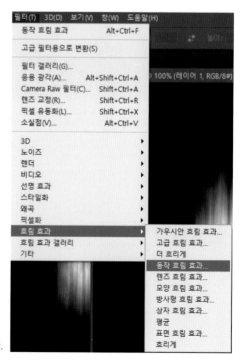

▶ 그림에 효과를 줍니다.

04 각도는 90도로 맞추고 거리는 100픽셀로 맞춰 효과를 줍니다.

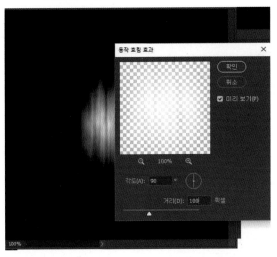

▲ 동작 흐림 효과를 주면 이미지가 위로 늘어납니다.

05 레이어를 복사해줍니다.

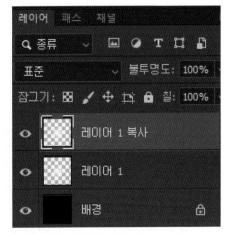

▲ 레이어를 복사해줍니다.

06 복사한 레이어를 Ctrl + T로 자유변형모드로 바꾸어준 후 가로만 살짝 작게 만들고 세로로 길게 빼어 다이아몬드 같은 느낌을 냅니다.

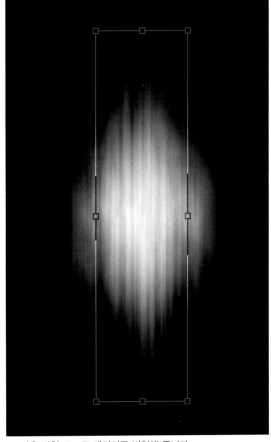

▲ 자유 변형 모드로 레이어를 변형해 줍니다.

07 변형한 레이어를 한 번 더 클릭해주고, 그 레이어를 다시 아래 레이어들보다 좀 더 가늘고 길게 만들어 줍니다.

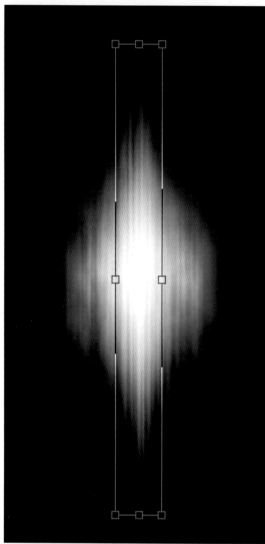

▲ 다음 레이어도 변형 해 줍니다.

08 마지막 레이어를 하나 더 만들어주고 각 레이어를 잠가 빨강과 주황, 노란색으로 색을 채워줍니다. 흰색은 노란색보다 조금 더 얇고 길게 만들어줍니다.

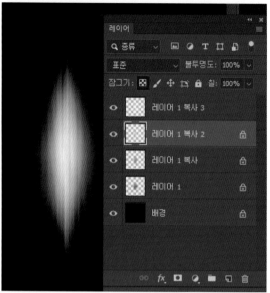

▲ 각 레이어에 색을 넣어줍니다.

09 색을 넣은 레이어를 합쳐서 무언가 맞아서 불똥이 튀는 모양을 만들어 줍니다. 모양은 꽃처럼 일정한 모양이 되지 않도록 만들어줍니다. 실수할 경우를 대비하여 수정할 수 있도록 원본 레이어를 가장 아래쪽에 살려주고 만들기를 권장합니다.

▲ 모양을 불꽃 모양으로 잡아줍니다.

10 가운데에 레이어들이 겹쳐서 이미지가 어색해보일 겁니다. 이 부분을 가릴 크기로 원형의 빛을 만들어 줄 것입니다. 빛은 겹칠수록 밝아진다는 점을 기억하며 만들어줍니다.

▲ 원형을 만들어줍니다.

11 원형 레이어를 하나 더 복사하고 뒷 레이어에 가우시안 흐림 효과를 25픽셀 정도로 줍니다.

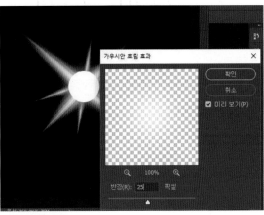

▲ 첫 번째 흐림효과입니다.

12 다시 원형 레이어를 복사하고 가우시안 흐림 효과를 줍니다. 이번에는 효과를 15픽셀로 줍니다.

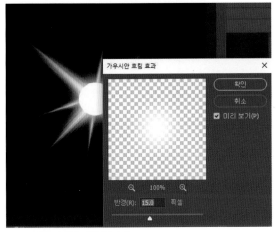

▲ 두 번째 흐림효과를 줍니다.

13 한 번 더 원형 레이어를 복사하고 가우시안 흐림 효과를 줍니다. 이번에는 효과를 10픽셀로 줍니다.

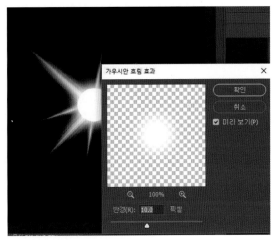

▲ 세 번째 흐림효과를 줍니다.

14 순서대로 빨간색, 주황색, 노란색으로 색상을 준 후 남은 하얀 레이어를 살짝 줄이고 가우시안 흐림 효과를 5픽셀 줍니다. 이대로 쓰면 3D 피격 효과로 쓸 수 있으나 우리는 애니메이션 효과를 줄 것이기 때문에 효과를 하나 더 넣을 겁니다. 만든 원형의 빛은 큰 빛 쪽으로 살짝 찌그러트려주면 조금 더 자연스럽습니다.

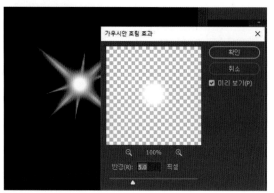

▲ 각 빛들에 색상을 넣어주고 마지막 효과를 줍니다.

15 2D 애니메이션과 같은 느낌을 주기 위해서는 과장된 색과 느낌이 필요합니다. 따라서 효과를 더 넣어 과장된 연출을 만들어 볼 것입니다. 우선 레이어가 총 네 장이 될 수 있게 각 레이어를 복사합니다. 그 후 가장 아래 레이어에 핀 라이트 효과를 넣어줍니다. 알파가 빠져 검은 배경에서 보는 형태보다 흐리게 나오는 것을 방지하기 위해서입니다.

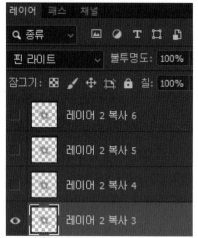

▲ 같은 레이어를 총 네 장 만들어줍니다.

16 두 번째 레이어에 최소값을 줄 것입니다. 포토샵 메뉴에서 필터(T) – 기타 – 최소값을 선택합니다.

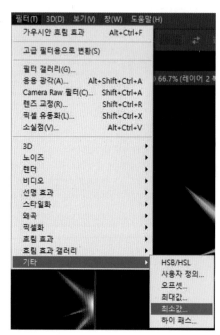

▲ 그림에 효과를 주기 위한 경로

17 그림에 최소값을 4픽셀 정도 줍니다. 효과를 주면 그림 주변에 같은 색상으로 막이 생기는 것을 확인할 수 있습니다.

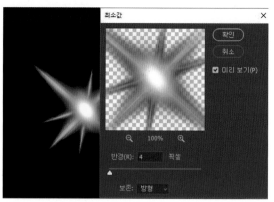

▲ 그림에 최소값을 4픽셀 줍니다.

18 세 번째 레이어는 효과를 주지 않고 마지막 레이어에 나누기 효과를 줍니다. 그렇게 하면 레이어가 하얗게 되는 것을 확인할 수 있습니다.

▲ 마지막 레이어에 나누기 효과를 줍니다.

19 마지막 레이어에 준 효과를 줄여서 앞에서 만든 원형의 빛에 겹쳐 넣어줍니다.

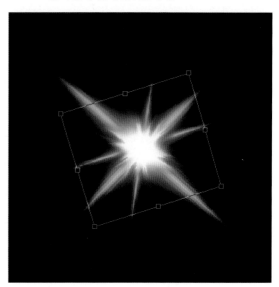

▲ 효과를 준 레이어를 조금 더 줄여줍니다.

20 그렇게 하면 조금 더 과장된 불꽃이 튀는 이미지가 완성됩니다. 검은색 배경을 지우고 이 이미지를 2D_shot001라는 이름의 PNG 파일로 저장해줍니다.

▲ 완성된 이미지

21 큰 빛에서 나오는 오라, 즉 빛무리를 만들어 줄 것입니다. 같은 512×512의 캔버스를 만들고, 검은색으로 캔버스 배경을 칠해줍니다. 다음으로 Ctrl + ˙ 으로 설정해놨던 가이드라인을 불러와줍니다. 레이어를 만들고 원형 선택 윤곽도구(M)을 눌러줍니다. 원형이 아닌 다른 모양이 잡혀있을 때는 해당 메뉴를 1초 정도 눌러주면 변환 메뉴가 나옵니다.

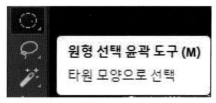

▲ 윤곽 도구를 선택해줍니다.

22 캔버스 중점을 맞춰 도구로 원형을 그려줍니다.

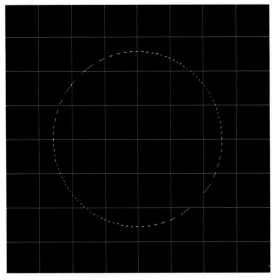

▲ 캔버스에 만들어진 원형

23 도구로 모양을 잡은 후, 캔버스에 오른쪽 마우스를 클릭하고 '획'이라는 메뉴를 선택합니다. 획 메뉴는 윤곽도구의 모양대로 선을 그어주는 메뉴입니다.

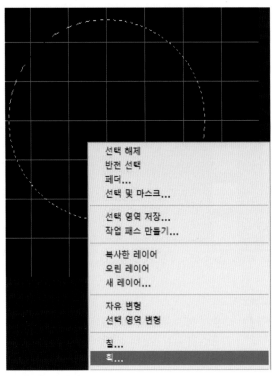

▲ 획 메뉴를 불러옵니다.

24 획 메뉴를 설정합니다. 폭은 30픽셀로 맞추고 색상을 흰색을 고릅니다. 위치는 자유롭게 선택합니다. 여유있게 원형을 잡았기 때문에 어느 것을 골라도 무방합니다.

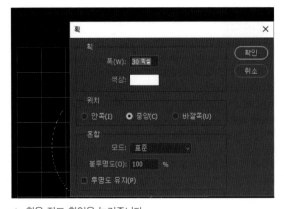

▲ 획을 잡고 확인을 눌러줍니다.

25 여기까지 해주면 원형의 선이 생깁니다.

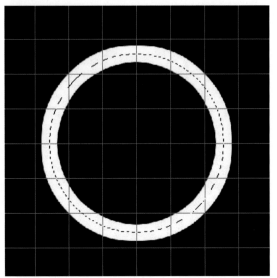

▲ 만들어진 원형의 선

26 지우개 도구를 이용해 원형에 상처를 내줍니다. 검은 색 브러시가 아닌 지우개 도구로 만드는 것입니다.

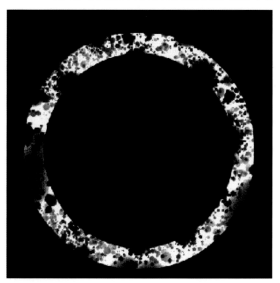

▲ 이미지에 상처를 만들어줍니다.

27 필터(T) – 흐림 효과 – 방사형 흐림 효과를 선택해 줍니다. 방사형 흐림 효과는 선을 둥글게 하거나 방사형으로 흐려지게 도와주는 역할을 합니다.

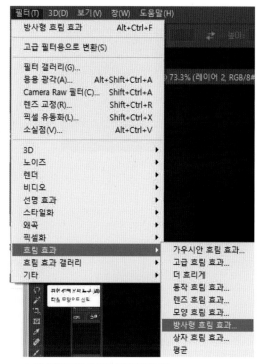

▲ 방사형 그림 효과를 만들어줍니다.

28 방사형 흐림 효과의 양은 40으로 설정하고 흐림 효과방법은 '돋보기'로 설정합니다. 품질은 무엇을 골라도 무방하니 자유롭게 선택합니다.

▲ 흐림 효과를 설정해줍니다.

29 확인을 눌러 이미지에 흐림 효과를 적용합니다.

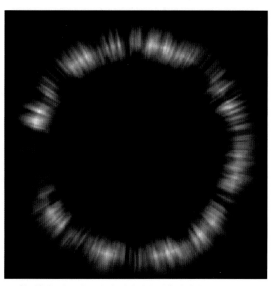

▲ 확인을 눌러주면 효과가 이미지에 적용됩니다

30 레이어가 총 네 장이 되도록 복사해줍니다. 그 후, 첫 번째부터 세 번째 레이어까지 잠그고 각각 빨간색, 주황색, 노란색으로 바꾸어줍니다.

▲ 복사하고 색을 넣은 레이어

31 가장 마지막 레이어에 필터(T) – 기타 – 최대값을 설정하여 줍니다.

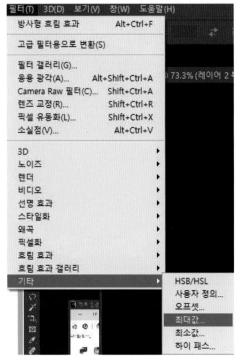

▲ 최대값을 설정하는 모습

32 최대값은 5픽셀로 적용하여 줍니다.

▲ 최대값을 적용해줍니다.

33 앞에서 설정한 최대값을 적용하면 그림과 같이 흰색의 이미지가 살짝 줄어드는 것을 볼 수 있습니다.

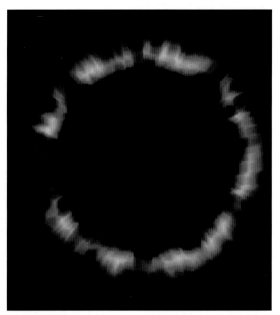

▲ 적용된 이미지

34 최대값을 적용한 이미지를 2D 풍의 모습으로 바꾸어줍니다. 같은 레이어를 총 다섯 장이 되도록 만들어주고 가장 처음 이미지는 핀 라이트 효과를 줍니다.

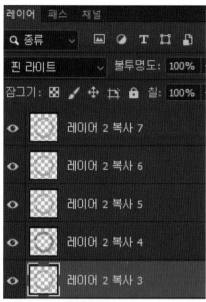

▲ 첫 이미지에 준 효과

35 두 번째 이미지에는 최소값 효과를 줍니다. 최소값은 필터(T) – 기타 – 최대값에서 찾아볼 수 있으며 효과는 4픽셀 정도로 줍니다.

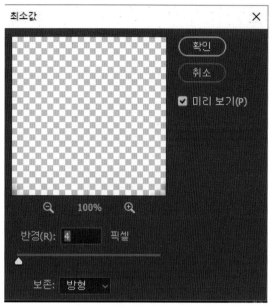

▲ 두 번째 레이어에 최소값을 정해줍니다.

36 세 번째 레이어는 효과를 주지 않고 네 번째 레이어에는 선형 닷지(추가)를 적용해줍니다. 이 효과를 주면 이미지가 조금 더 하얗게 나오는 것을 볼 수 있습니다.

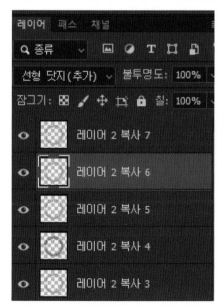

▲ 네 번째 레이어에 주는 효과

37 마지막 레이어에는 선명한 라이트 효과를 줍니다. 이 효과까지 주면 이미지의 색상이 선명해집니다.

▲ 마지막 레이어에 주는 효과

38 여기까지 해주면 과장된 빛무리 이미지가 완성됩니다. 완성된 이미지는 검은색 배경을 지우고 2D_shot0020이라는 이름의 png로 저장해줍니다.

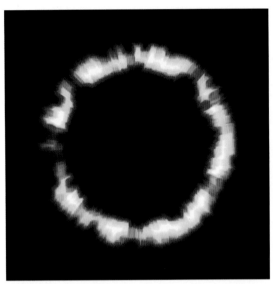

▲ 완성된 빛무리 이미지

39 이번엔 256×256의 캔버스를 만들고, 검은색으로 캔버스 배경을 칠해줍니다. 다음으로 Ctrl + '으로 설정해놨던 가이드라인을 불러와줍니다. 레이어를 만들고 원형 선택 윤곽도구(M)을 눌러줍니다. 원형을 만들어주고 그 안을 흰색으로 채워줍니다.

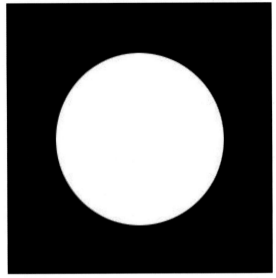

▲ 원형의 빛을 만들어줍니다.

40 원형에 가우시안 흐림 효과를 9픽셀넣어줍니다.

▲ 가우시안 흐림 효과를 넣은 모습

41 레이어를 총 네 장이 되게 복사한 후 각 레이어에 색상을 넣어줍니다. 가장 아래에 있는 레이어부터 빨간색, 주황색, 노란색, 흰색으로 만들어줍니다. 그 후, 그림과 같이 밝은 색상 레이어로 갈수록 작아지도록 크기를 줄여줍니다.

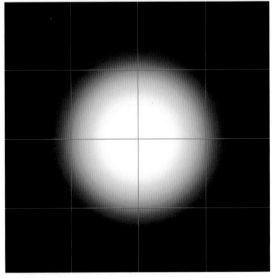

▲ 완성된 빛무리

42 여기까지 이미지를 만들어보았거나 예제 패키지에서 다운을 받았다면 이미지들을 유니티 안에 넣어줍니다. 모든 이미지의 Texture Type 메뉴를 Sprite(2D and UI)으로 바꿔주고, 머티리얼을 만들어 모든 머티리얼의 Shader 경로를 Mobile – Particles – Additive로 만들어줍니다.

43 이미지를 넣은 후에 새 씬을 만들고 어두운 색의 벽을 두 개 세웁니다. 벽은 메뉴의 GameObject – 3D Object – Quad에서 찾아 만들 수 있습니다.

첫 번째 벽의 Position은 X : 0 / Y : 6 / Z : 17, Rotation 포지션은 모두 0으로 맞춰줍니다. Scale 포지션은 X : 17 / Y : 23 / Z : 11으로 바꿔줍니다. 두 번째 벽의 Position은 X : 0 / Y : −2.6 / Z : 5 이고, Rotation 포지션은 X : 90 / Y : 0 / Z : 0입니다. Scale 포지션은 X : 17 / Y : 24 / Z : 11으로 맞춰줍니다. 파티클의 좌표는 Scale 값을 제외한 모두 0인 상태에서 Rotation 값만 X값이 0으로 설정되도록 만들어줍니다.

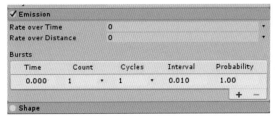

▲ 게임오브젝트 폴더와 회색의 벽, 파티클을 만들어주고 각 텍스처와 머티리얼의 쉐이더를 설정해줍니다.

44 게임 오브젝트 밑에 파티클 시스템을 만들어줍니다. 그 후, 첫 번째 파티클에 2D_shot001이미지 머티리얼을 넣고 파티클의 트랜스폼 수치를 정해줍니다. Position과 Rotation 값은 모두 0으로 설정해 줍니다. Scale 값은 모두 1로 맞춰줍니다.

트랜스폼을 모두 수정했다면, 메인 파티클 설정을 조정해줍니다. 우선 파티클이 1초이상 나올 것이 아니기 때문에 Duration을 1로 만들어줍니다. 다음으로는 Start Lifetime의 값을 0.2로 맞춰줍니다. Start Speed는 0으로, Start Size 값은 7로 만들어줍니다.

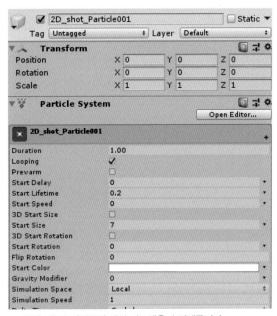

▲ 트랜스폼과 파티클의 메인 시스템을 수정해줍니다.

45 여러 장의 이펙트 이미지를 쓸 필요 없이, 타격감을 살리는 메인 파티클은 하나면 충분합니다. 따라서 Emission을 다음과 같이 설정합니다. Emission의 Rate over Time을 10에서 0으로 바꾸어주고 Bursts의 +표시를 눌러 나온 메뉴의 Count 부분을 1로 바꾸어줍니다. 그리고 Shape의 체크는 꺼줍니다. 그러면 같은 장소에 하나의 파티클이 생기게 됩니다.

▲ Emission의 수치를 1로 바꿔줍니다.

46 빛이 자연스럽게 사라지게 하기 위해 컬러와 알파 값을 지정해주는 Color over Lifetime 값을 바꾸어 줄 차례입니다. Color over Lifetime 란의 하얀 칸을 누르면 Gradient Editor 란이 보이는데 윗부분 화살표가 없는 빈 부분을 누르면 화살표가 새로 생깁니다. 제일 끝부분의 알파를 0으로 바꾸어주면 파티클의 끝이 흐리게 바뀌는 것을 확인할 수 있습니다. 위를 눌러주어 화살표를 만들고 파티클의 알파값을 100으로 바꿔준다면 앞부분은 선명하고 뒷부분만 흐려지는 파티클을 만들 수 있습니다.

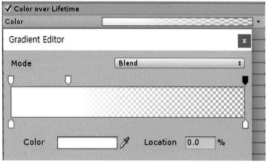

▲ 점점 흐려지는 파티클을 표현해 줍니다.

47 컬러값까지 바꿔주었다면 Size over Lifetime 값을 수정해줍니다. 우선 해당 메뉴를 체크해주고 Size 의 상자를 눌러주면 아래에 곡선을 설정할 수 있는 상자가 보이게 됩니다. 아래를 보면 자동으로 만들어진 선이 들어 있는 네모들이 있는데 그중 두 번째 메뉴를 선택하여 눌러 줍니다. Size가 0.5인 부분을 선의 시작이 되도록 맞추고, 시작부를 살짝 뒤로 당겨 0.15에 놔주면 앞부분에 타격감을 주었다가 이미지가 커지게 됩니다.

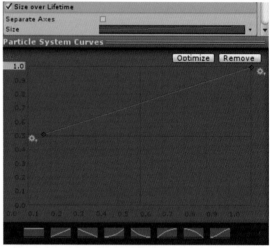

▲ Size over Lifetime 값을 수정해줍니다.

48 파티클을 조금 더 키우기 위해 Renderer의 Max Particle Size 값을 1.5로 바꾸어줍니다.

▲ Max Particle Size 값을 바꿔줍니다.

49 여기까지 해주면 화면 가득 나왔다가 사라지는 이미지를 볼 수 있습니다.

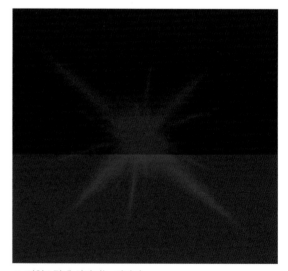

▲ 자연스럽게 사라지는 이미지

50 파티클을 하나 더 만들고 2D_shot002 이미지를 넣어줍니다. 그 후, 트랜스폼 수치를 정해줍니다. Position과 Rotation 포지션은 모두 0으로 설정해 줍니다. Scale 값은 모두 1로 맞춰줍니다. 트랜스폼을 모두 수정했다면, 메인 파티클 설정을 조정해줍니다.

우선 파티클이 1초이상 나올 것이 아니기 때문에 Duration을 1로 만들어줍니다. Start Delay 값은 0.1로 바꾸고, Start Lifetime은 0.2, Start Speed는 0으로 바꿉니다. Start Size 값은 5로 만들어준 후 Start Color 값은 흰색(알파값 139), 한 쪽은 하늘색(알파값 100)으로 바꾸어줍니다. 다른 회전축을 가진 파티클 이미지가 만들어지기 위해서 Start Rotation 메뉴도 0과 360으로 바꾸어줍니다.

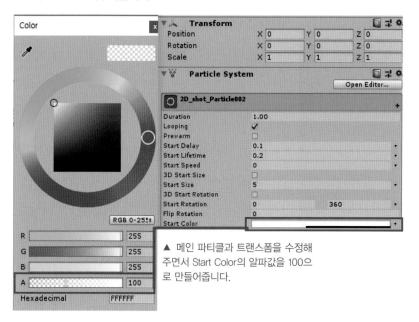

▲ 메인 파티클과 트랜스폼을 수정해 주면서 Start Color의 알파값을 100으로 로 만들어줍니다.

51 Emission을 설정할 것입니다. Emission의 Rate over Time가 10으로 되어있는 것은 0으로 바꾸어 주고 Bursts의 +표시를 눌러 나온 메뉴의 Count 부분을 1로 바꾸어줍니다. 다음으로는 Shape의 체크를 꺼주면 됩니다. 그러면 같은 장소에 하나의 파티클이 생기게 됩니다.

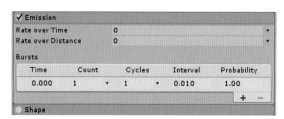

▲ Shape의 체크를 꺼주면 됩니다.

52 빛이 자연스럽게 사라지게 하기 위해 컬러와 알파 값을 지정해주는 Color over Lifetime 값을 바꾸어 줄 차례입니다. 제일 끝부분의 알파를 0으로 바꾸어주면 파티클의 끝이 흐리게 바뀌는 것을 확인할 수 있습니다. 위를 눌러주어 화살표를 만들고 파티클의 알파값을 100으로 바꿔준다면 앞부분은 선명하고 뒷부분만 흐려지는 파티클을 만들 수 있습니다.

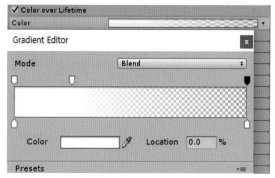

▲ Color over Lifetime을 바꿔줍니다.

53 이제 Size over Lifetime 값을 수정해줍니다. 우선 해당 메뉴를 체크해주고 Size 옆의 회색박스를 눌러줍니다. 그 후 Particle System Curves의 하단에서 두 번째 메뉴를 선택합니다. 그리고 시작 부분의 선을 0.75의 타이밍(가로 축)에 Size는 0.9가 되는 지점에 맞추어줍니다. 그 후, 시작부를 뒤로 당겨 0.9에 놔주면 앞부분에 타격감을 주었다가 이미지가 커지게 됩니다.

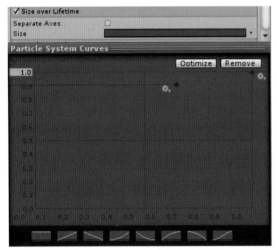

▲ 파티클의 처음과 끝의 사이즈를 바꿔 줍니다

54 Renderer의 Max Particle Size 값을 1.5로 바꾸어줍니다.

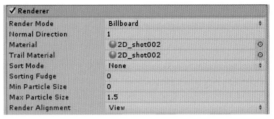

▲ 마지막으로 최대값을 바꿔줍니다.

55 여기까지 해주면 큰 빛을 중심으로 한 빛무리 이미지가 나오게 됩니다.

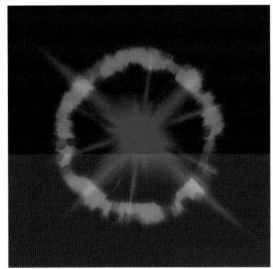

▲ 두 번째 파티클까지 만들어준 모습

56 이번에는 주변부를 밝게 보이게 해줄 원형의 빛을 만들어보겠습니다. 파티클을 새로 하나 만들고 2D_shot003 이미지를 넣어줍니다. 그 후, 파티클의 트랜스폼 수치를 정해줍니다. Position 과 Rotation 포지션은 모두 0으로 설정해 줍니다. Scale 값을 모두 1로 맞춰줍니다. 트랜스폼을 모두 수정했다면, 메인 파티클 설정을 조정해줍니다.

우선 파티클이 1초이상 나올 것이 아니기 때문에 Duration을 1로 만들어줍니다. Start Delay 값은 0.1, Start Lifetime 값은 0.4, Start Speed는 0, Start Size 값은 8로 만들어줍니다. 그리고 Start Color 값은 흰색(알파값 40) 으로 바꾸어줍니다.

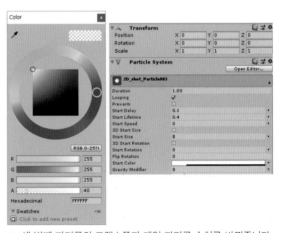

▲ 세 번째 파티클의 트랜스폼과 메인 파티클 수치를 바꿔줍니다.

57 이제 Emission을 설정할 것입니다. Emission의 Rate over Time을 0으로 바꾸고 Bursts의 +표시를 눌러 나온 메뉴의 Count 부분을 1로 바꾸어줍니다. Shape의 체크는 꺼줍니다. 그러면 앞의 파티클들과 같이 같은 장소에 하나의 파티클이 생기게 됩니다.

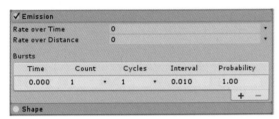

▲ 다른 시간 대에 하나의 파티클을 또 만들어주면 느낌이 달라지게 됩니다.

58 컬러와 알파값을 지정해주는 Color over Lifetime 값을 바꾸어 줄 차례입니다. 앞부분의 파티클의 알파값을 100으로 바꿔주고, 뒷부분의 알파는 0으로 만들어줍니다.

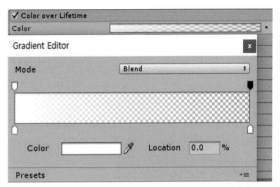

▲ 컬러값을 바꿔주어 끝이 흐려지며 사라질 수 있게 합니다.

59 이제 Size over Lifetime 값을 수정해줍니다. 우선 해당 메뉴를 체크해주고 Size 옆의 회색박스를 눌러줍니다. 그 후 Particle System Curves의 하단에서 두 번째 메뉴를 선택합니다. 그리고 시작 부분의 사이즈를 0.8에 맞추어주면 됩니다.

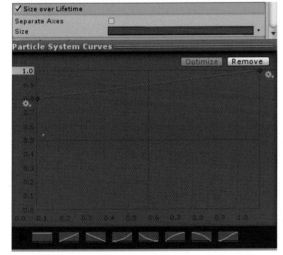

▲ 파티클의 시작과 끝 사이즈를 정해줍니다.

60 Renderer의 Max Particle Size 값을 2로 바꾸어줍니다.

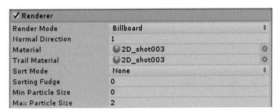

▲ 파티클의 최대 사이즈 값을 풀어줍니다.

61 여기까지 해주면 파티클이 조금 더 밝아지는 느낌을 받을 수 있습니다.

▲ 흐릿한 빛무리가 생긴 파티클

62 이제 마지막으로 주변으로 퍼지는 원형의 빛조각들을 만들어 줄 것입니다. 파티클을 만들고 2D_shot003 이미지를 넣어줍니다. 그 후, 파티클의 트랜스폼 수치를 정해줍니다. Position과 Rotation 포지션은 모두 0으로 설정해 줍니다. Scale 값은 모두 1로 맞춰줍니다. 트랜스폼을 모두 수정했다면, 메인 파티클 설정을 조정해줍니다.

Duration은 다른 파티클들과 같이 1로 바꾸어주고, Start Delay의 값은 0.1로 만들어줍니다. Start Lifetime의 값을 Random Between Two Constants으로 두 칸으로 나눠 각각 0.2와 0.4로 맞춰줍니다. Start Speed도 Random Between Two Constants으로 바꾼 후 각 수치를 0.1와 5로 설정합니다. Start Size 값은 0.15과 0.05로 만들어줍니다.

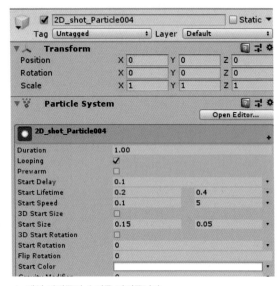

▲ 메인 파티클의 수치를 바꿔줍니다.

63 Emission과 Shape를 설정할 것입니다. Emission의 Rate over Time을 10에서 0으로 바꾸고 Bursts의 +표시를 눌러 나온 메뉴의 Count 부분을 40으로 바꾸어줍니다. 다음으로는 Shape의 Shape 부분이 Circle인 상태로 바꿔줍니다.

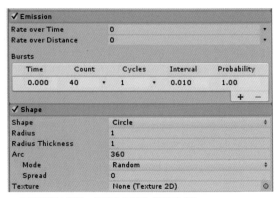

▲ 파티클이 나오는 숫자와 범위를 정해줍니다.

64 Size over Lifetime값을 수정해줍니다. 우선 해당 메뉴를 체크해주고 Size 옆의 회색박스를 눌러줍니다. 그 후 Particle System Curves의 하단에서 세 번째 메뉴를 선택합니다. 그리고 내리막의 시작 부분을 0.35에 맞추어주면 됩니다.

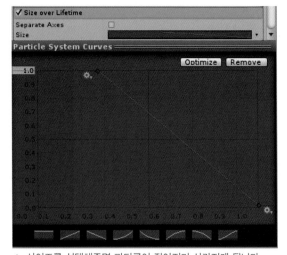

▲ 사이즈를 선택해주면 파티클이 작아지며 사라지게 됩니다.

65 여기까지 해주면 간단한 타격감을 가지고 있는 피격 이펙트가 완성됩니다.

▲ 완성된 피격 이펙트

■ 3D 피격 이펙트

3D 피격 이펙트도 2D 피격 이미지와 같이 중심의 큰 빛과 큰 빛에서 나오는 오라, 무언가 맞아서 튀는 불똥과 큰 빛을 받쳐주는 원형의 빛, 이렇게 네 가지로 이루어집니다.

01 512×512픽셀의 캔버스를 열고, 검은색으로 캔버스 배경을 칠해줍니다. 다음으로 Ctrl + ˚으로 설정해놨던 가이드라인을 불러와줍니다. 캔버스 중점에 맞춰 하얀 원형을 그려주고, 그 원형을 지우개 도구를 사용해 원형 이미지에 상처를 내줍니다. 검게 칠을 하는 것이 아닌 지우개로 하얀 부분을 지워주는 것입니다. 가운데 부분은 꼼꼼하지 않아도 되지만 원형의 가 부분은 꼼꼼히 지워서 상처를 내줍니다.

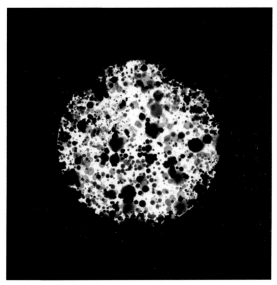

▲ 배경 외의 레이어를 새로 만들어 원형을 만들고 상처를 내줍니다.

02 상처를 낸 하얀 이미지에 필터(T) – 흐림효과 – 동작 흐림 효과를 선택하여 그림에 효과를 줍니다. 효과는 90도에 150픽셀을 줍니다.

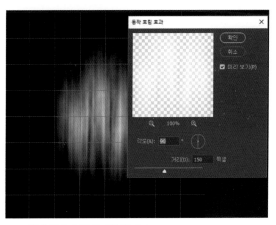

▲ 그림에 동작 흐림 효과를 줍니다.

03 복사한 레이어를 Ctrl + T로 자유변형모드로 바꾸어준 후 가로만 살짝 작게 만들고 세로로 길게 빼어 다이아몬드 같은 느낌을 냅니다.

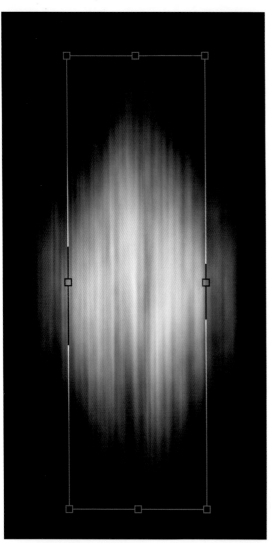

▲ 레이어를 조절해가며 예쁜 모양을 잡아줍니다.

04 다시 레이어를 복사해 2D 피격의 이미지를 만들었을 때보다 얇고 긴 이미지를 만들어줍니다.

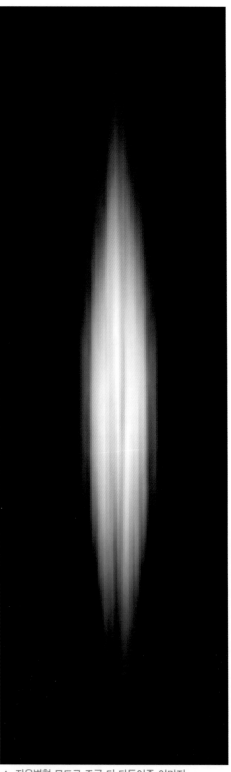

▲ 자유변형 모드로 조금 더 다듬어준 이미지

05 가장 아래 레이어를 잠그고 진한 하늘색(006AFF)을 깔아줍니다. 다음 레이어는 밝은 하늘색(00E6FF)을 깔아주고 가장 위의 레이어를 하나 더 복사하여 좀 더 뾰족하고 길게 만들어줍니다.

06 세 번째 이미지도 밝은 하늘색 (00E6FF)으로 채워줍니다. 그 후, 그라데이션 도구에서 그라데이션 색상을 골라줍니다.

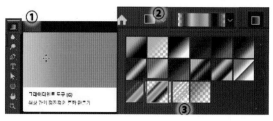

▲ 그라데이션 도구를 골라줍니다.

07 가장 위에 있는 레이어를 잠급니다. 그 후, 그라데이션 도구를 사용해 첫 번째 레이어의 양 끝에 색상을 넣어줍니다.

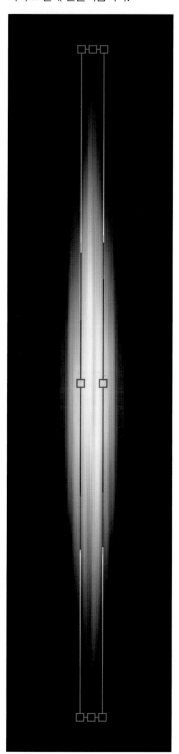

▲ 조금 더 길어진 이미지

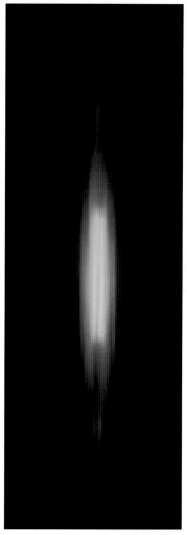

▲ 그라데이션 도구로 색상을 바꿔줍니다.

08 2D 피격 이펙트에서 했던 것처럼 불규칙한 피격 모양을 만들어 주고 이미지를 합쳐줍니다.

▲ 피격 이미지를 정리해줍니다.

09 같은 이미지를 복사하여 자유 변형 도구(Ctrl + T)로 이미지를 살짝 줄여줍니다.

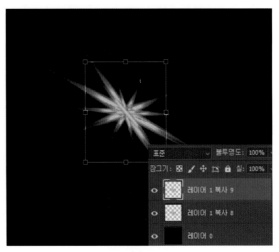

▲ 이미지를 조금 더 줄여서 꾸며줍니다.

10 9번에서 줄인 이미지를 복사합니다. 그 후, 줄인 이미지와 복사한 레이어에 모두 '나누기' 효과를 줍니다. 그리고 자유변형 도구로 살짝 더 비틀어줍니다.

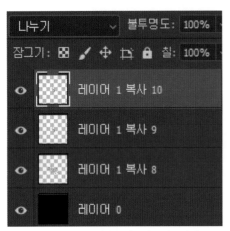

▲ 그리고 그 작은 이미지도 나누기로 바꿉니다.

11 작은 이미지를 또다시 복사한 후, 나누기로 레이어 효과를 바꿔줍니다. 그리고 큰 이미지의 위치와 겹칠 수 있게 비틀어줍니다.

▲ 그림을 하나 더 복사한 후 효과를 줍니다.

12 여기까지 해주면 자연스럽게 가운데가 하얀색으로 가려져 있습니다.

▲ 정돈된 이미지

13 만든 이미지를 복사해 아래쪽 레이어를 7픽셀 정도 흐리게 만들어줍니다.

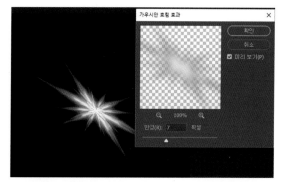

▲ 흐려진 이미지

14 흐림 효과를 준 파티클에 진한 하늘색(006AFF)을 깔아줍니다.

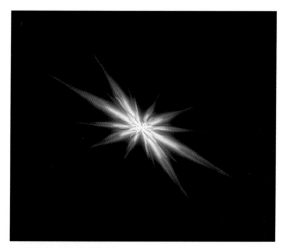

▲ 완성된 피격 파티클

15 이번에는 피격 이미지 주변으로 넓게 퍼지는 빛무리를 만들 것입니다. 이미지는 얇고 섬세하게 만들 것입니다. 512x512픽셀의 캔버스를 만들어줍니다. 검은색으로 캔버스 배경을 칠해주고, 다음으로 Ctrl + '으로 설정해 놨던 가이드라인을 불러와줍니다. 레이어를 만들고 원형 선택 윤곽도구(M)을 눌러 캔버스 중점에 맞춰 캔버스에 원형의 자국을 만들어 줍니다.

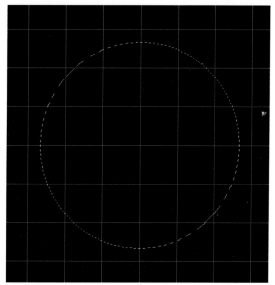

▲ 만들어진 원형의 자국

16 앞에서 2D 피격 이펙트를 만든 때처럼 획을 5픽셀 정도로 잡아 하얀색의 원형 테두리를 만들어줍니다. 그리고 부드러운 지우개 도구로 주변을 지워주며 이미지를 정돈해 줍니다.

▲ 지우개로 정돈된 이미지

17 정돈된 레이어를 복사하여 아래에 있는 레이어에 가우시안 흐림 효과를 줍니다. 가우시안 흐림 효과는 6픽셀 정도로 줍니다. 그리고 그 흐림 효과를 준 레이어를 짙은 하늘색(006AFF)으로 바꿔줍니다.

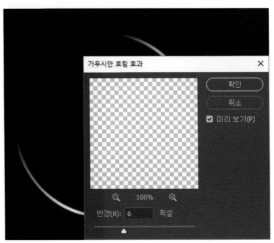

▲ 빛무리에 가우시안 흐림 효과를 줍니다.

18 그라데이션 도구를 사용하여 빛무리의 양 끝에 무지개 빛으로 색을 넣어줍니다

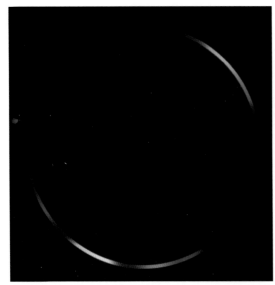

▲ 그라데이션 도구를 사용하여 빛무리에 색을 더 추가해줍니다.

19 그라데이션을 넣은 레이어를 복사하여 가장 윗 레이어의 효과를 핀 라이트 효과로 바꿔줍니다.

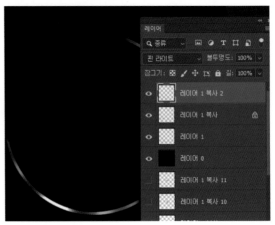

▲ 핀 라이트 효과로 바꿔줍니다.

20 두 번째 레이어에 가우시안 흐림 효과를 4픽셀 넣어줍니다.

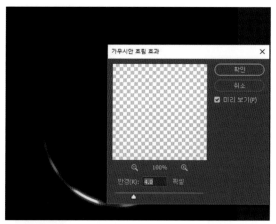

▲ 가우시안 흐림 효과를 넣어줍니다.

21 가장 위 레이어에 최대값을 1픽셀 넣어줍니다. 최대값을 넣어주면 레이어가 원래보다 살짝 가늘어 집니다.

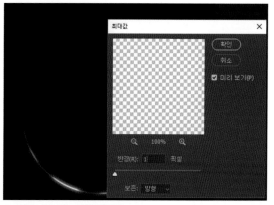

▲ 아까보다 가늘어진 파티클

22 가장 윗 레이어에 가우시안 흐림 효과를 1픽셀 줍니다. 작은 효과지만 효과를 주지 않은 때와는 차이가 납니다.

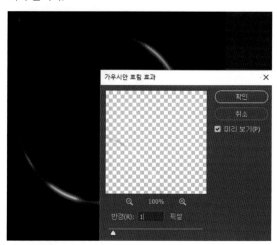

▲ 흐림 효과를 가장 윗 레이어에 줍니다.

23 방금 가우시안 흐림 효과를 준 이미지에 최대값 효과를 1픽셀 더 줍니다. 그렇게 해주면 아까보다 이미지가 더 가늘어지면서 자연스러운 이미지가 되는 것을 볼 수 있습니다.

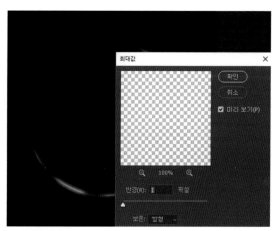

▲ 최대값을 제일 위 레이어에 한 번 더 줍니다.

24 여기까지 해주면 흐릿한 빛무리가 끝나게 됩니다.

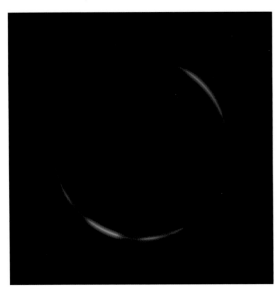

▲ 완성된 빛무리

25 이번엔 원형의 빛을 만들어줄 것입니다. 이 이미지는 타격이 터질 때 빛을 내어 타격감을 살려주는 역할을 할 것입니다. 256×256픽셀의 캔버스를 열어주어 검은색으로 캔버스 배경을 칠해줍니다. 다음으로 Ctrl + ' 으로 설정해놨던 가이드라인을 불러와줍니다. 레이어를 만들고 원형 선택 윤곽도구(M)을 눌러줍니다. 원형을 만들어주고 그 안을 흰색으로 채워줍니다.

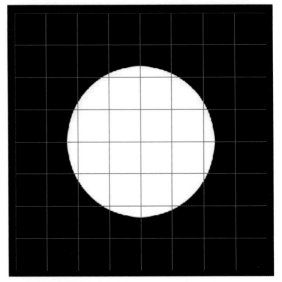

▲ 만들어진 원형의 이미지

26 이미지에 가우시안 흐림 효과를 줍니다. 효과는 37픽셀만큼 주면 됩니다.

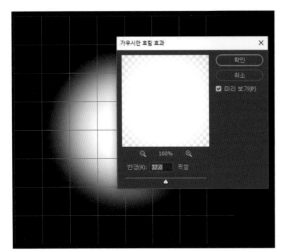

▲ 가우시안 흐림 효과를 줍니다.

27 가우시안 흐림 효과를 준 레이어를 복사하고, 밑의 레이어에 진한 하늘색(006AFF)을 넣어줍니다. 윗부분의 하얀색 빛은 살짝 줄여서 자연스럽게 푸른색이 밖으로 뻗어나가게 해줍니다. 여기까지 완성했다면 검은 배경을 지우고 PNG 파일로 저장합니다.

▲ 복사한 하얀색은 줄여서 자연스럽게 보일 수 있도록 해줍니다.

28 피격을 당했을 때 넓게 멀리 퍼지는 빛 가루 이미지입니다. 첫 번째 피격 이미지와 비슷하지만 일부가 하얀 것이 특징입니다. 256×256픽셀의 캔버스를 열고 첫 번째 이미지를 만든 레이어에서 큰 빛의 레이어를 지워줍니다.

▲ 큰 이미지가 지워진 모습

29 가우시안 흐림 효과를 넣었던 파란색 이미지를 부드러운 지우개로 지워주면 완성입니다.

▲ 완성된 파티클 이미지

30 완성된 이미지는 배경을 빼서 png로 저장해줍니다. 모든 이미지를 만들거나 예제 패키지에서 다운 받아보았다면 새 씬을 열어 유니티 안에 이미지를 넣어줍니다. 모든 이미지의 Texture Type 메뉴를 Sprite(2D and UI)으로 바꿔주고, 머티리얼을 만들어 모든 머티리얼의 Shader 경로를 Mobile - Particles - Additive로 만들어줍니다.

어두운 색의 벽과 파티클 시스템을 넣어줄 게임오브젝트를 하이어라키 창에 넣어줍니다. 우선 메뉴의 GameObject - 3D Object - Quad를 선택해 벽 두 개를 만듭니다.

첫 번째 벽의 Position은 X : 0 / Y : 6 / Z : 17, Rotation 포지션은 모두 0으로 맞춰줍니다. Scale 포지션은 X : 17 / Y : 23 / Z : 11으로 바꿔줍니다. 두 번째 벽의 Position은 X : 0 / Y : -2.6 / Z : 5 이고, Rotation 포지션은 X : 90 / Y : 0 / Z : 0입니다. Scale 포지션은 X : 17 / Y : 24 / Z : 11으로 맞춰줍니다. 파티클의 좌표는 Scale 값을 제외한 모두 0인 상태에서 Rotation 값만 X값이 0으로 설정되도록 만들어줍니다. 다음으로는 만든 게임오브젝트 밑에 파티클 시스템을 만들어 줍니다.

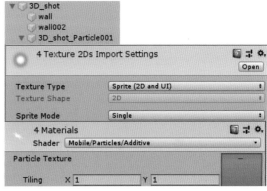

▲ 게임오브젝트와 벽, 파티클을 만들고 이미지와 머티리얼 설정을 바꿔줍니다.

31 모두 설정했다면 첫 번째로 만든 파티클에 3D_
shot001이미지 머티리얼을 넣고 파티클의 트랜스
폼 수치를 정해줍니다. Position과 Rotation 값은 모두 0으
로 설정합니다. Scale 값은 모두 1로 맞춰줍니다. 트랜스폼
을 모두 수정했다면, 메인 파티클 설정도 조정해줍니다. 파
티클이 1초이상 나올 것이 아니기 때문에 Duration을 1로 만
들어줍니다. 다음으로는 Start Lifetime, Start Speed, Start
Size의 값을 각각 0.2, 0, 0.7로 만들어줍니다.

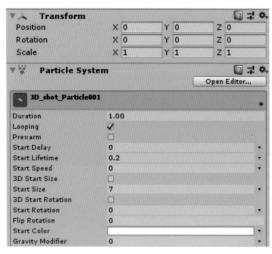

▲ 파티클의 트랜스폼과 메인 파티클 수치를 수정해줍니다.

32 Emission을 설정할 것입니다. Emission의 Rate
over Time을 0으로 바꾸고 Bursts의 +표시를 눌
러 나온 메뉴의 Count 부분을 1로 바꾸어줍니다. 다음으로
는 Shape의 체크를 꺼주면 됩니다. 그러면 같은 장소에 하
나의 파티클이 생기게 됩니다

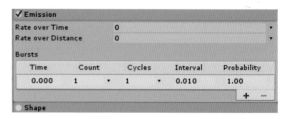

▲ Shape의 체크를 꺼주면 같은 장소에 파티클이 생기게 됩니다.

33 여기까지 해주면 여러 가닥으로 나오던 파티클이
하나의 파티클로 깜빡이며 나오게 됩니다.

▲ 조정중인 파티클의 모습

34 빛이 자연스럽게 사라지게 하기 위해 컬러와 알파
값을 지정해주는 Color over Lifetime 값을 바꾸어
줄 차례입니다. Color over Lifetime 란의 하얀 칸을 누르면
Gradient Editor 란이 보이는데 윗부분 화살표가 없는 빈부
분을 누르면 화살표가 새로 생깁니다. 제일 끝부분의 알파
를 0으로 바꾸어주면 파티클의 끝이 흐리게 바뀌는 것을 확
인할 수 있습니다. 위를 눌러주어 화살표를 만들고 파티클
의 알파값을 100으로 바꿔준다면 앞부분은 선명하고 뒷부
분만 흐려지는 파티클을 만들 수 있습니다.

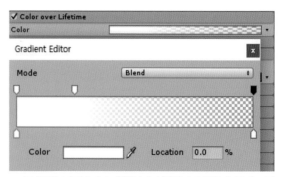

▲ 컬러값을 바꿔줍니다. 왼쪽부터 시작하여 오른쪽이 끝나는 부
분의 수치입니다.

35 컬러값까지 바꿔주었다면 Size over Lifetime값을 수정해줍니다. 우선 해당 메뉴를 체크해주고 Size의 상자를 눌러주면 아래에 곡선을 설정할 수 있는 상자가 보이게 됩니다. 아래를 보면 자동으로 만들어진 선이 들어 있는 네모들이 있는데 그중 두 번째 메뉴를 선택하여 눌러줍니다. 그리고 시작 부분의 선을 Size가 0.5인 지점에 맞추어줍니다. 그 후, 시작부를 살짝 뒤로 당겨 0.15에 놔주면 앞부분에 갑자기 나온 파티클이 잠시 멈춘 듯한 타격감을 주었다가 이미지가 커지게 됩니다.

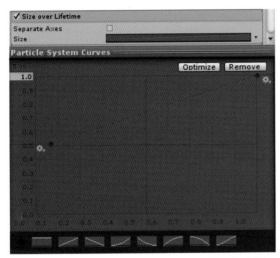

▲ 사이즈값을 조정해줍니다. 언제나 시작부는 왼쪽부터 시작하고 오른쪽으로 끝나게 됩니다.

37 여기까지 해주면 메인 파티클 수치를 설정하는 일은 끝이 납니다.

▲ 사이즈가 커지며 점차 사라지는 첫 번째 이펙트

36 작은 파티클을 조금 더 키우기 위해 Renderer의 Max Particle Size 값을 1.5로 바꾸어줍니다.

✓ Renderer	
Render Mode	Billboard
Normal Direction	1
Material	3D_shot001
Trail Material	3D_shot001
Sort Mode	None
Sorting Fudge	0
Min Particle Size	0
Max Particle Size	1.5
Render Alignment	View

▲ Max Particle Size를 조정해주면 파티클이 원하던 크기로 조금 더 커지게 됩니다.

38 첫 번째 파티클 안에 새로운 파티클을 만들어 넣어줍니다. 그리고 이 파티클에 3D_shot002라고 이름지은 빛무리 이미지 머티리얼을 넣어줍니다. 이미지를 넣으면 파티클이 비누방울처럼 올라갑니다. 비누방울을 한정된 범위에 고정하기 위해 파티클의 트랜스폼과 메인 수치를 바꿔줍니다. 파티클의 트랜스폼 수치는 Position과 Rotation은 모두 0으로 설정하고 Scale 값은 모두 1로 맞춰줍니다.

메인 파티클 설정을 조정해줍니다. Duration은 1, Start Delay는 0.1, Start Lifetime은 0.2, Start Speed는 0, Start Size 값은 5로 만들어줍니다. 그리고 각자 다른 회전축을 가진 파티클 이미지가 만들어지기 위해서 Start Rotation 메뉴는 Random Between Two Constants으로 두 칸으로 만들어준 후 0과 360으로 바꾸어줍니다. 마지막으로 Start Color 값도 Random Between Two Constants으로 두 칸을 만들어 흰색(알파값 146)과 청보라색(8781FF)으로 바꾸어줍니다.

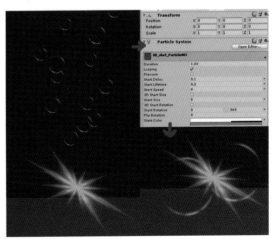

▲ 트랜스폼과 메인 파티클 수치를 바꿔주면 비누방울처럼 올라가던 이미지가 일정한 범위에서 깜빡이며 나오게 됩니다.

39 이제 Emission을 설정할 것입니다. Emission의 Rate over Time을 10에서 0으로 바꾸어주고 Bursts의 + 표시를 눌러 나온 메뉴의 Count 부분을 1로 바꾸어줍니다. 같은 방법으로 +표시를 두 번 눌러 두 번째 Time의 숫자는 0.1로, 세 번째는 0.15로 바꾸어주고, Count 부분은 모두 1로 바꾸어주면 됩니다. 이렇게 해주면 하나의 파티클이 순차적으로 세 번 나오게 됩니다. 모습을 확인한 다음에 Shape의 체크를 꺼주면 됩니다.

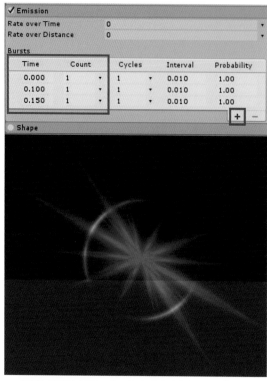

▲ 설정을 해주면 이펙트의 모습이 달라집니다.

40 빛이 자연스럽게 사라지게 하기 위해 컬러와 알파 값을 지정해주는 Color over Lifetime 값을 바꾸어 줄 차례입니다. Color over Lifetime 란의 하얀 칸을 누르면 Gradient Editor 란이 보이는데 윗부분 화살표가 없는 빈부분을 누르면 화살표가 새로 생깁니다. 제일 끝부분의 알파를 0으로 바꾸어주면 파티클의 끝이 흐리게 바뀌는 것을 확인할 수 있습니다. 위를 눌러주어 화살표를 만들고 파티클의 알파값을 100으로 바꿔준다면 앞부분은 선명하고 뒷부분만 흐려지는 파티클을 만들 수 있습니다.

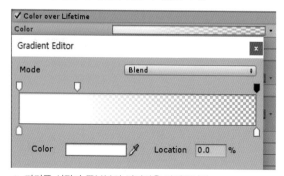

▲ 파티클 시작과 끝부분의 컬러값을 바꿔줍니다.

41 Size over Lifetime 값을 수정해줍니다. 우선 해당 메뉴를 체크해주고 Particle System Curves의 하단에 있는 두 번째 메뉴를 선택하여 눌러줍니다. 그리고 시작 부분의 사이즈를 0.8에 맞추어주면 됩니다.

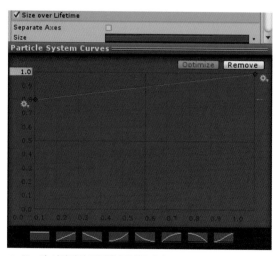

▲ Size의 시작값과 끝값을 정해줍니다.

42 작은 파티클을 조금 더 키우기 위해 Renderer의 Max Particle Size 값을 1.5로 바꾸어줍니다.

▲ Max Particle Size를 바꾸어주면 됩니다.

43 여기까지 해주면 두 번째 파티클도 완성되게 됩니다.

▲ 두 번째 파티클까지 완성된 모습

44 이번엔 밝은 빛이 터지며 타격감을 주는 이펙트를 만들 것입니다. 새 파티클을 열어 3D_shot0030이라는 이름의 이미지가 들어간 머티리얼을 넣어줍니다. 그 후, 파티클의 트랜스폼과 메인 수치를 설정합니다. 파티클의 트랜스폼 수치는 Position과 Rotation은 모두 0으로 설정하고 Scale 값은 모두 1로 맞춰줍니다. 트랜스폼을 모두 수정했다면, 메인 파티클 설정을 조정해줄 것입니다. 파티클이 1초이상 나올 것이 아니기 때문에 Duration을 1로 만들어줍니다. 다음으로는 Start Lifetime의 값을 0.4로 맞춰줍니다. Start Speed는 0으로, Start Size 값은 Random Between Two Constants으로 두 칸을 만들어 6과 8로 만들어줍니다. 마지막으로 Start Color 값 또한 Random Between Two Constants으로 두 칸을 만들어 흰색 색상표를 눌러 흰색(알파값 50)과 청보라색(8781FF/알파값 : 90)으로 바꾸어 주면 됩니다.

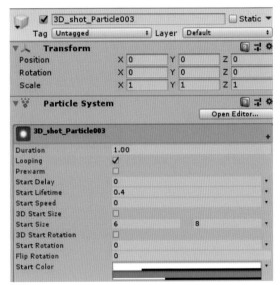

▲ 트랜스폼과 메인 파티클 수치를 수정해줍니다.

45 앞과 같은 방법으로 Emission을 설정합니다. Emission의 Rate over Time을 0으로 바꾸고 Bursts의 +표시를 눌러 나온 메뉴의 Count 부분을 1로 바꾸어줍니다. 같은 방법으로 +표시를 두 번 눌러 두 번째 Time의 숫자는 0.1로, 세 번째는 0.2로 바꾸어주고, Count 부분은 모두 1로 바꾸어주면 됩니다. 이렇게 해주면 하나의 파티클이 순차적으로 세 번 나오게 됩니다. 모습을 확인한 다음 Shape의 체크를 꺼주면 됩니다.

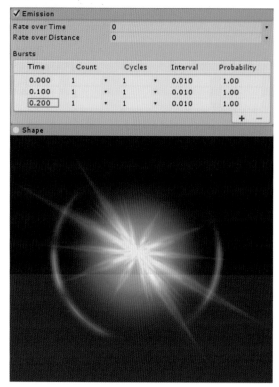

▲ 시간을 두고 같은 이미지가 순차적으로 나오게 됩니다.

46 컬러와 알파값을 지정해주는 Color over Lifetime 값을 바꾸어 줄 차례입니다. 앞부분의 파티클의 알파값을 100으로 바꿔주고, 뒷부분의 알파는 0으로 만들어줍니다.

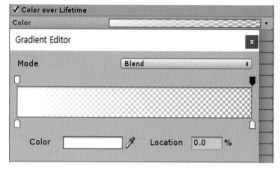

▲ 파티클이 자연스럽게 사라지도록 설정을 해줍니다.

47 Size over Lifetime 값을 수정해줍니다. 우선 해당 메뉴를 체크해주고 Particle System Curves의 하단에 있는 두 번째 메뉴를 선택하여 눌러줍니다. 그리고 시작 부분의 사이즈를 0.8에 맞추어주면 됩니다.

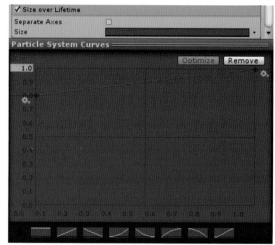

▲ 비교적 간단하게 Size over Lifetime 값을 수정합니다.

48 작은 파티클을 조금 더 키우기 위해 Renderer의 Max Particle Size 값을 2로 바꾸어줍니다.

Renderer	
Render Mode	Billboard
Normal Direction	1
Material	3D_shot003
Trail Material	3D_shot003
Sort Mode	None
Sorting Fudge	0
Min Particle Size	0
Max Particle Size	2
Render Alignment	View

▲ 파티클의 최대값을 바꿔줍니다.

49 여기까지 해주면 순간적으로 밝은 빛이 터지는 이
펙트가 완성됩니다.

▲ 세 번씩 반짝이며 나오는 파티클

50 이번에 만들 것은 빛무리가 조각나 뻗어나가는 파티클입니다. 새 파티클을 만들고 3D_shot004이라는 이름의
이미지 머티리얼을 만들어줍니다. 그 후, 트랜스폼과 메인 파티클 시스템을 바꿔줍니다. 파티클의 트랜스폼 수
치는 Position과 Rotation은 모두 0으로 설정해주고 Scale 값은 모두 1로 맞춰줍니다.

메인 파티클 설정을 조정해줍니다. Duration을 1로 만들어주고 Start Delay 값을 0.1로 만들어줍니다. 이제 Start Lifetime
의 값을 Random Between Two Constants으로 두 칸으로 만들어준 후 0.15와 0.35로 맞춰줍니다. Start Speed 값도 두
칸으로 만들어 0.1과 5로 설정합니다. Start Size 값 또한 Random Between Two Constants으로 두 칸으로 만들어준 후
각 0.3과 0.1로 바꿔줍니다. 마지막으로 각자 다른 회전축을 가진 파티클 이미지를 만들기 위해서 Start Rotation 메뉴도
Random Between Two Constants으로 두 칸으로 만들어준 후 0과 360으로 바꾸어줍니다.

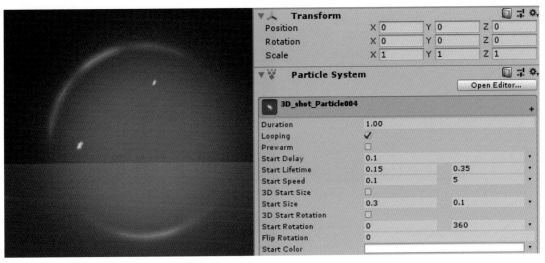

▲ 마지막으로 빛조각 파티클을 만들어 줄 것입니다.

51 Emission을 설정합니다. Emission의 Rate over Time을 0으로 바꾸고 Bursts의 +표시를 눌러 나온 메뉴의 Count 부분을 40으로 바꾸어줍니다. 같은 방법으로 +표시를 두 번 눌러 두 번째 Time의 숫자는 0.1로 바꾸어주고, Count 부분은 30으로 바꾸어주면 됩니다. Shape의 Shape 부분이 Circle인 상태로 바꿔주고, Radius 부분을 1.4로 바꿔주고 다음으로 넘어갑니다.

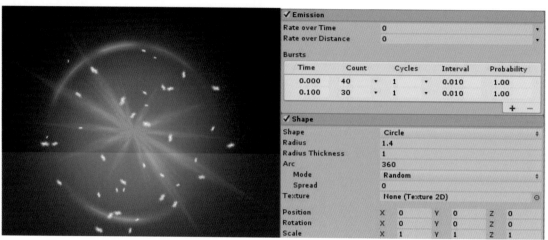

▲ 달라진 파티클의 모습

52 Size over Lifetime 값을 수정해줍니다. 우선 해당 메뉴를 체크해주고 Particle System Curves의 하단에 있는 세 번째 메뉴를 선택하여 눌러줍니다. 그리고 내리막의 시작 부분을 0.35의 타이밍(가로 축)에 맞추어주면 됩니다.

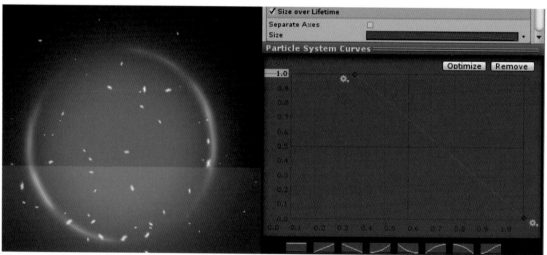

▲ 작아지며 파티클이 사라지게 되면 조금 더 사라짐이 자연스러워 보입니다.

53 여기까지 해주면 파티클이 완성됩니다. 완성된 파티클은 예제 패키지에서도 받아보실 수 있습니다.

▲ 완성된 피격 이펙트

여기까지 같은 주제로 다른 이미지를 그리고 파티클을 조정하여 다른 느낌을 주는 이펙트들을 만들어보았습니다. 이펙트는 이미지와 느낌에 따라 여러 가지 방법으로 응용할 수 있다는 것을 기억하길 바라며 다음 단원으로 넘어가겠습니다.

07

속성 이펙트

▲ 속성을 잘 생각하면 색깔도 보이게 됩니다.

게임 이펙트에서 속성은 아주 중요합니다. 게임에는 꼭 하나씩은 속성마법이 나옵니다. 속성에 대해 공부하다 보면 이펙트를 만들 때 고유의 색상이나 메인이 될 색상을 정할 수도 있습니다. 또한 이펙트의 무게나 이펙트가 흐르는 방향을 정할 수도 있습니다. 고유의 속성은 그 속성마다 띠는 성질이 다르고 어디서 나타난 속성인지에 따라서도 느낌이 달라지기 때문에 그런 부분을 잘 생각하며 만들어 주어야 합니다.

01 불

■ 촛불 만들기

촛불은 심지가 타며 밀랍이 녹습니다. 촛불은 여러 방면으로 퍼지진 않고 바람 등의 영향으로 가끔씩 흔들립니다. 그리고 인위적인 불이므로 회색이나 검은 연기가 납니다. 촛불의 색상은 대부분 불의 기본 색상인 주황색, 노란색을 띱니다. 이러한 성격을 잘 생각하며 촛불 이펙트를 만들어보도록 합니다.

▲ 흔들리지 않는 촛불보다는 흔들리는 촛불이 조금 더 매력적으로 보입니다.

01 작은 원형의 흰 빛으로만 촛불을 만들 것입니다. 포토샵에서 256×256픽셀의 캔버스를 켜준 후 검은색으로 캔버스 배경을 칠해줍니다. 다음으로 Ctrl + ' 으로 설정해놨던 가이드라인을 불러온 후 레이어를 만듭니다. 그리고 레이어의 중심에 맞춰 원형을 그려줍니다.

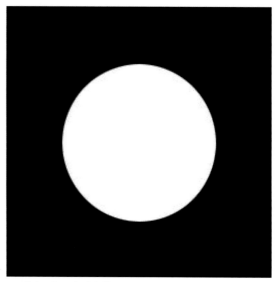

▲ 캔버스에 그린 하얀 원

02 레이어에 가우시안 흐림 효과를 줍니다. 가우시안 흐림 효과는 15픽셀 정도만 주면 됩니다.

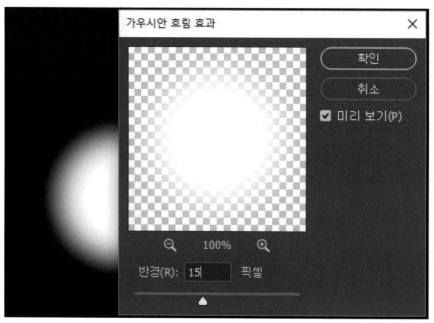

▲ 가우시안 흐림 효과를 준 모습

03 완성된 이미지는 배경을 빼서 png로 저장해줍니다.

▲ 완성된 이미지의 모습

04 여기까지 모든 이미지를 만들었거나 예제 패키지에서 다운로드하였다면 유니티 안에 이미지를 넣어줍니다. 그 후, 유니티 안 이미지의 Texture Type 메뉴를 Sprite(2D and UI)으로 바꾸고 머티리얼을 만듭니다. 모든 머티리얼의 Shader 경로를 Mobile – Particles – Additive와 Alpha Blended, 두 가지로 만들어줍니다.

이미지가 선명하게 보이도록 어두운 벽을 두 개 만들고 게임오브젝트에 넣어줍니다. 벽은 메뉴의 GameObject – 3D Object – Quad 에서 찾아 만들 수 있습니다.

첫 번째 벽의 Position은 X : 0 / Y : 6 / Z : 17, Rotation 포지션은 모두 0으로 맞춰줍니다. Scale 포지션은 X : 17 / Y : 23 / Z : 11으로 바꿔줍니다. 두 번째 벽의 Position은 X : 0 / Y : −2.6 / Z : 5이고, Rotation 포지션은 X : 90 / Y : 0 / Z : 0입니다. Scale 포지션은 X : 17 / Y : 24 / Z : 11으로 맞춰줍니다. 그 후, 파티클 시스템을 만들어 게임오브젝트 밑에 넣어줍니다.

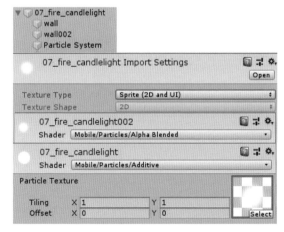

▲ 기본적인 세팅을 마쳐줍니다.

05 촛대 이미지가 든 candle이라는 이름의 유니티 패키지 파일을 예제 파일에서 다운로드합니다. 예제 패키지 유니티 패키지의 Eff_candle은 3D 파일과 이펙트가 들어있는 패키지이고 candle은 3D 파일만 들어있는 패키지이니 유의해서 받아주시면 됩니다. 3D 파일을 받아 유니티에 적용했다면 그냥 끌어와서 GameObject 파일에 넣어주면 파티클과 함께 초가 씬 뷰에 보이게 됩니다.

3D 초의 Position은 X : 0 / Y : −2.4 / Z : 5이고, Rotation 포지션은 X : 0 / Y : 0 / Z : 0입니다. Scale 포지션은 X : 0.5 / Y : 0.5 / Z : 0.5로 맞춰줍니다.

▶ 3D 파일을 유니티 상으로 옮겨온 모습

06 파티클의 트랜스폼과 메인 파티클 설정을 조정해줍니다. 파티클의 트랜스폼 설정은 Position가 X : 0.02 / Y : −0.2 / Z : 0이고, Rotation 포지션은 X : −90 / Y : 0 / Z : 0입니다. Scale 포지션은 X : 1 / Y : 1 / Z : 1입니다. 이렇게 파티클을 옮겨주면 파티클의 시작부가 심지에 닿습니다.

Duration은 3으로 바꿔주고, Start Lifetime의 값을 Random Between Two Constants으로 두 칸으로 나누고 각자 0.4와 0.6으로 맞춰줍니다. Start Speed도 Random Between Two Constants으로 바꾼 후 각 수치를 1와 1.3으로 만들어줍니다. Start Size 값은 0.8과 0.9로 만들어준 후 Start Color의 색을 주황색(FFA534/알파값: 70)으로 바꿔줍니다.

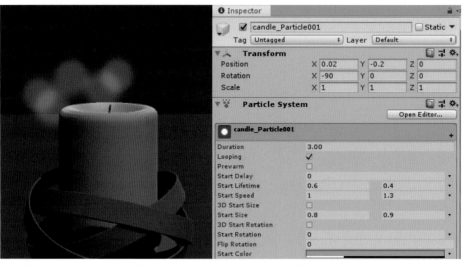

▲ 파티클의 트랜스폼과 메인 파티클 수치를 바꿔주면 파티클이 나오는 범위가 달라지게 됩니다.

07 Emission의 Rate over Time 값을 20으로 바꾸고 Shape의 체크를 풀어줍니다. 그렇게 하면 더 밝은 빛의 파티클이 일직선으로 위로 올라오게 됩니다.

▲ 일직선으로 나오게 되는 파티클

▶ 컬러를 바꿔주면 위아래로 나오는 파티클이 불같이 조금 더 자연스러워집니다.

08 빛이 자연스럽게 사라지게 하기 위해 컬러와 알파 값을 지정해주는 Color over Lifetime 값을 바꾸어 줄 차례입니다. 제일 끝과 앞부분의 알파를 0으로 바꾸어주면 파티클의 끝이 흐리게 바뀌는 것을 확인할 수 있습니다. 위를 눌러주어 화살표를 만들고 파티클의 알파값을 100으로 바꿔준다면 앞부분은 선명하고 뒷부분만 흐려지는 파티클을 만들 수 있습니다.

09 Size over Lifetime 값을 수정해줍니다. Particle System Curves 란에서 처음과 끝을 포함한 만들 것입니다. 점을 만들 위치에 오른쪽 마우스 클릭을 하여 Add Key 메뉴를 클릭해주면 점이 하나 더 나옵니다.

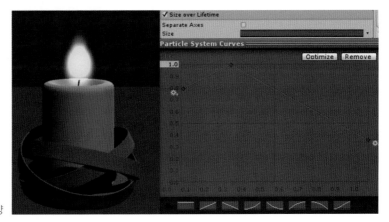

▶ 최종적으로 만들어야할 그래프의 모양

10 앞에서 만든 점에 오른쪽 마우스 클릭을 하면 여러 메뉴가 나옵니다. Left Tangent 라는 메뉴의 Linear을 눌러주면 점의 앞부분이 직선이 되고 Right Tangent 메뉴의 Linear를 눌러주면 점의 뒷부분도 직선으로 바뀌게 됩니다. 같은 방법으로 세 점을 모두 직선으로 바꾸어줍니다. 그 후, 첫 번째 점은 Size를 0.8로, 두 번째 점은 0.35의 타이밍(가로 축)일 때 Size가 1이 되도록 맞춥니다. 마지막 점은 Size가 0.35일 때로 고정해주면 됩니다.

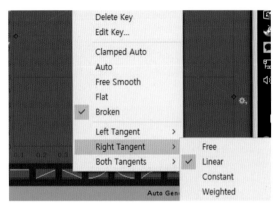

▲ 곡선을 직선으로 바꿔줍니다.

11 나중에 만들 회색 연기보다 불이 더 앞에 보이도록 Renderer 메뉴에서 Order in Layer 부분을 0이 아닌 1로 체크해줍니다.

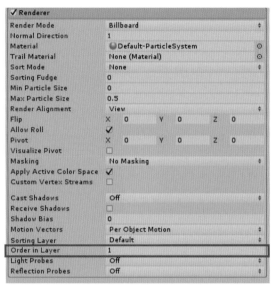

▲ 레이어를 하나 올려줍니다.

12 여기까지 하면 첫 번째 파티클이 완성됩니다. 두 번째 파티클을 새로 만들어주시고 첫 번째 파티클과 같은 07_fire_candlelight 이미지를 넣은 머티리얼을 넣어주시면 됩니다. 이 파티클은 촛불의 가장 큰 메인 파티클이 될 것입니다.

▲ 완성된 첫 번째 파티클

13 두 번째 파티클에 이미지를 넣었다면 트랜스폼과 메인 파티클 시스템을 수정해줍니다. 파티클의 트랜스폼 설정은 다음과 같습니다. Position과 Rotation은 모두 0이고 Scale 값은 모두 1입니다. 첫 번째 파티클 안에 두 번째 파티클을 파티클을 옮긴 상태로 바꾸면 파티클은 위로 뻗어나오는 형태를 띄게 되어 시작점이 서로 맞닿게 됩니다.

Duration은 3으로 바꿔주고, Start Lifetime의 값을 Random Between Two Constants으로 두 칸으로 나눠 각자 0.7와 0.1로 맞춰줍니다. Start Speed도 Random Between Two Constants으로 바꾼 후 각 수치를 0.7와 0.8로 만듭니다. Start Size 값은 0.3과 0.4로 만들어준 후 Start Color의 색을 노란색(FFFF70/알파값: 50)으로 바꿔줍니다.

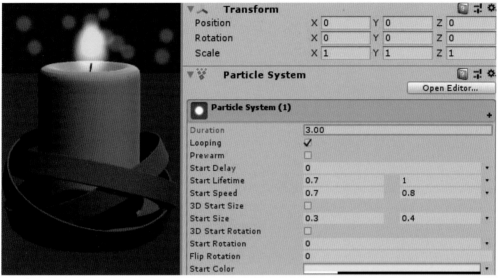

▲ 메인 파티클 시스템을 바꿔주면 멀리 뻗어나가던 파티클이 가깝게 뻗어나가게 됩니다.

14 Emission의 Rate over Time을 20으로 바꾸고 Shape의 체크를 풀어줍니다. 그렇게 하면 더 밝은 빛의 파티클이 일직선으로 위로 올라오게 됩니다.

▶ 더 밝아진 불의 모습

15 불은 불규칙적인 움직임을 가집니다. 이러한 움직임을 표현하기 위해 Velocity over Lifetime 의 수치를 수정해 줍니다. Linear 부분에서 ▼을 오른쪽 마우스로 클릭해서 Random Between Two Constants로 칸을 두 개로 늘려줍니다. 그 후, X축과 Y축의 위쪽은 0.2, 아래쪽은 −0.2로 맞춰줍니다. 이렇게 맞춰주면 파티클 이미지가 양옆으로 흔들거리듯 퍼지며 사라집니다.

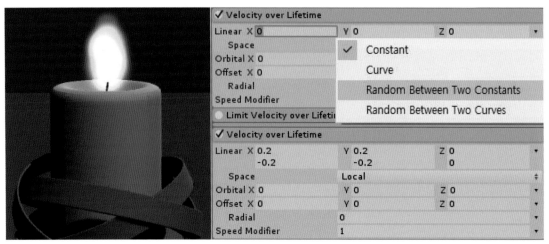

▲ 메인 아래에 존재하는 작은 불꽃이기 때문에 수치를 크게 올리지 않습니다.

16 이제 Color over Lifetime 값을 바꾸어 줄 차례입니다. 앞과 제일 끝부분의 알파를 0으로 바꾸어주면 파티클의 끝이 흐리게 바뀌는 것을 확인할 수 있습니다. 위를 눌러주어 화살표를 만들고 파티클의 알파값을 100으로 바꿔준다면 앞부분은 선명하고 뒷부분만 흐려지는 파티클을 만들 수 있습니다.

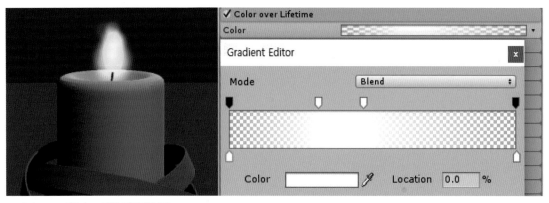

▲ Color over Lifetime 값을 바꿔 줍니다.

17 첫 번째 파티클을 수정했을 때와 마찬가지로 Size over Lifetime 값을 수정해줍니다. Particle System Curves 란에서 처음과 끝을 포함한 세 개의 점을 만듭니다. 선 위에 오른쪽 마우스 클릭을 하여 Add Key 메뉴를 클릭해주면 점이 하나 더 나옵니다.

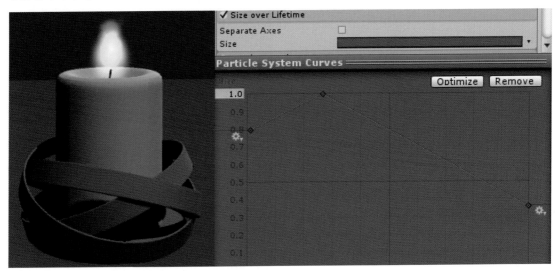

▲ 시작과 끝의 사이즈값을 변경해줍니다.

18 Renderer 메뉴에서 Order in Layer 부분을 2로 체크해줍니다.

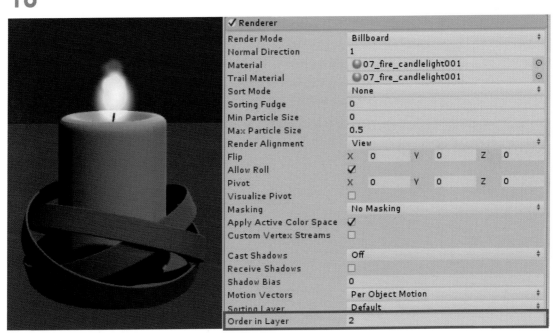

▲ 마지막으로 레이어값을 정해줍니다.

19 이제 세 번째 파티클을 만들 차례입니다. 세 번째 파티클은 촛불의 가장 아랫부분이 파란색을 띠도록 만들어줄 것입니다. 불꽃의 색은 청색 – 황색 – 적색에 따라 온도의 차이가 나게 되는데 가스에 의한 불꽃이 아닌 파란 불꽃은 일반적으로 붉은 불꽃보다 온도가 높습니다. 심지 부분에 파란 불을 언뜻언뜻 보이게 하면 조금 더 자연스럽게 촛불이 연출될 것입니다.

▶ 두 번째까지 만들어진 초의 모습

20 세 번째 파티클은 Alpha Blended 쉐이더로 만들어진 머티리얼을 넣어줍니다. 그 후, 트랜스폼과 메인 파티클 시스템을 수정해줍니다. 파티클의 트랜스폼 설정은 Position과 Rotation은 모두 0, Scale은 모두 1입니다. 첫 번째 파티클 안에 세 번째 파티클을 파티클을 옮긴 상태로 바꾸면 살짝 아랫부분에 파티클이 머물게 됩니다.

Duration은 3으로 바꿔주고, Start Lifetime의 값을 Random Between Two Constants으로 두 칸으로 나눠 각각 0.7와 0.5로 맞춰줍니다. Start Speed도 Random Between Two Constants으로 바꾼 후 각 수치를 0과 0.5로 만듭니다. Start Size 값은 0.7과 0.8로 만들어준 후 Start Color의 색을 파란색(0200FF / 알파값 : 20)으로 바꿔줍니다.

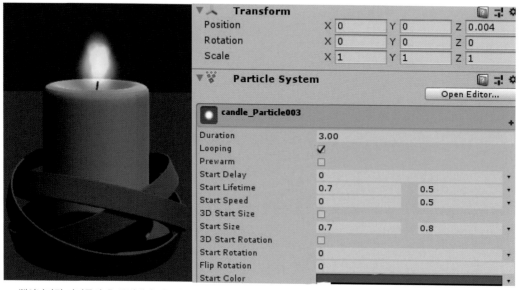

▲ 뻗어나가던 파티클이 초 주변에만 머물러있는 모습

21 Emission의 Rate over Time을 20으로 바꾸고 Shape의 체크를 풀어줍니다. 그렇게 하면 더 밝은 빛의 파티클이 일직선으로 위로 올라오게 됩니다.

22 이제 Color over Lifetime 값을 바꾸어 줄 차례입니다. 앞과 제일 끝부분의 알파를 0으로 바꾸어주면 파티클의 끝이 흐리게 바뀌는 것을 확인할 수 있습니다. 위를 눌러주어 화살표를 만들고 파티클의 알파값을 100으로 바꿔준다면 앞부분은 선명하고 뒷부분만 흐려지는 파티클을 만들 수 있습니다.

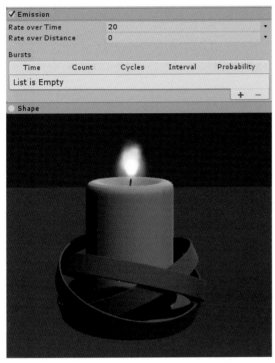

▲ 규칙적인 움직임을 가지게 된 파티클

▲ Color over Lifetime 값을 바꾸어준 모습

23 첫 번째 파티클을 수정했을 때와 마찬가지로 Size over Lifetime 값을 수정해줍니다. Particle System Curves 란에서 선 위에 오른쪽 마우스 클릭을 하고 Add Key 메뉴를 클릭해 점을 만듭니다. 처음과 끝을 포함해 점이 세 개가 되도록 합니다.

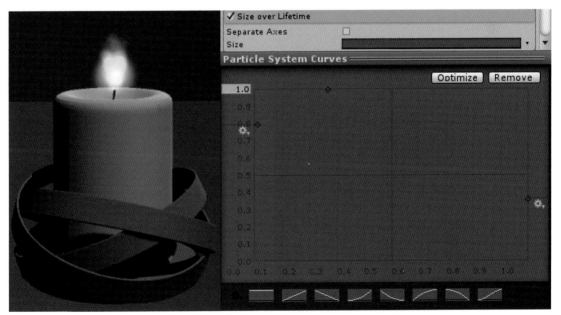

▲ 처음과 끝의 사이즈를 정해줍니다.

24 Renderer 메뉴에서 Order in Layer 부분을 0이 아닌 1로 체크해줍니다.

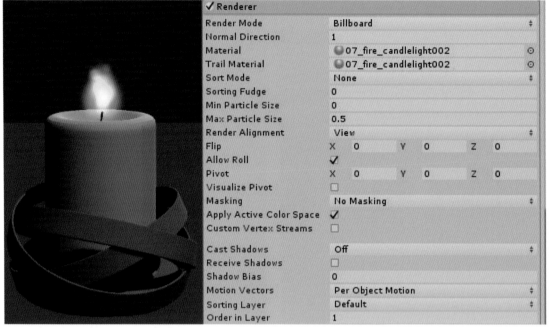

✓ Renderer						
Render Mode	Billboard					⬍
Normal Direction	1					
Material	⬤ 07_fire_candlelight002					⊙
Trail Material	⬤ 07_fire_candlelight002					⊙
Sort Mode	None					⬍
Sorting Fudge	0					
Min Particle Size	0					
Max Particle Size	0.5					
Render Alignment	View					⬍
Flip	X	0	Y	0	Z	0
Allow Roll	✓					
Pivot	X	0	Y	0	Z	0
Visualize Pivot	☐					
Masking	No Masking					⬍
Apply Active Color Space	✓					
Custom Vertex Streams	☐					
Cast Shadows	Off					⬍
Receive Shadows	☐					
Shadow Bias	0					
Motion Vectors	Per Object Motion					⬍
Sorting Layer	Default					⬍
Order in Layer	1					

▲ 레이어가 아래에 갈 수 있도록 해줍니다.

25 마지막으로 만들 파티클은 촛불에서 나오는 회색 연기입니다. 이 파티클에도 Alpha Blended 쉐이더로 만들어진 머티리얼을 넣어줍니다.

▶ 완성된 세 번째 파티클 위에 만들어진 새 파티클

26 두 번째 파티클에 이미지를 넣었다면 트랜스폼과 메인 파티클 시스템을 수정해줍니다. 파티클의 트랜스폼 설정은 Position가 X : 0 / Y : 0 / Z : 0.412이고, Rotation 포지션은 모두 0이고 Scale은 모두 1입니다.

Duration은 3으로 바꿔주고, Start Lifetime의 값을 Random Between Two Constants으로 두 칸으로 나눠 각각 각자 0.5와 0.1로 맞춰줍니다. Start Speed도 Random Between Two Constants으로 바꾼 후 각 수치를 0.3와 0.5로 만듭니다. Start Size값은 0.3과 0.4로 만들어준 후 Start Color의 색을 회색(4B4B4B / 알파값 : 30)으로 바꿔줍니다.

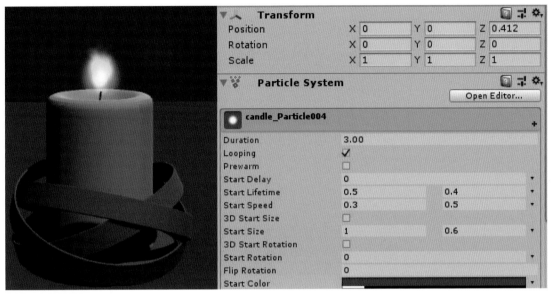

▲ 트랜스폼과 메인 파티클 시스템을 바꿔줍니다.

27 Emission의 Rate over Time을 20으로 바꾸고 Shape의 체크를 풀어줍니다. 그렇게 하면 더 밝은 빛의 파티클이 일직선으로 위로 올라오게 됩니다.

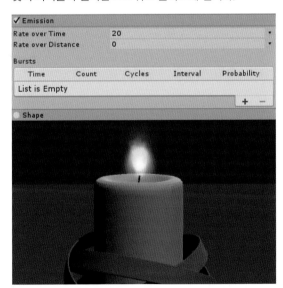

▲ 일직선으로 올라오는 회색 파티클

28 Color over Lifetime 값을 바꾸어줍니다. 앞과 제일 끝부분의 알파를 0으로 바꾸어주면 파티클의 끝이 흐리게 바뀌는 것을 확인할 수 있습니다. 위를 눌러주어 화살표를 만들고 파티클의 알파값을 100으로 바꿔준다면 앞부분은 선명하고 뒷부분만 흐려지는 파티클을 만들 수 있습니다.

▲ 시작과 끝의 컬러값도 바꿔줍니다.

29 첫 번째 파티클을 수정했을 때와 마찬가지로 Size over Lifetime 값을 수정해줍니다. Particle System Curves 란에서 선 위에 오른쪽 마우스 클릭을 하고 Add Key 메뉴를 클릭해 점을 만듭니다. 처음과 끝을 포함해 점이 세 개가 되도록 합니다.

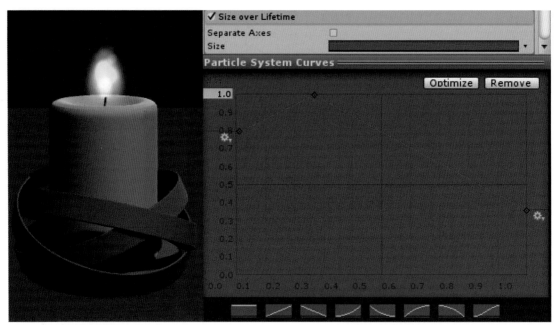

▲ 파티클의 시간별로 사이즈를 바꿔줍니다.

30 Renderer 메뉴에서 Order in Layer 부분을 0이 아닌 4로 체크해줍니다. 가장 위로 연기가 올라오면서 존재감이 조금 더 뚜렷해집니다.

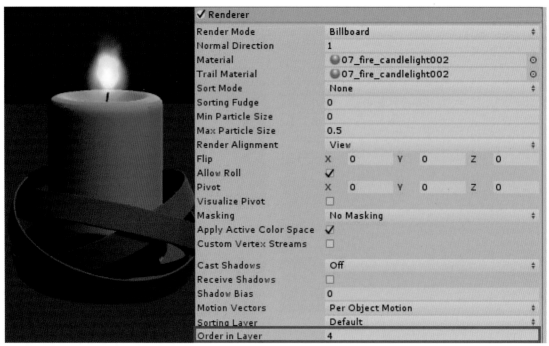

▲ 레이어를 바꿔줍니다.

31 촛불 주변에 라이트를 넣어줍니다. 3강의 기초이펙트 실습에서 모닥불의 마지막을 꾸며주었던 빛과 같은 빛입니다.

▲ 완성된 촛불 이펙트

32 파티클 시스템 밑에 오른쪽 마우스를 클릭해 Light → Point Light라는 시스템을 켜줍니다.

▲ Point Light를 만든 모습

33 Point Light를 만들게 되면 촛불 가운데가 빛나게 됩니다. 파티클도 이와 같은 빛을 띨 수 있도록 빛을 연결시켜 줄 필요가 있습니다. 파티클 시스템을 보면 Lights시스템이 있습니다. 해당 메뉴에 체크하여 활성화하면 Light라는 항목의 ⊙ 기호가 있습니다. 이 기호를 눌러 Select Light란을 나오게 합니다. 그 후, 이곳에서 만들었던 Point Light을 찾아서 연결해줍니다.

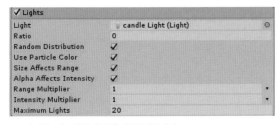

▲ 파티클 시스템들에 빛을 연결해줍니다.

34 다시 Point Light으로 돌아가서 수치와 색상, 밝기 등을 조절해줍니다. Light 항목에서 Range 수치를 3으로 올립니다(이 수치가 높을수록 빛이 더 밝아집니다). 그 후, Color를 주황색(FF8A00)으로 바꿉니다(모닥불 주변의 빛은 산소를 만나 조금 더 밝은 색을 냅니다. 이 점을 생각해보면 밝은 느낌의 붉은색을 써야겠지만 촛불의 메인색을 주황색이므로 같은 계열의 색을 쓴 겁니다). Intensity 값은 2로 바꿉니다. 이 값은 중심축의 밝기값을 정합니다. 그리고 Indirect Multiplier 값을 0으로 바꾸어줍니다. 이 값은 반사값으로, 지금은 반사될 것이 없으므로 0으로 설정한 겁니다.

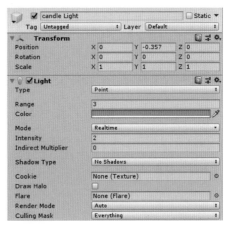

▲ 빛을 정리해줍니다.

35 이로써 촛불 만들기가 끝났습니다. 간단하지만 촛불을 만드는 것은 불의 기본이라고 할 수 있습니다. 불의 성질을 생각하며 한 번 더 만들어보면 좋을 것입니다.

▲ 완성된 촛불

■ 가스레인지 불 만들기

가스레인지 불은 연기는 눈에 보이지 않지만 열때문에 살짝 일렁여보이게 됩니다. 가스레인지 불도 인위적인 불이기 때문에 불의 색깔은 붉은색이 아닌 푸른색을 띠게 됩니다. 또한 가스가 나오는 구멍을 통해 불이 나오기 때문에 아래에서 곡선으로 휘는 듯한 불꽃이 만들어지게 됩니다.

▲ 가스레인지 불의 성질을 잘 생각하며 이펙트를 만들어봅니다.

01 흐린 원형의 이미지만으로 작고 비교적 매끈한 불을
만들 것입니다. 우선 포토샵을 열어 256×256픽셀
의 캔버스를 켜준 후 검은색으로 캔버스 배경을 칠해줍니
다. 다음으로 Ctrl + '으로 설정해놨던 가이드라인을 불러옵니
다. 레이어를 만들고 캔버스 중심에 맞춰 원형을 그려줍니다.

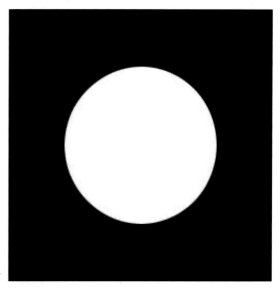

▶ 우선 원형을 캔버스 중심으로 그려줍니다.

02 레이어에 가우시안 흐림 효과를 줍
니다. 가우시안 흐림 효과는 20픽
셀 정도 주면 됩니다.

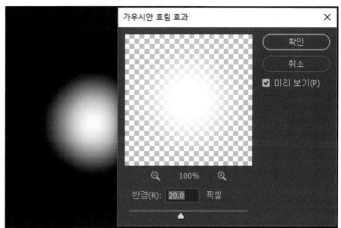

▲ 레이어에 가우시안 흐림 효과를 줍니다.

03 완성된 이미지는 배경을 빼서 png로 저장해줍니
다. 모든 이미지를 직접 만들었거나 예제 패키지
에서 다운 받아보았다면 새 씬을 열어 유니티 안에 이미지
를 넣어줍니다.

▶ 완성된 이미지

04 유니티에서 이미지의 Texture Type 메뉴를 Sprite(2D and UI)으로 바꾸고 머티리얼을 만듭니다. 모든 머티리얼의 Shader 경로를 Mobile – Particles – Additive와 Alpha Blended, 두 가지로 만들어줍니다.

이미지가 선명해보이도록 어두운 벽을 두 개 세웁니다. 벽은 메뉴의 GameObject – 3D Object – Quad에서 찾아 만들수 있습니다.

첫 번째 벽의 Position은 X : 0 / Y : 6 / Z : 17, Rotation 포지션은 모두 0으로 맞춰줍니다. Scale 포지션은 X : 17 / Y : 23 / Z : 11으로 바꿔줍니다. 두 번째 벽의 Position은 X : 0 / Y : –2.6 / Z : 5이고, Rotation 포지션은 X : 90 / Y : 0 / Z : 0입니다. Scale 포지션은 X : 17 / Y : 24 / Z : 11으로 맞춰줍니다. 다음으로는 만든 게임오브젝트 밑에 파티클 시스템을 만들어 줍니다.

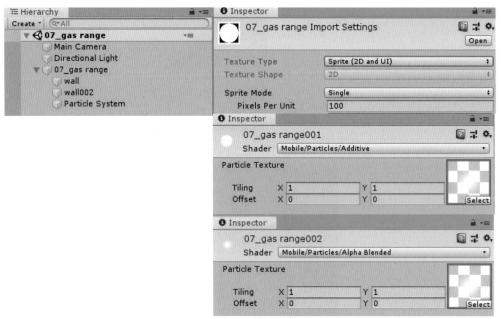

▲ 기본 세팅을 합니다.

05 3D 가스레인지가 든 gas range 이라는 이름의 유니티 패키지 파일을 예제 파일에서 다운로드합니다. 예제 패키지 유니티 패키지의 Eff_gas range은 3D 파일과 이펙트가 들어있는 패키지이고 gas range라는 파일은 3D 파일만 들어있는 패키지입니다. 두 파일을 혼동하지 않도록 주의해서 받아주시면 됩니다. 3D 파일을 받아 유니티에 적용했다면 그냥 끌어와서 GameObject 파일에 넣어줍니다. 그러면 파티클과 함께 가스레인지가 유니티 상에 보이게 됩니다.

3D 가스레인지의 Position은 X : 0 / Y : –3.6 / Z : 0이고, Rotation 포지션은 X : 0 / Y : 0 / Z : 0입니다. Scale 포지션은 X : 0.3 / Y : 0.3 / Z : 0.3으로 맞춰줍니다.

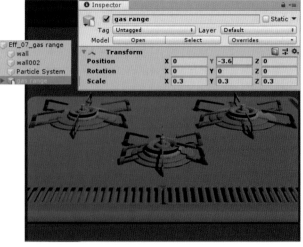

▲ 유니티에 올려진 가스레인지 3D 모습

06 처음으로 만들 파티클은 전체적인 파란색을 잡아줄 큰 가스불입니다. 전체에 원형을 잡아서 만드는 법도 있지만 기왕 만드는거 불꽃 하나에 디테일을 살리기 위해 불꽃 하나만 만들게 될 것입니다. 파티클을 만든 후 파티클의 이미지는 Alpha Blended로 넣어줍니다. 트랜스폼 설정은 Position은 X : 0.14 / Y : −2.3 / Z : −1.50이고, Rotation 포지션은 X : 0 / Y : 137 / Z : −61입니다. Scale 포지션은 모두 1입니다.

Duration은 바꿔주지 않고, Start Lifetime의 값을 Random Between Two Constants으로 두 칸으로 나눠 각각 0.4와 0.5으로 맞춰줍니다. Start Speed도 Random Between Two Constants으로 바꾼 후 각 수치를 0.3와 0.4로 만듭니다. Start Size 값은 0.3과 0.4로 만들어준 후 Start Color의 색을 파란색(004AFF/알파값: 78)으로 바꿔줍니다. 마지막으로 가스레인지는 휘면서 올라가기 때문에 Gravity Modifier 값을 줍니다. 여기서 주의할 점은 아래로 내리는 것이 아니라 마이너스 값을 주어 위로 오르게 하는 것입니다. 칸을 둘로 나눠 각각 −0.1과 −0.2로 만들어줍니다.

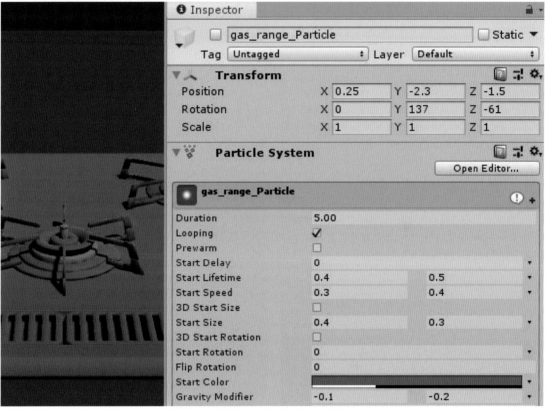

▲ 트랜스폼과 메인 파티클 메뉴를 바꿔줍니다.

07 Emission의 Rate over Time을 20으로 바꾸고 Shape의 체크를 풀어줍니다. 그렇게 하면 더 밝은 빛의 파티클이 일직선으로 위로 올라오게 됩니다.

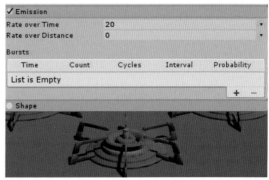

▲ 넓게 퍼지던 파티클이 한 쪽으로 나오게 됩니다.

08 Color over Lifetime 값을 바꾸어 줄 차례입니다. 앞과 제일 끝부분의 알파를 0으로 바꾸어주면 파티클의 끝이 흐리게 바뀌는 것을 확인할 수 있습니다. 위를 눌러주어 화살표 두 개를 만들고 파티클의 알파값을 100으로 바꿔준다면 앞부분은 선명하고 뒷부분만 흐려지는 파티클을 만들 수 있습니다.

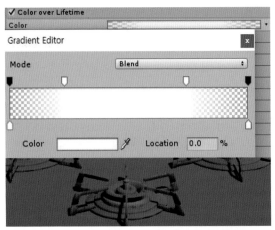

▲ 알파값을 넣어주면 앞과 끝이 자연스럽게 나오게 됩니다.

09 Size over Lifetime 값을 수정해줍니다. Particle System Curves 란에서 선 위에 오른쪽 마우스 클릭을 하고 Add Key 메뉴를 클릭해 점을 만듭니다. 처음과 끝을 포함해 점이 세 개가 되도록 합니다. 그 후, 오른쪽 마우스 클릭을 하여 Left Tangent 혹은 Right Tangent 메뉴의 Linear를 눌러줍니다. 세 점을 모두 직선으로 바꾸어준 후 첫 번째 점은 Size를 0.45로, 두 번째 점은 0.35의 타이밍(가로 축)일 때 Size가 1이 되도록 맞춰주고 마지막 점은 Size가 0.3일 때로 고정해주면 됩니다.

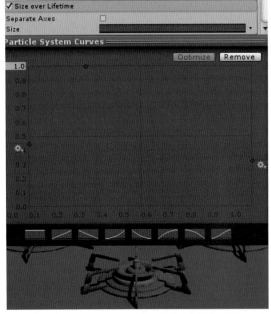

▲ 처음과 끝의 사이즈를 바꿔주면 가운데가 통통한 파티클이 만들어집니다.

10 Renderer 메뉴에서 Order in Layer부분을 0이 아닌 1로 체크해줍니다.

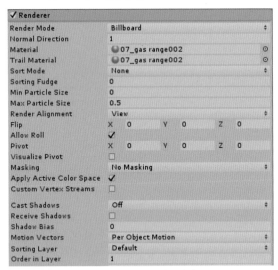

▲ 마지막으로 파티클의 레이어를 정해줍니다.

11 새로운 파티클을 만듭니다. 이번 파티클로는 가스에서 올라오는 가장 작고 밝은 불을 만들어 줄 것입니다. 이 불은 밝고 휘어있다는 느낌이 나야하므로 Additive 머티리얼로 만들어줍니다. 트랜스폼 설정은 Position은 X : 0 / Y : 0.05 / Z : 0.05로 설정합니다. Rotation은 모두 0으로 맞추고 Scale은 모두 1로 합니다.

Duration은 바꿔주지 않고, Start Lifetime의 값을 Random Between Two Constants으로 두 칸으로 나눠 각각 0.3와 0.4으로 맞춰줍니다. Start Speed도 Random Between Two Constants으로 바꾼 후 각 수치를 0.2와 0.3으로 만듭니다. Start Size 값은 0.04과 0.05로 만들어준 후 Start Color의 색을 하늘색(0090FF / 알파값 : 119)으로 바꿔줍니다. 마지막으로 Gravity Modifier 값을 줍니다. 이번에도 마이너스 값을 주어 위로 오르게 해줄 것입니다. 칸을 둘로 나눠 각 −0.1과 −0.2로 만들어줍니다.

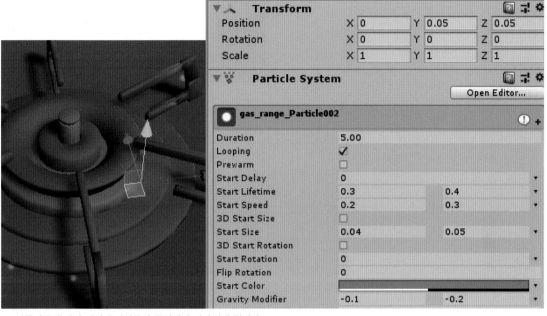

▲ 만들어주면 멀리 퍼지던 파티클이 근처에서 사라지게 됩니다.

12 Emission의 Rate over Time을 20으로 바꾸고 Shape의 체크를 풀어줍니다. 그렇게 하면 더 밝은 빛의 파티클이 일직선으로 위로 올라오게 됩니다.

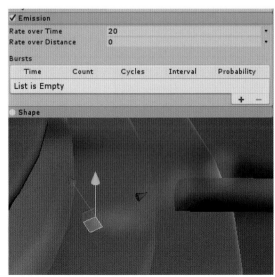

▲ 일직선으로 올라오는 파티클

13 Color over Lifetime 값을 바꾸어 줄 차례입니다. 앞과 제일 끝부분의 알파를 0으로 바꾸어주면 파티클의 끝이 흐리게 바뀌는 것을 확인할 수 있습니다. 위를 눌러주어 화살표 두 개를 만들고 파티클의 알파값을 100으로 바꿔준다면 앞부분은 선명하고 뒷부분만 흐려지는 파티클을 만들 수 있습니다.

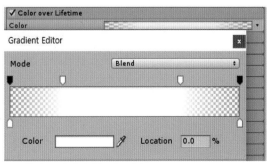

▲ 처음과 끝의 알파값을 빼줍니다.

14 Size over Lifetime 값을 수정해줍니다. Particle System Curves란에서 선 위에 오른쪽 마우스 클릭을 하고 Add Key 메뉴를 클릭해 점을 만듭니다. 처음과 끝을 포함해 점이 세 개가 되도록 합니다. 그 후, 오른쪽 마우스 클릭을 하여 Left Tangent 혹은 Right Tangent 메뉴의 Linear를 눌러줍니다. 세 점을 모두 직선으로 바꾸어준 후 첫 번째 점은 Size를 0.45로, 두 번째 점은 0.35의 타이밍(가로 축)일 때 Size가 1이 되도록 맞춰주고 마지막 점은 Size가 0.3일 때로 고정해주면 됩니다.

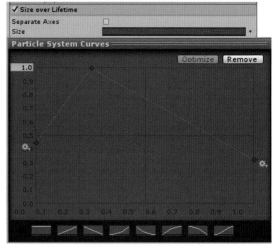

▲ 시작과 끝의 사이즈를 변경해줍니다.

15 Trails 값을 체크해줍니다. 체크를 해주면 일직선으로만 뻗어나오면 파티클이 휘어지며 나오게 됩니다.

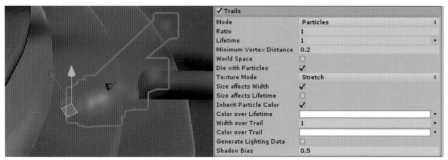

▲ Trails 메뉴를 체크하여 활성해줍니다.

16 Renderer 메뉴에서 Render Mode 부분을 Stretched Billboard 모드로 바꾸어줍니다. 그러면 상이 조금 더 커브를 그리며 올라오게 됩니다. 다음으로는 Order in Layer 부분을 0이 아닌 2로 체크해줍니다. 가장 위로 연기가 올라오면서 존재감이 조금 더 뚜렷해집니다.

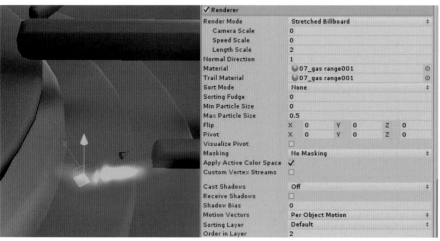

▲ 레이어가 위로 올라오면 상이 뚜렷해집니다.

17 멀리서보면 불 하나가 올라와 있는 느낌이 듭니다. 이 상태에서 주변부를 조금 더 밝게 해줄 파란 빛과 끝으로 갈수록 가스가 사라지면서 연소되어 사라지는 보랏빛 불빛을 더 넣어 줄 것입니다. 먼저 전체적으로 조금 더 밝게 빛을 잡아주기 위해 파란 빛을 만듭니다.

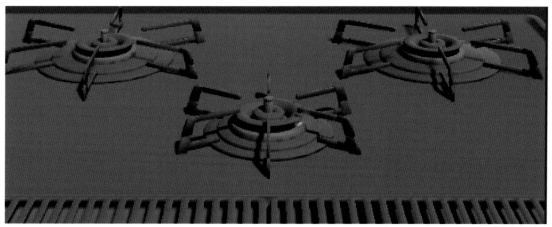

▲ 가스 불빛 하나로 보이기 시작합니다.

18 메인보다 조금 더 밝은 빛을 내줄 것이기 때문에 Additive 머티리얼로 만들어줍니다. 트랜스폼 설정은 다음과 같습니다. Position은 X : 0 / Y : 0 / Z : 0.02이고, Rotation은 모두 0, Scale은 모두 0입니다. 첫 번째 파티클 안에 다음 파티클을 넣으면 파티클의 트랜스폼 수치는 자동으로 첫 번째 파티클과 동일하게 변합니다. 이 점을 유의해서 수치가 틀어지지 않도록 하시길 바랍니다.

Duration은 바꿔주지 않고, Start Lifetime의 값을 Random Between Two Constants으로 두 칸으로 나눠 각각 0.3와 0.4으로 맞춰줍니다. Start Speed도 Random Between Two Constants으로 바꾼 후 각 수치를 0.2와 0.3으로 만듭니다. Start Size값은 0.2과 0.11로 만들어준 후 Start Color의 색을 파란색(004AFF/알파값 : 78)으로 바꿔줍니다. 마지막으로 Gravity Modifier 값을 줍니다. 앞에서와 같이 칸을 둘로 나눠 각 −0.1과 −0.2로 만들어줍니다.

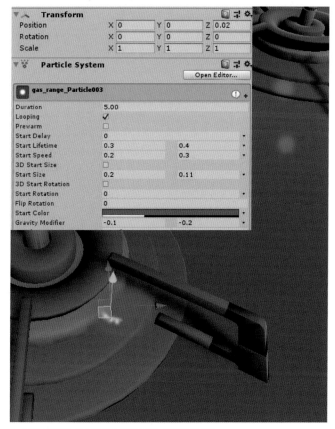

▲ 메인 파티클 시스템과 트랜스폼을 수정해줍니다.

19 Emission의 Rate over Time 값을 20으로 바꾸고 Shape의 체크를 풀어줍니다. 그렇게 하면 더 밝은 빛의 파티클이 일직선으로 위로 올라오게 됩니다. 덕분에 조금 더 전체적인 색이 밝아진 것을 볼 수 있습니다.

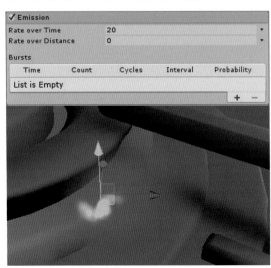

▲ 파티클의 숫자도 많이 넣어주면 좀 더 밝아지게 됩니다.

20 Color over Lifetime 값을 바꾸어 줄 차례입니다. 앞과 제일 끝부분의 알파를 0으로 바꾸어주면 파티클의 끝이 흐리게 바뀌는 것을 확인할 수 있습니다. 위를 눌러주어 화살표 두 개를 만들고 파티클의 알파값을 100으로 바꿔준다면 앞부분은 선명하고 뒷부분만 흐려지는 파티클을 만들 수 있습니다.

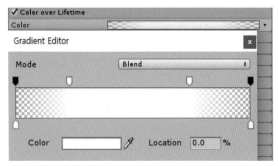

▲ 시작과 끝을 흐리게 해주면 파티클이 자연스럽게 사라지게 됩니다.

21 Size over Lifetime 값을 수정해줍니다. 앞에서 다른 파티클을 만들었을 때와 같이 세 점을 직선으로 만들어줍니다. 첫 번째 점은 Size를 0.45로, 두 번째 점은 0.35의 타이밍(가로 축)일 때 Size가 1이 되도록 맞춰주고, 마지막 점은 Size가 0.3일 때로 고정해주면 됩니다.

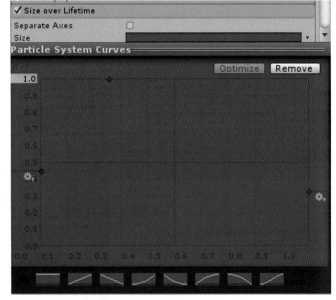

▲ 시작과 끝의 파티클도 바꾸어줍니다.

22 Renderer 메뉴에서 Order in Layer 부분을 0이 아닌 3로 체크해줍니다.

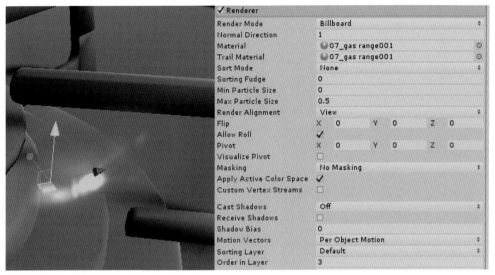

▲ 조금 더 밝아진 파티클의 모습

23 여기까지 해주면 조금 더 밝아진 파티클의 모습을 볼 수 있습니다. 마지막으로 만들 이펙트는 가장 윗부분에 가스가 퍼지며 만들어진 보라색 불꽃입니다. 해당 부분을 만든 후에는 불꽃 하나를 회전하고 이동시키며 가스레인지 전체를 꾸며주게 될 것입니다. 우선 새 파티클 시스템을 만든 후 Additive 머티리얼을 넣어줍니다. 트랜스폼 설정은 다음과 같습니다. Position은 X : −0.0434 / Y : 0.0558 / Z : 0.0793이고, Rotation 포지션은 모두 0, Scale 포지션은 모두 1입니다.

Duration은 바꿔주지 않고, Start Lifetime의 값을 Random Between Two Constants으로 두 칸으로 나눠 각각 0.3과 0.4로 맞춰줍니다. Start Speed도 Random Between Two Constants으로 바꾼 후 각 수치를 0.2와 0.3으로 만들어줍니다. Start Size 값은 0.2와 0.11로 만들어준 후 Start Color의 색을 보라색(8300FF/알파값: 48)으로 바꿔줍니다. 마지막으로 Gravity Modifier 값을 설정합니다. 칸을 둘로 나눠 각 −0.1과 −0.2로 만들어줍니다.

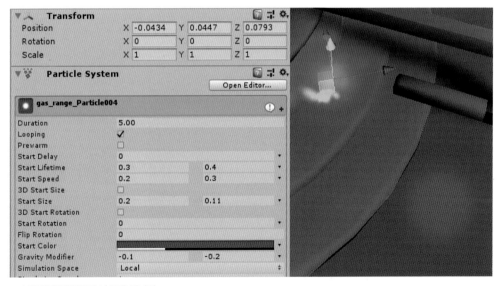

▲ 보라색 알갱이들이 나오게 됩니다.

24 Emission의 Rate over Time 값을 20으로 바꾸고 Shape의 체크를 풀어줍니다.

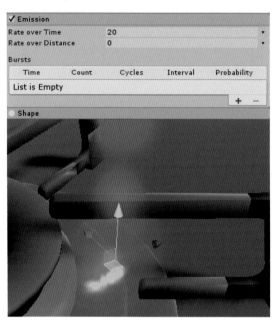

▲ 나오는 숫자와 범위를 바꿔줍니다.

25 Color over Lifetime 값을 바꾸어 줄 차례입니다. 앞과 제일 끝부분의 알파를 0으로 바꾸어주면 파티클의 끝이 흐리게 바뀌는 것을 확인할 수 있습니다. 위를 눌러주어 화살표 두 개를 만들고 파티클의 알파값을 100으로 바꿔준다면 앞부분은 선명하고 뒷부분만 흐려지는 파티클을 만들 수 있습니다.

▲ 자연스럽게 사라지는 파티클

26 Size over Lifetime 값을 수정해줍니다. 앞에서 다른 파티클을 만들었을 때와 같이 세 점을 직선으로 만들어줍니다. 첫 번째 점은 Size를 0.45로, 0.35의 타이밍(가로 축)일 때 Size가 1이 되도록 맞춰주고, 마지막 점은 Size가 0.3일 때로 고정해주면 됩니다.

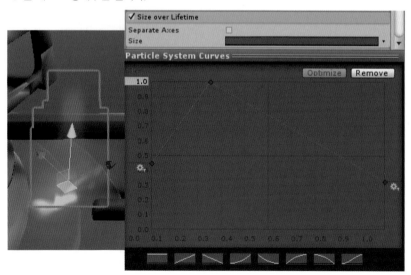

▲ 처음과 끝의 사이즈를 바꿔줍니다.

27 Renderer 메뉴에서 Order in Layer 부분을 0이 아닌 3으로 체크해줍니다.

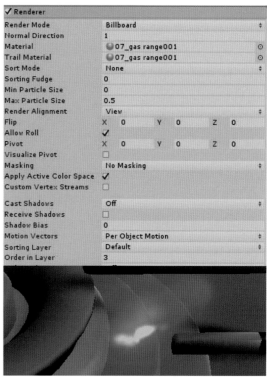

▲ 완성된 가스불

28 가스가 완성 되었다면 이제 완성된 가스의 가장 윗부분을 복사해줍니다. 복사한 파티클을 제일 위 파티클에 넣어주고 같은 방법으로 파티클을 19개 복사합니다. 그리고 트랜스폼으로 위치를 바꿔가며 가스불을 꾸며줍니다.

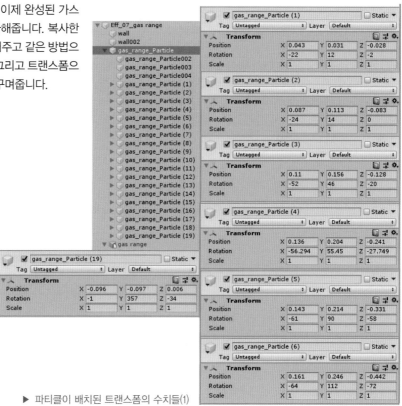

▶ 파티클이 배치된 트랜스폼의 수치들(1)

29 그림의 수치를 꼭 따라할 필요는 없습니다. 본인이 생각하기에 촘촘하고 예쁘다고 생각하는 배치에 파티클을 얹어놔 주시면 됩니다.

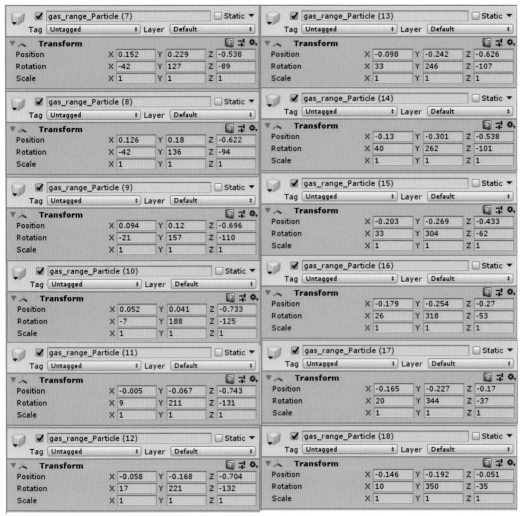

gas_range_Particle (7)			Static ▼
Tag Untagged		Layer Default	
Transform			
Position	X 0.152	Y 0.229	Z -0.538
Rotation	X -42	Y 127	Z -89
Scale	X 1	Y 1	Z 1

gas_range_Particle (8)			Static ▼
Tag Untagged		Layer Default	
Transform			
Position	X 0.126	Y 0.18	Z -0.622
Rotation	X -42	Y 136	Z -94
Scale	X 1	Y 1	Z 1

gas_range_Particle (9)			Static ▼
Tag Untagged		Layer Default	
Transform			
Position	X 0.094	Y 0.12	Z -0.696
Rotation	X -21	Y 157	Z -110
Scale	X 1	Y 1	Z 1

gas_range_Particle (10)			Static ▼
Tag Untagged		Layer Default	
Transform			
Position	X 0.052	Y 0.041	Z -0.733
Rotation	X -7	Y 188	Z -125
Scale	X 1	Y 1	Z 1

gas_range_Particle (11)			Static ▼
Tag Untagged		Layer Default	
Transform			
Position	X -0.005	Y -0.067	Z -0.743
Rotation	X 9	Y 211	Z -131
Scale	X 1	Y 1	Z 1

gas_range_Particle (12)			Static ▼
Tag Untagged		Layer Default	
Transform			
Position	X -0.058	Y -0.168	Z -0.704
Rotation	X 17	Y 221	Z -132
Scale	X 1	Y 1	Z 1

gas_range_Particle (13)			Static ▼
Tag Untagged		Layer Default	
Transform			
Position	X -0.098	Y -0.242	Z -0.626
Rotation	X 33	Y 246	Z -107
Scale	X 1	Y 1	Z 1

gas_range_Particle (14)			Static ▼
Tag Untagged		Layer Default	
Transform			
Position	X -0.13	Y -0.301	Z -0.538
Rotation	X 40	Y 262	Z -101
Scale	X 1	Y 1	Z 1

gas_range_Particle (15)			Static ▼
Tag Untagged		Layer Default	
Transform			
Position	X -0.203	Y -0.269	Z -0.433
Rotation	X 33	Y 304	Z -62
Scale	X 1	Y 1	Z 1

gas_range_Particle (16)			Static ▼
Tag Untagged		Layer Default	
Transform			
Position	X -0.179	Y -0.254	Z -0.27
Rotation	X 26	Y 318	Z -53
Scale	X 1	Y 1	Z 1

gas_range_Particle (17)			Static ▼
Tag Untagged		Layer Default	
Transform			
Position	X -0.165	Y -0.227	Z -0.17
Rotation	X 20	Y 344	Z -37
Scale	X 1	Y 1	Z 1

gas_range_Particle (18)			Static ▼
Tag Untagged		Layer Default	
Transform			
Position	X -0.146	Y -0.192	Z -0.051
Rotation	X 10	Y 350	Z -35
Scale	X 1	Y 1	Z 1

▲ 파티클이 배치된 트랜스폼의 수치들(2)

30 완성된 파티클을 복사하여 다시 다른 가스레인지 위에 배치해줍니다.

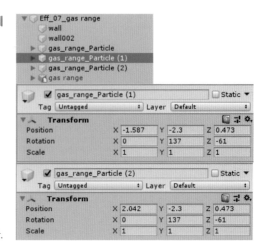

▶ 다른 가스레인지 위에도 동그랗게 나오는 불을 얹어주면 됩니다.

31 이렇게 가스레인지 불까지 완성되었습니다. 각 불의 성격과 흔들리는 정도, 색감을 잘 기억하면 어느 이펙트이든 쓸 수 있을 것입니다.

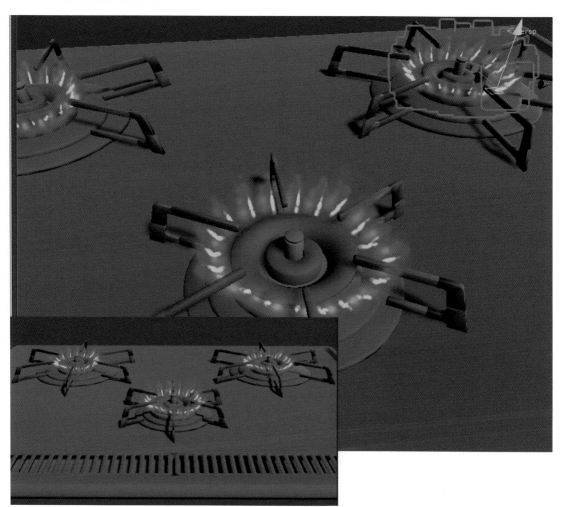

▲ 완성된 가스레인지 불

CHAPTER

02 물

물은 이펙트의 기본이지만 변화가 많아 어려운 속성이기도 합니다. 물이 흘러가는 모습을 자연스럽게 표현하기 위해선 파티클뿐만 아니라 3D 오브젝트의 도움을 받아야 할 때가 종종 있습니다. 그만큼 표현하기 어려운 부분이고, 흘러가는 부분을 잘 표현해주면 가장 세련되게 나올 수도 있는 속성입니다. 물 이펙트를 만들때 중요한 것은 투명함을 표현해주는 것과 흐르는 느낌을 주는 것입니다.

▲ 물 이펙트를 세련되게 만들기란 어렵지만 즐거운 일입니다.

■ 튀어오르는 피 만들기

01 조금 잔인한 게임을 만든다면 피가 튀어오르고 사라지는 느낌을 충분히 연습해 보는 것도 좋습니다. 여기서 만들어볼 피는 바닥에서 분출되는 형태입니다.

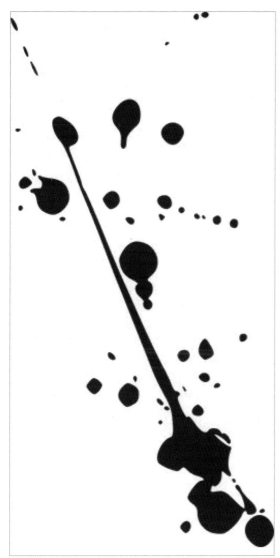

▲ 액체 느낌이 나는 피 텍스처도 그려봅니다.

02 포토샵에서 512×512픽셀의 캔버스를 켜준 후 검은색으로 캔버스 배경을 칠해줍니다. 다음으로 Ctrl + []으로 설정해놨던 가이드라인을 불러옵니다. 그 후, 브러시로 액체 느낌이 나도록 자유롭게 그려줍니다. 나중에 유니티에서 붉은 색상을 넣을 것이므로 하얀색으로 그려줍니다.

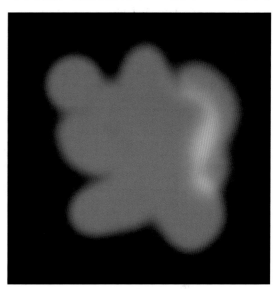

▲ 첫 번째 이미지는 자연스럽게 잡아줍니다.

03 지우개 도구로 주변을 지워주면서 투명한 구멍을 뚫어주듯 그림을 정리하며 외곽선도 정리해줍니다.

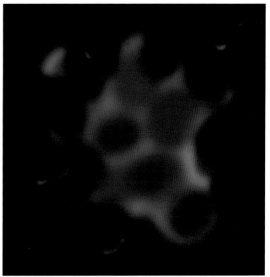

▲ 정리되어가는 액체 텍스트

04 한 번 더 액체의 튀어나온 부분을 조금 더 밝은 하얀색으로 잡아주면 완성입니다. 완성된 이미지는 배경을 빼서 png로 저장해줍니다. 모든 이미지를 만들거나 예제 패키지에서 다운 받아보았다면 새 씬을 열어 유니티 안에 이미지를 넣어줍니다.

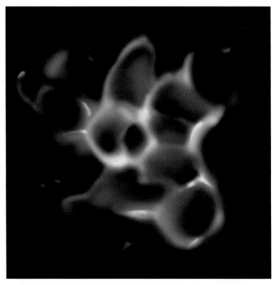

▲ 완성된 점성이 있어 보이는 액체 텍스처

05 유니티에 넣은 이미지의 Texture Type 메뉴를 Sprite(2D and UI)으로 바꾸고 머티리얼을 만듭니다. 그 후, 모든 머티리얼의 Shader 경로를 Mobile – Particles – Additive와 Alpha Blended, 두 가지로 만들어줍니다.

이미지가 선명해보이도록 어두운 벽을 두 개 세웁니다. 벽은 Quad를 세우면 되는데 메뉴의 GameObject – 3D Object – Quad 에서 찾아 만들 수 있습니다.

첫 번째 벽의 Position은 X : 0 / Y : 6 / Z : 17, Rotation 포지션은 모두 0으로 맞춰줍니다. Scale 포지션은 X : 17 / Y : 23 / Z : 11으로 바꿔줍니다. 두 번째 벽의 Position은 X : 0 / Y : –2.6 / Z : 50이고, Rotation 포지션은 X : 90 / Y : 0 / Z : 0입니다. Scale 포지션은 X : 17 / Y : 24 / Z : 11으로 맞춰줍니다.

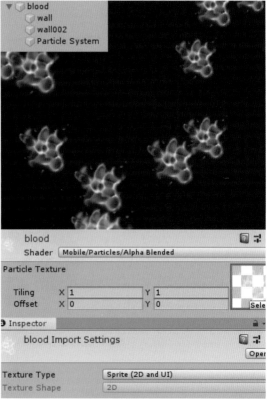

▲ 파티클과 함께 이미지를 바꿔줍니다.

06 파티클을 만들고 이미지를 넣어줍니다. 그 후, 트랜스폼과 메인 파티클 시스템을 수정해줍니다. 파티클의 트랜스폼 설정은 다음과 같습니다. Position은 X : 0 / Y : −2 / Z : 0이고, Rotation 포지션은 X : −90 / Y : 0 / Z : 0입니다. Scale 포지션은 모두 1입니다.

Duration은 2으로 바꿔주고, Start Delay값을 Random Between Two Constants으로 두 칸으로 나눠 각 값을 0과 0.2로 바꾸어줍니다. 다음으로는 Start Lifetime의 값을 Random Between Two Constants으로 두 칸으로 나눠 각각 0.3와 0.5로 맞춰줍니다. Start Speed도 Random Between Two Constants으로 바꾼 후 각 수치를 5와 10으로, Start Size값은 0.3과 0.4로 만들어줍니다. 그리고 Start Rotation 값을 0과 360으로 설정해줍니다. Start Color는 Random Between Two Constants으로 두 칸으로 만들어준 후 색을 밝은 붉은색(FF0000)과 어두운 붉은색 (5E0A0A)으로 바꿔줍니다.

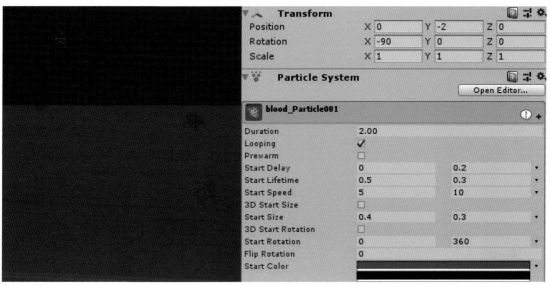

▲ 메인 파티클과 트랜스폼 수치를 바꿔줍니다.

07 Emission의 Rate over Time을 0으로 바꾸고 Bursts의 +표시를 눌러 나온 메뉴의 Count 부분을 30으로 바꾸어줍니다. 같은 방법으로 +표시를 두 번 눌러 두 번째 Time의 숫자는 0.1로 바꾸어주고, Count 부분은 20으로 바꾸어주면 됩니다. 같은 방법으로 세 번째 Bursts를 만들어 준 후 Time의 숫자는 0.2로 바꾸어주고, Count 부분은 10으로 바꾸어줍니다. Shape의 Shape 부분이 Cone인 상태로 Angle을 20, Radius 부분을 0.5로 바꿔줍니다.

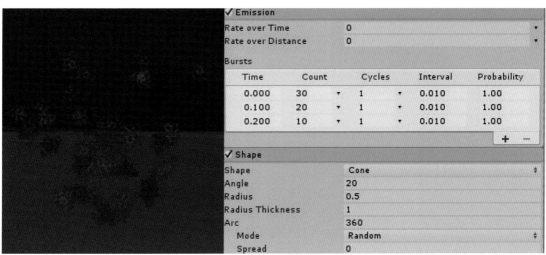

▲ 파티클이 나오는 숫자와 범위를 정해줍니다.

08 이제 컬러와 알파값을 지정해주는 Color over Lifetime 값을 바꾸어 줄 차례입니다. 앞부분의 파티클의 알파값을 100으로 바꿔주고, 뒷부분의 알파는 0으로 만들어줍니다. 조금 뒷부분에 알파값이 100인 부분을 넣으면 조금 더 파티클이 선명해보입니다.

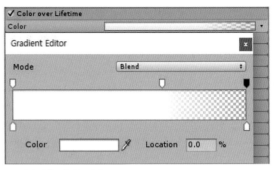

▲ 알파값을 넣어줍니다.

09 Trails 메뉴를 체크해줍니다. 이 메뉴는 3D 이미지를 따라서 파티클 이미지가 나오도록 만드는 메뉴입니다. 이 메뉴의 Die with Particles의 체크를 풀어주고 Texture Mode의 메뉴를 Distribute Per Segment로 바꾸어 줍니다. 그후, Color over Lifetime를 짙은 붉은색(983636) Color over Trail을 붉은색(D42D2D)으로 바꿔줍니다.

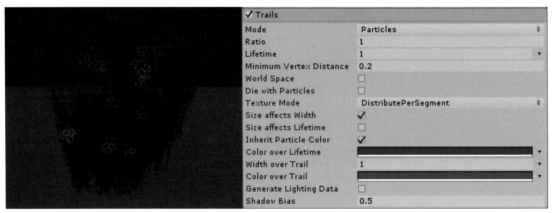

▲ 이미지가 길어지면서 튀어 나오는 모습을 볼 수 있습니다.

10 Renderer의 Render Mode 를 None로 바꿔줍니다. 그러면 위에 뜨던 파티클이 보이지 않으면서 피 이미지가 위로 솟아오르는 것만 보이게 됩니다.

▲ 완성된 이미지 크롭과 마지막 메뉴 설정

11 이번에는 피에서 떨어지는 작은 덩어리들을 만들 것입니다. 같은 머티리얼을 넣은 파티클을 만들었다면 이제 트랜스폼과 기본설정을 바꿔줄 차례입니다. 파티클의 트랜스폼 설정은 다음과 같습니다. Position은 X : 0 / Y : -0.67 / Z : 0이고, Rotation 포지션은 X : -90 / Y : 0 / Z : 0입니다. Scale 포지션은 X : 1.5 / Y : 1 / Z : 1 입니다.

Duration은 2으로 바꿔주고, Start Delay값을 0.25로 바꾸어줍니다. 다음으로는 Start Lifetime의 값을 Random Between Two Constants으로 두 칸으로 나눠 각각 0.5와 1로 맞춰줍니다. Start Speed도 Random Between Two Constants으로 바꾼 후 각 수치를 0.5와 1로 만듭니다. Start Size 값은 0.4과 0.7로 만들어주고, Start Rotation 값은 0과 360으로 설정합니다. Start Color는 Random Between Two Constants으로 두 칸으로 만들어준 후 색을 밝은 붉은색(B40000)과 어두운 붉은색(5E0A0A)으로 바꿔줍니다. 마지막으로 Gravity Modifier의 칸도 두 칸으로 나눠 각 수치를 2와 3으로 바꿔주면 올라가던 파티클이 아래로 떨어지게 됩니다.

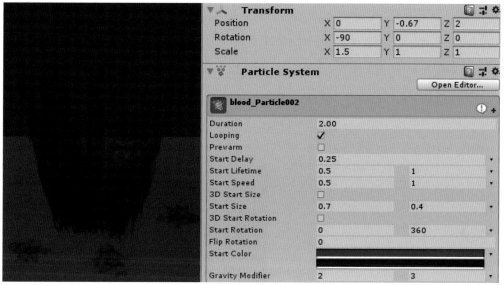

▲ 떨어지는 이미지 덩어리들

12 Emission의 Rate over Time을 0으로 바꾸고 Bursts의 +표시를 눌러 나온 메뉴의 Count 부분을 20으로 바꾸어줍니다. 같은 방법으로 +표시를 두 번 눌러 두 번째 Time의 숫자는 0.1로 바꾸어주고, Count 부분은 10으로 바꾸어주면 됩니다. Shape의 Shape 부분이 Circle인 상태로 Radius 부분을 0.5로 바꿔줍니다. Radius Thickness 또한 0.5로 바꾸고, Arc 부분을 180으로 바꿔줍니다.

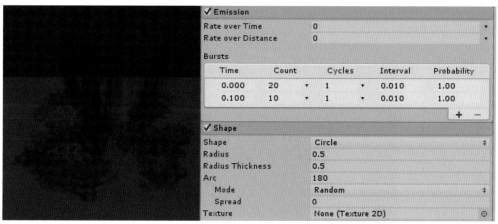

▲ 한꺼번에 떨어지는 이미지들

13 이제 Velocity over Lifetime 값을 바꿔줄 차례입니다. 해당 메뉴를 활성화 시킨 후 Linear 값을 Random Between Two Constants으로 두 칸으로 늘려준 후 한 쪽의 Z값만 1로 올려줍니다. 그러면 몇몇 피는 화면 앞으로 떨어지고 몇몇 피는 설정해놨던대로 떨어지는 것을 확인할 수 있습니다.

✓ Velocity over Lifetime			
Linear X 0	Y 0	Z 1	▾
0	0	0	
Space	Local		↕
Orbital X 0	Y 0	Z 0	▾
Offset X 0	Y 0	Z 0	▾
Radial	0		▾
Speed Modifier	1		▾

▲ 파티클이 퍼지는 값을 정해줍니다.

14 Color over Lifetime 값을 바꾸어 줄 차례입니다. 앞과 제일 끝부분의 알파를 0으로 바꾸어주면 파티클의 끝이 흐리게 바뀌는 것을 확인할 수 있습니다. 위를 눌러주어 화살표 두 개를 만들고 파티클의 알파값을 100으로 바꿔준다면 앞부분은 선명하고 뒷부분만 흐려지는 파티클을 만들 수 있습니다.

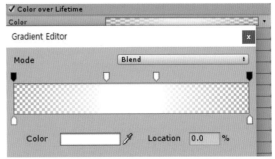

▲ 컬러값도 바꿔줍니다.

15 Size over Lifetime 값을 수정해줍니다. 우선 해당 메뉴를 체크해주고 Particle System Curves 란의 하단에서 두 번째 메뉴를 선택하여 눌러줍니다. 그리고 시작 부분의 사이즈를 0.5에 맞추어주면 됩니다.

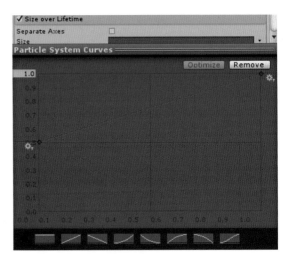

▲ 시작과 끝값의 사이즈를 바꿔줍니다.

16 Collision 값을 바꿔줍니다. 해당 값은 3D 오브젝트를 파티클이 인식하는 메뉴입니다. Type 값을 World로 바꿔주면 파티클이 바닥에 맞고 한번 튕기는데, Bounce값을 0으로 바꿔주면 더 이상 튕기지않고 바닥에 살짝 미끄러지며 사라집니다. 이 것으로 두 번째 파티클을 완성하였습니다.

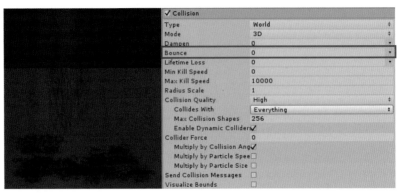

▲ 바닥에 뿌려지는 파티클

17 마지막으로 만들 파티클은 바닥에 뿌려지는 피입니다. 이 파티클은 두 번째 파티클보다 크고, 두 번째 파티클이 바닥에 닿는 타이밍에 나타나게 되는 이펙트입니다. 같은 머티리얼을 넣은 파티클을 만들고 트랜스폼과 기본설정을 바꿔줍니다. 파티클을 트랜스폼 설정은 다음과 같습니다. Position은 X : 0 / Y : 0 / Z : 0이고, Rotation은 모두 0이고, Scale은 모두 1입니다.

Duration은 2으로 바꿔주고, Start Delay값을 0.55로 바꾸어줍니다. 다음으로는 Start Lifetime의 값을 Random Between Two Constants으로 두 칸으로 나눠 각각 1.2와 1로 맞춰줍니다. Start Speed는 0.2으로, Start Size 값은 1과 2로 만들어줍니다. Start Color 또한 Random Between Two Constants으로 두 칸으로 만들어주고 색을 밝은 붉은색(B40000/알파값 : 166)과 어두운 붉은색(5E0A0A/알파값 : 141)으로 바꿔줍니다.

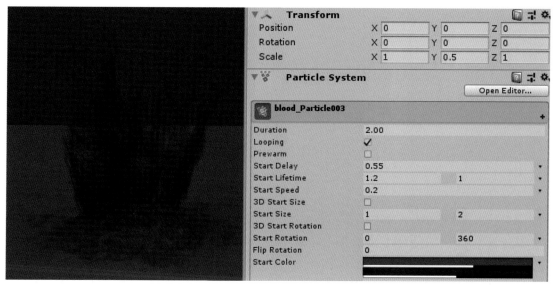

▲ 트랜스폼과 메인 파티클 수치를 바꿔줍니다.

18 Emission의 Rate over Time을 0으로 바꾸고 Bursts의 +표시를 눌러 나온 메뉴의 Count 부분을 10으로 바꾸어줍니다. Shape의 Shape 부분이 Circle인 상태로 Radius 부분을 1.5로 바꿔줍니다.

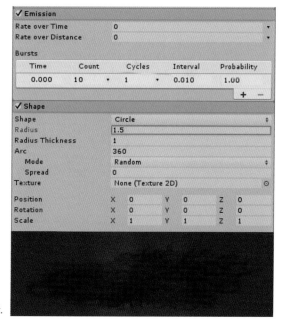

▶ 파티클의 범위와 나오는 수를 정해줍니다.

19 Color over Lifetime 값을 바꾸어 줄 차례입니다. 앞과 제일 끝부분의 알파를 0으로 바꾸어주면 파티클의 끝이 흐리게 바뀌는 것을 확인할 수 있습니다. 위를 눌러주어 화살표 두 개를 만들고 파티클의 알파값을 100으로 바꿔준다면 앞부분은 선명하고 뒷부분만 흐려지는 파티클을 만들 수 있습니다.

▲ 마지막으로 처음과 끝에 나타나는 알파값을 바꿔줍니다.

이로써 튀어오르는 피 만들기가 끝이 납니다. 여기서는 바닥에서 분출하는 느낌의 피를 만들었지만 다른 방식으로 활용해볼 수 있습니다. 예를 들어 이 이펙트를 캐릭터나 괴물 등에게 적용하면 출혈 효과를 낼 수 있습니다. 이런 효과를 낼 때는 피가 튀어오르는 방향을 잘 생각하여 위치를 잡아주어야 합니다. 이외에도 튀어올라 흩뿌려지고, 천천히 사라지는 피의 성질을 생각하며 다른 버전의 피도 만들어보는 것도 좋을 것입니다.

■ 벽에 튄 페인트 만들기

이번에는 벽에 던져져 흘러내리는 페인트를 만들어 볼 것입니다. 페인트는 보통 던져진 후 그대로 유지됩니다. 하지만 게임 이펙트의 특성상 그 자리에 계속 유지되고 있으면 안되는 일이 많으므로 흘러내려 사라지는 것까지 표현해줄 것입니다. 이번에 만들 이미지는 벽에 뿌려진 커다란 페인트 자국, 흘러내리는 페인트입니다.

▲ 벽에 튄 페인트를 자연스럽게 사라지게 해줄 것입니다.

01 벽에 튀어 크게 페인트 자국이 생긴 이미지를 만들 것입니다. 포토샵 캔버스를 256×256 사이즈로 열어 검은색으로 캔버스 배경을 칠해줍니다. 다음으로 Ctrl + `으로 설정해놨던 가이드라인을 불러오고 캔버스에 하얀 원형을 만들어줍니다.

02 원형을 다듬어가며 캐주얼한 느낌으로 물감이 튄 자국으로 다듬어줍니다.

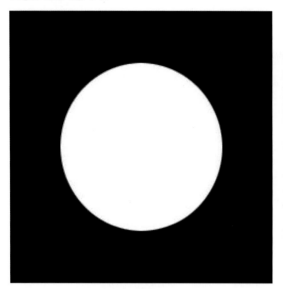

▲ 우선 원형의 덩어리를 만들어줍니다.

▲ 다듬어진 페인트 자국

03 마지막으로 흘러내리는 페인트를 표현해줄 이미지를 만들어 줄 것입니다. 원형에 가까운 물방울 모양으로 그려 주시면 됩니다. 완성된 이미지는 배경을 빼서 png로 저장해줍니다. 모든 이미지를 만들거나 예제 패키지에서 다운 받아보았다면 새 씬을 열어 유니티 안에 이미지를 넣어줍니다.

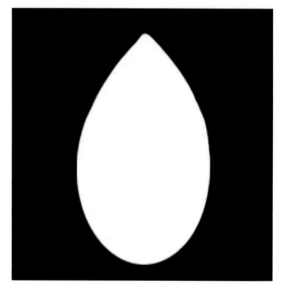

▲ 완성된 마지막 이미지

04 유니티 안 이미지의 Texture Type 메뉴를 Sprite(2D and UI)으로 바꿔주고, 머티리얼을 만들어 모든 머티리얼의 Shader 경로를 Mobile – Particles – Alpha Blended로 만들어줍니다.

이미지가 선명해보이도록 어두운 벽을 두 개 세웁니다. 벽은 Quad를 세우면 되는데 메뉴의 GameObject – 3D Object – Quad에서 찾아 만들 수 있습니다.

첫 번째 벽의 Position은 X : 0 / Y : 6 / Z : 3, Rotation 포지션은 모두 0으로 맞춰줍니다. Scale 포지션은 X : 17 / Y : 23 / Z : 11으로 바꿔줍니다. 두 번째 벽의 Position은 X : 0 / Y : −2.6 / Z : 5이고, Rotation 포지션은 X : 90 / Y : 0 / Z : 0입니다. Scale 포지션은 X : 17 / Y : 24 / Z : 11으로 맞춰줍니다.

◀ 기본세팅을 해줍니다.

05 새로운 파티클을 만들고 물감이 튄 듯한 이미지를 넣어줍니다. 그 후, 트랜스폼을 설정합니다. Position은 X : 0 / Y : 2.5 / Z : 0이고, Rotation 값은 모두 0입니다. 그리고 Scale 값은 모두 1입니다.

Duration은 4로 바꿔주고, Start Delay의 값을 Random Between Two Constants으로 두 칸으로 나눠 각각 0과 0.3으로 바꿔줍니다. Start Lifetime 값은 2.2와 2.5로 맞춰줍니다. Start Speed는 0으로 바꾸고 Start Size 값은 2과 4로 줍니다. Start Rotation 값을 0과 360으로 하여 같은 모양의 파티클이 나오지 않게 해줍니다. Start Color의 색을 핑크색(FF00DF)으로 바꿔줍니다. 마지막으로 Gravity Modifier 값을 설정합니다. 이번에는 메뉴값을 Curve로 바꾸어준 후 중력값을 맞춰줍니다. 메뉴를 바꾸는 법은 Random Between Two Constants를 바꿀 때와 같습니다. 총 4개의 점을 설정합니다. 우선, 첫 번째 점은 중력값을 0인 지점에 맞춥니다. 중력값은 그대로 유지한 채, 두 번째 점은 타이밍(가로 축)이 1.80이 될 때까지 맞춰줍니다. 세 번째 점은 타이밍이 3.0일 때 중력값이 0.2가 되도록 바꿔주고, 마지막 점은 맨 마지막 타이밍에 중력값이 −0.60이 되도록 바꿔줍니다. 그러면 잠시 텀을 두고 아래로 내려갔다가 위로 다시 올라가는 파티클이 만들어집니다.

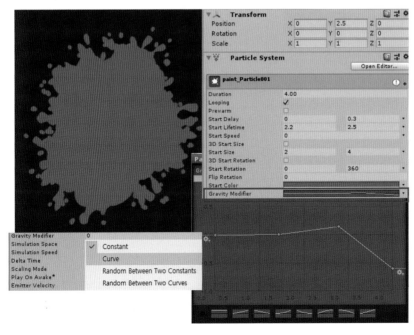

◀ 트랜스폼과 메인 파티클 시스템을 바꿔줍니다.

06 Emission의 Rate over Time을 0으로 바꾸고 Bursts의 +표시를 눌러 나온 메뉴의 Count 부분을 10으로 바꾸어줍니다. Shape의 Shape 부분이 Circle인 상태로 Radius 부분을 1.6로 바꿔줍니다. 다음으로는 Radius Thickness를 0.7로 바꿔주고, 밑의 Scale의 Y축을 1.8로 바꿔주면 벽면 전체에 물감이 튄 듯한 느낌이 랜덤하게 나오게 됩니다.

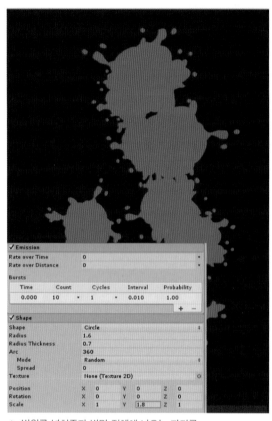

▲ 범위를 넓혀주자 벽면 전체에 나오는 파티클

07 컬러와 알파값을 지정해주는 Color over Lifetime 값을 바꾸어 줄 차례입니다. 앞부분의 파티클의 알파값을 100으로 바꿔주고, 뒷부분의 알파는 0으로 만들어 줍니다. 조금 뒷부분에 알파값이 100인 부분을 넣으면 조금 더 파티클이 선명해보입니다.

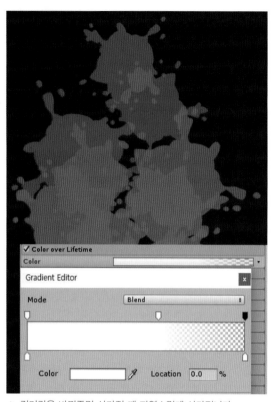

▲ 컬러값을 바꿔주면 사라질 때 자연스럽게 사라집니다.

08 첫 번째 파티클을 수정했을 때와 마찬가지로 Size over Lifetime 값을 수정해줍니다. Particle System Curves 란에서 처음과 끝을 포함한 세 개의 점을 만들어줍니다. 0.1과 0.2사이에서 약간의 바운스만 파티클에 줄 것이기 때문에 끝에 있는 점을 앞으로 끌어와 0.15에 넣어주고 각 점들이 곡선을 이룰 수 있게 배치해줍니다.

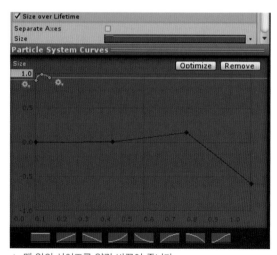

▲ 맨 앞의 사이즈를 약간 바꾸어 줍니다.

09 Sub Emitters를 체크한 후 메뉴의 오른쪽 하단에 있는 +표시를 눌러줍니다. 그러면 쓰고 있던 파티클 밑에 지금 파티클에 영향을 받는 파티클이 하나 생기게 됩니다.

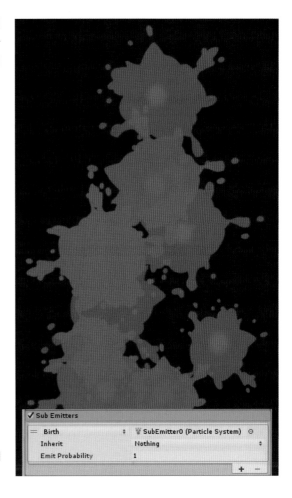

▶ 이렇게 만들면 파티클이 생길 때 이 파티클에 영향을 받는 파티클이 함께 나오게 됩니다.

10 머티리얼에 물방울 모양 이미지를 넣어줍니다. 트랜스폼 설정은 다음과 같습니다. Position과 Rotation은 모두 0, Scale 포지션은 모두 1입니다.

Duration은 4로 바꿔주고, Start Delay의 값은 0으로 만들어 줍니다. Start Lifetime의 값 또한 각자 0.3와 0.5로 맞춰줍니다. Start Speed 또한 Curve로 메뉴를 바꿔준 후 점을 세 개 만들어줍니다. 첫 번째 점은 Size를 0.7로, 두 번째 점은 타이밍(가로 축) 값이 0.3이 되는 시점에서 크기(세로 축) 값을 1로 하여 이미지가 커질 수 있도록 해줍니다. 마지막 점은 가장 끝에서 크기가 0이 되도록 만들어줍니다. Start Size값은 0.3과 0.6로 줍니다. Start Rotation 값을 −40과 40으로 하여 같은 모양의 파티클이 나오지 않게 해줍니다. Start Color의 색을 핑크색(FF00DF)으로 바꿔주고, 마지막으로 Gravity Modifier 값을 Random Between Two Constants으로 두 칸으로 만들어준 후 각 수치를 0과 1로 줍니다.

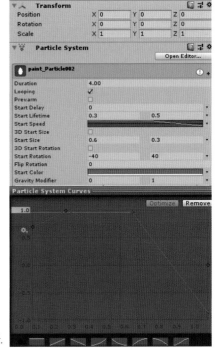

▶ 메인 파티클 수치를 바꿔줍니다.

11 Emission의 Rate over Time을 0으로 바꾸고 Bursts 의 +표시를 눌러 나온 메뉴의 Count 부분을 20으로 바꾸어줍니다. Shape의 Shape 부분이 Circle인 상태로 Radius 부분을 0.9로 바꿔줍니다. 다음으로는 Radius Thickness를 1로 바꿔주고, 밑의 Radius Thickness를 1로 바꾼 후 Mode부분을 Burst Spread로 바꿔줍니다.

12 첫 번째 파티클을 수정했을 때와 마찬가지로 Size over Lifetime 값을 수정해줍니다. Particle System Curves 란에서 처음과 끝을 포함한 세 개의 점을 만들어줍니다. 첫 번째 점은 타이밍이 0일 때 사이즈는 0.95, 두 번째 점은 타이밍이 0.2일 때 사이즈는 1, 마지막 점은 타이밍이 1.0일 때 사이즈는 −0.95가 되도록 맞춰줍니다.

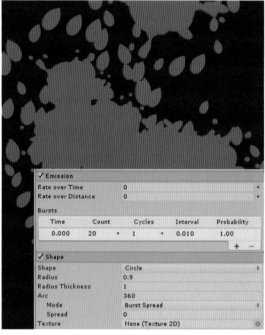

▲ 파티클의 범위와 나오는 개수를 정해줍니다.

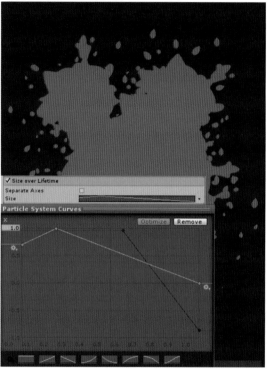

▲ 시작과 끝의 사이즈를 정해줍니다.

13 Rotation over Lifetime 의 Angular Velocity 부분을 두 칸으로 바꾸어 각 칸을 150과 −150으로 바꾸어줍니다. 그러면 페인트가 튀길 때 미묘하게 이미지가 돌아가며 사라지게 됩니다.

▲ 150과 −150도 사이로 이미지가 회전하며 사라집니다.

14 이제 다음 파티클로는 끝에 살짝 남아 밑으로 흘러내리는 이펙트를 만들어 줄 것입니다. 만든 파티클 아래에 파티클을 하나 더 만들어 주고, 머티리얼은 첫 번째로 만든 물감모양의 머티리얼을 넣어줍니다. 트랜스폼 설정은 다음과 같습니다. Position과 Rotation은 모두 0이고 Scale 포지션은 모두 1입니다.

Duration은 4로 바꿔주고, Start Delay의 값을 Random Between Two Constants으로 두 칸으로 나눠 각각 0과 0.3으로 바꾸어줍니다. Start Lifetime 값은 각각 1.3과 1.7로 맞춰줍니다. Start Speed 0으로 바꾼 후 Start Size값은 0.4로 줍니다. 또한 Start Color의 색을 핑크색(FF00DF)으로 바꿔줍니다. 마지막으로 Gravity Modifier 값을 줄 것입니다. 이번에도 첫 번째 파티클과 같이 메뉴값을 Curve로 바꾸어준 후 중력값을 맞춰줍니다. 그리고 점 네 개를 만들어줍니다. 첫 번째 점은 중력값을 0으로 맞춥니다. 중력값을 유지한 채 타이밍(가로 축)이 0.60이 되는 지점에 두 번째 점을 맞춰줍니다. 세 번째 점은 타이밍이 1.2일 때 중력값이 0.05가 되도록 맞추고, 마지막 점은 중력값이 −0.05가 되도록 맞춰줍니다. 그러면 잠시 텀을 두고 아래로 내려갔다가 위로 다시 올라가는 파티클이 만들어집니다.

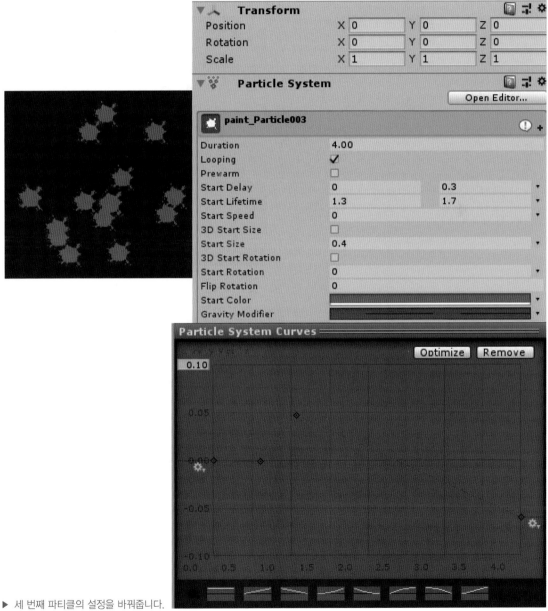

▶ 세 번째 파티클의 설정을 바꿔줍니다.

15 Emission의 Rate over Time을 0으로 바꾸고 Bursts의 +표시를 눌러 나온 메뉴의 Count 부분을 30으로 바꾸어줍니다. Shape의 Shape 부분이 Circle인 상태로 Radius 부분을 1.6로 바꿔줍니다. 그리고 Radius Thickness를 0.7로 바꿔주고, 밑의 Scale의 Y축을 1.8로 바꿔주면 벽면 전체에 물감이 튄 듯한 느낌이 랜덤하게 나오게 됩니다.

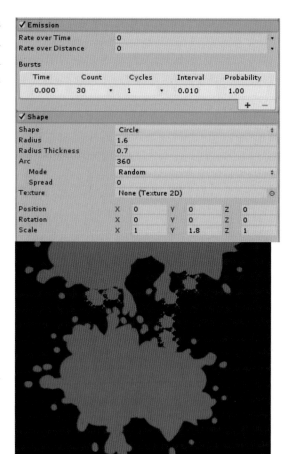

▲ 파티클의 개수와 나오는 범위를 바꿔줍니다.

16 이제 컬러와 알파값을 지정해주는 Color over Lifetime 값을 바꾸어 줄 차례입니다. 앞부분의 파티클의 알파값을 100으로 바꿔주고, 뒷부분의 알파는 0으로 만들어줍니다. 조금 뒷부분에 알파값이 100인 부분을 넣으면 조금 더 파티클이 선명해보입니다.

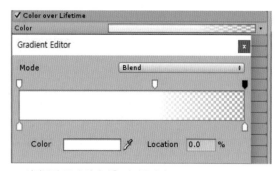

▲ 시작부와 끝의 알파값을 바꿔줍니다.

17 Size over Lifetime 값을 수정해줍니다. Particle System Curves 란에서 처음과 끝을 포함한 세 개의 점을 만듭니다. 0.1과 0.2사이에서 파티클이 바운스하는 느낌을 줄 것이기 때문에 끝에 있는 점을 앞으로 끌어와 0.15에 넣어주고 각 점들이 곡선을 이룰 수 있게 배치해줍니다.

▲ 약간의 바운스만 앞에 넣어줍니다.

18 Sub Emitters를 체크해줍니다. 체크만 해주면 변화는 없고 메뉴 오른쪽에 +표시를 눌러주면 쓰고 있던 파티클 밑에 지금 파티클에 영향을 받는 파티클이 하나 생기게 됩니다. 다음 머티리얼 또한 같은 이미지로 넣어줍니다.

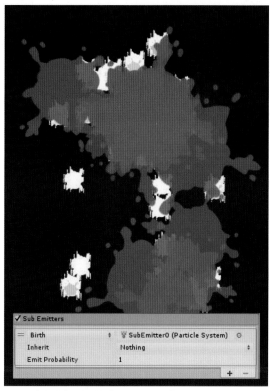

▲ 세 번째 파티클에 영향을 받는 파티클을 하나 더 만들어줍니다.

19 만들어진 이미지는 세 번째 파티클이 나온 부분에서 연달아 나오며 사라지게 됩니다. 이 파티클은 같은 이미지가 나오게 하여 흘러내리는 듯한 이미지로 보이게 해줄 것입니다. 우선 트랜스폼을 설정합니다. Position과 Rotation은 모두 0이고 Scale은 모두 1입니다.

Duration은 4로 바꿔주고, Start Lifetime의 값은 1로 맞춰줍니다. Start Speed 0으로 바꾼 후 Start Size값은 0.4로 줍니다. 이제 Start Color의 색을 핑크색(FF00DF)으로 바꿔주면 다음으로 넘어갑니다.

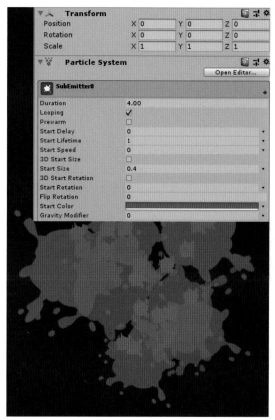

▲ 마지막 파티클의 설정을 바꾸어줍니다.

20 Emission의 Rate over Time 값을 10으로 유지한 채 Shape의 체크를 풀어줍니다.

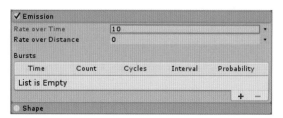

▲ Shape 메뉴는 쓰지 않습니다.

21 컬러와 알파값을 지정해주는 Color over Lifetime 값을 바꾸어 줄 차례입니다. 앞부분의 파티클의 알파값을 100으로 바꿔주고, 뒷부분의 알파는 0으로 만들어줍니다. 조금 뒷부분에 알파값이 100인 부분을 넣으면 조금 더 파티클이 선명해보입니다.

22 이펙트를 완성한 모습입니다.

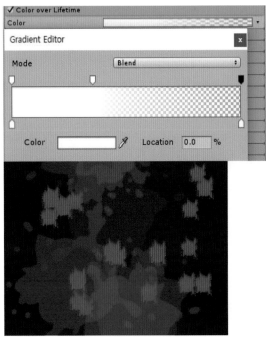

▲ 뒷부분이 흐려지며 파티클이 사라집니다.

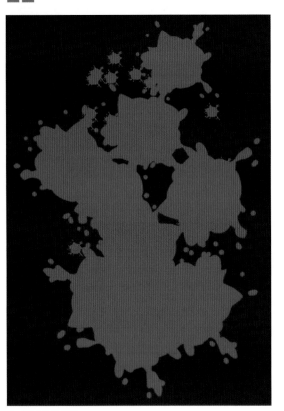

▲ 완성된 이펙트

페인트가 던져지는 이펙트는 간단하지만, 그래프의 곡선을 많이 써야한다는 점에서 배울 점이 있습니다. 곡선을 활용한 다른 파티클도 많이 연습해보면 조금 더 타이밍 좋은 이펙트를 만들어 볼 수 있을 것입니다.

03 땅

땅에 관련한 이펙트들은 여러 가지가 있습니다. 우리가 앞의 강의에서 만들어보았던 연기 이펙트를 활용해 땅을 달릴 때 먼지가 나도록 만드는 것도 땅에 관련된 이펙트이고 식물에 관한 이펙트도 땅에 관련한 이펙트라고 볼 수 있습니다. 보통 땅에 관련한 이펙트는 바닥에 타격이 가해졌을 때 나오는 경우가 대다수입니다. 타격을 얼마나 강하게 받았는지, 얼마나 넓은 범위에서 일어난 건지에 따라 느낌이 달라집니다.

▲ 대부분의 땅 이펙트는 먼지와 관련이 깊습니다.

■ 흔들리는 잔디 배경 만들기

바람에 흔들리는 잔디는 평화로운 땅을 생각할 때 꼭 있을 만한 풍경입니다. 게임상에서도 많이 찾아볼 수 있습니다. 보통은 2D나 3D 이미지를 사용해서 표현하지만 우리는 오로지 파티클만을 이용해 잔디가 흔들리는 풍경의 이미지를 나타내볼 것입니다.

▲ 평화로운 땅을 보여주기 위한 예시 그림입니다.

01 잔디의 여러 가지 표현을 하기 위해 세 장~다섯 장 정도 되는 잔디가 있는 그림과 한 장의 잎이 있는 잔디 잎사귀를 만들어 줄 것입니다. 우선 포토샵을 열어 512×512픽셀의 캔버스를 켜준 후 검은색으로 캔버스 배경을 칠해줍니다. 다음으로 Ctrl + ; 으로 설정해놨던 가이드 라인을 불러옵니다. 레이어를 만들어 그 레이어의 캔버스 중심에 맞춰 잎사귀를 한 장 만들어줍니다.

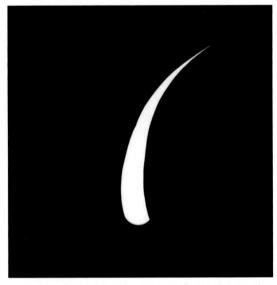

▲ 브러시로 훑듯이 그은 다음 지우개를 사용하여 잎사귀 모양으로 정리해줍니다.

02 잔디를 조금 더 다듬고 연두색과 초록색 그라데이션으로 색을 넣어줍니다.

03 그림과 같이 잔디를 여러 장으로 만들고 PNG 파일로 저장해줍니다. 그 후, 만든 잔디로 잔디밭을 만들고 또다시 PNG 파일로 저장해줍니다.

▲ 색을 넣은 잔디 이미지

▲ 만들어진 잔디 이미지

04 두 이미지를 잘 만들었다면 이제 유니티에 두 이미지를 넣어줍니다. Texture Type 메뉴를 Sprite(2D and UI)으로 바꿔주고, 머티리얼을 만들어 모든 머티리얼의 Shader 경로를 Mobile – Particles – Alpha Blended로 만들어줍니다.

이미지가 선명해보이도록 어두운 벽을 두 개 세웁니다. 벽은 메뉴의 GameObject – 3D Object – Quad에서 찾아 만들 수 있습니다.

첫 번째 벽의 Position은 X : 0 / Y : 6 / Z : 17, Rotation 포지션은 모두 0으로 맞춰줍니다. Scale 포지션은 X : 17 / Y : 23 / Z : 11으로 바꿔줍니다. 두 번째 벽의 Position은 X : 0 / Y : −2.6 / Z : 5이고, Rotation 포지션은 X : 90 / Y : 0 / Z : 0입니다. Scale 포지션은 X : 17 / Y : 24 / Z : 11으로 맞춰줍니다.

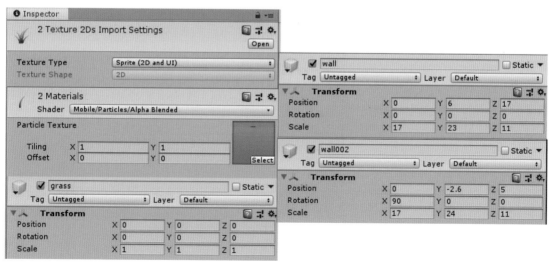

▲ 기본 설정을 정해줍니다.

05 처음으로 만들 파티클은 한 줄기씩만 있는 풀입니다. 파티클을 새로 만들고 grass_001이라는 이름의 머티리얼로 넣어줍니다. 파티클의 트랜스폼 설정은 다음과 같습니다. Position은 X : 0 / Y : −2.1 / Z : 4이고, Rotation 포지션은 X : −90 / Y : 0 / Z : 0입니다. Scale 포지션은 모두 1입니다.

Duration은 20으로 바꿔주고, Prewarm을 체크해줍니다. Start Lifetime 값은 20, Start Speed는 0으로 만들어줍니다. Start Size 값은 Random Between Two Constants으로 두 칸으로 나눠 0.5와 2로 만들어주고, Start Color의 색을 흰색과 진녹색(5E8457)으로 만들어줍니다. 마지막으로 Flip Rotation 값을 1로 만들어줍니다. 해당 값은 Rotation 값을 설정해주면 반대로 돌아갈 수 있게 합니다. 이것을 넣은 이유는 각도를 조절해주기 위함입니다.

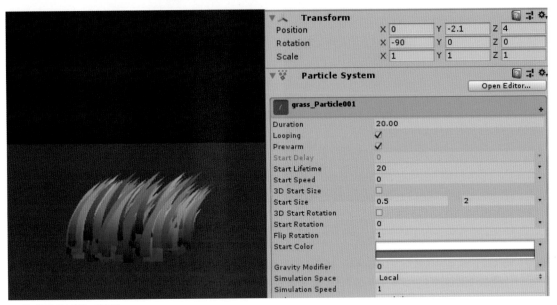

▲ 한 곳에 모여있는 파티클

06 Emission의 Rate over Time을 5로 바꾸고 Shape의 Shape 부분이 Box인 상태로 밑의 Scale의 X축을 12로, Y축을 18로, Z축을 0으로 바꿔주면 바닥 전체에 하나의 잎이 랜덤하게 나오게 됩니다.

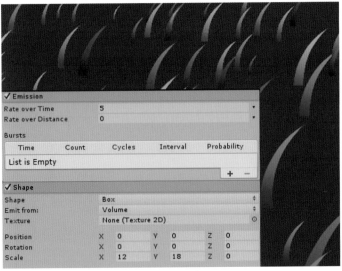

▲ 조금 더 넓은 범위에 적은 파티클이 나옵니다.

07 Color over Lifetime 값을 바꾸어 줄 차례입니다. 앞과 제일 끝부분의 알파를 0으로 바꾸어주면 파티클의 끝이 흐리게 바뀌는 것을 확인할 수 있습니다. 위를 눌러주어 화살표 두 개를 만들고 파티클의 알파값을 100으로 바꿔준다면 앞부분은 선명하고 뒷부분만 흐려지는 파티클을 만들 수 있습니다.

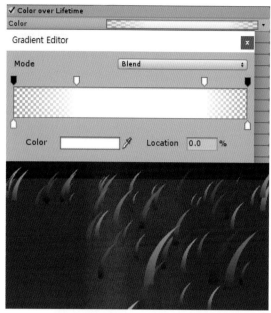

▲ 흐려지며 사라지는 잔디들

08 Rotation over Lifetime 칸을 활성화 시켜줍니다. Angular Velocity 값을 Random Between Two Constants으로 두 칸을 만들어준 후 각 칸을 0과 2로 만들어줍니다.

▲ 메뉴를 활성화해주면 잔디가 살짝 흔들리게 됩니다.

09 같은 이미지를 반전시켜 움직이게 해줄 것입니다. Ctrl + D를 클릭하여 만든 파티클을 복사해줍니다. 그 후, 복사한 파티클의 Renderer의 Flip 부분을 X축만 1로 바꾸어줍니다. 이렇게 바꾸어주면 파티클 이미지가 돌아가면서 풀이 반대로 돌아간 것을 확인할 수 있습니다.

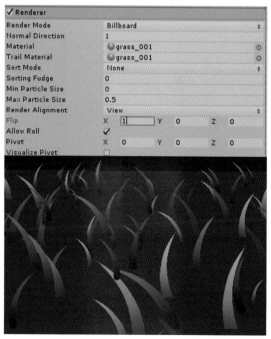

▲ 반대로 돌아간 이미지

10 Rotation over Lifetime 칸을 활성화합니다. Angular Velocity 값을 Random Between Two Constants으로 두 칸을 만들어준 후 각 칸을 0과 2로 만들어줍니다.

▲ 반대로 이미지를 돌렸으니 바람에 흔들리는 방향도 반대로 바꿔줍니다.

11 그림에 있는 잔디는 처음에 만들었던 파티클 시스템을 복사한 것입니다. 따라서 이름만 바꿔서 첫 번째 파티클에 넣고 트랜스폼 수치를 바꿔줍니다. Position과 Rotation은 모두 0이고, Scale은 모두 1입니다. 이렇게 설정해주면 첫 번째 파티클과 겹쳐지는 파티클로 만들어집니다.

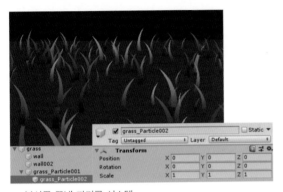

▲ 복사를 끝낸 파티클 시스템

12 두 파티클을 모두 Ctrl + D로 복사해줍니다. grass_002이라고 이름 지은 이미지의 머티리얼을 복사한 두 파티클에 넣어줄 것입니다. 두 파티클을 복사한 후 첫 번째 파티클에 넣어주면 이미지가 완성되게 됩니다.

▲ 풍성해져서 흔들리는 잔디

13 이렇게 잔디밭이 만들어졌습니다. 흔들리는 잔디를 표현하기 위해 사용한 기능을 정리해보겠습니다. 우선, 복사를 이용해 잔디를 풍성하게 만들고 Filp Rotation을 이용해 잔디를 반대 방향으로 설정하였습니다. 잔디가 자연스럽게 사라지거나 흔들리게도 만들어주었습니다. 간단하지만 다양한 기능을 활용해 보았으니 다른 형식으로도 응용해보는 것도 좋을 것 같습니다.

▲ 만들어진 잔디밭

■ 충격으로 갈라지는 땅 만들기

이제 게임에서 흔하게 나오는 외부 충격을 받아 땅이 갈라지는 이펙트를 만들어 볼 것입니다. 순간적인 타격, 피격 이펙트가 나온 후 갈라진 땅이 나오는 이펙트를 만들 것입니다. 특히 주변부에 솟아오른 땅덩어리를 3D 오브젝트로 함께 뿌려주거나 파티클 이미지로 만들어준다면 더 생동감 넘치는 이펙트가 될 것입니다.

▲ 갈라진 땅의 모양을 잘 살펴보고 만드는 것이 좋습니다.

01 우선 갈라진 땅에 쓰일 이펙트는 네 가지로 구성됩니다. 갈라진 땅 모양과 타격을 받고 튀는 돌멩이, 타격효과를 줄 빛 덩어리와 빛 덩어리에서 퍼져나오는 빛무리입니다.

우선 포토샵을 켜서 1024×1024크기의 캔버스를 만들어줍니다. 다음으로는 검은색으로 캔버스 배경을 칠해주고 Ctrl + `'`으로 설정해놨던 가이드라인을 불러옵니다.

▲ 캔버스를 만들고 다음에 만들 이미지를 준비합니다.

02 갈라진 땅을 만들 때 직접 그려서 쓸 수도 있지만 가장 편하게 만들 수 있는 법은 이미 갈라져있는 땅의 사진을 사용하는 것입니다. 우선 적당하게 갈라진 땅의 사진을 찾고 만든 캔버스에 넣어줍니다.

▲ 사진은 전체가 아닌 일부를 사용하면 됩니다.

03 사진을 조정하며 원하는 이미지로 바꿔줄 것입니다. 우선 파일 란이 있는 상단에 이미지(I) – 조정(J) – 흑백(K) 를 눌러줍니다(이 경로로 이동하는 대신 Alt + Shift + Ctrl + B를 눌러서 흑백 메뉴를 활성화할 수도 있습니다).

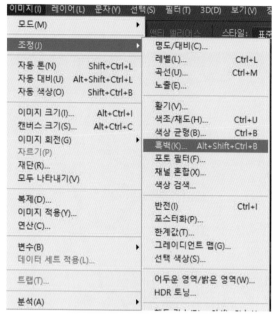

▲ 경로를 따라 흑백 메뉴를 활성화합니다.

04 경로를 따라 흑백 메뉴를 활성화하면 그림에 색깔이 빠지는 것을 볼 수 있습니다. 자동으로 색이 빠지며 조금 더 손보고 싶은 부분은 수동으로도 바꿀 수 있으니 여러 메뉴를 확인하며 만져보는 것도 좋습니다.

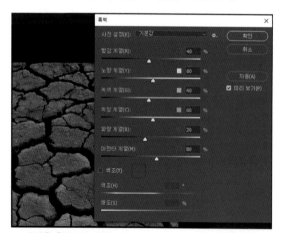

▲ 사진을 흑백으로 만든 모습

05 이미지에서 검은색과 하얀색의 대비를 세게 줄 수 있도록 이미지(I) – 조정(J) – 곡선(U) 메뉴를 통해 곡선 메뉴를 활성화 시켜줍니다. 이 메뉴는 Ctrl + M 단축키로 불러올 수도 있습니다.

▲ 곡선 메뉴를 불러옵니다.

06 곡선 메뉴로 이미지에 대비를 줄 것입니다. 출력 51, 입력 83 정도로 주면 검은색과 흰색의 대비가 강해집니다. 최대한 이미지가 깔끔하게 보일 수 있도록 잡아줍니다.

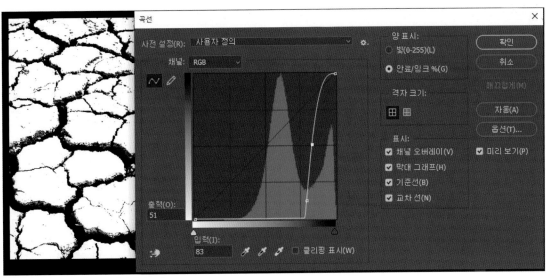

▲ 곡선 메뉴로 대비를 준 이미지의 모습

07 대비를 준 이미지의 검은색 부분만 선택할 수 있도록 색상 범위 메뉴를 활성화할 것입니다. 메뉴란에서 선택(S) – 색상 범위 (C)를 선택해주면 해당 메뉴가 나오게 됩니다.

선택(S) 필터(T) 3D(D) 보기(V)

모두(A)	Ctrl+A
선택 해제(D)	Ctrl+D
다시 선택(E)	Shift+Ctrl+D
반전(I)	Shift+Ctrl+I
모든 레이어(Z)	Alt+Ctrl+A
레이어 선택 해제(S)	
레이어 찾기	Alt+Shift+Ctrl+F
레이어 격리	
색상 범위(C)...	
초점 영역(U)...	
피사체	

▲ 색상 범위 메뉴를 선택하면 검은색, 흰색 등 원하는 색상만 선택할 수 있습니다.

08 색상 범위 메뉴가 활성화가 되면 캔버스로 나온 마우스 휠이 스포이트 모양으로 전환됩니다. 그리고 그림의 검은 부분을 클릭해주면 검은 부분이 활성화됩니다. 그 상태로 확인을 눌러주면 그림의 검은 부분들만 선택되어 있는 것을 확인할 수 있습니다.

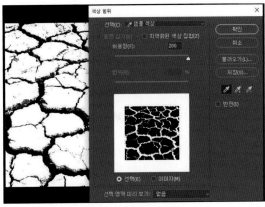

▲ 검은색만 활성화시키는 색상 범위의 모습

09 검은색만 활성화 되어있는 것을 확인하면 Ctrl + I를 눌러서 흰색만 선택되도록 반전시켜줍니다.

▲ 검은색이 선택된 모습

10 반전시킨 후 흰색 레이어를 모두 지워줍니다.

▲ 흰색만 선택된 모습

11 흰색 레이어를 지워주면 배경엔 검은색과 회색 부분만 남게 되는데 이제 이 부분을 정리하여 갈라진 땅을 표현해줄 것입니다.

▲ 회색과 검은색 부분만 남은 캔버스

12 흰색이 지워진 것을 확인한 후 배경을 끄고 검은 색의 갈라진 배경을 추출한 그림을 다듬어 줍니다. 다듬어주기 전에 레이어를 잠가 레이어의 색상을 회색부분까지 검은색으로 칠해줍니다.

▲ 다듬을 캔버스의 모습

13 캔버스를 다듬어주면 처음보다 선이 많이 얇아진 것을 확인 할 수 있습니다. 선을 너무 얇게 하면 자칫 땅이 갈라진 틈이 보이지 않을 수 있습니다. 너무 선들이 얇아지지 않게 조심하며 지우개와 브러시 도구를 사용하여 선을 정리합니다.

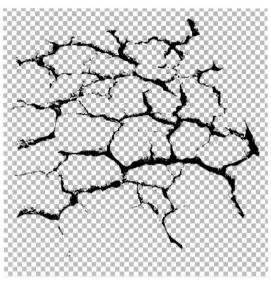

▲ 그림을 정리한 모습

14 레이어를 총 세 장이 될 수 있게 정리해줍니다. 이 레이어 중 두 장은 원본, 한 장은 최소값을 주어 조금 더 통통하게 만든 레이어로 만들 것입니다.

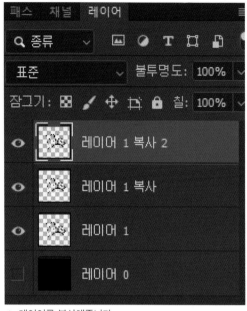

▲ 레이어를 복사해줍니다.

15 메뉴 란의 필터(T) – 기타 – 최소값 메뉴를 선택해 줍니다. 이 메뉴를 활성화하면 레이어에 있는 선이 본래 선보다 두꺼워지는 효과를 얻을 수 있습니다.

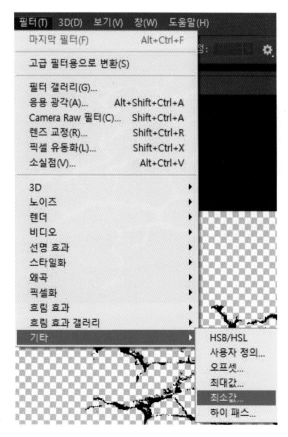

▶ 조금 더 두꺼워진 효과를 주기 위해 최소값 효과를 줍니다.

16 최소값 효과를 주면 보이지 않았던 점 형태의 남은 부분들이 보이기 시작할 것입니다. 효과를 준 후에는 레이어 전체에서 그런 부분들을 지우고 다시 한 번 정리를 해줍니다.

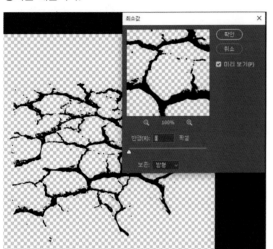

▲ 효과를 주면 조금 더 정리해야 할 부분이 보일 것입니다.

17 어느 정도 정리가 끝났다면 다시 검은 배경을 켜고 다듬은 검은 그림을 흰색으로 바꿔줍니다. 흰색으로 바꾸기 전 레이어는 모두 합쳐줍니다.

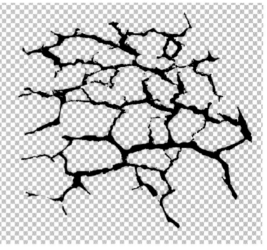

▲ 정리된 검은 이미지

18 하얗게 만들어준 이미지를 다시 다듬어줍니다. 다듬은 이미지는 레이어를 하나 더 만들어서 가우시안 흐림 효과를 줄 것입니다.

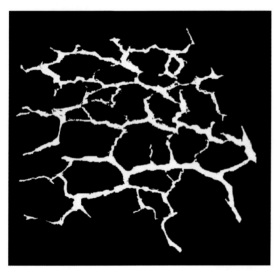

▲ 정리해준 하얀 이미지

19 레이어를 하나 더 복사해줍니다. 레이어를 복사한 다음엔 아랫부분에 있는 레이어를 상단의 메뉴에서 필터 – 흐림효과 – 가우시안 흐림 효과를 사용하여 가우시안 흐림 효과를 줍니다.

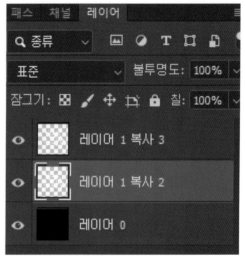

▲ 레이어를 복사해줍니다.

20 가우시안 흐림 효과는 16픽셀 정도로 줍니다.

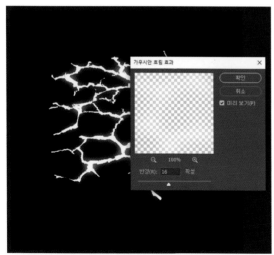

▲ 주변이 밝아지면서 나중에 색을 넣었을 때 조금 더 주변이 패인 느낌이 들게 됩니다.

21 완성된 이미지는 png로 만들어줍니다. broken_earth001이라는 이름으로 저장해줍니다.

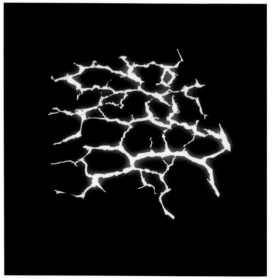

▲ 완성된 갈라진 바닥의 이미지

22 갈라진 땅에서 튀어나오는 돌멩이 파편들을 만들어 줄 것입니다. 파편만 튈 정도의 타격이기 때문에 모양이 각진 형태로만 만들 것입니다. 우선 512×512픽셀의 캔버스를 열고 그 캔버스를 검은색으로 채워줍니다. 모양도구 중 다각형 도구를 선택해 주시고 측면을 7로 만들어 꼭지점이 7개인 도형을 중점에 맞춰서 만들어줍니다.

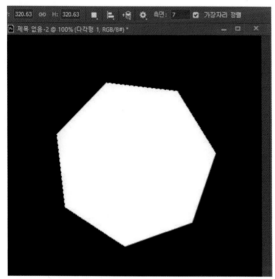

▲ 캔버스에 만들어진 다각형

23 회색으로 음영을 주어 멀리서 봤을 때 각진 효과를 줍니다. 작은 알갱이로 보일 것이기 때문에 음영이 있고 각이 져있는 정도만 표현해주면 됩니다. 완성된 이미지는 png로 배경을 없애서 저장해줍니다.

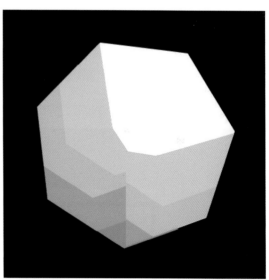

▲ 완성된 이미지

24 원형으로 빛(타격 이미지)을 만들어 줄 것입니다. 포토샵에서 512×512픽셀의 캔버스를 켜준 후 검은색으로 캔버스 배경을 칠해줍니다. 다음으로 Ctrl + '으로 설정해놨던 가이드라인을 불러온 후 레이어를 만들어 그 레이어의 캔버스 중심에 맞춰 원형을 그려줍니다.

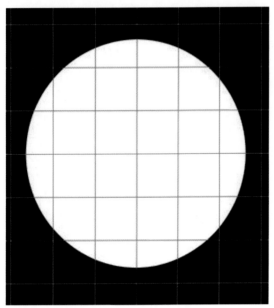
▲ 캔버스에 맞춰 그린 원형 이미지

26 가우시안 흐림 효과를 준 레이어를 한 장 더 복사합니다. 그 후 한 레이어는 보라색(7300FF), 한 레이어는 파란색(2200FF)으로 레이어 색을 채워줍니다. 파란색으로 만든 레이어는 Ctrl + T를 눌러 보라색의 레이어보다 살짝 더 작게 잡아준 후 흰색의 레이어에 가우시안 흐림 효과를 줍니다. 흐림효과는 15픽셀 정도로만 주면 됩니다.

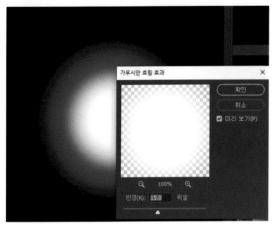
▲ 마지막 레이어에 가우시안 흐림 효과를 준 이미지

25 레이어를 복사해 아래쪽에 가우시안 흐림 효과를 줍니다. 가우시안 흐림 효과는 25픽셀 정도로만 줍니다.

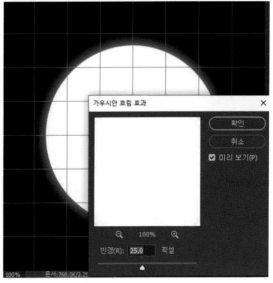
▲ 가우시안 흐림 효과를 준 이미지

27 안에서 퍼져나가는 듯한 빛무리를 만들어 줄 것입니다. 우선 포토샵에 512×512픽셀의 캔버스를 켜준 후 검은색으로 캔버스 배경을 칠해줍니다. 다음으로 Ctrl + '으로 설정해놨던 가이드라인을 불러온 후 레이어를 만들어 그 레이어의 캔버스 중심에 맞춰 원형 윤곽 도구로 윤곽선을 만들어줍니다. 이후 오른쪽 마우스 클릭을 해 획 메뉴를 켜주고, 위치를 중앙에 맞춰 폭을 20픽셀로 잡아줍니다.

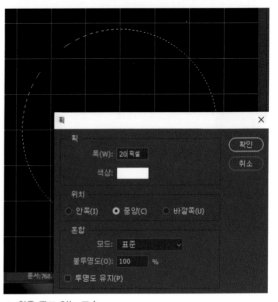
▲ 획을 주고 있는 모습

28 레이어를 하나 더 만들어준 후 같은 방법으로 만든 윤곽선 도구에 획 메뉴를 활성화 시킵니다. 이번에는 위치를 안쪽으로 잡아준 다음 폭 30픽셀의 획을 그어줍니다. 그렇게 하면 안쪽이 더 통통한 원형이 생기게 됩니다.

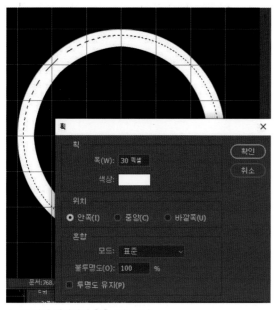

▲ 두 번째 레이어에 획을 주는 모습

29 30픽셀로 만든 두 번째 레이어에 가우시안 흐림 효과를 줍니다. 획 메뉴를 만들기 전 잡았던 윤곽선을 없애지 않고 그대로 가우시안 흐림 효과를 주면 가우시안 흐림 효과 밖의 캔버스에는 효과가 적용되지 않는 것을 볼 수 있습니다.

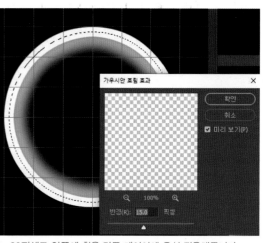

▲ 30픽셀로 안쪽에 획을 만든 레이어에 우선 적용해줍니다.

30 앞과 같이 윤곽선을 지우지 않은 채, 20픽셀로 효과를 준 레이어에 또다시 가우시안 흐림 효과를 15픽셀 정도로 줍니다. 그렇게 하면 윤곽선 바깥 부분은 가우시안 흐림 효과를 받지 않고, 안쪽 부분만 받는 것을 볼 수 있습니다.

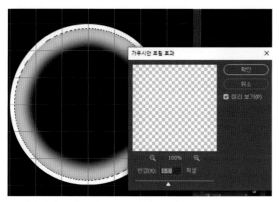

▲ 가우시안 흐림 효과를 다른 레이어에 한 번 더 줍니다.

31 가우시안 흐림 효과를 준 레이어를 한 번 더 복사하여 가장 아래로 내립니다. 그리고 아래로 내린 레이어에 한 번 더 가우시안 흐림 효과를 줍니다. 효과는 10픽셀만 주도록 합니다.

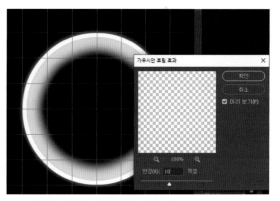

▲ 가우시안 흐림 효과를 한 번 더 줍니다.

32 마지막에 가우시안 흐림 효과를 준 가장 아랫부분의 레이어에는 보라색(7300FF), 안쪽을 위치해서 획을 잡아준 레이어는 파란색(2200FF)으로 레이어 색을 채워줍니다. 다음으로는 가장 상단의 가우시안 흐림 효과를 주지 않은 이미지에 최대값을 3픽셀 정도 주어 진한 하얀 선을 얇게 만들어줍니다.

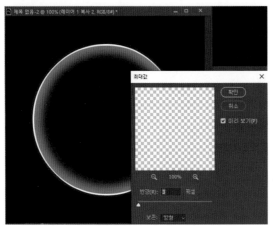

▲ 최대값을 주면 선이 얇아지며 샤프한 인상을 주게 됩니다.

33 파란색으로 칠한 레이어의 알파값을 70%로 만들어줍니다.

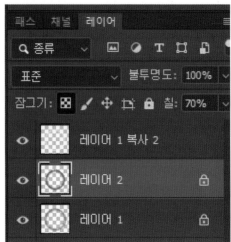

▲ 레이어를 잘 확인해주어 알파값을 빼줍니다.

34 완성된 이미지는 모두 png로 뒷 검은 배경은 뺀 채로 저장해줍니다.

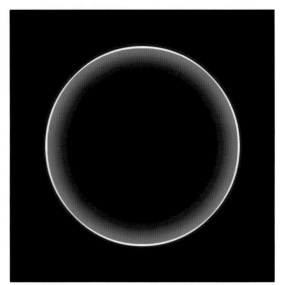

▲ 완성된 이미지

35 앞에서 완성한 이미지를 유니티에 넣고 기본적인 세팅을 합니다. 우선, 이미지의 Texture Type 메뉴를 Sprite(2D and UI)으로 바꾸고 머티리얼을 만들어줍니다. 모든 머티리얼의 Shader 경로를 Mobile − Particles − Alpha Blended로 만들어줍니다.

이미지가 선명해보이도록 어두운 벽을 두 개 세웁니다. 벽은 메뉴의 GameObject − 3D Object − Quad에서 찾아 만들 수 있습니다.

첫 번째 벽의 Position은 X : 0 / Y : 6 / Z : 3, Rotation 포지션은 모두 0으로 맞춰줍니다. Scale 포지션은 X : 17 / Y : 23 / Z : 11으로 바꿔줍니다. 두 번째 벽의 Position은 X : 0 / Y : −2.6 / Z : 5이고, Rotation 포지션은 X : 90 / Y : 0 / Z : 0입니다. Scale 포지션은 X : 17 / Y : 24 / Z : 11으로 맞춰줍니다.

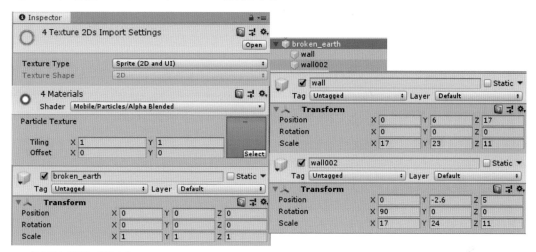

▲ 기본적인 세팅을 해줍니다.

36 가장 처음에는 바닥에 빛(타격 이미지)가 터지는 파티클을 조정해줄 것입니다. 파티클의 Position은 X : 0 / Y : −0.97 / Z : −3.8이고, Rotation 포지션은 모두 0으로 맞춰줍니다. Scale 포지션은 X : 1.2 / Y : 1 / Z : 1로 맞춰줍니다. 메인 파티클 설정을 조정해줍니다. 파티클 이미지는 broken_earth003 이라는 이름의 머티리얼로 넣어줍니다. Duration은 2로 바꿔주고, Start Lifetime의 값을 0.2로 맞춰줍니다. Start Speed는 0, Start Size 값은 5로 만들어줍니다.

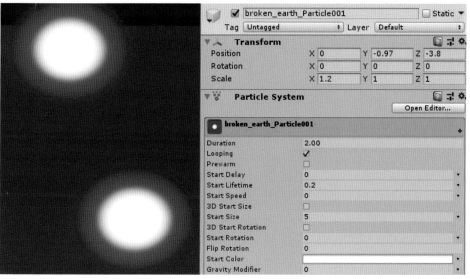

▲ 첫 번째 파티클을 정리해줍니다.

37 Emission의 Rate over Time 값을 0으로 바꾸고 Bursts의 칸을 +를 두 번 눌러 칸을 두 칸으로 만들어줍니다. 그중 한 칸에 Time 값을 0.1로 바꾸어주고, 두 칸 모두 Count 값을 1로 만들어줍니다. 그리고 Shape의 체크를 풀어주면 한 곳에 다른 타이밍의 원형 이펙트가 두 개 나오게 됩니다.

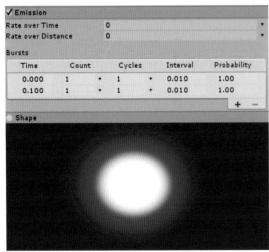

▲ 땅이 갈라질 부분이 한 곳 뿐이라 Shape 메뉴의 체크를 풀어 준 것입니다.

38 Color over Lifetime 값을 바꾸어 줄 차례입니다. 제일 끝 부분의 알파를 0으로 바꾸어주면 파티클의 끝이 흐리게 바뀌는 것을 확인할 수 있습니다. 위를 눌러주어 중간보다 앞부분의 파티클의 알파값을 100으로 바꿔준다면 앞부분은 선명하고 뒷부분만 흐려지는 파티클을 만들 수 있습니다.

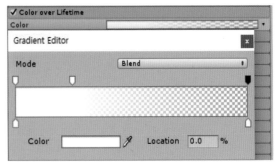

▲ 끝부분만 흐려지며 사라질 수 있도록 해줍니다.

39 Size over Lifetime 값을 수정해 줍니다. 우선 해당 메뉴를 체크해주고 Particle System Curves의 하단에서 두 번째 메뉴를 선택하여 눌러줍니다. 그리고 시작 부분의 사이즈를 0.5에 맞추어주면 됩니다. 첫 점의 타임은 0.15 정도에 놓아줍니다.

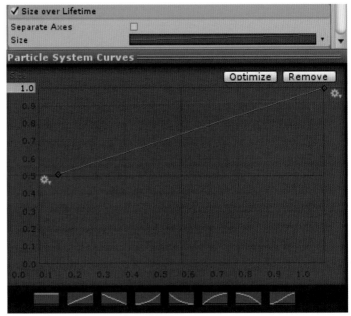

▲ 시작과 끝의 사이즈 비율을 정해줍니다.

40 마지막으로 우리가 만들 파티클의 레이어 층은 0, 땅에 보이는 갈라진 모습은 1, 갈라진 모습 위에 나올 원형(피격)파티클은 2, 원형 파티클이 사라지면서 보일 빛무리 파티클은 3, 주변에 튀는 돌덩어리로 구성됩니다. 따라서 Renderer 메뉴에서 Order in Layer 부분을 0이 아닌 1로 체크해줍니다. 그리고 Max Particle Size 값을 1.5로 바꾸어 주면 아까보다 더 큰 파티클이 보이고, 파티클이 작아졌다가 커지게 되는 모습도 선명하게 보이게 됩니다.

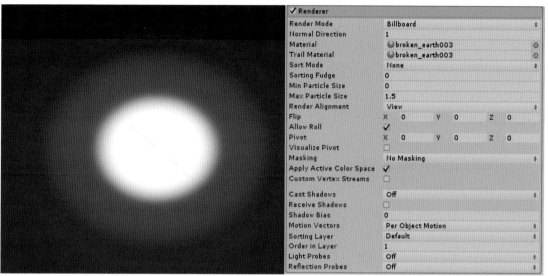

▲ 파티클이 순차적으로 나왔다가 사라지는 모습이 보이게 됩니다.

41 이제 빛무리 파티클을 만들 것입니다. 파티클 시스템을 새로 만들어주고, broken_earth004 라는 이름의 빛무리 이미지 머티리얼을 적용시켜줍니다. 파티클은 첫 번째로 만든 파티클 안에 옮겨주고, 트랜스폼과 메인 파티클 시스템을 수정해줍니다. 파티클의 트랜스폼 설정은 다음과 같습니다. Position과 Rotation은 모두 0, Scale은 모두 1입니다. Duration은 2으로 바꿔주고, Start Delay값을 0.1로 만들어줍니다. Start Lifetime의 값을 0.2로 만들어준 후 Start Speed을 0으로, Start Size 값은 4로 만들어줍니다. 마지막으로 Start Color의 알파값을 162로 바꿔줍니다.

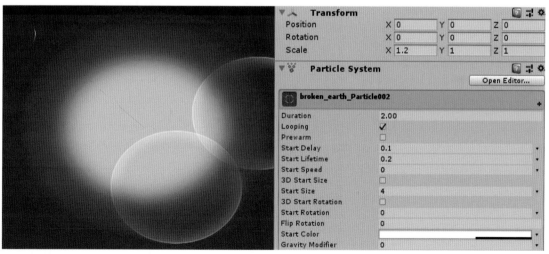

▲ 두 번째 파티클의 메인 수치를 정해줍니다.

42 Emission의 Rate over Time 값을 0으로 바꾸고 Bursts의 칸을 +를 두 번 눌러 칸을 두 칸으로 만들어줍니다. 그중 한 칸에 Time값을 0.1로 바꾸어주고, 두 칸 모두 Count값을 1로 만들어줍니다. 그리고 Shape의 체크를 풀어주면 한 곳에 다른 타이밍의 원형 이펙트가 두 개 나오게 됩니다.

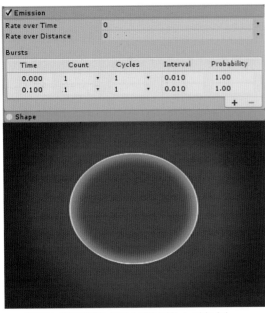

▲ 파티클의 생성 범위와 생성 숫자를 정할 수 있습니다.

43 Color over Lifetime 값을 바꾸어 줄 차례입니다. 제일 끝부분의 알파를 0으로 바꾸어주면 파티클의 끝이 흐리게 바뀌는 것을 확인할 수 있습니다. 위를 눌러주어 중간보다 앞부분의 파티클의 알파값을 100으로 바꿔준다면 앞부분은 선명하고 뒷부분만 흐려지는 파티클을 만들 수 있습니다.

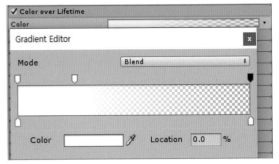

▲ 컬러를 바꿔줍니다.

44 Size over Lifetime 값을 수정해 줍니다. 우선 해당 메뉴를 체크해주고 Particle System Curves의 하단에서 두 번째 메뉴를 선택하여 눌러줍니다. 그리고 시작 부분의 사이즈를 0.9에 맞추어주면 됩니다. 하지만 여기까지 해줘도 아직까지는 게임화면상에서 사이즈가 변하는 것을 크게 인식하지 못합니다.

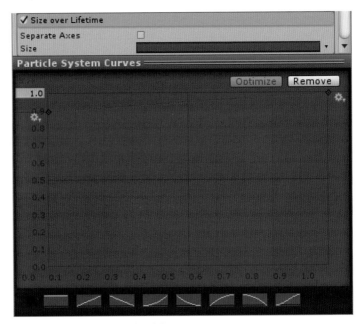

▲ 처음과 끝의 사이즈를 바꿔줍니다.

45 Renderer 메뉴에서 Order in Layer 부분을 0이 아닌 2로 체크해줍니다. 그리고 Max Particle Size 값을 1.5로 바꾸어 줍니다. 그러면 아까보다 더 큰 파티클이 보이고, 파티클이 작아졌다가 커지는 모습도 선명하게 보이게 됩니다.

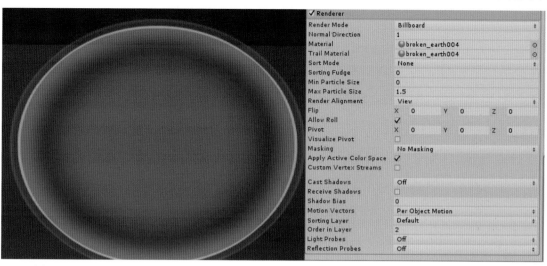

▲ 두 번째 파티클을 마무리해줍니다.

46 바닥에 깔려서 천천히 사라지는 갈라진 땅을 만들어줄 것입니다. 파티클 시스템을 새로 만들어준 후, broken_earth001라는 이름의 갈라진 바닥 이미지 머티리얼을 적용시켜 줍니다. 파티클은 첫 번째로 만든 파티클 안에 옮겨주고, 트랜스폼과 메인 파티클 시스템을 수정해줍니다. 파티클의 트랜스폼 설정은 다음과 같습니다. Position은 X : 0 / Y : −0.25 / Z : 0이고, Rotation 포지션은 X : 0 / Y : 0 / Z : 0입니다. Scale 포지션은 X : 1.2 / Y : 1 / Z : 1 입니다.

Duration은 2로 바꿔주고, Start Delay 값을 0.1로 만들어줍니다. Start Lifetime의 값은 1.5로 맞춰줍니다. Start Speed는 0으로, Start Size 값은 3.5로 만들어준 후 Start Color는 짙은 갈색(1A1616)으로 바꿔줍니다.

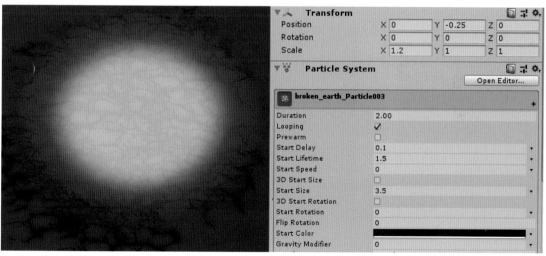

▲ 세 번째 파티클을 만들어줍니다.

47 Emission의 Rate over Time 값을 0으로 바꾸고 Bursts의 칸을 +를 눌러 칸을 한 칸 만들어주고 Count값을 1로 만들어줍니다. 이제 다음으로는 Shape의 체크를 풀어주면 한 곳에 파티클이 나오게 됩니다.

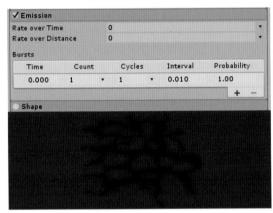

▲ 파티클의 범위를 바꿔줍니다.

48 Color over Lifetime 값을 바꾸어 줄 차례입니다. 제일 끝 부분의 알파를 0으로 바꾸어주면 파티클의 끝이 흐리게 바뀌는 것을 확인할 수 있습니다. 위를 눌러주어 중간보다 앞부분의 파티클의 알파값을 100으로 바꿔준다면 앞부분은 선명하고 뒷부분만 흐려지는 파티클을 만들 수 있습니다.

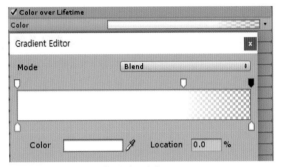

▲ 시작과 끝의 컬러값을 바꿔줍니다.

49 Renderer 메뉴에서 Max Particle Size부분을 0.5가 아닌 1.5로 체크해줍니다.

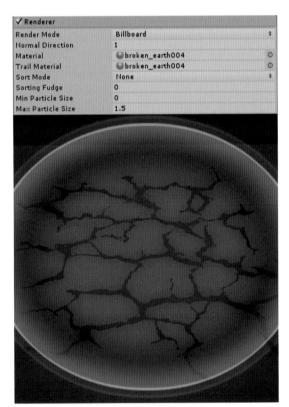

▲ 파티클의 최대 크기를 키워줍니다.

50 이번에는 갈라진 땅에 순간적으로 사라지는 같은 이펙트를 만들어서 땅 부분이 조금 더 부각되도록 할 것입니다. 파티클 시스템을 새로 만들어준 후, broken_earth001 라는 이름의 갈라진 바닥 이미지 머티리얼을 적용시켜줍니다. 파티클은 첫 번째로 만든 파티클 안에 옮겨주고, 트랜스폼과 메인 파티클 시스템을 수정해줍니다. 파티클의 트랜스폼 설정은 다음과 같습니다. Position은 X : 0 / Y : −0.25 / Z : 0이고, Rotation 포지션은 X : 0 / Y : 0 / Z : 0입니다. Scale 포지션은 X : 1.2 / Y : 1 / Z : 1 입니다.

Duration은 2로 바꿔주고, Start Delay값을 0.2로 만들어줍니다. 다음으로는 Start Lifetime의 값은 0.3으로 맞춰줍니다. Start Speed은 0으로, Start Size값은 3.5로 만들어준 후 Start Color은 짙은 갈색(1A1616)으로 바꿔줍니다.

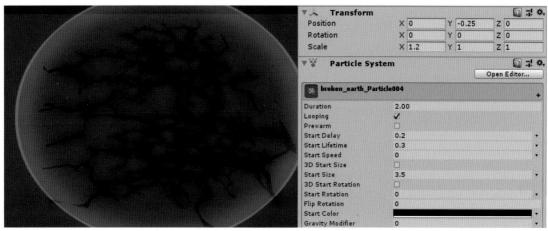

▲ 새로운 파티클은 갈라진 땅에 효과를 더해줄 것입니다.

51 Emission의 Rate over Time을 0으로 바꾸고 Bursts의 칸을 +를 두 번 눌러 칸을 두 칸으로 만들어줍니다. 그중 한 칸에 Time값을 0.1로 바꾸어주고, 두 칸 모두 Count값을 1로 만들어줍니다. 이제 다음으로는 Shape의 체크를 풀어주면 한 곳에 다른 타이밍의 원형 이펙트가 두 개 나오게 됩니다.

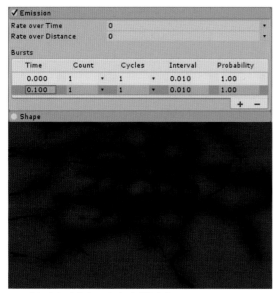

▲ 작은 땅이 선명히 보이기 시작합니다.

52 Color over Lifetime 값을 바꾸어 줄 차례입니다. 제일 끝 부분의 알파를 0으로 바꾸어주면 파티클의 끝이 흐리게 바뀌는 것을 확인할 수 있습니다. 위를 눌러주어 중간보다 앞부분의 파티클의 알파값을 100으로 바꿔준다면 앞부분은 선명하고 뒷부분만 흐려지는 파티클을 만들 수 있습니다.

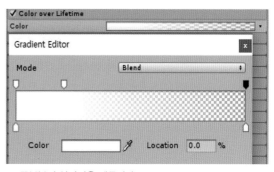

▲ 끝부분의 알파값을 빼줍니다.

53 Size over Lifetime 값을 수정해줍니다. 우선 해당 메뉴를 체크해주고 Particle System Curves의 하단에서 두 번째 메뉴를 선택하여 눌러줍니다. 그리고 시작 부분의 사이즈를 0.9에 맞추어주고 끝점의 시간 부분을 0.15에 맞춰주면 됩니다. 하지만 여기까지 해줘도 아직까지는 게임화면상의 사이즈가 변하지 않습니다.

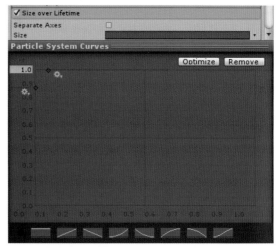

▲ 시작점의 사이즈를 바꿔줍니다.

54 Renderer 메뉴에서 Max Particle Size부분을 0.5가 아닌 1.5로 체크해줍니다. 체크를 해주면 만들어 둔 파티클이 커지면서 조금 더 진해진 파티클이 보이는 것을 알 수 있습니다.

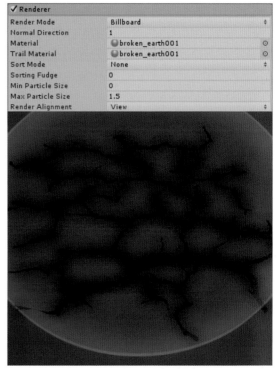

▲ Max Particle Size를 변경해주면 시작과 끝이 변화하는 파티클을 볼 수 있습니다.

55 다음으로는 갈라진 땅에서 튀어오르는 돌멩이를 만들어줄 것입니다. 파티클 시스템을 새로 만들어준 후, broken_earth002 라는 이름의 돌멩이 이미지 머티리얼을 적용시켜줍니다. 파티클은 첫 번째로 만든 파티클 안에 옮겨주고, 트랜스폼과 메인 파티클 시스템을 수정해줍니다. 파티클의 트랜스폼 설정은 다음과 같습니다. Position과 Rotation은 모두 0으로, Scale은 모두 1로 설정합니다.

Duration은 2로 바꿔주고, Start Delay값을 0.1로 만들어줍니다. Start Lifetime의 값을 Random Between Two Constants으로 두 칸으로 나눠 각각 0.15와 0.35로 맞춰줍니다. 다음으로는 Start Speed도 Random Between Two Constants으로 바꾼 후 각 수치를 0.1와 5로 만들고 Start Size 값은 0.3과 0.1로 만들어줍니다. Start Rotation은 두 칸으로 만들어 각 수치를 0과 360으로 바꿔줍니다. 다음으로는 Start Color의 색을 진한 회색(301F1F)과 회색(737373)으로 바꿔줍니다.

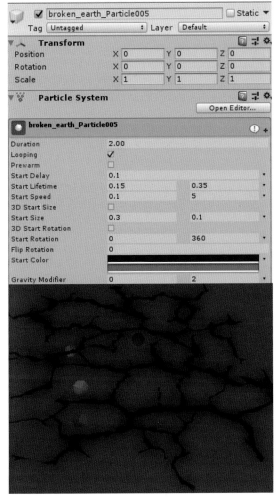

▲ 마지막 파티클의 메인 수치를 바꿔줍니다.

56 Emission의 Rate over Time을 0으로 바꾸고 Bursts의 +표시를 눌러 나온 메뉴의 Count 부분을 40으로 바꾸어줍니다. 같은 방법으로 +표시를 두 번 눌러 두 번째 Time의 숫자는 0.1로 바꾸어주고, Count 부분은 30으로 바꾸어주면 됩니다. Shape의 Shape 부분이 Circle인 상태로 Radius 부분을 1.4로 바꿔줍니다.

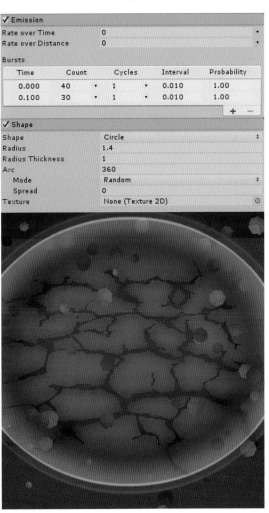

▲ 숫자와 범위를 채워줍니다.

57 Size over Lifetime 값을 수정해줍니다. 우선 해당 메뉴를 체크해주고 Particle System Curves의 하단에서 세 번째 메뉴를 선택하여 눌러줍니다. 그리고 시작 부분의 시작을 0.35에 맞추어줍니다.

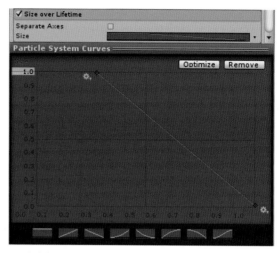

▲ 시작과 끝의 사이즈를 바꿔줍니다.

58 Renderer 메뉴에서 Order in Layer 부분을 0이 아닌 3으로 체크해줍니다. 그러면 땅에 튀는 파티클이 가장 앞으로 나오게 됩니다.

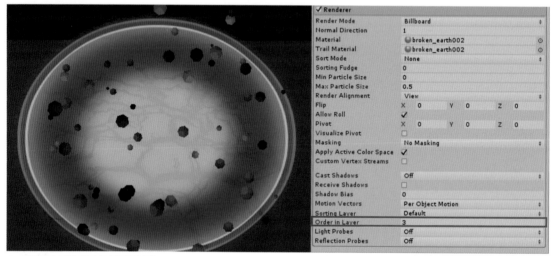

▲ 레이어를 가장 앞으로 가져옵니다.

여기까지 해주면 완성입니다. 이 이펙트를 참고로 타격의 느낌을 여러 가지 방법으로 바꾸어 더 좋은 이펙트를 만들어 볼 수도 있습니다.

04 바람

바람은 무언가 맞고, 가격하더라도 자연스럽게 흩어지는 느낌을 주어야 합니다. 때문에 바람속성의 이펙트를 만들 때는 3D 소품, 나뭇잎 등을 이용해서 바람의 느낌을 표현해주거나 초록색 이펙트를 써서 시원한 느낌을 많이 주는 편입니다. 눈에 보이지 않는 속성임을 생각하며 만들어보면 좋습니다.

▲ 바람의 효과가 눈에 보이지 않아도 소품 등을 활용해 바람의 느낌을 살릴 수 있습니다.

■ 바람속성 타격 만들기

01 타격은 순간적으로 강한 느낌을 주고 흩어지는 것을 추구하는 편입니다. 그리고 타격에 속성이 들어가면 스킬로도 사용할 수 있습니다. 이번엔 그중 하나인 바람속성의 스킬을 만든다고 생각하고 만들면 좋을 것입니다.

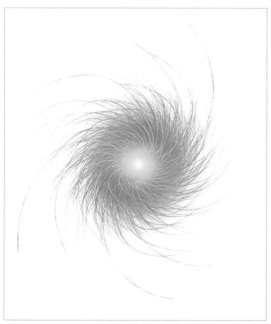

▲ 누가봐도 바람 속성이라는 것이 느껴져야 합니다.

03 다음으로는 상처를 낸 하얀 이미지에 필터(T) – 흐림효과 – 동작 흐림 효과를 선택하여 그림에 효과를 줍니다. 효과는 그림을 봐가며 조절하는 것이 좋습니다 (참고로 이 그림에서는 효과를 90도에 150픽셀 정도로 주었습니다).

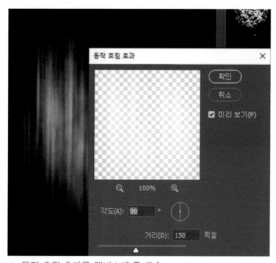

▲ 동작 흐림 효과를 캔버스에 준 모습

02 이번에 만들 이펙트 이미지는 피격 효과 중심에 있을 피격 이미지, 주변에 타격이 흩어지는 효과를 줄 바람 이미지, 주변에 흩어지는 파편 이미지, 마지막으로 원형의 빛 이미지로 네 개입니다.

첫 번째로 만들 피격 효과의 중심 이미지는 512×512픽셀의 캔버스를 열고, 검은색으로 캔버스 배경을 칠해줍니다. 다음으로 Ctrl + ' 으로 설정해놨던 가이드라인을 불러옵니다. 이후 캔버스 중점에 맞춰 하얀 원형을 그려주고, 그 원형을 지우개 도구를 사용해 원형 이미지에 상처를 내줍니다. 검은 칠을 하는 것이 아닌 지우개로 하얀 부분을 지워주는 것입니다. 가운데 부분은 꼼꼼하지 않아도 되지만 원형의 가 부분은 꼼꼼히 지워서 상처를 만들어줍니다.

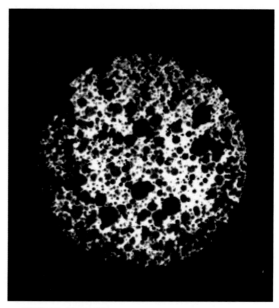

▲ 상처를 낸 원형이미지

04 복사한 레이어를 Ctrl + T로 자유변형 모드로 바꾸어준 후 가로만 살짝 작게 만들고 세로로 길게 빼어 다이아몬드같은 느낌을 냅니다. 가운데가 조금 더 밝게 빛이 나도록 한 장, 두 장 더 복사하여 모양을 잡아주어도 좋습니다(그림에서는 레이어를 총 네 장 썼습니다).

05 이미지를 만들었다면 색을 지정해줍니다. 바람속성의 이펙트는 대부분 초록색을 쓸 때가 많습니다. 그렇기 때문에 색조합을 초록색 – 연두색 – 하늘색(혹은 노랑) – 흰색으로 많이 쓰게 될 것입니다.

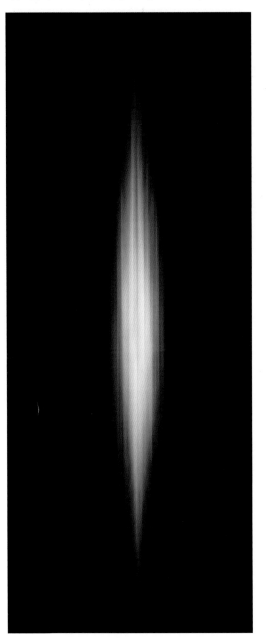

▲ 마음에 드는 모양이 나올 때까지 잡아줍니다.

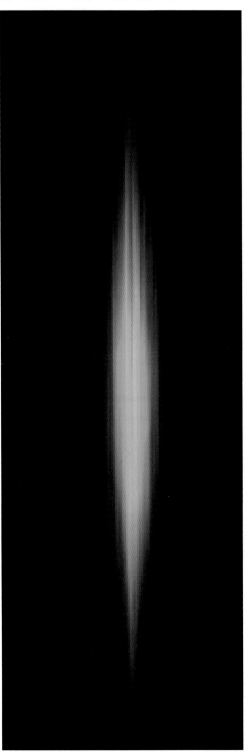

▲ 색을 입힌 모습

06 만든 이미지를 하나 복사하며 불규칙한 모양의 피격 이미지를 만들어줍니다. 혹시나 수정할 부분이 생길지도 모르니 원본 이미지를 저장하며 만드시기 바랍니다.

▲ 정리된 피격 이미지

07 Ctrl + J (복사레이어를 만드는 단축키)로 같은 모양의 레이어를 하나 더 만들어 준 후 자유도구 (Ctrl + T)를 사용하여 한 번 더 비틀어줍니다. 다음 나누기를 사용하면 이미지가 자연스럽게 발광하는 듯한 느낌을 내게 해줍니다.

▲ 정리되어 완성된 피격 이미지

08 완성된 이미지를 복사하여 뒷 장에 가우시안 흐림 효과를 넣어줍니다. 가우시안 흐림 효과는 4픽셀 정도 넣어주면 됩니다.

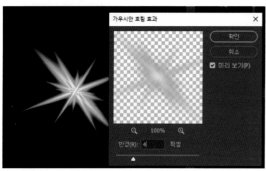

▲ 완성된 중심 피격 이미지

09 다음으로는 주변으로 바람 타격이 흩어지는 느낌을 줄 반원 모양의 이미지를 만들 것입니다. 앞에서 만든 피격 이미지 중 모양을 만들지 않고 색만 넣었던 단계의 이미지에 기울임 효과를 주어 만들 것입니다.

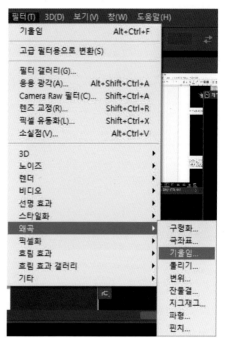

▲ 포토샵 기울임 효과를 줍니다.

10 기울임 효과는 감싸기 영역에서 그래프에 곡선을 주어 그림을 왜곡하여 이미지를 곡선으로 만들어 주는 필터입니다.

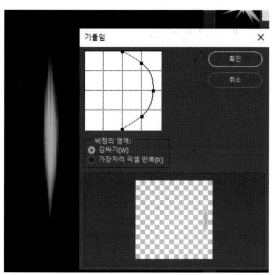

▲ 그림을 기울여줍니다.

11 기울인 이미지 레이어를 하나 더 복사하고 가우시안 흐림 효과를 줍니다. 해당 그림에는 8픽셀 정도의 그림을 주었습니다. 효과를 주면 그림이 오른쪽에 치우치는 모습을 볼 수 있는데 이는 중점이 가운데에 있기 때문입니다. 그대로 저장하면 파티클을 원형으로 만들 수 있게 됩니다.

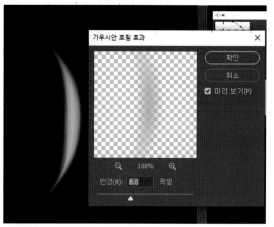

▲ 가우시안 흐림 효과를 주면 완성입니다.

12 다음으로 만들어 줄 이미지는 주변 타격에 흩어지는 그림의 이미지입니다. 유리가 깨진 듯한 느낌을 줄 것입니다. 브러시로 원형을 잡아준 후 지우개 도구를 사용해 파편 느낌의 이미지를 그려줍니다.

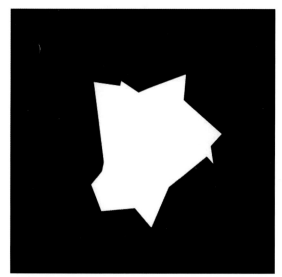

▲ 불규칙한 파편의 모습을 잡아줍니다.

13 이번에도 같은 레이어를 복사한 후 아래쪽 레이어에 가우시안 흐림 효과를 넣어줍니다. 가우시안 흐림 효과는 광원 효과를 보여주기 위해 44픽셀 정도로 크게 주었습니다.

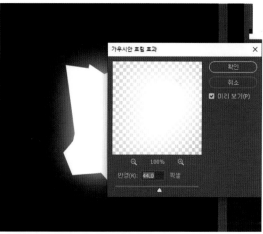

▲ 가우시안 흐림 효과를 적용한 모습

14 여기까지 정리해주면 세 번째 이미지도 끝이 납니다. 마지막으로는 광원 효과를 주기 위한 원형의 빛을 만들어 줄 것입니다.

첫 번째로 만들 피격 효과의 중심 이미지는 512×512픽셀의 캔버스를 열고, 검은색으로 캔버스 배경을 칠해줍니다. 다음으로 Ctrl + ˈ 으로 설정해놨던 가이드라인을 불러옵니다. 이후 캔버스 중점에 맞춰 하얀 원형을 그려줍니다.

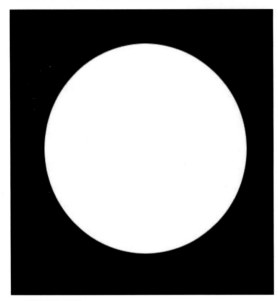

▲ 만들어준 원형

15 원형 이미지에 가우시안 흐림 효과를 줍니다. 가우시안 흐림 효과는 30픽셀 정도 주었습니다.

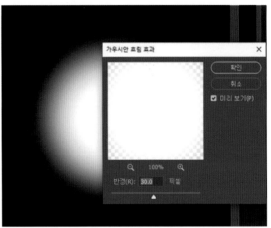

▲ 가우시안 흐림 효과를 줍니다.

16 가우시안 효과를 준 이미지를 두 번 복사하고, 가장 아래쪽엔 초록색(2C8F2F), 두 번째 레이어엔 하늘색(00D9FF)으로 원형을 채워줍니다. 색이 겹치지 않게 위로 올라올 수록 원형이 작아지게 조절해주면 완성입니다.

▲ 빛나는 구같은 이미지를 만들어줍니다.

17 이제 각 이미지를 검은 배경을 빼서 png로 저장해 준 후 유니티에 넣어줍니다. 유니티 안 이미지의 Texture Type 메뉴를 Sprite(2D and UI)으로 바꿔주고, 머티리얼을 만들어 1과 2의 이미지는 Alpha Blended, 3과 4의 머티리얼 Shader는 Additive로 만들어줍니다.

다음으로는 유니티 안에서 파티클을 보기 위한 기본 세팅을 해주면 됩니다. 어두운 색의 벽과 파티클 시스템을 넣어줄 게임오브젝트를 하이어라키 창에 넣어줍니다. 벽은 메뉴의 GameObject – 3D Object – Quad에서 찾아 만들 수 있습니다. 첫 번째 벽의 Position은 X : 0 / Y : 6 / Z : 3, Rotation 포지션은 모두 0으로 맞춰줍니다. Scale 포지션은 X : 17 / Y : 23 / Z : 11으로 바꿔줍니다. 두 번째 벽의 Position은 X : 0 / Y : −2.6 / Z : 5이고, Rotation 포지션은 X : 90 / Y : 0 / Z : 0입니다. Scale 포지션은 X : 17 / Y : 24 / Z : 11으로 맞춰줍니다.

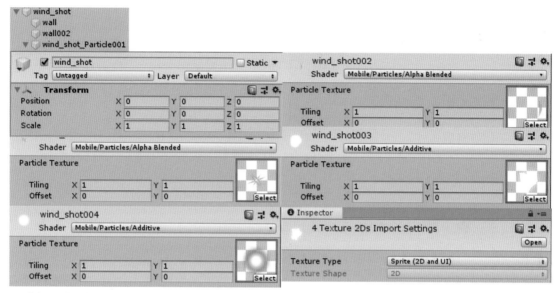

▲ 이펙트를 만들어서 보기 위한 기본 세팅을 해줍니다.

18 첫 번째 파티클의 이미지는 wind_shot001이라고 이름 지어진 이미지의 머티리얼을 넣어줍니다. 그리고 파티클의 트랜스폼 수치를 정해줍니다. Position과 Rotation 포지션은 모두 0으로 설정해 줍니다. Scale 값은 모두 1로 맞춰줍니다. 트랜스폼을 모두 수정했다면, 메인 파티클 설정을 조정해줄 것입니다. 파티클이 1초이상 나올 것이 아니기 때문에 Duration을 1로 만들어줍니다. 다음으로는 Start Lifetime의 값을 0.2로 맞춰줍니다. 마지막으로 Start Speed는 0으로, Start Size 값은 10으로 만들어줍니다.

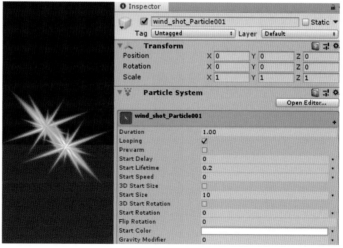

▲ 메인 파티클 시스템을 수정해줍니다.

19 Emission의 Rate over Time을 0으로 바꾸고 Bursts의 +표시를 눌러 나온 메뉴의 Count 부분을 1로 바꾸어줍니다. 다음으로는 Shape의 체크를 꺼주면 됩니다. 그러면 같은 장소에 하나의 파티클이 생기게 됩니다.

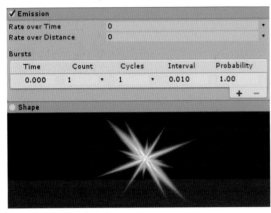

▲ 가운데에 나타난 파티클

20 빛이 자연스럽게 사라지게 하기 위해 컬러와 알파값을 지정해주는 Color over Lifetime 값을 바꾸어줄 차례입니다. Color over Lifetime 란의 하얀 칸을 누르면 Gradient Editor 란이 보이는데 윗부분 화살표가 없는 빈부분을 누르면 화살표가 새로 생깁니다. 제일 끝부분의 알파를 0으로 바꾸어주면 파티클의 끝이 흐리게 바뀌는 것을 확인할 수 있습니다. 위를 눌러주어 중간보다 앞부분의 파티클의 알파값을 100으로 바꿔준다면 앞부분은 선명하고 뒷부분만 흐려지는 파티클을 만들 수 있습니다.

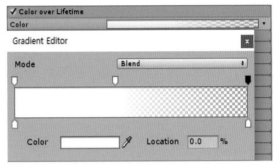

▲ 파티클의 시작 부분과 두 번째 부분을 알파값 100으로 해주면 더 선명한 파티클을 만들 수 있습니다.

21 Size over Lifetime 값을 수정해줍니다. 우선 해당 메뉴를 체크해주고 두 번째 모양의 오토 메뉴를 선택하여 눌러줍니다. 그리고 시작 부분의 사이즈를 0.5에 맞추어주면 됩니다. 첫 번째 점을 끌어와 타이밍(가로 축)이 0.17이 되는 지점에 놓아 줍니다.

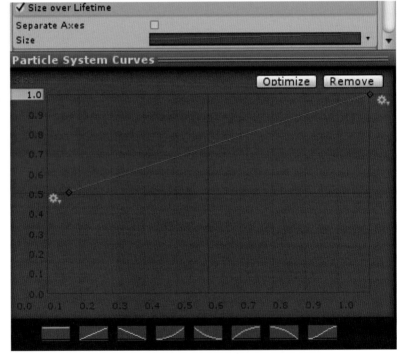

▲ 파티클의 시작값을 조금 늦추면 타격감이 조금 더 생깁니다.

22 그래도 아직 파티클 이미지가 작아서 달라진 모습이 보이지 않을 겁니다. 파티클을 조금 더 키우기 위해 Renderer의 Max Particle Size 값을 1.5로 바꾸어 주면 이펙트의 모양이 더 커져보이고, 위에서 지정했던 Size over Lifetime 값도 적용된 채로 보이게 됩니다.

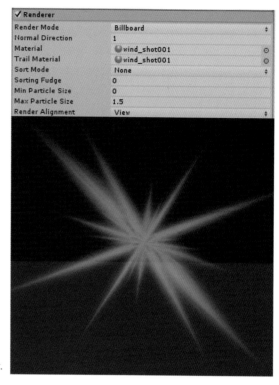

▶ 파티클의 최대값을 정해줍니다.

23 파티클을 하나 더 만들어 첫 번째 파티클 밑에 넣어줍니다. 이미지는 wind_shot001이라고 이름 지어진 이미지의 머티리얼을 넣어 주곤, 파티클의 트랜스폼 수치와 메인 파티클 수치를 정해줍니다. 파티클의 트랜스폼 수치는 Position과 Rotation은 모두 0, Scale 값은 모두 1로 맞춰줍니다.

메인 파티클 설정을 조정해줍니다. Duration을 1로 만들어주고 Start Delay값을 0.05로 만들어줍니다. 이제 Start Lifetime의 값을 Random Between Two Constants으로 두 칸으로 만들어준 후 0.3과 0.5로 맞춰줍니다. Start Speed 값도 두 칸으로 만들어주고, 0과 −5로바꾸어줍니다. Start Size 값 또한 Random Between Two Constants으로 두 칸으로 만들어준 후 각 0.5과 5로 바꿔줍니다. 각자 다른 회전축을 가진 파티클 이미지가 만들어지기 위해서 Start Rotation 메뉴도 Random Between Two Constants으로 두 칸으로 만들어준 후 0과 360으로 바꾸어줍니다. 마지막으로 Start Color의 알파값을 150으로 바꾸어줍니다.

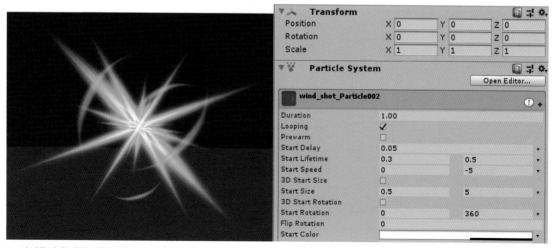

▲ 파티클의 위치와 메인 파티클 수치를 바꿔줍니다.

24 앞에서 했던 것처럼 Emission을 설정할 것입니다. Emission의 Rate over Time을 0으로 바꾸고 Bursts의 +표시를 눌러 나온 메뉴의 Count 부분을 20으로 바꾸어줍니다. 같은 방법으로 +표시를 한 번 더 눌러 두 번째 Time의 숫자는 0.15로 바꾸어주고, Count 부분은 10으로 바꾸어주면 됩니다. Shape의 Shape 부분이 Sphere인 상태로 바꿔주면 됩니다.

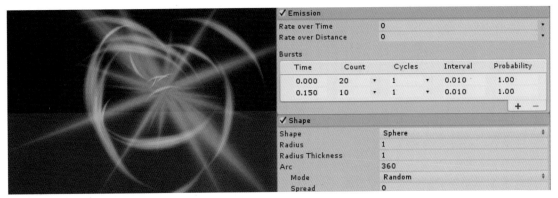

▲ 파티클의 수와 범위를 정해줍니다.

25 Color over Lifetime 값을 바꾸어 줄 차례입니다. 앞과 제일 끝부분의 알파를 0으로 바꾸어주면 파티클의 끝이 흐리게 바뀌는 것을 확인할 수 있습니다. 위를 눌러주어 화살표 하나를 만들고 파티클의 알파값을 100으로 바꿔준다면 앞부분은 선명하고 뒷부분만 흐려지는 파티클을 만들 수 있습니다.

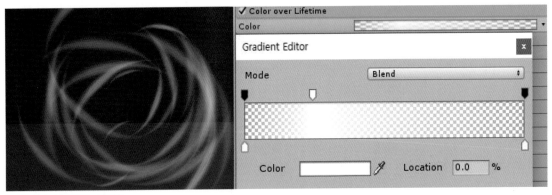

▲ 흐려지며 사라지는 파티클

26 Renderer의 Max Particle Size 값을 1.5로 바꾸어 줍니다.

✓ Renderer		
Render Mode	Billboard	⇕
Normal Direction	1	
Material	⬤ wind_shot002	⊙
Trail Material	⬤ wind_shot002	⊙
Sort Mode	None	⇕
Sorting Fudge	0	
Min Particle Size	0	
Max Particle Size	1.5	

▲ 파티클의 최대값을 키워줍니다.

27 바람이라는 느낌이 더 나게 하기 위해 마지막으로 Velocity over Lifetime 값을 바꿉니다. Linear 값의 Y값을 1로 바꾸어주고, Orbital의 메뉴를 오른쪽 화살표를 눌러 Random Between Two Constants 으로 두 칸으로 나눠줍니다. 그 후, X값을 각 10과 −5로, Y값 또한 각 10과 −5로, 마지막 Z값을 각 5와 −5로 바꾸어주면 두 번째 파티클이 완성됩니다.

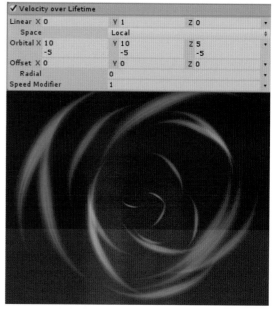

✓ Velocity over Lifetime				
Linear X 0		Y 1	Z 0	▼
Space		Local		◆
Orbital X 10		Y 10	Z 5	▼
−5		−5	−5	
Offset X 0		Y 0	Z 0	▼
Radial		0		
Speed Modifier		1		

▲ 바람에 흩날리는 듯한 효과를 줍니다.

28 무언가 맞는 것 같은 타격감을 조금 더 주기 위해 원형의 빛으로 된 이펙트를 만들어 줄 것입니다. 새 파티클을 만들어 첫 번째 파티클 안에 넣어주고, 트랜스폼과 메인 파티클 시스템 메뉴를 바꿔줍니다. 머티리얼은 wind_shot004이라고 이름 지어진 원형의 이미지를 넣어주면 됩니다. 새로 만든 파티클 시스템의 트랜스폼 Position과 Rotation 포지션은 모두 0으로 설정해 줍니다. Scale 값은 모두 1로 맞춰줍니다. 트랜스폼을 모두 수정했다면, 메인 파티클 설정을 조정해줄 것입니다. 파티클이 1초이상 나올 것이 아니기 때문에 Duration을 1로 만들어줍니다. 다음으로는 Start Delay값을 0.1로 만들어주고, Start Lifetime의 값을 0.3으로 맞춰줍니다. Start Speed은 0으로, Start Size 값은 8로 만들어줍니다. 마지막으로 Start Color의 알파값을 198로 바꿔줍니다.

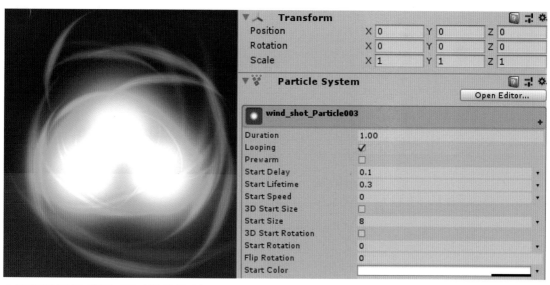

▲ 머티리얼 쉐이더 때문에 조금 더 밝아보입니다.

29 Emission을 설정할 것입니다. Emission의 Rate over Time을 0으로 바꾸고 Bursts의 +표시를 눌러 나온 메뉴의 Count 부분을 1로 바꾸어줍니다. 다음으로는 Shape의 체크를 꺼주면 됩니다. 그러면 같은 장소에 하나의 파티클이 생기게 됩니다.

30 컬러와 알파값을 지정해주는 Color over Lifetime 값을 바꾸어 줄 차례입니다. 앞부분의 파티클의 알파값을 100으로 바꿔주고, 뒷부분의 알파는 0으로 만들어줍니다.

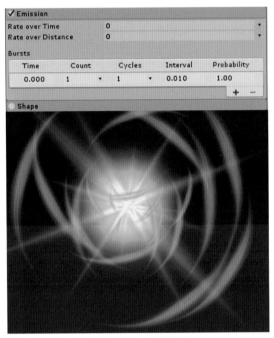

▲ 설정해주면 흐린 원 하나가 나오게 됩니다.

▲ 시작과 끝의 컬러값을 바꾸어 자연스럽게 사라지게 해줍니다.

31 Size over Lifetime 값을 수정해줍니다. 우선 해당 메뉴를 체크해주고 두 번째 모양의 오토 메뉴를 선택하여 눌러줍니다. 그리고 시작 부분의 사이즈를 0.8에 맞추어주면 됩니다.

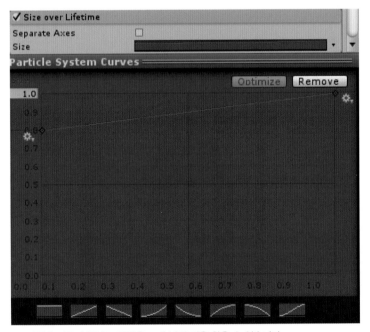

▲ 이렇게 바꾸어 주어도 아직은 크게 바뀐 점을 찾을 수 없습니다.

32 작은 파티클을 조금 더 키우기 위해 Renderer의 Max Particle Size 값을 2로 바꾸어줍니다. 그리고 파티클 중 가장 위에 올라오는 것이 조금 더 효과적인 방법이기 때문에 Order in Layer 부분을 1로 체크해줍니다. 여기까지 해주면 밝은 빛이 작아졌다가 크게 터지는 것을 볼 수 있습니다.

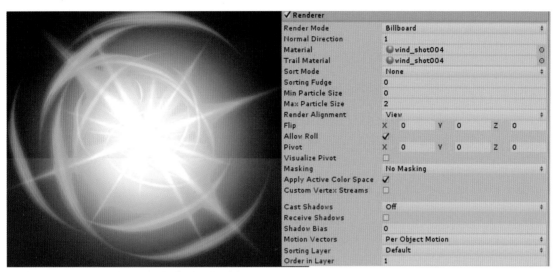

▲ 마지막까지 설정해주었다면 새 파티클을 만들어줍니다.

33 파티클을 하나 더 만들어 첫 번째 파티클 밑에 넣어줍니다. 이미지는 wind_shot003이라고 이름 지어진 이미지의 머티리얼을 넣어 주곤, 파티클의 트랜스폼 수치와 메인 파티클 수치를 정해줍니다. 파티클의 트랜스폼 수치는 Position 포지션과 Rotation 포지션은 모두 0으로 설정해 주고 Scale 값은 모두 1로 맞춰줍니다.

메인 파티클 설정을 조정해줍니다. Duration을 1로 만들어주고 다음으로는 Start Delay값을 0.1로 만들어줍니다. Start Lifetime의 값을 Random Between Two Constants으로 두 칸으로 만들어준 후 0.3과 0.5로 맞춰줍니다. 다음으로는 Start Speed 값도 두 칸으로 만들어주고, 0과 2로 바꾸어줍니다. Start Size 값 또한 Random Between Two Constants으로 두 칸으로 만들어준 후 각 0.3과 0.5로 바꿔줍니다. 마지막으로 각자 다른 회전축을 가진 파티클 이미지가 만들어지기 위해서 Start Rotation 메뉴도 Random Between Two Constants으로 두 칸으로 만들어준 후 0과 360으로 바꾸어줍니다.

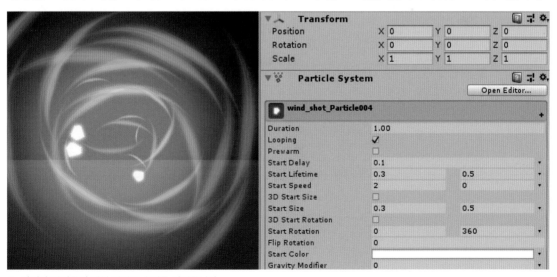

▲ 마지막 파티클의 메인 파티클 수치를 바꿔줍니다.

34 앞에서 했던 것처럼 Emission을 설정할 것입니다. Emission의 Rate over Time을 0으로 바꾸고 Bursts의 +표시를 눌러 나온 메뉴의 Count 부분을 40으로 바꾸어줍니다. Shape의 Shape 부분이 Circle인 상태로 바꿔주고, Radius 부분을 2로 바꿔주고 Radius Thickness값 또한 0.7로 바꿔줍니다.

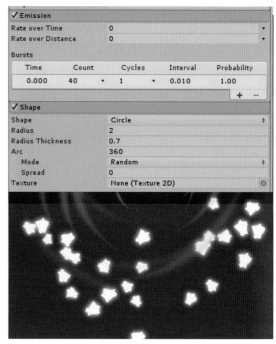

▲ 파티클이 뻗어나오는 숫자와 범위를 바꿔줍니다.

35 Size over Lifetime 값을 수정해줍니다. 우선 해당 메뉴를 체크해주고 세 번째 모양의 오토 메뉴를 선택하여 눌러줍니다. 그리고 내리막의 시작 부분을 0.35에 맞추어주면 됩니다.

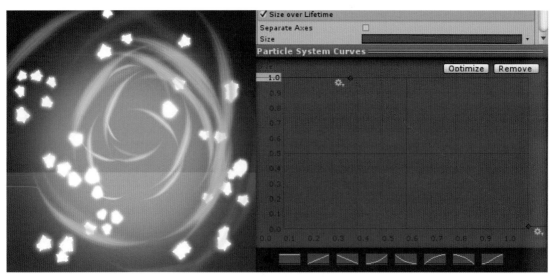

▲ 작아지면서 사라지면 조금 더 선명한 파편같은 느낌이 나게 됩니다.

36 이로써 바람의 느낌이 나는 피격 이펙트가 하나 완성됩니다. 완성된 이펙트는 예제 패키지에서 받아볼 수 있습니다.

▲ 완성된 피격 이펙트

■ 회오리 만들기

회오리 이펙트는 바람 이펙트를 만들 때 가장 손쉽게 나올 수 있는 이펙트입니다. 3D 모델링과 함께 만들어야 조금 더 예쁘게 나온다는 점이 있지만 파티클만으로도 충분히 표현해볼 수 있는 이펙트입니다. 만들면서 주의해야 할 점은 색 자체를 넣는 것보단 흐린 구름 빛의 무채색을 쓰는 편이 조금 더 회오리스럽다는 것입니다. 색이 들어간 이펙트는 회오리 자체보단 회오리를 쓰는 마법을 표현한 이펙트에 알맞습니다.

▲ 회오리 바람을 만들어 볼 것입니다.

01 이번에 만들 이펙트 이미지는 회오리 바람의 중심에
있을 바람 모양의 이미지, 회오리 바람이 생성되면
서 바닥에 깔릴 먼지 이미지, 간간히 끌어올려서 회오리 바
람에 함께 도는 돌멩이나 나뭇잎 이미지로 총 세 가지입니다.
첫 번째로 바람모양의 이미지를 만들어 볼 것입니다. 512x512
캔버스를 열고, 검은색으로 캔버스 배경을 칠해줍니다. 다음
으로 Ctrl + ' 으로 설정해놨던 가이드라인을 불러옵니다.
이후 캔버스 중점에 맞춰 하얀 원형을 그려주고, 그 원형을
지우개 도구를 사용해 원형 이미지에 상처를 내줍니다. 검
은 칠을 하는 것이 아니라 지우개로 하얀 부분을 지워주는
것입니다. 가운데 부분은 꼼꼼하지 않아도 되지만 테두리
부분은 꼼꼼히 지워서 상처를 만들어줍니다.

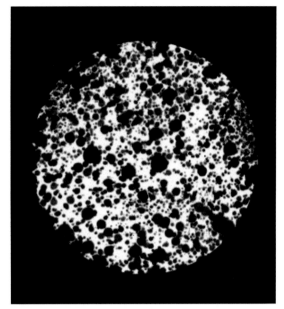

▲ 상처를 낸 원형 이미지

02 상처를 낸 하얀 이미지에 필터(T) – 흐림효과 – 동
작 흐림 효과를 선택하여 그림에 효과를 줍니다. 효
과는 90도에 150픽셀을 줍니다.

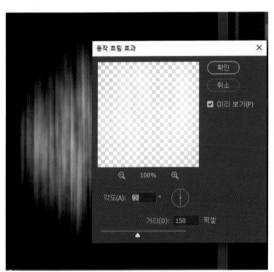

▲ 동작 흐림 효과를 주는 모습

03 동작 흐림 효과를 준 이미지에 상처를 약간만 더
줍니다.

▲ 상처를 준 모습

04 같은 동작 흐림 효과를 다시 줍니다. 효과는 80픽셀 정도로 줍니다.

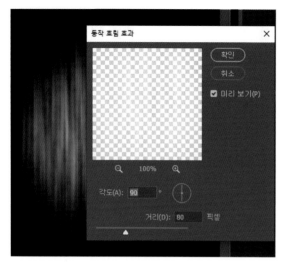

▲ 동작 흐림 효과를 한 번 더 준 모습

06 두 번째로 만들 이미지는 회오리 바람이 생성되면서 바닥에 깔릴 먼지 이미지입니다. 우선 512×512 픽셀의 캔버스를 열고, 검은색으로 캔버스 배경을 칠해줍니다. 원형을 만들고 바람 이미지를 만들 때와 같이 원형에 촘촘히 구멍을 내줍니다.

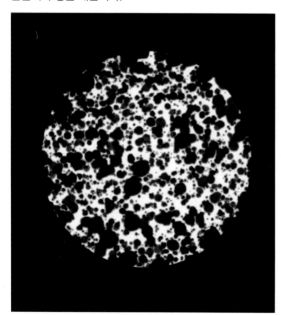

▲ 촘촘하게 구멍을 뚫어준 모습

▶ 가우시안 흐림 효과를 줍니다.

05 효과를 준 이미지 레이어를 복사해주고, 아래 레이어를 채도 낮은 하늘색(6B9DAB)으로 칠해줍니다. 다음으로는 윗 레이어를 살짝 길고 얇게 잡아 서로 다른 크기로 잡아줍니다. 이미지를 완성하면 PNG 파일로 저장합니다.

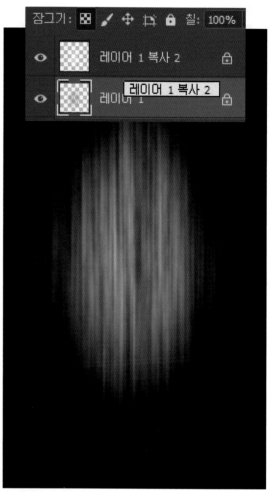

▲ 완성된 파티클의 모습

07 가우시안 흐림 효과를 14픽셀로 줍니다. 이미지를 완성하면 PNG 파일로 저장합니다.

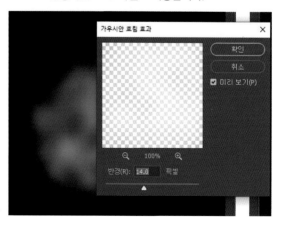

08 이번엔 나뭇잎과 돌멩이의 느낌을 줄 울퉁불퉁한 이미지를 만들어 줄 것입니다. 512×512픽셀의 캔버스를 열고, 검은색으로 캔버스 배경을 칠해줍니다. 다각형 도구로 오각형을 만들고 회색으로 간단하게 명암을 넣어줍니다. 그 후, 이 이미지를 PNG 파일로 저장합니다.

09 앞에서 만든 세 이미지를 모두 유니티에 넣어줍니다. 유니티 안 이미지의 Texture Type 메뉴를 Sprite(2D and UI)으로 바꿔주고 머티리얼을 만듭니다. 그 다음, Alpha Blended로 쉐이더를 만들어줍니다. 그리고 예제 패키지의 3D 모델링을 다운 받아줍니다. 해당 3D 모델링은 회오리 모양의 모델링입니다.

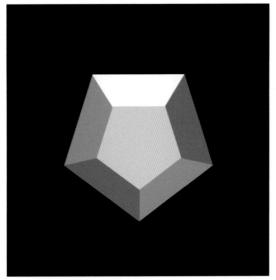

▲ 간단하게 명암을 넣어줍니다.

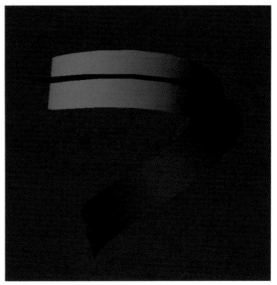

▲ 예제 패키지에서 받을 수 있는 3D 모델링

10 유니티 안에서 파티클을 보기 위해 기본 세팅을 합니다. 어두운 색의 벽과 파티클 시스템을 넣어줄 게임오브젝트 하이어라키 창에 넣어줍니다. 벽은 메뉴의 GameObject – 3D Object – Quad에서 찾아 만들 수 있습니다.

첫 번째 벽의 Position은 X : 0 / Y : 6 / Z : 3, Rotation 포지션은 모두 0으로 맞춰줍니다. Scale 포지션은 X : 17 / Y : 23 / Z : 11으로 바꿔줍니다. 두 번째 벽의 Position은 X : 0 / Y : −2.6 / Z : 5이고, Rotation 포지션은 X : 90 / Y : 0 / Z : 0입니다. Scale 포지션은 X : 17 / Y : 24 / Z : 11으로 맞춰줍니다. 다음으로는 만든 게임오브젝트 밑에 파티클 시스템을 만들어 줍니다.

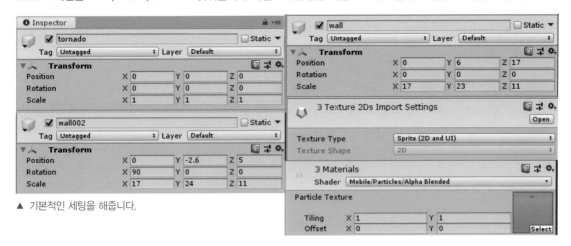

▲ 기본적인 세팅을 해줍니다.

11 새 파티클을 만들어 tornado001이라는 이름의 머티리얼을 적용시켜줍니다. 그 후, 파티클의 트랜스폼 수치와 메인 파티클 수치를 정해줍니다. 파티클의 트랜스폼 수치는 다음과 같습니다. Position 포지션은 X축이 0, Y축은 −2, Z축은 0으로 바꾸어주고 Rotation 포지션은 X축은 −90, Y는 0, Z축은 0으로 설정해 줍니다. Scale 값은 모두 1로 맞춰줍니다.

메인 파티클 설정을 조정해줍니다. Duration을 2로 만들어주고 Prewarm 메뉴를 체크해줍니다. Start Lifetime의 값을 Random Between Two Constants으로 두 칸으로 만들어준 후 1과 2로 맞춰줍니다. Start Speed 값도 두 칸으로 만들어주고, 1과 2로 바꾸어줍니다. Start Size 값 또한 Random Between Two Constants으로 두 칸으로 만들어준 후 각 60과 80으로 바꿔줍니다. 각자 다른 회전축을 가진 파티클 이미지가 만들어지기 위해서 Start Rotation 메뉴도 Random Between Two Constants으로 두 칸으로 만들어준 후 0과 360으로 바꾸어줍니다. Start Color도 두 칸으로 만들어주고 하나의 색을 채도 낮은 하늘색(83ABAA)으로 바꾸어줍니다.

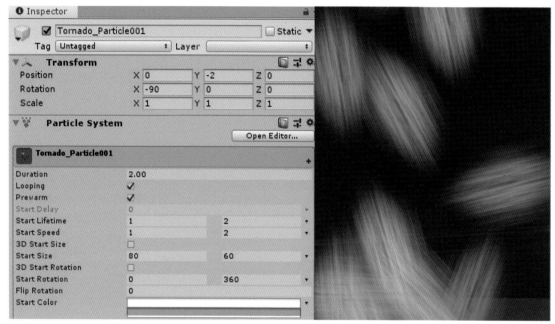

▲ 메인 파티클 수치와 위치를 잡아줍니다.

12 파티클에 만들어놨던 3D 모델링을 적용시켜줄 차례입니다. Renderer의 메뉴중 Render Mode 메뉴 중 Mesh로 메뉴를 바꾸어주고, 아래 생긴 Mesh란에 다운받았던 회오리 모양의 3D 모델링을 넣어줍니다(프리팹상태에서는 바로 들어가지 않으므로 프리팹 메뉴를 넣어 3D 모델링 상태인 메쉬를 넣어주어야 합니다). 메쉬를 넣은 다음엔 Flip의 X축을 1로 바꾸어주고 Render Alignment의 값을 Local로 바꾸어주면 메쉬가 적용된 파티클이 위로 떠오르게 됩니다.

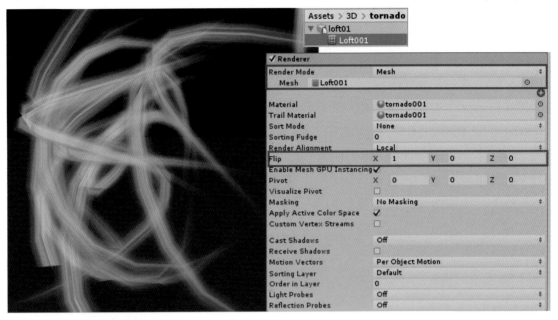

▲ 메쉬를 적용한 파티클을 만들어줍니다.

13 Emission을 설정해줍니다. Emission의 Rate over Time을 10에서 50으로 바꾸어주고 Shape의 체크를 꺼주면 됩니다. 그러면 같은 장소에 파티클이 생기면서 위로 파티클이 올라오는 모습을 띠게 됩니다.

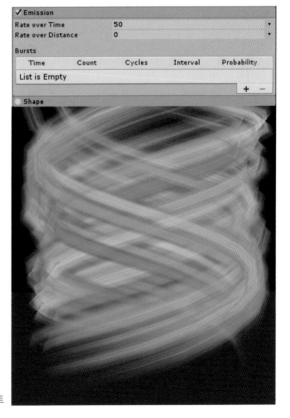

▶ 원통 모양으로 올라가는 이펙트

14 회오리는 불규칙적인 움직임을 가집니다. 따라서 이를 표현하기 위해 Velocity over Lifetime 의 수치를 수정해줍니다. Linear 부분에서 ▼을 오른쪽 마우스로 클릭해서 Random Between Two Constants로 칸을 두 개로 늘려줍니다. 그 후, 각 X축은 0.3, −0.3으로 맞추고 Y축은 1과 −1로 맞춰줍니다.

▲ 토네이도에 불규칙한 움직임을 보일 수 있습니다.

15 바람이 자연스럽게 생기고 사라지게 하기 위해 컬러와 알파값을 지정해주는 Color over Lifetime 값을 바꾸어 줄 차례입니다. 제일 끝과 앞부분의 알파를 0으로 바꾸어주면 파티클의 끝이 흐리게 바뀌는 것을 확인할 수 있습니다. 위를 눌러주어 중간보다 앞부분의 파티클의 알파값을 100으로 바꿔준다면 앞부분은 선명하고 뒷부분만 흐려지는 파티클을 만들 수 있습니다.

▲ 처음과 끝이 흐려지며 사라지는 것을 확인할 수 있습니다.

16 Size over Lifetime 값을 수정해줍니다. 우선 해당 메뉴를 체크해주고 두 번째 모양의 오토 메뉴를 선택하여 눌러주면 됩니다.

▶ 시작과 끝의 사이즈를 조절해주면 의도했던 모양이 나오기 시작합니다.

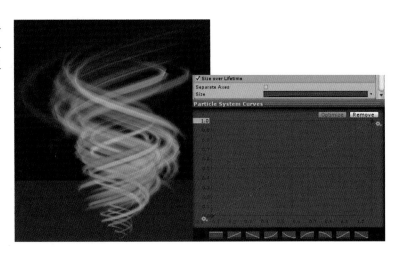

17 Rotation over Lifetime의 Angular Velocity 메뉴를 Random Between Two Constant로 두 칸으로 나뉘 각각 360, 200으로 설정합니다. 그러면 이펙트가 강하게 돌면서 회오리 바람같은 느낌이 나게 됩니다.

▶ 강하게 돌며 회전하는 이펙트

18 회오리 바닥에 깔리는 연기를 만들어 줄 것입니다. 우선 새 파티클 시스템을 만들어 준 후 tornado002 이라는 이름의 머티리얼을 적용시켜줍니다. 그 후, 파티클의 트랜스폼 수치와 메인 파티클 수치를 정해줍니다. 파티클의 트랜스폼 수치는 Position 포지션은 X축이 0, Y축은 −1.61, Z축은 −0.15로 바꾸어주고 Rotation 포지션은 X축은 −90, Y는 0, Z축은 0으로 설정해 줍니다. Scale 값은 모두 1로 맞춰줍니다.

메인 파티클 설정을 조정해줍니다. Duration을 2로 만들어주고 Prewarm 메뉴를 체크해줍니다. Start Lifetime의 값을 Random Between Two Constants으로 두 칸으로 만들어준 후 0.5와 1로 맞춰줍니다. Start Speed값도 두 칸으로 만들어주고, 0과 0.5로 바꾸어줍니다. Start Size 값 또한 Random Between Two Constants으로 두 칸으로 만들어준 후 각 0.5과 2으로 바꿔줍니다. 각자 다른 회전축을 가진 파티클 이미지가 만들어지기 위해서 Start Rotation 메뉴도 Random Between Two Constants으로 두 칸으로 만들어준 후 0과 360으로 바꾸어 줍니다.

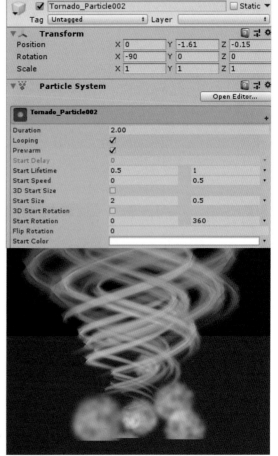

▶ 두 번째 파티클의 메인 파티클 메뉴와 트랜스폼을 수정해줍니다.

19 Emission을 설정할 것입니다. Emission의 Rate over Time을 10에서 20으로 바꾸어주고 Shape 의 Shape 부분이 Circle인 상태로 바꿔줍니다. Radius 부분을 0.2로 바꿔주고 Scale 값은 X축을 3, Y축을 0.25로 바꾸어줍니다.

✓ Emission			
Rate over Time	20		▼
Rate over Distance	0		▼
Bursts			

Time	Count	Cycles	Interval	Probability
List is Empty				
				+ −

✓ Shape					
Shape	Circle				↕
Radius	0.2				
Radius Thickness	1				
Arc	360				
Mode	Random				↕
Spread	0				
Texture	None (Texture 2D)				◎
Position	X 0	Y 0	Z 0	
Rotation	X 0	Y 0	Z 0	
Scale	X 3	Y 0.25	Z 1	

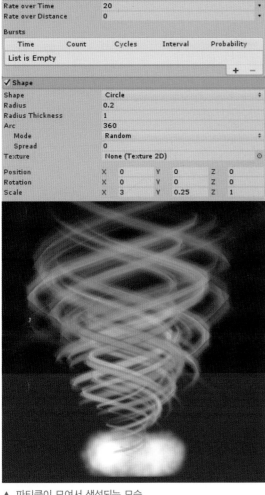

▲ 파티클이 모여서 생성되는 모습

20 연기의 불규칙한 움직임을 표현하기 위해 Velocity over Lifetime의 수치를 수정해줍니다. Linear 부분에서 ▼을 오른쪽 마우스로 클릭해서 Random Between Two Constants로 칸을 두 개로 늘려주시면 됩니다. 그리곤 Y축을 −1과 0으로 맞춰줍니다.

✓ Velocity over Lifetime					
Linear X 0		Y −1		Z 0	▼
0		0		0	
Space		Local			↕
Orbital X 0		Y 0		Z 0	▼
Offset X 0		Y 0		Z 0	▼
Radial		0			▼
Speed Modifier		1			▼

▲ 연기의 모습이 흩어지며 생성됩니다.

21 Color over Lifetime 값을 바꾸어 줄 차례입니다. 제일 끝과 앞부분의 알파를 0으로 바꾸어주면 파티클의 끝이 흐리게 바뀌는 것을 확인할 수 있습니다. 위를 눌러주어 중간보다 앞부분의 파티클의 알파값을 100으로 바꿔준다면 앞부분은 선명하고 뒷부분만 흐려지는 파티클을 만들 수 있습니다.

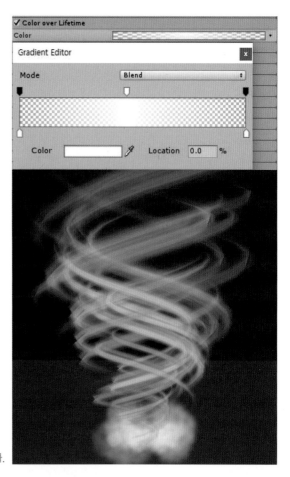

▶ 연기가 흐린 모습으로 생성되고 사라집니다.

22 Size over Lifetime 값을 수정해줍니다. 우선 해당 메뉴를 체크해주고 두 번째 모양의 오토 메뉴를 선택하여 눌러줍니다. 그리고 시작 부분의 사이즈를 0.5에 맞추어주면 됩니다.

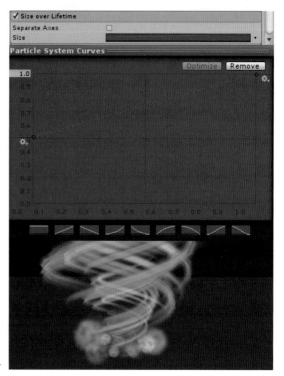

▶ 시작 부분의 사이즈를 바꾸어주면 됩니다.

23 Renderer의 Order in Layer 부분을 0이 아닌 1으로 체크해줍니다. 회오리 바람 위에 먼지가 나와야하기 때문에 레이어를 위로 올려준 것입니다.

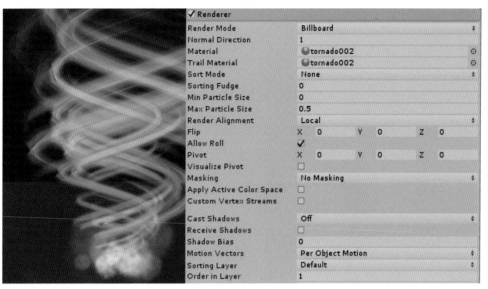

▲ 마무리로 만든 이펙트의 레이어를 올려줍니다.

24 세 번째 이펙트는 바닥에서 위로 끌어 올려지는 풀과 돌멩이 이펙트입니다. 둘 다 같은 이펙트를 쓸 것이기 때문에 tornado003의 머티리얼을 새로 만들 파티클에 넣어줍니다. 다음으로는 파티클의 트랜스폼 수치와 메인 파티클 수치를 정해줍니다. 파티클의 트랜스폼 수치는 Position 포지션은 X축을 0, Y축을 −1, Z축을 0으로 바꾸어주고 Rotation 포지션은 모두 0으로 설정해줍니다. 그리고 Scale 값은 모두 1로 맞춰줍니다.

메인 파티클 설정을 조정해줍니다. Duration을 2로 만들어주고 Prewarm 메뉴를 체크해줍니다. Start Lifetime의 값을 Random Between Two Constants으로 두 칸으로 만들어준 후 1과 2로 맞춰줍니다. Start Speed 값도 두 칸으로 만들어주고, 2과 4로 바꾸어줍니다. Start Size 값 또한 Random Between Two Constants으로 두 칸으로 만들어준 후 각 0.7과 0.3으로 바꿔줍니다. 각자 다른 회전축을 가진 파티클 이미지가 만들어지기 위해서 Start Rotation 메뉴도 Random Between Two Constants으로 두 칸으로 만들어준 후 0과 360으로 바꾸어주고, 마지막으로 Start Color또한 두 칸으로 만들어주고 하나의 색을 채도 낮은 회색(C0C0C0)과 녹색(42B226)으로 바꾸어줍니다.

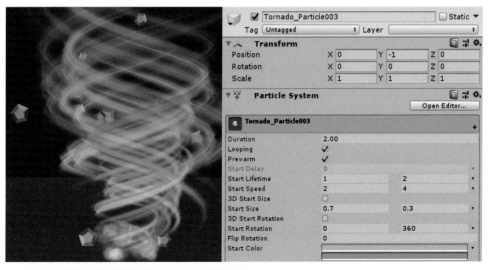

▲ 마지막 파티클의 생성 위치와 메인 시스템을 바꿔줍니다.

25 Emission을 설정할 것입니다. Emission의 Rate over Time을 10에서 50으로 바꾸어주고 Shape의 Shape 부분이 Cone인 상태로 바꿔줍니다. 그리고 Radius 부분을 0.36로 바꿔줍니다.

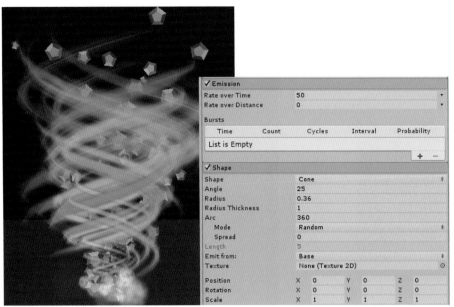

▲ 파티클의 개수와 숫자를 정해줍니다.

26 Color over Lifetime 값을 바꾸어 줄 차례입니다. 제일 끝과 앞부분의 알파를 0으로 바꾸어주면 파티클의 끝이 흐리게 바뀌는 것을 확인할 수 있습니다. 위를 눌러주어 중간보다 앞부분의 파티클의 알파값을 100으로 바꿔준다면 앞부분은 선명하고 뒷부분만 흐려지는 파티클을 만들 수 있습니다.

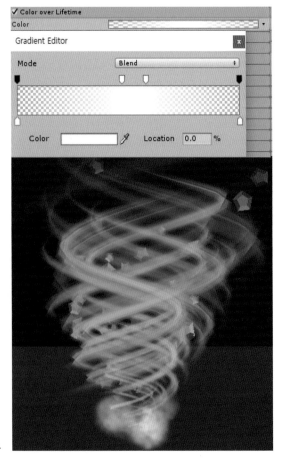

▶ 시작과 끝의 컬러값을 조정해줍니다.

27 Size over Lifetime 값을 수정해줍니다. 우선 해당 메뉴를 체크해주고 세 번째 모양의 오토 메뉴를 선택하여 눌러주면 완성입니다.

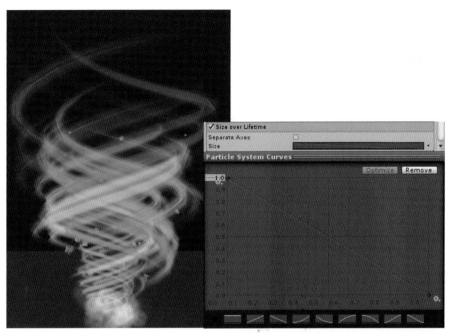

▲ 작아지며 사라지는 먼지들

28 바람스킬의 기본 느낌이 나는 회오리 바람 이미지를 이펙트로 만들어보았습니다. 이미지, 스피드에 따라 다르게 보일 수 있지만 기본적으로 3D 모델링의 힘을 빌려 만들면 편하게 모양을 잡을 수 있다는 것도 알 수 있었습니다. 이미지와 완성된 이펙트 프리팹은 예제 패키지에 있으니 언제든 다운 받아 스스로 바꿔보며 사용해볼 수 있도록 합니다.

▶ 완성된 이펙트

05 빛

■ 레이저 빔 만들기

게임에서의 레이저 빔은 캐릭터가 매개가 되어서 다른 쪽으로 쏘아 타격을 주는 용도로 많이 쓰이게 됩니다. 때문에 작은 빛 알갱이가 모이며 에너지를 충전한 후 빠르게 레이저가 뻗어나가 다른 쪽에 타격을 주는 느낌으로 많이 만듭니다. 이번에는 그 느낌을 잘 살리며 레이저 이펙트를 만들게 될 것입니다.

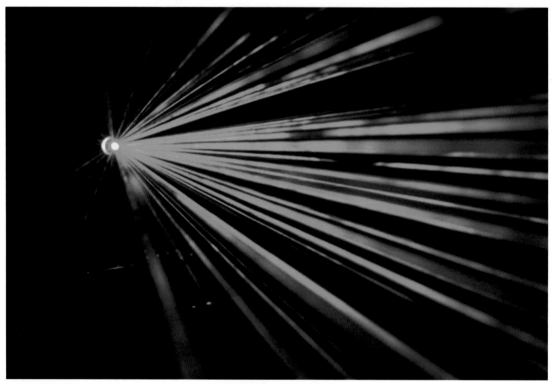

▲ 일상에서 쓰이는 레이저가 아닌 타격으로 쓰일 레이저 빔을 만들게 될 것입니다.

01 이번에 만들 이펙트 이미지는 레이저의 힘이 모이는 작은 원의 이미지, 레이저가 폭발적인 힘으로 앞으로 나아가며 터지는 빛의 이미지, 뻗어나가는 레이저 이미지로 세 가지입니다.

첫 번째로 레이저의 힘이 모이는 작은 원의 이미지를 만들어 볼 것입니다. 256×256픽셀의 캔버스를 열고, 검은색으로 캔버스 배경을 칠해줍니다. 다음으로 Ctrl + ' 으로 설정해놨던 가이드라인을 불러옵니다. 이후 캔버스 중점에 맞춰 하얀 원형을 그려줍니다.

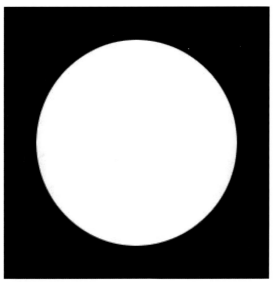

▲ 만들어진 하얀 원형

02 Ctrl + T 를 눌러 원형을 살짝 찌그러트려줍니다. Ctrl + Alt 를 누르면 반대쪽의 꼭지점또한 같이 움직이게 됩니다. 이미지를 완성하면 배경을 빼서 PNG 파일로 저장해줍니다.

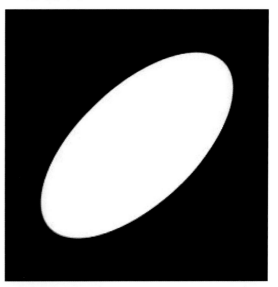

▲ 타원형으로 만든 이미지

03 두 번째로 만들 이미지는 레이저가 나갈 때 보일 원형의 흐린 빛 이미지입니다. 이번엔 512×512픽셀의 캔버스를 열고 검은색으로 캔버스 배경을 칠해줍니다. 다음으로 Ctrl + ' 으로 설정해놨던 가이드라인을 불러오는 것을 기본으로 만듭니다. 이후 캔버스 중점에 맞춰 하얀 원형을 그려줍니다.

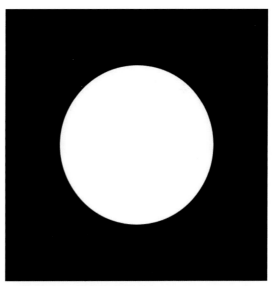

▲ 배경을 조금 여유롭게 남겨줍니다.

04 가우시안 흐림 효과를 30픽셀 정도 주어 이미지를 완성합니다. 여기서부터 색을 넣어주어도 좋지만, 유니티에서 색상을 맞추어줄 것이기 때문에 흰색인 상태로 저장해줍니다. 만든 이미지는 배경을 빼서 png로 저장해줍니다.

▲ 가우시안 흐림 효과를 주면 간단하게 완성입니다.

06 레이어를 하나 복사한 후, 밑의 레이어에 가우시안 흐림 효과를 30픽셀 정도 줍니다. 그리고 윗 레이어의 세로 부분을 그 부분에 맞춰 줄여 줍니다. 가우시안 흐림 효과를 준 레이어는 주홍색(F34600)으로 색을 칠해줍니다.

▲ 색을 지정해줍니다.

05 세 번째로는 뻗어나가는 레이저 이미지를 만들어 줄 것입니다. 포토샵에서 512×512 사이즈의 캔버스를 열고, 검은색으로 캔버스 배경을 칠해줍니다. 다음으로 Ctrl + `으로 설정해놨던 가이드라인을 불러옵니다. 이후 캔버스 중점에 맞춰 하얀 직사각형을 그려줍니다.

▲ 캔버스 끝까지 그려줍니다.

07 레이어를 합친 두 이미지에 가우시안 흐림 효과를 22픽셀 정도 줍니다.

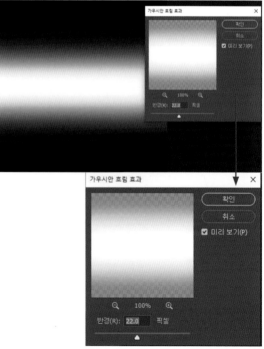

▲ 가우시안 흐림 효과를 준 이미지

08 캔버스의 모서리와 맞닿는, 이미지의 양 끝 부분을 지우개, 윤곽 선택 도구 등의 방법을 사용해 흐리게 만들어줍니다. 모두 만들었다면 배경을 빼고 png로 파일을 저장해준 후 이미지들을 유니티 안에 넣어줍니다.

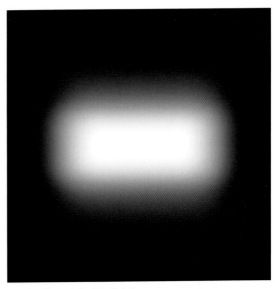

▲ 양 끝을 흐리게 만든 이미지

09 유니티 안 이미지의 Texture Type 메뉴를 Sprite(2D and UI)으로 바꿔주고 머티리얼을 만듭니다. 모든 머티리얼의 Shader 경로를 Mobile – Particles – Additive로 만들어줍니다.

어두운 색의 벽과 파티클 시스템을 넣어줄 게임오브젝트를 하이어라키 창에 넣어줍니다. 벽은 메뉴의 GameObject – 3D Object – Quad에서 찾아 만들 수 있습니다.

첫 번째 벽의 Position은 X : 0 / Y : 6 / Z : 3, Rotation 포지션은 모두 0으로 맞춰줍니다. Scale 포지션은 X : 17 / Y : 23 / Z : 11으로 바꿔줍니다. 두 번째 벽의 Position은 X : 0 / Y : −2.6 / Z : 5이고, Rotation 포지션은 X : 90 / Y : 0 / Z : 0입니다. Scale 포지션은 X : 17 / Y : 24 / Z : 11으로 맞춰줍니다.

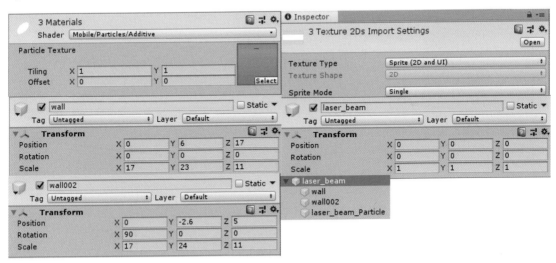

▲ 이펙트를 만들기 전에 게임 뷰에서 보기 편하게 기본 설정을 바꿔줍니다.

10 가장 처음으로는 빛의 기가 모이는 것 같은 느낌의 이펙트를 만들어 줄 것입니다. laser_beam001이라는 이름의 머티리얼을 새로 만든 파티클에 넣고 파티클의 트랜스폼 수치와 메인 파티클 수치를 정해줍니다. 파티클의 트랜스폼 수치는 Position 포지션은 X축이 −1, Y축은 0, Z축은 0으로 바꾸어주고 Rotation 포지션은 X축은 0, Y는 −38, Z축은 0으로 설정해 줍니다. Scale 값은 모두 1로 맞춰줍니다.

메인 파티클 설정을 조정해줍니다. Duration을 3로 만들어주고 Start Delay의 값을 Random Between Two Constants으로 두 칸으로 만들어준 후 각 수치를 0과 0.3으로 바꿔줍니다. 같은 방법으로 Start Lifetime의 값도 1과 0.5로 맞춰줍니다. Start Speed 값도 −2와 −1로 바꾸어 주고, Start Size 값은 각 0.03과 0.1로 바꿔줍니다. 각자 다른 회전축을 가진 파티클 이미지가 만들어지기 위해서 Start Rotation 메뉴도 Random Between Two Constants으로 두 칸으로 만들어준 후 0과 360으로 바꾸어주고, Start Color도 두 칸으로 만들어 흰색(FFFFFF)과 하늘색(0094FF)으로 바꾸어줍니다.

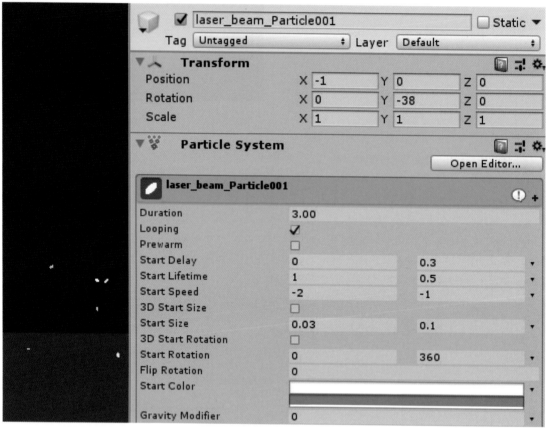

▲ 작은 쌀알같은 파티클이 왼쪽으로 뻗어나가게 됩니다.

11 Emission을 설정합니다. Emission의 Rate over Time을 0으로 바꾸어주고 Bursts의 +표시를 눌러 나온 메뉴의 Count 부분을 30으로 바꾸어줍니다. 같은 방법으로 +표시를 한 번 더 눌러 두 번째 Time의 숫자는 0.1로 바꾸어 주고, Count 부분은 20으로 바꾸어주면 됩니다. 세 번째 Time의 숫자는 0.2로 바꾸어주고, Count 부분은 10으로 바꿉니다. 그 후 Shape로 넘어가서 Shape는 Circle로 바꿔주고 Radius 값은 2, Radius Thickness 값은 0.34로 바꾸어주면 됩니다.

▲ 파티클의 범위와 나오는 숫자를 정해줍니다.

12 Velocity over Lifetime의 수치를 수정해줍니다. Orbital X의 Z축만 0.5로 바꾸어줍니다.

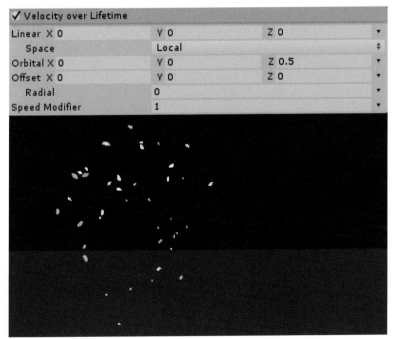

▲ 파티클이 회전하며 모이게 됩니다.

13 Color over Lifetime 값을 바꾸어 줄 차례입니다. 제일 끝과 앞부분의 알파를 0으로 바꾸어주면 파티클의 끝이 흐리게 바뀌는 것을 확인할 수 있습니다. 위를 눌러주어 중간보다 앞부분의 파티클의 알파값을 100으로 바꿔준다면 앞부분은 선명하고 뒷부분만 흐려지는 파티클을 만들 수 있습니다.

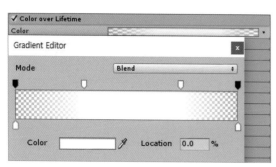

▲ 마지막으로 알파값을 바꿔줍니다.

14 앞에서 만든 파티클과 같은 효과지만 가운데로 모이는 느낌이 조금 다른 파티클을 만들어줄 것입니다. 우선, Ctrl + D를 눌러 첫 번째 파티클을 복사합니다. 그 후, 이 파티클을 첫 번째 파티클의 밑에 넣어줍니다.

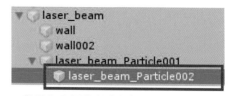

▲ 첫 번째 파티클을 복사해서 넣어줍니다.

15 두 번째 파티클의 메인 파티클 수치와 트랜스폼을 간단하게 바꿔줄 것입니다. 첫 번째 파티클에 복사한 파티클을 넣으면 트랜스폼 수치는 자연스레 바뀌므로 따로 설정하진 않습니다. 그 외에 바꿀 수치는 없고 색상만 바꿔줄 것입니다. Start Color를 보라색(4A00FF)으로 바꾸어줍니다.

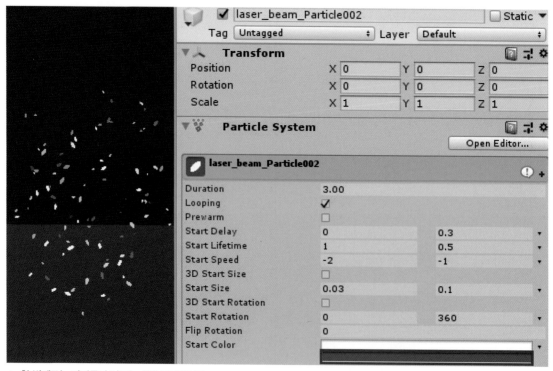

▲ 첫 번째로는 파티클이 나오는 색만 바꿔줍니다.

16 Velocity over Lifetime 의 수치를 수정해줍니다. Orbital X 부분의 Z축만 0.5로 바꿨던 것을 0으로 바꾸고, Y축은 1로 바꾸어줍니다. 바꾸어주면 움직임이 다른 또 하나의 이펙트가 생기게 됩니다.

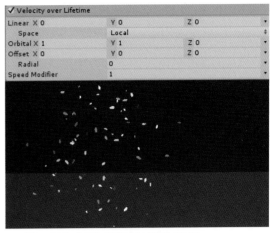

▲ 다른 느낌의 더 많은 이펙트가 나오게 됩니다.

17 두 번째로는 알갱이 이펙트 가운데로 서서히 모이는 빛을 표현해줄 이펙트를 만들어 볼 것입니다. 새 파티클 시스템을 만들어줍니다. laser_beam002이라는 이름의 원형 이미지를 넣어 줍니다. 다음으로는 트랜스폼과 메인 파티클 메뉴를 바꾸어줍니다. Position과 Rotation 포지션은 모두 0으로 설정해 줍니다. Scale 포지션은 모두 1로 맞춰줍니다.

트랜스폼을 모두 수정했다면, 메인 파티클 설정을 조정해줄 것입니다. 파티클이 3초 이상 나올 것이 아니기 때문에 Duration 을 3으로 만들어줍니다. 다음으로는 Start Delay 값을 0.3으로, Start Lifetime의 값을 0.8로 맞춰줍니다. Start Speed는 0 으로, Start Size 값은 3으로 만들어줍니다.

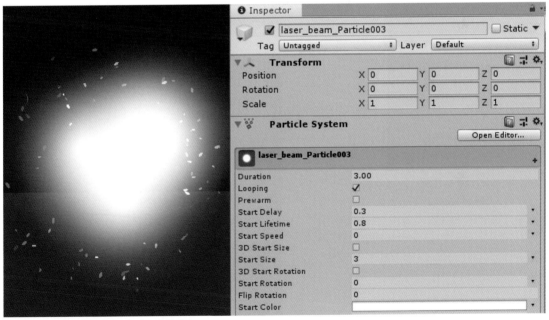

▲ 가운데에 깜빡이며 이미지가 나오게 됩니다.

18 Emission을 설정할 것입니다. Emission의 Rate over Time을 0으로 바꾸어주고 Bursts의 +표시를 눌러 나온 메뉴의 Count 부분을 1으로 바꾸어줍니다. 같은 방법으로 +표시를 한 번 더 눌러 두 번째 Time의 숫자는 0.1로 바꾸어주고, Count 부분은 1으로 바꾸어주면 됩니다. 세 번째 Time의 숫자는 0.2로 바꾸어주고, Count 부분은 1으로 바꾸어주면 됩니다. Shape는 체크를 해제합니다.

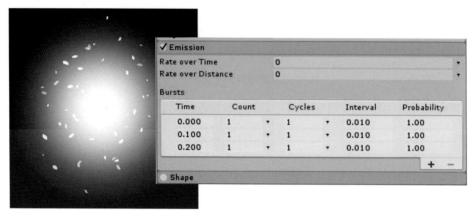

▲ 파티클이 나오는 범위와 숫자를 정해줍니다.

19 Color over Lifetime 값을 바꾸어 줄 차례입니다. 제일 끝과 앞부분의 알파를 0으로 바꾸어주면 파티클의 끝이 흐리게 바뀌는 것을 확인할 수 있습니다. 위를 눌러주어 중간보다 앞부분의 파티클의 알파값을 100으로 바꿔준다면 앞부분은 선명하고 뒷부분만 흐려지는 파티클을 만들 수 있습니다. 다음으로는 아래쪽 색상의 뒷부분을 진한 핑크색(FF002D)으로 바꾸어줍니다.

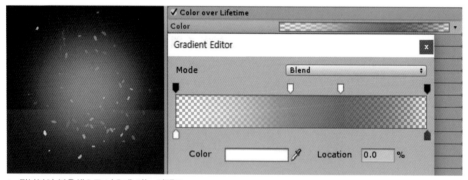

▲ 뒷부분이 붉은색으로 나오게 되는 이펙트

20 Size over Lifetime 값을 수정해줍니다. 우선 해당 메뉴를 체크해주고 두 번째 모양의 오토 메뉴를 선택하여 눌러줍니다. 그리고 시작 부분의 사이즈를 0.4에 맞추어주면 됩니다.

▶ 파티클의 시작과 끝의 사이즈를 바꾸어줍니다.

21 세 번째로는 만들 파티클은 레이저 빔이 나아갈 때 시작부에 모여있던 빛이 퍼지는 이펙트를 만들어 줄 것입니다. 우선 새 파티클 시스템을 만들어 첫 번째 파티클에 넣어주곤, 세 번째 파티클과 같이 laser_beam0020이라는 이름의 이미지를 넣어줍니다. 다음으로는 트랜스폼과 메인 파티클 메뉴를 바꾸어줍니다. Position은 X축은 0, Y축 또한 0, Z은 −0.08로 바꾸어줍니다. Rotation 포지션은 모두 0, Scale 값은 모두 1로 맞춰줍니다.

트랜스폼을 모두 수정했다면, 메인 파티클 설정을 조정해줄 것입니다. 파티클이 3초이상 나올 것이 아니기 때문에 Duration을 3으로 만들어줍니다. 다음으로는 Start Delay 값을 1.1으로, Start Lifetime의 값을 0.2로 맞춰줍니다. Start Speed는 0으로, Start Size 값은 5로 만들어줍니다. 마지막으로 Start Color을 붉은색(FF3000)으로 바꾸어줍니다.

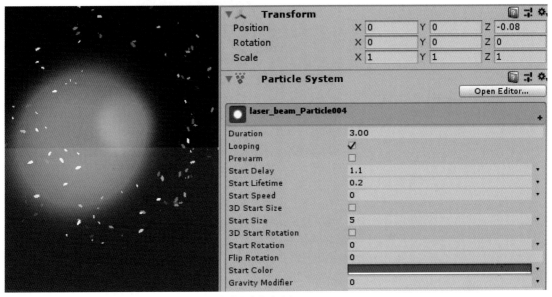

▲ 메뉴를 설정해주면 원형의 붉은 파티클이 움직이며 사라지게 됩니다.

22 Emission을 설정할 것입니다. Emission의 Rate over Time을 0으로 바꾸고 Bursts의 +표시를 눌러 나온 메뉴의 Count 부분을 1로 바꾸어줍니다. 다음으로는 Shape의 체크를 꺼주면 됩니다. 그러면 같은 장소에 하나의 파티클이 생기게 됩니다.

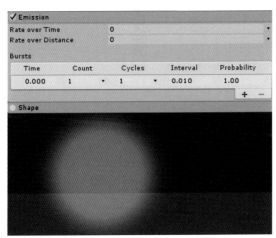

▲ 하나의 이펙트가 순간적으로 생겼다가 사라집니다.

23 Color over Lifetime 값을 바꾸어 줄 차례입니다. 제일 끝과 앞부분의 알파를 0으로 바꾸어주면 파티클의 끝이 흐리게 바뀌는 것을 확인할 수 있습니다. 위를 눌러주어 중간보다 앞부분의 파티클의 알파값을 100으로 바꿔준다면 앞부분은 선명하고 뒷부분만 흐려지는 파티클을 만들 수 있습니다.

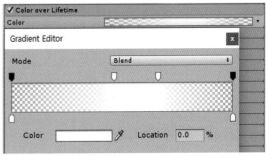

▲ 알파값을 빼주어 순간적으로만 밝게 보일 수 있게 해줍니다.

24 Size over Lifetime 값을 수정해줍니다. 우선 해당 메뉴를 체크해주고 두 번째 모양의 오토 메뉴를 선택하여 눌러줍니다. 그리고 시작 부분의 사이즈를 0.4에 맞추어주면 됩니다.

▲ 첫 번째 점만 움직여줍니다.

25 Renderer의 Max Particle Size 값을 1.5로 바꾸어 줍니다. 다른 이펙트들보다 조금 더 위로 올라와야 할 이펙트이기에 Order in Layer 부분을 0이 아닌 1로 체크해주면 완성입니다.

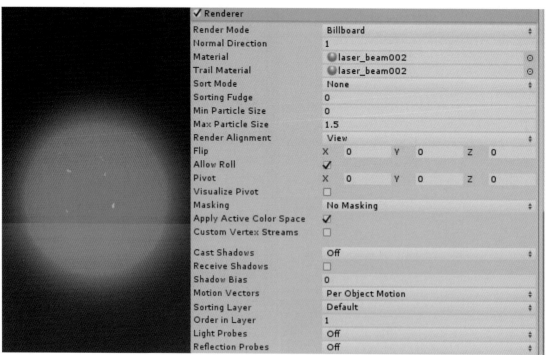

▲ 최대 크기 값과 레이어를 바꿔줍니다.

26 다음 파티클은 레이저가 나갈 때 주변에 튀어나가는 이펙트입니다. 첫 번째 파티클과 같은 laser_beam001의 이미지를 파티클에 넣어주고, 파티클의 트랜스폼 수치와 메인 파티클 수치를 정해줍니다. 파티클의 트랜스폼 수치는 다음과 같습니다. Position과 Rotation 값은 모두 0이고 Scale 값은 모두 1입니다.

메인 파티클 설정을 조정해줍니다. Duration을 3로 만들어주고 Start Delay의 1.1으로 바꿔줍니다. Start Lifetime의 값은 Random Between Two Constants으로 칸을 두 칸으로 열어주고, 0.2와 0.4로 맞춰줍니다. Start Speed 값도 1.5와 2.5로 바꾸어 주고, Start Size 값은 각 0.03과 0.1로 바꿔줍니다. 각자 다른 회전축을 가진 파티클 이미지가 만들어지기 위해서 Start Rotation 메뉴도 Random Between Two Constants으로 두 칸으로 만들어준 후 0과 360으로 바꾸어주고, Start Color 또한 두 칸으로 만들어주고 하나의 색을 주황색(FF8500)과 붉은색(FF1700)으로 바꾸어줍니다.

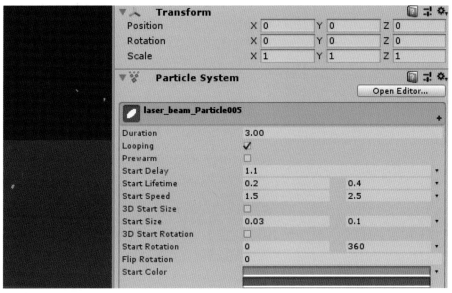

▲ 붉은색의 파티클을 만들어줍니다.

27 Emission을 설정합니다. Emission의 Rate over Time을 0으로 바꾸어주고 Bursts의 +표시를 눌러 나온 메뉴의 Count 부분을 30으로 바꾸어줍니다. 같은 방법으로 +표시를 한 번 더 눌러 두 번째 Time의 숫자는 0.1로 바꾸어주고, Count 부분은 20으로 바꾸어주면 됩니다. 세 번째 Time의 숫자는 0.2로 바꾸어주고, Count 부분은 10으로 바꿉니다. 그 후 Shape로 넘어가서 Shape는 Circle로 바꿔주고 Radius 값은 2, Radius Thickngss 값은 0.34로 바꾸어주면 됩니다.

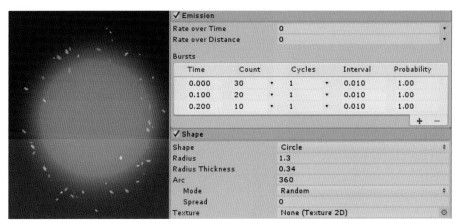

▲ 파티클의 숫자와 범위를 바꿔줍니다.

28 Color over Lifetime 값을 바꾸어 줄 차례입니다. 제일 끝과 앞부분의 알파를 0으로 바꾸어주면 파티클의 끝이 흐리게 바뀌는 것을 확인할 수 있습니다. 위를 눌러주어 중간보다 앞부분의 파티클의 알파값을 100으로 바꿔준다면 앞부분은 선명하고 뒷부분만 흐려지는 파티클을 만들 수 있습니다.

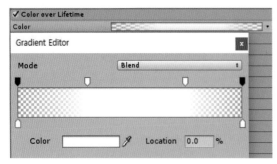

▲ 알파값을 처음과 끝에 빼주면 자연스럽게 나오고 사라지게 됩니다.

30 Emission을 설정할 것입니다. Emission의 Rate over Time을 10에서 0으로 바꾸어주고 Bursts의 +표시를 눌러 나온 메뉴의 Count 부분을 1로 바꾸어줍니다. 다음으로는 Shape의 체크를 꺼주면 됩니다. 그러면 같은 장소에 하나의 파티클이 생기게 됩니다.

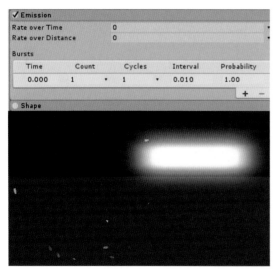

▲ 하나의 파티클이 같은 자리에 나오게 됩니다.

29 마지막으로 가운데에서 뻗어나오는 빔을 표현해줄 이펙트를 만들어 볼 것입니다. 우선 새 파티클 시스템을 만들어줍니다. laser_beam003이라는 이름의 빔 이미지을 넣은 후 트랜스폼과 메인 파티클 메뉴를 바꾸어줍니다. Position 포지션은 X축이 1.53, Y축은 0, Z축은 −1.19로 바꾸어주고 Rotation 포지션은 X축은 0, Y는 0, Z축은 0으로 설정해 줍니다. Scale 값은 X축을 1, Y축을 0.5, Z축을 1로 맞춰줍니다.

트랜스폼을 모두 수정했다면, 메인 파티클 설정을 조정해 줄 것입니다. 파티클이 3초이상 나올 것이 아니기 때문에 Duration을 3으로 만들어줍니다. 다음으로는 Start Delay 값을 1로, Start Lifetime의 값을 0.3으로 맞춰줍니다. Start Speed는 0으로, Start Size 값을 20으로 만들어줍니다.

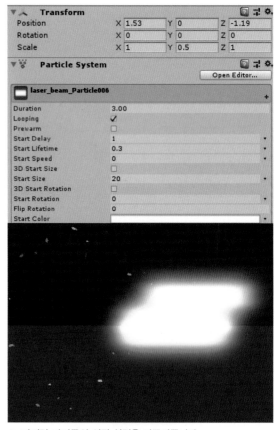

▲ 마지막 파티클의 시작 설정을 바꾸어줍니다.

31 순간적으로 커지는 빔을 표현하기 위해 Size over Lifetime 값을 수정해줍니다. Particle System Curves 란에서 처음과 끝을 포함한 세 개의 점을 만들어줍니다. 첫 번째 점은 0에, 두 번째 점은 사이즈 1에 맞추어주는데, 타임의 0.22에 넣어 그대로 끝까지 유지 시켜주면 됩니다.

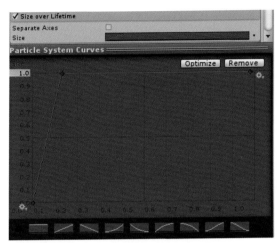

▲ 사이즈 값을 바꾸어주어도 당장은 큰 변화가 보이지 않습니다.

32 Renderer의 Max Particle Size 값을 1로 바꾸어 줍니다. 그러면 다른 이미지에 겹쳐 시작점이 둥글게 커졌다가 사라지는 빔이 완성됩니다.

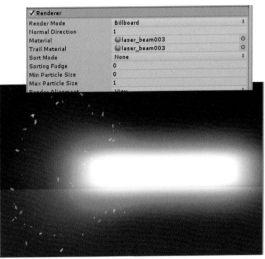

▲ 마지막으로 최대 이미지값을 정리해줍니다.

33 레이저 빔 이펙트를 완성한 모습입니다.

▲ 완성된 레이저 빔 이미지

이로써 빛 속성 이펙트로 분류되는 레이저 빔의 기본을 보았습니다. 이를 활용해 이미지나 타이밍을 다르게 하여 여러 느낌의 레이저 빔을 만들어 보는 것도 좋을 것입니다.

■ 빛나는 햇살 만들기

이번에 만들 이펙트는 햇살이 비추는 모습의 이펙트입니다. 햇살은 노란색 등의 난색을 많이 쓰며, 햇살이 있는 곳엔 빛나는 먼지가 있다는 점을 떠올리며 만들면 좋습니다. 그리고 천천히 빛을 내는 모습을 떠올리며 언제 바뀌었는지 모르게 서서히 다음 햇살을 움직이면 좋습니다.

▲ 햇살이 풍부하게 드는 곳은 평안한 느낌이 들게 됩니다.

01 이번에 만들 이펙트 이미지는 햇살이 내려오는 이미지와 반짝이는 먼지 이미지입니다.

첫 번째로 햇살이 모이는 작은 원의 이미지를 만들어 볼 것입니다. 1024×1024픽셀의 캔버스를 열고, 검은색으로 캔버스 배경을 칠해줍니다. 다음으로 Ctrl + ' 으로 설정해놨던 가이드라인을 불러옵니다. 이후 레이어를 하나 더 만들어 캔버스 중점에 맞춰 하얀 직사각형을 그려줍니다.

▲ 하얀 직사각형을 우선 그려줍니다.

02 햇살 하나를 표현하기 위해 직사각형을 햇살의 모양으로 다듬어줍니다. 끝은 점점 흐려지고 외곽 시작부일수록 선이 남게 이미지를 다듬어주면 됩니다. 모두 다듬었다면 직사각형을 더 가늘고 길게 세워 꼭지점에 맞춰서 모양을 잡아주면 됩니다.

▲ 하나의 햇살 모양을 잡아줍니다.

03 앞에서 만든 햇살 이미지를 복사하여 과하지 않은 햇살 모양 이미지를 잡아주고, 연한 노란색으로 칠을 해줍니다.

▲ 햇살 모양으로 이미지를 잡아줍니다.

04 햇살 끝부분에 원형의 이미지로 그림을 그려줍니다.

▲ 빛의 시작점에 빛이 될 원형을 넣어줍니다.

05 만든 원형에 가우시안 흐림 효과를 40픽셀 정도 줍니다.

▲ 가우시안 흐림 효과를 준 원형

06 흐림효과를 준 파티클을 복사하고, 흰색으로 칠해준 후 약간 줄여서 뒷면이 보이지 않게 해줍니다. 모두 다 하였다면 이제 배경을 뺀 상태로 png로 저장해주면 됩니다.

▲ 정리된 그림

07 두 번째로는 빛 먼지로 보이게 될 간단한 빛 파티클 이미지를 만들어 줄 것입니다. 256×256픽셀의 캔버스를 열고, 검은색으로 캔버스 배경을 칠해줍니다. 다음으로 Ctrl + ' 으로 설정해놨던 가이드라인을 불러옵니다. 그 후, 다각형 도구를 선택합니다. 측면은 4로 만들어주고, 설정으로 들어가 별을 체크해주고 측면 들여쓰기 기준을 90%로 바꾼 후 엑스(X)자 형태로 캔버스 중심에 맞춰 그림을 그려줍니다.

▲ 설정에 맞춰 다각형 그림 도구를 사용해줍니다.

08 만들었던 레이어를 복사한 채로 십자형태로 이미지를 맞춘 후 Ctrl + T로 위아래의 십자만 조금 더 길게 잡아줍니다. 그리고 처음 만들었던 이미지만 조금 더 줄여줍니다.

▲ 만들어진 빛 이미지

09 앞에서 만든 레이어를 복사한 후 가우시안 흐림 효과를 6픽셀 정도 줍니다. 이미지를 완성하였다면 배경을 빼고 PNG 파일로 저장해줍니다.

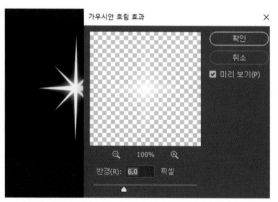

▲ 완성된 파티클 이미지

10 이제 유니티 안 이미지의 Texture Type 메뉴를 Sprite(2D and UI)으로 바꿔주고 머티리얼을 만듭니다. 모든 머티리얼의 Shader 경로를 Mobile – Particles – Additive로 만들어줍니다.

다음으로는 이미지가 선명해보이기 위해 어두운 벽을 세울 차례입니다. 벽은 메뉴의 GameObject – 3D Object – Quad에서 찾아 만들 수 있습니다.

첫 번째 벽의 Position은 X : 0 / Y : 6 / Z : 17, Rotation 포지션은 모두 0으로 맞춰줍니다. 마지막으로 Scale 포지션은 X : 17 / Y : 23 / Z : 11으로 바꿔줍니다. 두 번째 벽의 Position은 X : 0 / Y : −2.6 / Z : 5이고, Rotation 포지션은 X : 90 / Y : 0 / Z : 0입니다. Scale 포지션은 X : 17 / Y : 24 / Z : 11으로 맞춰줍니다. 다음으로는 만든 게임오브젝트 밑에 파티클 시스템을 만들어 줍니다.

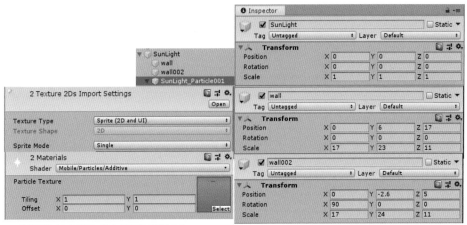

▲ 이펙트를 보기 위한 기본 설정을 해줍니다.

11 첫 번째로 만들 이펙트를 하늘에서 햇살이 비치는 이펙트입니다. 우선 파티클 시스템을 만들어줍니다. 그 후, SunLight001이라는 이름의 햇살 이미지를 넣고 파티클의 트랜스폼 수치는 다음과 같습니다. 파티클의 트랜스폼 수치는 Position 포지션은 X축이 0.74, Y축은 2.24, Z축은 0으로 바꾸어주고 Rotation 포지션은 모두 0으로 설정합니다. Scale 값은 모두 1로 맞춰줍니다.

다음으로는 메인 파티클 설정을 조정해줍니다. Duration을 10으로 만들어주고 Prewarm에 체크를 해주면 파티클이 시작부 없이 바로 하이라이트 부분부터 나오며 Start Delay의 설정이 꺼지게 됩니다. Start Lifetime의 값은 Random Between Two Constants으로 칸을 두 칸으로 열어주고, 5와 10으로 맞춰줍니다. Start Speed 값은 0으로 바꾸어 주고, Start Size 값은 10으로 바꿔줍니다. Start Color 또한 두 칸으로 만들어주고 색상은 바꾸지 않되, 알파값만 15와 50으로 바꾸어줍니다.

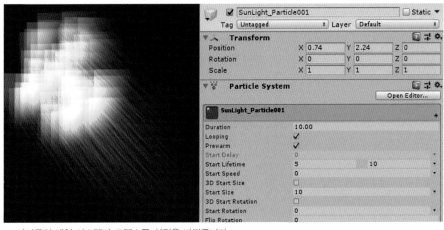

▲ 파티클의 메인 시스템과 트랜스폼 설정을 바꿔줍니다.

12 Emission 수치와 Shape 수치를 바꾸어 줄 것입니다. Emission의 Rate over Time 수치를 1로 바꾸고, Shape 메뉴를 Box로 바꿔줍니다. 그리고 Position과 Rotation값은 모두 0으로, Scale의 X값은 1.63으로, Y값은 1로, Z는 0으로 바꿉니다.

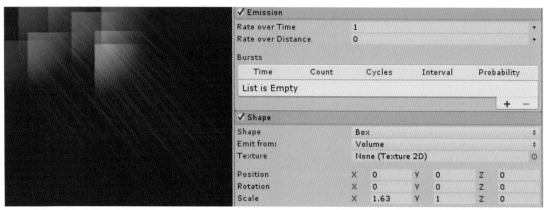

▲ 파티클 수치와 범위를 정해줍니다.

13 Color over Lifetime 값을 바꾸어 줄 차례입니다. 제일 끝과 앞부분의 알파를 0으로 바꾸어주면 파티클의 끝이 흐리게 바뀌는 것을 확인할 수 있습니다. 위를 눌러주어 중간보다 앞부분의 파티클의 알파값을 100으로 바꿔준다면 앞부분은 선명하고 뒷부분만 흐려지는 파티클을 만들 수 있습니다.

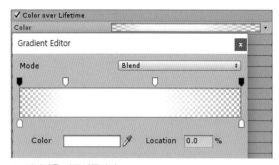

▲ 컬러값을 바꾸어줍니다.

14 Renderer의 Max Particle Size 값을 5로 바꾸어 줍니다. 그러면 조금 더 커져 게임화면 왼쪽 위에서 나오는 햇살이 완성됩니다.

▲ 첫 번째 파티클을 마무리해줍니다.

15 두 번째로 만들 이펙트는 햇살 사이로 움직이는 빛 먼지입니다. 새 파티클 시스템을 만들어 준 후 SunLight0020이라는 이름의 이미지 머티리얼을 새 파티클 시스템에 넣어줍니다. 그 후, 파티클의 트랜스폼 수치와 메인 파티클 수치를 정해줍니다. 파티클의 트랜스폼 수치는 다음과 같이 정해줍니다. Position 포지션은 X축이 −0.51, Y축은 0.9, Z축은 0으로 바꾸어주고 Rotation 포지션은 X축은 11.67, Y는 −14.92, Z축은 39.678으로 설정해줍니다. Scale은 모두 1로 맞춰줍니다.

메인 파티클 설정을 조정해줍니다. Duration을 10으로 만들어주고 Prewarm에 체크를 해주면 파티클이 시작부 없이 바로 하이라이트 부분부터 나오며 Start Delay의 설정이 꺼지게 됩니다. 그리고 Start Lifetime의 값을 Random Between Two Constants으로 두 칸으로 만들어준 후 5과 10으로 맞춰줍니다. Start Speed 값은 0으로 바꾸어 주고, Start Size 값 또한 Random Between Two Constants으로 두 칸으로 만들어준 후 각 0.5과 0.1로 바꿔줍니다. 각자 다른 회전축을 가진 파티클 이미지가 만들어지기 위해서 Start Rotation 메뉴도 Random Between Two Constants으로 두 칸으로 만들어준 후 0과 360으로 바꾸어줍니다. Start Color의 알파값이 25인 흰색의 컬러값 하나와 알파값이 100인 노란색(F8FF00)으로 바꾸어줍니다.

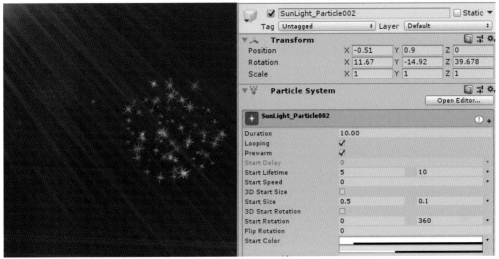

▲ 동그란 빛 먼지들이 뭉쳐져 있는 게 보이게 됩니다.

16 Emission 수치와 Shape 수치를 바꾸어 줄 것입니다. Emission의 Rate over Time 수치를 2로 바꾸고, Shape 메뉴를 Box로 바꿔줍니다. 그리고 Position과 Rotation 값은 모두 0으로, Scale의 X값은 4으로, Y값은 6.53으로, Z는 0으로 바꿉니다.

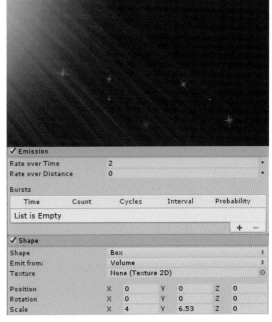

▶ 햇살 사이사이로 빛 먼지가 보였다가 사라지게 됩니다.

17 Color over Lifetime 값을 바꾸어 줄 차례입니다. 제일 끝과 앞부분의 알파를 0으로 바꾸어주면 파티클의 끝이 흐리게 바뀌는 것을 확인할 수 있습니다. 위를 눌러주어 중간보다 앞부분의 파티클의 알파값을 100으로 바꿔준다면 앞부분은 선명하고 뒷부분만 흐려지는 파티클을 만들 수 있습니다.

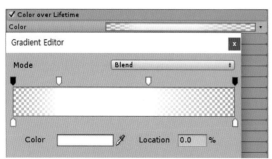

▲ 시작과 끝의 알파값을 빼줍니다.

18 마지막으로 Noise의 수치를 바꿔줍니다. 이 수치를 바꿔주면 움직이지 않던 파티클이 상하좌우로 팔랑이며 움직이게 됩니다. Strength의 수치를 올려주면 조금 더 역동적으로 파티클이 움직이는 것을 볼 수 있습니다.

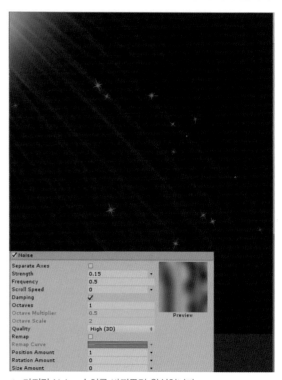

▲ 마지막 Noise 수치를 바꿔주면 완성입니다.

CHAPTER

06 어둠

어둠 속성이라 하면 독, 유령, 암흑 같은 어두운 느낌의 것들을 표현해줄 때 많이 쓰이게 됩니다. 어둠 속성 이펙트는 육안으로 봤을 때 검은색에 가깝거나 어두운 느낌을 주는 색상을 많이 씁니다(주로 초록색, 보라색, 검은색 등을 많이 씁니다). 그리고 이펙트의 움직임이 빠르지 않은 편이 많습니다.

▲ 어둠 속성은 미스터리한 느낌을 낼 때 많이 쓰게 됩니다.

■ 독의 늪 만들기

늪은 물이 고여있음에도 불구하고 진득한 느낌이 나기도 합니다. 게임에서 흔히 볼 수 있는 독이 고인 늪은 숨을 쉬듯 밑에서 방울이 올라오고 물결이 퍼집니다. 산성을 띤 액체처럼 액체 색깔의 연기가 올라오기도 합니다. 이런 섬세한 부분도 생각하며 독이 가득 담긴 늪을 만들어봅니다.

▲ 독이 가득 담긴 늪을 만들어봅니다.

01 이번에 만들어 볼 이미지는 총 네 가지입니다. 늪바닥, 늪에서 올라오는 공기방울, 방울이 흩어진 후 생기는 물결, 늪 주변에 맴도는 안개입니다. 가장 먼저 만들 이미지는 녹색의 늪 이미지입니다. 물결이나 질감이 있는 표현을 넣어주면 조금 더 그럴싸한 독 웅덩이를 만들 수 있습니다.

우선 포토샵을 열어 1024×1024의 캔버스를 열어주고, 검은색으로 배경을 칠해줍니다. 다음으로 Ctrl + `으로 설정해놨던 가이드라인을 불러옵니다. 이후 호수와 같이 큰 웅덩이 모양을 그려줍니다.

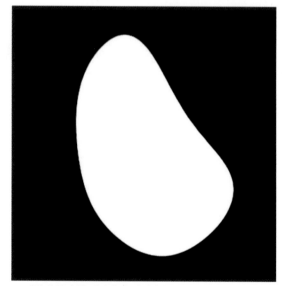

▲ 바닥에 깔아 줄 배경이 될 것입니다.

02 지우개 도구를 이용해 원형에 구멍을 내준 후 진한 녹색(1B2900)으로 흰 레이어를 채워줍니다. 레이어를 하나 더 만들어서, Ctrl + Alt + G를 눌러 아래 레이어에 윗 레이어를 종속시켜줍니다. 연두색(D0F545)과 녹색(214718)으로 색을 채워준 후, 아래 레이어에 가우시안 흐림 효과를 40픽셀 정도 줍니다.

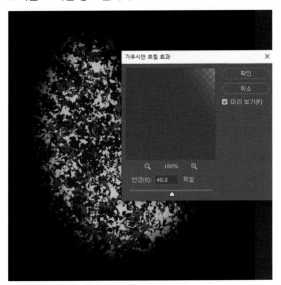

▲ 색을 채우고 가우시안 흐림 효과를 줍니다.

03 색을 입혀둔 레이어에 15픽셀 정도의 가우시안 흐림 효과를 줍니다.

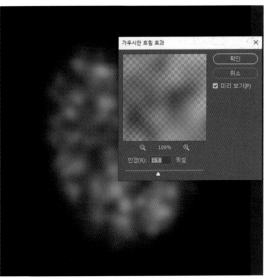

▲ 가우시안 흐림 효과를 따로 한 번 더 줍니다.

04 색을 넣었던 레이어를 하나 더 복사해주고, 자유롭게 돌려줍니다. 똑같이 Ctrl + Alt + G를 눌러 아래 레이어에 윗 레이어를 종속시켜주고, 색상 닷지 효과를 넣어주면 됩니다. 이미지를 완성하면 배경을 빼고 PNG 파일로 저장해줍니다.

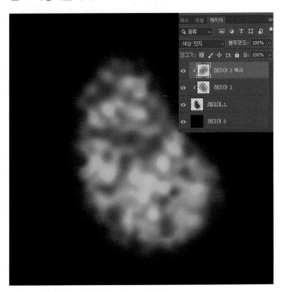

▲ 바닥에 깔 이미지가 완성되었습니다.

05 두 번째로 만들 이미지는 늪에서 올라오는 공기방울이니다. 256×256픽셀의 캔버스를 열고, 검은색으로 캔버스 배경을 칠해줍니다. 다음으로 Ctrl + ' 으로 설정해놨던 가이드라인을 불러옵니다. 이후 캔버스 중점에 맞춰 원형 선택 윤곽 도구로 적당한 크기의 원형을 그려줍니다. 그리고 그림 도구의 오른쪽 마우스를 클릭해 획으로 3픽셀을 그려줍니다.

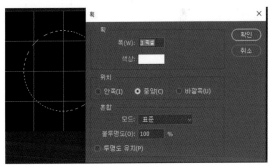

▲ 그려주면 윤곽 모양대로 선이 생기게 됩니다.

06 레이어를 하나 더 만듭니다. 그 후, 획을 그리기 위해 획 메뉴를 설정합니다. 위치를 '안쪽'을 선택하고 15픽셀 정도로 획을 그려줍니다.

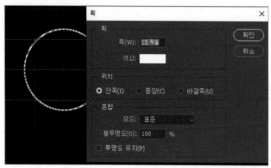

▲ 그려주면 윤곽도구를 기준으로 안쪽에 획이 두껍게 그려집니다.

07 이번에는 윤곽 선택도구가 남아있는 상태로 모든 레이어에 가우시안 흐림 효과를 15픽셀 정도 줍니다.

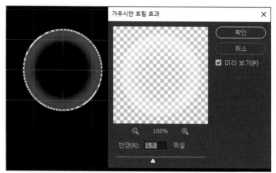

▲ 효과를 주면 안쪽만 흐려지게 됩니다.

08 앞에서와 같은 방법으로 외곽선을 만들어 빛이 들어오는 방향대로 원형을 두 개 더 만들어줍니다. 레이어를 복사하여 Ctrl + T로 자유 변형해서 만들어도 좋습니다.

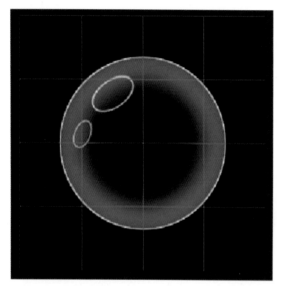

▲ 같은 방법으로 만든 비누방울

09 색과 디테일을 넣어줍니다. 색상은 방금 늪을 만들었던 대로 진한 녹색(1B2900)과 연두색 (D0F545), 녹색(214718)을 사용해줍니다. 완성된 이미지는 배경을 빼서 PNG로 저장해줍니다.

▲ 색상과 모양을 정리해서 디테일을 잡아준 방울

10 이번에는 방울이 올라온 후 흩어지는 물결을 만들 것입니다. 256×256 캔버스를 열고, 검은색으로 캔버스 배경을 칠해줍니다. 다음으로 Ctrl + ' 으로 설정해놨던 가이드라인을 불러옵니다. 그리고 만들어놨던 늪바닥에서 원형으로 이미지를 오려와 캔버스에 옮깁니다. 그 후, 선이 흐린 지우개 도구로 원형 이미지가 남지 않게 지워주면 됩니다. 완성된 이미지는 배경을 빼서 png로 저장해줍니다.

11 늪 주변과 방울이 터질 때 잠깐잠깐 보이는 연기를 만들어 줄 것입니다. 512×512 캔버스를 열고, 검은색으로 캔버스 배경을 칠해줍니다. 다음으로 Ctrl + ' 으로 설정해놨던 가이드라인을 불러오고, 중점을 기점으로 동그란 원형을 만듭니다. 만든 원형은 지우개 도구로 작은 구멍을 많이 내어줍니다.

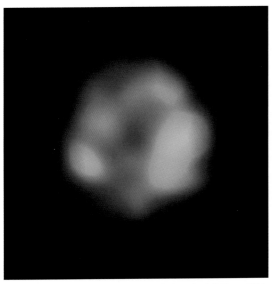

▲ 늪에서 일부를 잘라오면 물결 이미지가 크게 튀지 않고 자연스럽게 사라질 수 있습니다.

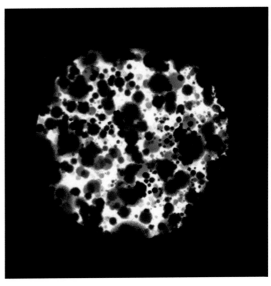

▲ 만든 이미지에 상처를 만들어줍니다.

12 가우시안 흐림 효과를 줍니다. 효과는 15픽셀 정도 주면 됩니다.

13 색상을 진한 녹색(1B2900)과 연두색 (D0F545), 녹색(214718)으로 넣어 연기의 디테일을 잡아줍니다. 만든 이미지는 배경을 빼고 png로 저장해주고 유니티 안에 넣어줍니다.

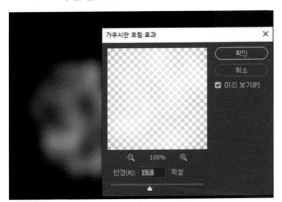

▲ 흐림 효과를 주면 이미지가 연기처럼 보이게 됩니다.

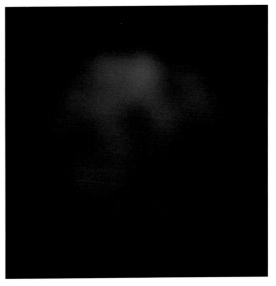

▶ 완성된 연기 이미지

14 이제 유니티 안 이미지의 Texture Type 메뉴를 Sprite(2D and UI)으로 바꿔주고 머티리얼을 만듭니다. 모든 머티리얼의 Shader 경로를 Mobile − Particles − Alpha Blended로 만들어줍니다.

어두운 색의 벽과 파티클 시스템을 넣어줄 게임오브젝트를 하이어라키 창에 넣어줍니다. 벽은 메뉴의 GameObject − 3D Object − Quad 에서 찾아 만들 수 있습니다.

첫 번째 벽의 Position은 X : 0 / Y : 6 / Z : 17, Rotation 포지션은 모두 0으로 맞춰줍니다. Scale 포지션은 X : 17 / Y : 23 / Z : 11으로 바꿔줍니다. 두 번째 벽의 Position은 X : 0 / Y : −2.6 / Z : 5이고, Rotation 포지션은 X : 90 / Y : 0 / Z : 0입니다. Scale 포지션은 X : 17 / Y : 24 / Z : 11으로 맞춰줍니다.

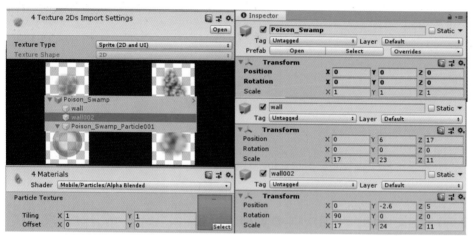

▲ 게임 뷰에서 이펙트를 보기 위한 세팅을 먼저 해줍니다.

15 바닥에 깔린 늪을 만들 것입니다. 첫 번째 파티클의 이미지는 Poison_Swamp001이라고 이름 지어진 이미지의 머티리얼을 넣은 후 파티클의 트랜스폼 수치를 정해줍니다. Position은 X축을 0, Y축은 −2.37, Z축은 0으로 바꾸어주고 Rotation 포지션은 X축은 −90, Y는 0, Z축은 0으로 설정해줍니다. Scale 값은 모두 1로 맞춰줍니다.

트랜스폼을 모두 수정했다면, 메인 파티클 설정을 조정해줄 것입니다. 제일 먼저 Duration을 10으로 만들어줍니다. 그리고 Prewarm에 체크를 해주면 파티클이 시작부 없이 바로 하이라이트 부분부터 나오며 Start Delay의 설정이 꺼지게 됩니다. Start Lifetime의 값을 10으로 맞춰줍니다. Start Speed는 0으로 만듭니다. Start Size 값은 Random Between Two Constants으로 칸을 두 칸으로 열어주고, 6과 4로 만들어줍니다. 각각 다른 회전축을 가진 파티클 이미지가 만들어지도록 Start Rotation 메뉴도 Random Between Two Constants으로 두 칸으로 나눈 후 0과 360으로 바꾸어줍니다.

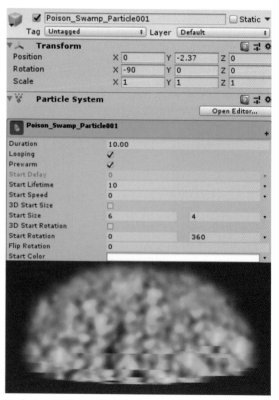

▲ 우선 트랜스폼과 파티클 메인 메뉴를 바꿔줍니다.

16 Renderer 메뉴에서 Max Particle Size 부분을 0.5가 아닌 2로 체크해줍니다. 그리고 Render Alignment 의 값을 Local로 바꾸어주면 바닥에 이미지들이 깔리게 됩니다.

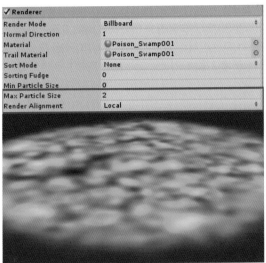

▲ Renderer를 바꾸어주면 바닥에 파티클들이 깔리게 됩니다.

17 Emission와 Shape는 체크만 해주고 설정은 변경하지 않습니다.

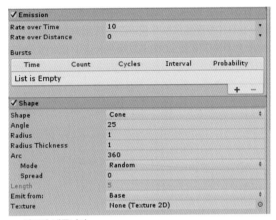

▲ 체크만 해줍니다.

18 Color over Lifetime 값을 바꾸어 줄 차례입니다. 제 일 끝과 앞부분의 알파를 0으로 바꾸어주면 파티클의 끝이 흐리게 바뀌는 것을 확인할 수 있습니다. 위를 눌러주어 중간보다 앞부분의 파티클의 알파값을 100으로 바꿔준다면 색이 각각 바뀌는 늪의 이펙트를 만들 수 있습니다.

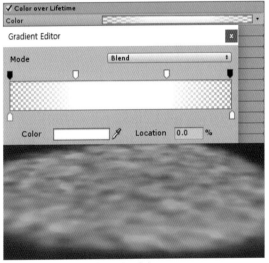

▲ 처음과 끝의 알파값을 바꿔줍니다.

19 이번에는 늪에서 간간히 올라오는 방울을 만들어 줄 것입니다. 새 파티클에 Poison_Swamp0002이라고 이름 지어진 이미지의 머티리얼을 넣은 후 Renderer의 Order in Layer 부분을 1로 체크해줍니다. 첫 번째 파티클 안에 새로 만든 두 번째 파티클을 넣어주고, 파티클의 트랜스폼 수치를 정해줍니다. Position은 0, Y축은 -0.52, Z축은 -0.2로 바꾸어주고 Rotation은 모두 0으로 설정해줍니다. Scale은 모두 1로 맞춰줍니다.

트랜스폼을 모두 수정했다면, 메인 파티클 설정을 조정해줄 것입니다. 우선, Duration을 10으로 만들어줍니다. 그리고 Prewarm에 체크를 해주면 파티클이 시작부 없이 바로 하이라이트 부분부터 나오며 Start Delay의 설정이 꺼지게 됩니다. Start Lifetime의 값을 Random Between Two Constants으로 두 칸으로 만들어준 후 3과 5로 맞춰줍니다. Start Speed는 0으로 만듭니다. Start Size값은 Random Between Two Constants으로 칸을 두 칸으로 열어주고, 0.6과 0.3으로 만들어줍니다. 각각 다른 회전축을 가진 파티클 이미지가 만들어지도록 Start Rotation 메뉴도 Random Between Two Constants으로 두 칸으로 만들어준 후 0과 360으로 바꾸어줍니다. Start Color는 흰색과 채도 낮은 녹색(739A5F)으로 바꾸어줍니다.

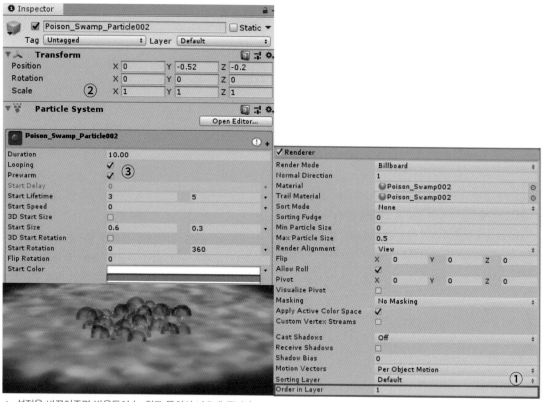

▲ 설정을 바꾸어주면 방울들이 늪 위로 뭉쳐서 나오게 됩니다.

20 Emission의 Rate over Time을 3으로 바꿉니다. 그 후, Shape로 넘어가서 Shape를 Box로 바꿉니다. 그리고 Scale의 X축을 4로, Y축을 4로, Z축을 0으로 바꿔주면 아까보다 적은 수의 방울이 나오게 됩니다.

▲ 파티클이 나오는 숫자와 범위를 정해줍니다.

21 Color over Lifetime 값을 바꾸어 줄 차례입니다. 제일 앞부분의 알파를 0으로 바꾸어주면 파티클의 끝이 흐리게 바뀌는 것을 확인할 수 있습니다. 위를 눌러주어 중간보다 앞부분의 파티클의 알파값을 100으로 바꿔준다면 자연스럽게 나와 사라지는 방울을 만들 수 있습니다.

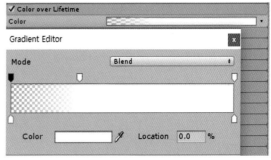

▲ 스타트 컬러만 알파를 빼줍니다.

22 Size over Lifetime 값을 수정해줍니다. 우선 해당 메뉴를 체크해주고 두 번째 모양의 오토 메뉴를 선택하여 눌러줍니다. 그리고 시작 부분의 사이즈를 0.5에 맞추어주면 됩니다.

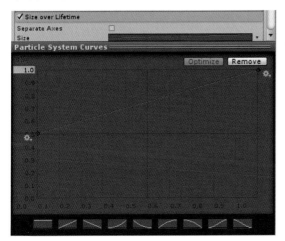

▲ 사이즈를 작았다가 크게 만들어줍니다.

23 Rotation over Lifetime를 체크해주고, Angular Velocity값을 45로 만들어줍니다. 그러면 파티클이 오른쪽으로 45도 돌며 사라집니다.

▲ 파티클에 회전을 넣어줍니다.

24 Noise의 수치를 바꿔줍니다. 이 수치를 바꿔주면 움직이지 않던 파티클이 상하좌우로 팔랑이며 움직이게 됩니다. Strength의 수치를 더 올려주면 조금 덜 역동적으로 파티클이 움직이는 것을 볼 수 있습니다.

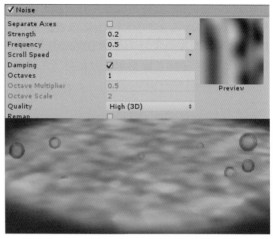

▲ 간간히 방울이 위로 올라가서 사라지는 파티클이 만들어줍니다.

25 마지막으로 만들 것은 늪 바닥에 가라앉았다가 터지는 방울입니다. 이 방울은 앞에서 만든 두 번째 파티클을 복사하여 만들어주면 조금 더 편하게 만들 수 있습니다. Poison_Swamp0020라고 이름 지어진 이미지의 머티리얼을 넣은 후 Renderer의 Order in Layer 부분을 1로 체크해줍니다. 그 후, 첫 번째 파티클 안에 새로 만든 두 번째 파티클을 넣어주고, 파티클의 트랜스폼 수치를 정해줍니다. Position은 X축을 0, Y축은 −0.52, Z축은 −0.2로 바꾸어주고 Rotation은 모두 0으로 설정해줍니다. 그리고 Scale은 모두 1로 맞춰줍니다.

트랜스폼을 모두 수정했다면, 메인 파티클 설정을 조정해줄 것입니다. 우선 Duration을 10으로 만들어줍니다. 그리고 Prewarm에 체크를 해주면 파티클이 시작부 없이 바로 하이라이트 부분부터 나오며 Start Delay의 설정이 꺼지게 됩니다. Start Lifetime의 값을 Random Between Two Constants으로 두 칸으로 만들어준 후 3과 5로 맞춰줍니다. Start Speed는 0으로 만듭니다. Start Size값은 Random Between Two Constants으로 칸을 두 칸으로 열어주고, 0.6과 0.3으로 만들어줍니다. 각각 다른 회전축을 가진 파티클 이미지가 만들어지도록 Start Rotation 메뉴도 Random Between Two Constants으로 두 칸으로 만들어준 후 0과 360으로 바꾸어줍니다. Start Color는 흰색과 채도 낮은 녹색(739A5F)으로 바꾸어줍니다.

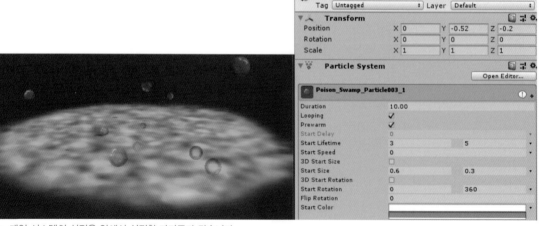

▲ 메인 시스템의 설정은 앞에서 설정한 파티클과 같습니다.

26 Emission의 Rate over Time을 3으로 바꿉니다. 그후, Shape로 넘어가서 Shape를 Box로 바꿉니다. 그리고 Scale의 X축을 4로, Y축을 4로, Z축을 0으로 바꿔주면 됩니다.

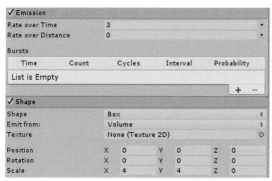

▲ 파티클의 범위와 나오는 수도 앞에서 만든 파티클과 같습니다.

27 Color over Lifetime 값을 바꾸어 줄 차례입니다. 제일 앞부분의 알파를 0으로 바꾸어주면 파티클의 끝이 흐리게 바뀌는 것을 확인할 수 있습니다. 위를 눌러주어 중간보다 앞부분의 파티클의 알파값을 100으로 바꿔준다면 자연스럽게 나와 사라지는 방울을 만들 수 있습니다.

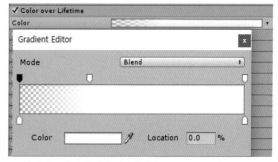

▲ 컬러값도 아까와 같이 잡아줍니다.

28 Size over Lifetime 값을 수정해줍니다. 우선 해당 메뉴를 체크해주고 두 번째 모양의 오토 메뉴를 선택하여 눌러줍니다. 그리고 시작 부분의 사이즈를 0.5에 맞추어주면 됩니다.

▲ 사이즈 또한 아까와 같습니다.

29 Rotation over Lifetime를 체크해주고, Angular Velocity값을 45로 만들어줍니다. Noise의 수치는 활성화 되어있다면 비활성화 상태로 바꿔줍니다.

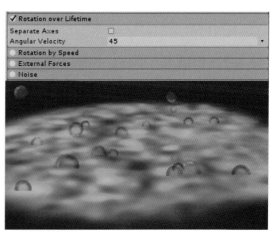

▲ 바닥에 깔린 상태로 사라지는 방울들

30 방울이 터지면 퍼지는 물결을 만들기 위해 Sub Emitters를 체크해줍니다. 메뉴 오른쪽에 +표시를 눌러주면 현재 파티클의 영향을 받는 파티클이 하나 생기게 됩니다. 새로 생긴 파티클의 머티리얼은 Poison_Swamp003 이름의 이미지로 넣어줍니다.

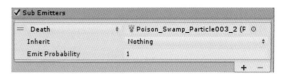

▲ 방울에 영향을 받는 파티클을 하나 새로 만들어줍니다.

31 이번에는 방울에 영향을 받는 네 번째 이펙트를 조정해 볼 것입니다. 우선 Renderer의 Order in Layer부분을 1로 체크해줍니다. 늪바닥을 만들 때와 같이 Render Alignment의 값을 Local로 바꾸어주면 바닥에 이미지들이 깔리게 됩니다. 첫 번째 파티클 안에 새로 만든 두 번째 파티클을 넣어주고, 파티클의 트랜스폼 수치를 정해줍니다. Position과 Rotation은 모두 0으로, Scale은 모두 1로 맞춰줍니다.

트랜스폼을 모두 수정했다면, 메인 파티클 설정을 조정해줄 것입니다. 우선 Duration을 10으로 만들어줍니다. 그리고 Prewarm에 체크를 해주면 파티클이 시작부 없이 바로 하이라이트 부분부터 나오며 Start Delay의 설정이 꺼지게 됩니다. Start Lifetime의 값을 Random Between Two Constants으로 두 칸으로 만들어준 후 0.5와 1로 맞춰줍니다. Start Speed 는 0으로 만듭니다. Start Size값은 Random Between Two Constants으로 칸을 두 칸으로 열어주고, 1.1과 0.7로 만들어줍니다. 각각 다른 회전축을 가진 파티클 이미지가 만들어지도록 Start Rotation 메뉴도 Random Between Two Constants 으로 두 칸으로 만들어준 후 0과 360으로 바꾸어줍니다. Start Color는 흰색의 컬러값 하나와 채도 낮은 녹색(739A5F)으로 바꾸어줍니다.

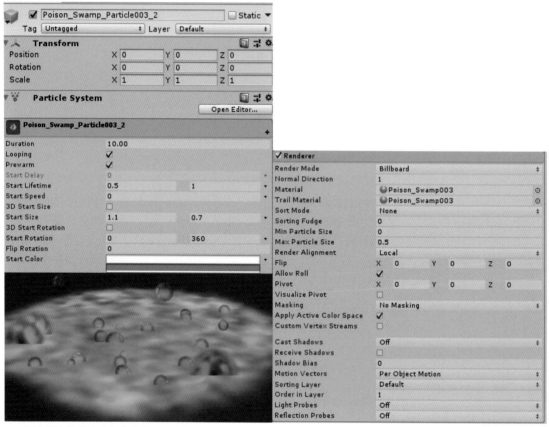

▲ 메인수치와 함께 마지막 렌더 메뉴 또한 함께 바꿔줍니다.

32 Emission을 설정할 것입니다. Emission의 Rate over Time가 0으로 바꾸고 Bursts의 +표시를 눌러 나온 메뉴의 Count 부분을 1으로 바꾸어줍니다. 같은 방법으로 +표시를 한 번 더 눌러 두 번째 Time의 숫자는 0.1로 바꾸어주고, Count 부분은 1으로 바꾸어주면 됩니다. 세 번째 Time의 숫자는 0.2로 바꾸어주고, Count 부분은 1으로 바꾸어주면 됩니다. Shape는 체크를 해제합니다.

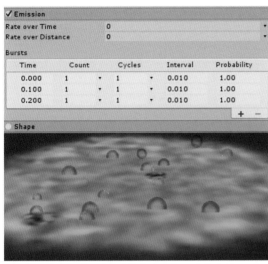

▲ 나오는 범위를 축소하면 방울이 터진 후 물결이 나오는 모습이 보이게 됩니다.

33 Color over Lifetime 값을 바꾸어 줄 차례입니다. 제일 끝과 앞부분의 알파를 0으로 바꾸어주면 파티클의 끝이 흐리게 바뀌는 것을 확인할 수 있습니다. 위를 눌러주어 중간보다 앞부분의 파티클의 알파값을 100으로 바꿔준다면 앞부분은 선명하고 뒷부분만 흐려지는 파티클을 만들 수 있습니다.

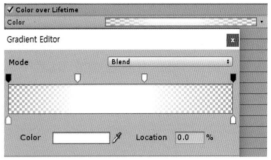

▲ 시작과 끝의 알파값을 뺍니다.

34 Size over Lifetime 값을 수정해줍니다. 우선 해당 메뉴를 체크해주고 두 번째 모양의 오토 메뉴를 선택하여 눌러줍니다. 그리고 시작 부분의 사이즈를 0.5에 맞추어주면 됩니다.

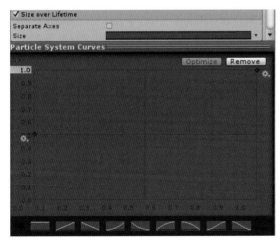

▲ 설정해주면 이펙트가 물결처럼 작아졌다가 커지며 사라지게 됩니다.

35 Rotation over Lifetime을 체크해주고, Angular Velocity값을 45로 만들어줍니다. 그러면 파티클이 오른쪽으로 45도 돌며 사라집니다. 이로써 네 번째 파티클이 완성됩니다.

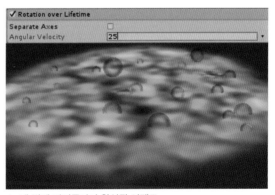

▲ 네 번째 파티클까지 완성된 이펙트

36 마지막으로 독으로 된 늪지 주변에 머물러있는 연기 이펙트를 주변에 만들어 줄 것입니다. 새 파티클 시스템을 만들어준 후, 첫 번째 파티클 안에 넣어줍니다. 새로 만든 파티클 안에는 Poison_Swamp0004이라는 이름의 머티리얼을 넣어줍니다. 우선, Renderer의 Order in Layer 부분을 2로 체크해줍니다. 그 후, 첫 번째 파티클 안에 새로 만든 두 번째 파티클을 넣어주고, 파티클의 트랜스폼 수치를 정해줍니다. Position과 Rotation은 모두 0으로, Scale은 모두 1로 맞춰줍니다.

트랜스폼을 모두 수정했다면, 메인 파티클 설정을 조정해줄 것입니다. 우선 Duration을 10을 만들어줍니다. 그리고 Prewarm에 체크를 해주면 파티클이 시작부 없이 바로 하이라이트 부분부터 나오며 Start Delay의 설정이 꺼지게 됩니다. Start Lifetime의 값을 Random Between Two Constants으로 두 칸으로 만들어준 후 5와 3으로 맞춰줍니다. Start Speed 은 0으로 만듭니다. Start Size값은 Random Between Two Constants으로 칸을 두 칸으로 열어주고, 1과 5로 만들어줍니다. 각각 다른 회전축을 가진 파티클 이미지가 만들어지도록 Start Rotation 메뉴도 Random Between Two Constants으로 두 칸으로 만들어준 후 0과 360으로 바꾸어줍니다. Start Color는 흰색의 컬러값 하나(알파값 109)와 채도 낮은 녹색 (739A5F)(알파값 120)으로 바꾸어줍니다.

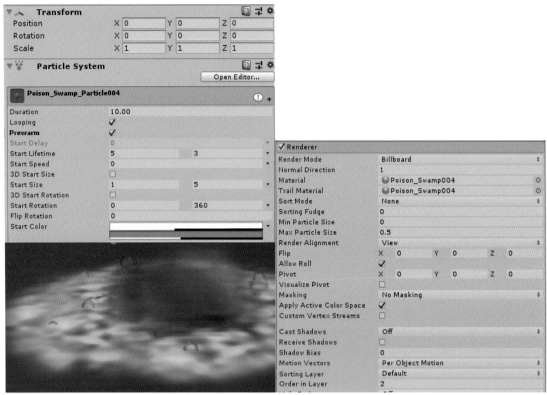

▲ 마지막 파티클의 메인 파티클 시스템과 레이어를 수정해줍니다.

37 Emission의 Rate over Time을 10으로 설정합니다. 그 후 Shape로 넘어가서 Shape를 Box로 바꿉니다. 그리고 Scale의 X축을 4로, Y축을 4로, Z축을 0으로 바꾸고 Randomize Positon 의 값을 0.4로 만들어주면 됩니다.

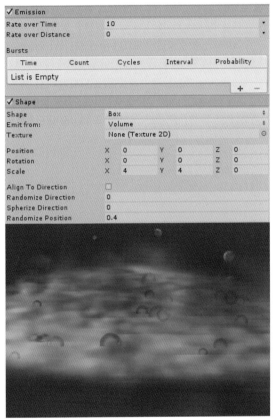

✓ Emission					
Rate over Time	10				
Rate over Distance	0				
Bursts					
Time	Count	Cycles	Interval	Probability	
List is Empty					
				+	−

✓ Shape					
Shape	Box				
Emit from:	Volume				
Texture	None (Texture 2D)				
Position	X	0	Y	0	Z	0
Rotation	X	0	Y	0	Z	0
Scale	X	4	Y	4	Z	0
Align To Direction	☐				
Randomize Direction	0				
Spherize Direction	0				
Randomize Position	0.4				

▲ 파티클의 범위와 개수를 정해줍니다.

38 흐린 연기의 느낌을 살리기 위해 Color over Lifetime 값을 바꾸어 줄 차례입니다. 제일 끝과 앞부분의 알파를 0으로 바꾸어주면 파티클의 끝이 흐리게 바뀌는 것을 확인할 수 있습니다. 위를 눌러주어 중간의 파티클의 알파 값을 100으로 바꿔줍니다.

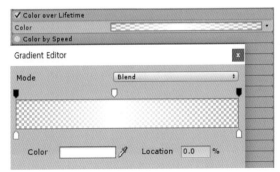

▲ 컬러의 알파값도 확인해줍니다.

39 Noise의 수치를 바꿔줍니다. 이 수치를 바꿔주면 움직이지 않던 파티클이 상하좌우로 팔랑이며 움직이게 됩니다. Strength의 수치를 더 올려주면 조금 덜 역동적으로 파티클이 움직이는 것을 볼 수 있습니다.

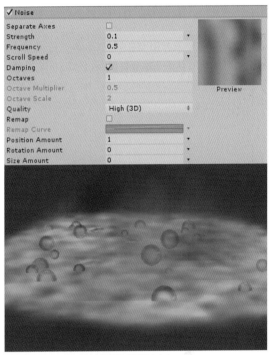

✓ Noise		
Separate Axes	☐	
Strength	0.1	
Frequency	0.5	
Scroll Speed	0	
Damping	✓	
Octaves	1	
Octave Multiplier	0.5	
Octave Scale	2	Preview
Quality	High (3D)	
Remap	☐	
Remap Curve		
Position Amount	1	
Rotation Amount	0	
Size Amount	0	

▲ 마지막 수치를 완성해주면 끝입니다.

40 독의 늪이 완성된 모습입니다.

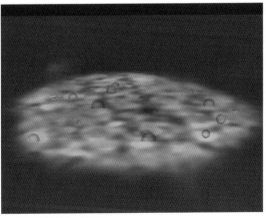

▲ 완성된 독의 늪 이펙트

이 이펙트의 색상을 바꾸거나 만드는 법을 응용해 용암, 늪지 등을 만들 수도 있습니다. 다양한 방법으로 활용해 보시길 바랍니다.

■ 어둠속성 마법진 만들기

이 책의 마지막으로 마법진에서 이펙트가 등장하는 이펙트를 만들 것입니다. 이 이펙트는 마법진이 등장해 강한 빛을 내며 사라질 것이고, 마법 효과를 내는 모습이 될 것입니다. RPG 게임에서 많이 쓰이는 기능 중 하나이므로 여러 가지 버전으로 스스로 만들어보면 더욱 좋을 것 같습니다.

▲ 마법진을 매개체로 한 마법을 만들어봅니다.

01 이번에 만들 이미지는 총 네 가지입니다. 마법진 주변의 연기, 마법진이 소환되며 나오는 작은 번개, 마법진에서 나오는 빛, 마법진입니다. 우선은 마법진이 만들어지며 분위기를 내고 사라지는 연기를 만들어 줄 것입니다.

포토샵을 열어 512×512의 캔버스를 열어줍니다. 검은색으로 캔버스 배경을 칠해줍니다. 다음으로 Ctrl + '으로 설정해놨던 가이드라인을 불러와 중점을 기점으로 원형을 만듭니다. 만든 원형은 지우개 도구로 작은 구멍을 많이 내어줍니다.

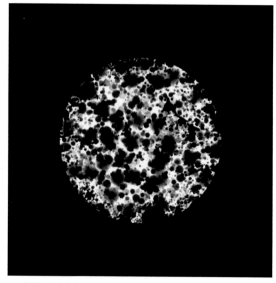

▲ 원형 이미지에 상처를 내줍니다.

02 가우시안 흐림 효과를 줍니다. 효과는 15픽셀 정도 주면 됩니다.

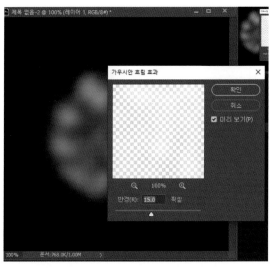

▲ 흐려진 파티클

03 새 레이어를 만들어 준 후, 연기를 만든 부분에 진한 보라(361573)로 칠을 해주고 새 레이어를 만든 부분에 연보라(DFBAFF)와 보라색(9B65FF)으로 칠을 해 줍니다.

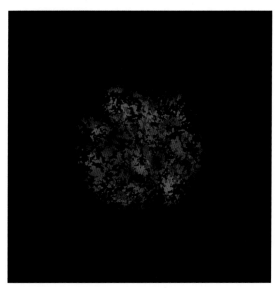

▲ 색이 칠해진 연기

04 새로 만든 레이어에 가우시안 흐림 효과를 8픽셀 넣습니다.

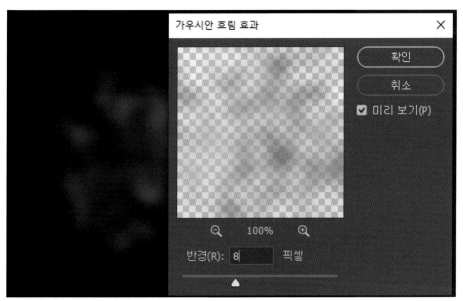

▲ 가우시안 흐림 효과를 줍니다.

05 레이어를 합친 후 한 번 더 레이어를 복사해 줍니다. 윗 레이어에 선형 라이트를 넣어주고, 자유변형 도구를 사용해 아래 레이어와 너무 겹치지 않게 조절해줍니다. 만든 이미지는 배경을 빼고 png로 만들어줍니다.

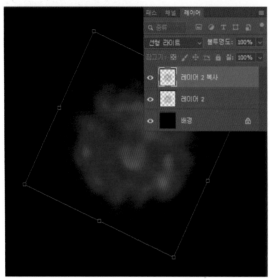

▲ 선형 라이트를 넣으면 색이 조금 더 진해집니다.

▶ 번개 이미지를 네 개 그려준 후 순서대로 나열해 줍니다.

06 두 번째로는 마법진이 힘을 받으며 주변에 전기가 튀는 듯한 효과를 만들 때 쓸 이미지를 만들어 줄 것입니다. 1024×1024픽셀의 캔버스를 열어줍니다. 검은색으로 캔버스 배경을 칠해줍니다. 다음으로 Ctrl + '으로 설정해놨던 가이드라인을 불러오고, 올가미 도구를 사용해 번개의 모양을 그려줍니다. 그 후 지우개와 브러시도구를 사용해 작은 번개의 모양을 네 개 잡아줍니다.

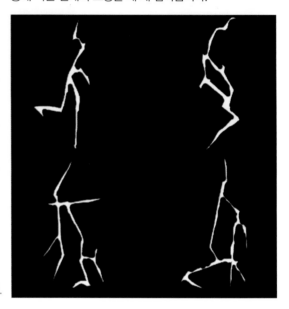

07 그림 레이어를 복사하여 아래쪽 레이어에 가우시안 흐림 효과를 9픽셀 정도 줍니다.

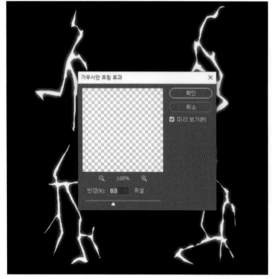

▲ 가우시안 흐림 효과를 준 이미지

08 흐림 효과에 보라색(9B65FF)으로 색을 넣어주고, 흐림 효과를 넣어주지 않은 이미지를 한 장 더 복사해줍니다. 중간에 있는 레이어에 똑같은 보라색을 넣어준 후 가장 위 레이어에 최대값을 2픽셀 넣어줍니다.

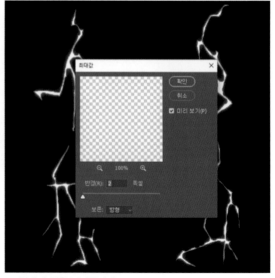

▲ 번개에 색을 넣어줍니다.

09 가장 윗 레이어에 디졸브 효과를 넣어주고, 보라색을 넣어준 두 번째 레이어에는 선형 라이트를 넣어줍니다.

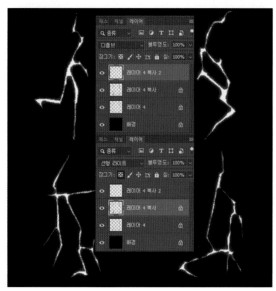

▲ 그림에 효과를 넣어주면 완성입니다.

10 세 번째로는 마법진이 큰 힘을 받을 때 순간적으로 마법진이 튀어보일 수 있는 둥근 원형의 빛 이미지를 만들어 줄 것입니다. 우선 포토샵에서 512×512의 캔버스를 열어줍니다. 검은색으로 캔버스 배경을 칠해줍니다. 다음으로 Ctrl + '으로 설정해놨던 가이드라인을 불러온 후 캔버스 중점에 맞춰 하얀 원형을 그려줍니다.

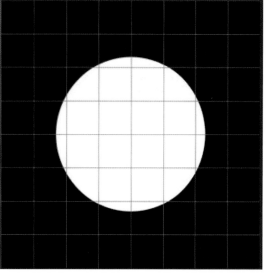

▲ 전체적으로 칠을 해 줍니다.

11 가우시안 흐림 효과를 캔버스 전체에 30픽셀 정도 줍니다.

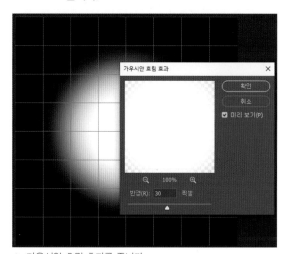

▲ 가우시안 흐림 효과를 줍니다.

12 같은 레이어를 두 번 복사하여 가장 아래 레이어는 보라색(9B65FF), 그 위 레이어는 연보라 (DFBAFF) 색으로 칠해줍니다. 그 후, 각 레이어의 크기를 작게 조절해 그림과 같이 만들어줍니다.

▲ 효과를 주면 완성입니다.

13 네 번째로는 이 이펙트의 메인이 될 마법진 이미지를 그릴 것입니다. 마법진을 그릴 때 중요한 것은 주제에 맞는 그림을 그리면서도 너무 복잡하지 않게 그려주는 것입니다. 너무 복잡한 마법진은 보기에는 예쁘지만 이펙트로 만들었을 때 주제나 색, 마법진이 눈에 띄지 않기 때문에 적당한 복잡함을 찾아주는 것이 중요합니다.

우선 포토샵으로 1024×1024크기의 캔버스를 열어주고 검은색으로 캔버스 배경을 칠해줍니다. 다음으로 Ctrl + '으로 설정해놨던 가이드라인을 불러옵니다. 그 후, 원형 선택 윤곽 도구(M)를 이용해 원형을 그려줍니다.

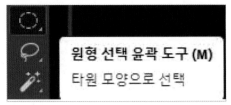

▲ 윤곽도구와 그 밑의 다각형 올가미 도구를 많이 써줄 것입니다.

14 캔버스 중점에 맞춰 원형 선택 윤곽 도구로 적당한 크기의 원형을 그려줍니다.

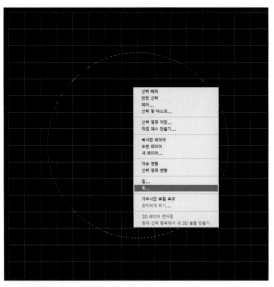

▲ 원형 윤곽도구를 활용해줍니다.

15 획 메뉴를 열어 폭을 4픽셀로 잡아주고 확인을 눌러줍니다. 색상은 마법진을 모두 만든 후 정해 줄 것이기 때문에 흰색으로 합니다.

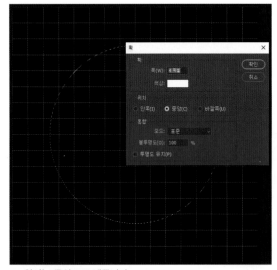

▲ 위치는 중앙으로 해줍니다.

16 이번엔 위치를 안쪽으로 잡아주고, 폭이 20픽셀인 획을 하나 더 만들어줍니다. 이런 식으로 원형의 마법진을 만들어 줄 것입니다.

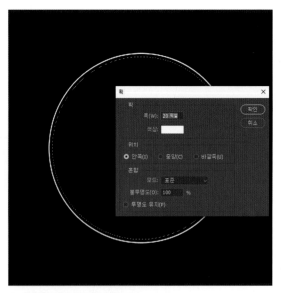

▲ 원형을 하나 더 만들어줍니다.

17 얇은 원형 선을 하나 더 만들어줄 것입니다. 획 메뉴에서 폭을 3픽셀 정도로 설정한 후 원형을 만들어줍니다.

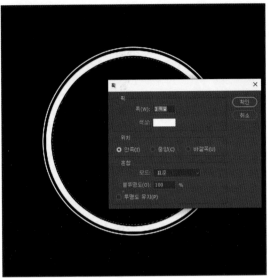

▲ 원형을 겹쳐줌으로 문양처럼 보일 수 있게 해줍니다.

18 다각형 올가미 도구를 사용하여 십자 모양의 별을 만들어줍니다. 그 후, 원형이 있는 부분을 범위 만큼 지워줍니다. 앞에서와 같이 오른쪽 마우스 클릭으로 획 메뉴를 활성화 해준 후 3픽셀 만큼 획을 만들어줍니다.

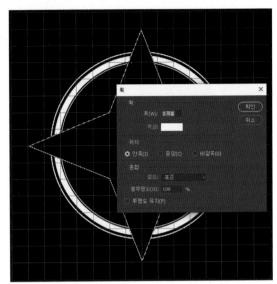

▲ 다각형 올가미 도구를 활용하여 모양을 만들어줍니다.

19 같은 별을 복사하여 Ctrl + T를 눌러 만들었던 별을 돌려 여덟 개의 꼭지점이 있는 별로 만들어줍니다.

▲ 별을 만들어줍니다.

20 복사한 별 사이에 있는 가장 바깥의 문양을 지워 정리해줍니다(Delete를 누르거나 지우개를 사용하여 지웁니다).

▲ 이미지를 정리한 그림

21 별 안에 겹쳐있는 팔각형의 도형도 지워준 후 획으로 원을 하나 더 만듭니다. 위치는 '안쪽'을 선택하고 5픽셀의 원형의 선을 더 만들어줍니다.

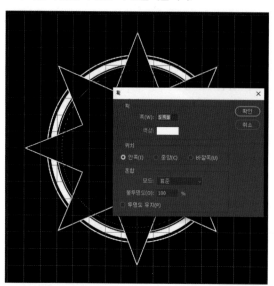

▲ 원형의 선을 한 번 더 만들어줍니다.

22 원형의 문양을 마법진에 넣어줄 것입니다. 마우스 등으로 캔버스의 왼쪽부터 중심까지 글자를 그려 넣어 줍니다.

▲ 정체불명의 글자를 적어줍니다.

23 원형의 선을 따라 글자가 배치되도록 할 것입니다. 메뉴의 필터 – 왜곡 – 극좌표를 눌러주면 해당 기능을 쓸 수 있습니다.

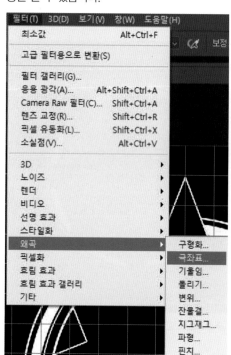

▲ 해당 기능을 쓰면 만들어 둔 글자가 반원으로 바뀝니다. 만들 때 새 레이어에 글자를 만드는 것을 잊지 않도록 합니다.

24 반원 모양으로 변한 글자를 중심축에 맞춰 주고, 원하는 자리에 맞게 배치해줍니다.

▲ 극좌표를 준 문양을 원하는 자리에 배치해줍니다.

25 반원 모양의 글자 레이어를 복사하여 캔버스 전체를 사각형 선택 윤곽 도구로 선택해줍니다. 그 후, Ctrl + T로 배치하여 원형으로 배치해줍니다. 글자를 모두 띄어서 배치하진 말고 몇몇 개는 겹치게 두어 다른 느낌을 내줍니다.

26 문자를 가늘게 만들어 주기 위해 문자 레이어를 합하여 최대값을 줄 것입니다. 필터 – 기타 – 최대값을 눌러 문자에 필터를 2픽셀 정도 넣어줍니다.

▲ 문자를 복사하여 원형을 만들어줍니다.

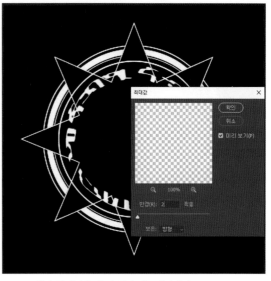

▲ 포토샵의 최대값을 주면 선이 가늘어집니다.

27 문자를 조금 작게 축소하여 자리를 잡아줍니다. 그 후, 다시 원형 선택 도구를 사용하여 문자의 바깥쪽에 10픽셀만큼 하얀 원형 선을 만들어줍니다.

28 두꺼운 선 위에 얇은 선을 또 만들어줍니다. 여기서 별과 가장 바깥의 원형은 빼고 문자와 안쪽의 원형을 복사하여 외곽을 더 꾸며주어도 됩니다.

▲ 문자를 만들었다면 이제 다시 마법진을 꾸며줄 차례입니다.

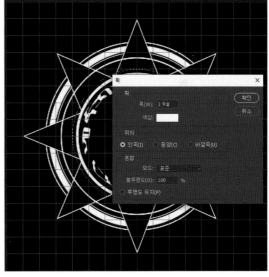

▲ 조금씩 마법진을 더 꾸며줍니다.

29 문장 부분만 튀지 않도록 안쪽에 원형을 더 만들어줍니다. 획을 3픽셀 정도 주어 원형선을 만들어줍니다.

▲ 마법진을 꾸며줍니다.

30 문양과 안쪽의 원형 마법진만 복사한 레이어를 두 개 만들어 각 대칭되는 별의 꼭지점에 맞춰 작게 만들어 배치를 해주면 조금 더 느낌 있어 보입니다. 각 원의 크기를 다르게 해주면 또 느낌이 달라지게 됩니다.

▲ 만드는 법을 참고만 하여 원하는 모양의 마법진을 만들도록 합니다.

31 획 메뉴에서 폭을 5픽셀 정도로 주어 화살표 모양을 잡아줍니다.

▲ 획을 사용하여 다각형 모양의 선을 만들어줍니다.

32 방금 만든 화살표 모양보다는 짧은 화살표 모양을 만들어줍니다.

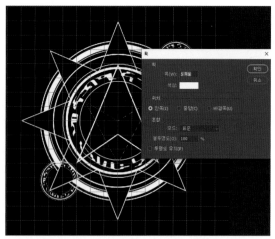

▲ 마법진의 가운데까지 채워주면 마법진의 문양은 완성입니다.

33 만든 레이어를 합쳐줍니다.

34 선명한 마법진보다는 약간 흐릿한 마법진이 조금 더 분위기가 삽니다. 따라서 지우개 도구를 사용하여 마법진에 흐린 상처를 내줍니다.

▲ 완성된 마법진

▲ 마법진을 지우개 도구로 살짝 지워줍니다.

35 마법진 그림을 하나 복사해주고, 밑에 있는 레이어에 가우시안 흐림 효과를 10픽셀 정도 줍니다.

36 색을 지정해줍니다. 진한 보라(361573)와 연보라(DFBAFF), 보라색(9B65FF)으로 색을 칠해줍니다. 그리고 Ctrl + U를 눌러 색조/채도 메뉴를 엽니다. 색조와 밝기, 채도를 사용하여 사용자가 보기에 예쁜 색을 지정해줍니다.

▲ 가우시안 흐림 효과가 들어간 마법진

▲ 채색하여 설정해줍니다.

37 완성된 마법진은 배경은 뺀 채로 png로 저장해
줍니다.

▶ 완성된 마법진

38 이제 유니티 안 이미지의 Texture Type 메뉴를 Sprite(2D and UI)으로 바꿔주고 머티리얼을 만듭니다. 모든 머티
리얼의 Shader 경로를 Mobile – Particles – Alpha Blended와 Additive로 만들어줍니다. 마법진 부분의 머티리
얼만 두 가지로 만들고, 나머지 머티리얼은 Alpha Blended로 만들어주면 됩니다.

어두운 색의 벽과 파티클 시스템을 넣어줄 게임오브젝트를 하이어어라키 창에 넣어줍니다. 벽은 메뉴의 GameObject – 3D
Object – Quad에서 찾아 만들 수 있습니다.

첫 번째 벽의 Position은 X : 0 / Y : 6 / Z : 17, Rotation 포지션은 모두 0으로 맞춰줍니다. Scale 포지션은 X : 17 / Y : 23
/ Z : 11으로 바꿔줍니다. 두 번째 벽의 Position은 X : 0 / Y : –2.6 / Z : 5이고, Rotation 포지션은 X : 90 / Y : 0 / Z : 0입
니다. Scale 포지션은 X : 17 / Y : 24 / Z : 11으로 맞춰줍니다.

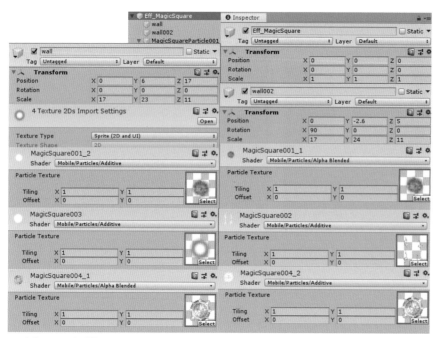

▲ 이펙트를 보기 위한 기본적인 설정을 해줍니다.

39 새 파티클 시스템을 만들어주고, 트랜스폼과 메인 파티클 메뉴를 바꿔줍니다. 마스크로 쓸 파티클이기 때문에 MagicSquare004_1이라고 이름 지어진 이미지의 머티리얼을 넣어줍니다. 그 후, 파티클의 트랜스폼 수치를 정해줍니다. Position은 X축이 0, Y축은 −1.9, Z축은 0으로 바꿔주고 Rotation 포지션은 X축은 −104, Y는 0, Z축은 0으로 설정해 줍니다. Scale은 모두 1로 맞춰줍니다.

트랜스폼을 모두 수정했다면, 메인 파티클 설정을 조정해줄 것입니다. 이 파티클은 눈에는 보이지 않지만 아래에 만들 파티클의 부모가 되며 마스크로 활용될 것입니다. 우선, Duration을 8로 만들어줍니다. 다음으로는 Start Lifetime의 값을 0으로 맞춰줍니다(해당 값을 0으로 바꿔주면 0.0001로 자동으로 바뀝니다). Start Speed는 0으로, Start Size 값 또한 0으로 만들어줍니다. Start Color는 흰색에 알파를 0으로 바꾸어줍니다. 그러면 파티클이 더 보이지 않습니다.

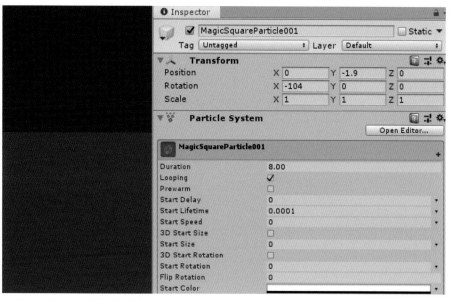

▲ 기본 파티클 시스템을 바꿔줍니다.

40 Emission과 Shape 메뉴 모두 체크를 꺼줍니다.

▲ 쓰지 않는 기능은 모두 꺼줍니다.

41 이제 이 파티클을 마스크화 해줄 것입니다. 가장 하단의 Add Component 탭을 눌러주시고, 메뉴 검색창에 Sprite Mask를 검색하여 Alpha Cutoff의 수치를 0.4로 바꾸어줍니다. 마스크를 설치하면 해당 이미지 크기에 맞는 마스크가 아래에 적용될 파티클에 보이게 됩니다.

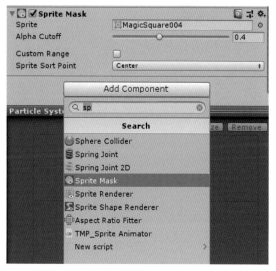

▶ 마스크 메뉴를 설정해줍니다.

42 새 파티클 시스템을 만들어 첫 번째 파티클 아래에 넣어줍니다. 해당 파티클에는 MagicSquare0003이라는 이름
의 머티리얼을 넣어주고, 트랜스폼과 메인 파티클 메뉴를 바꿔줍니다. 트랜스폼의 Position과 Rotation은 모두 0
으로 바꾸어주고 Scale 값은 모두 1로 맞춰줍니다.

트랜스폼을 모두 수정했다면, 메인 파티클 설정을 조정해줄 것입니다. 이 파티클은 마스크에 맞춰 Duration을 8로 만들
고 Start Lifetime 값을 4로 맞춰줍니다. Start Speed는 0으로, Start Size 값은 8로 만들어줍니다. 아직까지는 파티클에 마
스크가 적용된 것처럼 보이지는 않습니다.

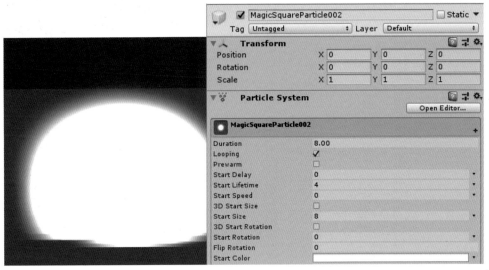

▲ 큰 원형 이미지가 번쩍이며 사라지는 것을 볼 수 있습니다.

43 마스크를 적용시키려면 파티클 시스템 가장 아랫부분의 Renderer의 Max Particle Size를 2로 바꾸어주고, Render
Alignment의 메뉴를 Local로 바꾸어줍니다. Masking의 메뉴 중 No Masking으로 되어있는 메뉴를 Visible Inside
Mask로 바꾸어주어야 합니다. 해당 메뉴를 바꿔주면, 앞에서 파티클에 적용시킨 이미지에 맞춰 빛나는 구들이 그 안에서
만 나오는 것을 확인할 수 있습니다. 해당 메뉴 중 Outside 메뉴로 체크하면 그림 부분외의 알파 부분에만 파티클이 보이
는 것을 확인할 수 있습니다. 메뉴를 체크해주었다면 Order in Layer을 1로 바꾸어줍니다.

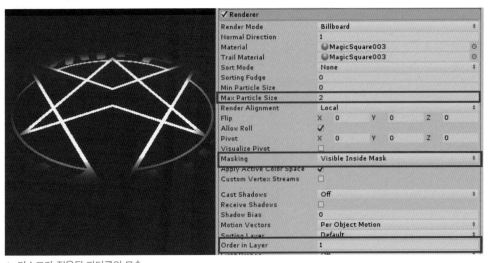

▲ 마스크가 적용된 파티클의 모습

44 Emission을 설정할 것입니다. Emission의 Rate over Time을 0으로 바꾸고 Bursts의 +표시를 눌러 나온 메뉴의 Count 부분을 1로 바꾸어줍니다. 다음으로는 Shape의 체크를 꺼주면 됩니다. 그러면 같은 장소에 하나의 파티클이 생기게 됩니다.

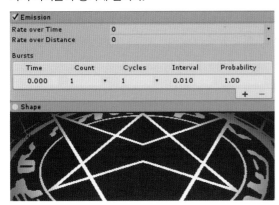

▲ 하나의 파티클만 나와도 선명한 마법진 문양을 볼 수 있습니다.

45 Color over Lifetime 값을 바꾸어 줄 차례입니다. 제일 끝부분의 알파를 0으로 바꾸어주면 파티클의 끝이 흐리게 바뀌는 것을 확인할 수 있습니다. 위를 눌러주어 화살표를 만들고 파티클의 알파값을 100으로 바꿔준다면 앞부분은 선명하고 뒷부분만 흐려지는 파티클을 만들 수 있습니다.

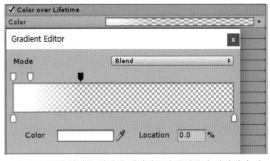

▲ 0으로 줄인 알파를 상단에 배치해주어 중간쯤에 마법진이 사라질 수 있게 배치해줍니다.

46 Size over Lifetime 값을 수정해줍니다. 우선 해당 메뉴를 체크해주고 두 번째 모양의 오토 메뉴를 선택하여 눌러줍니다. 그 후 첫 번째 점은 사이즈 0.1에 배치하고 두 번째 점은 사이즈가 1인 상태에서 시간을 0.28에 배치해주면 완성입니다.

▲ 사이즈 메뉴를 조정해줍니다.

47 사이즈를 조정해주면 마법진의 실루엣을 따라 마법진이 그려지듯이 생성되는 것을 확인할 수 있습니다.

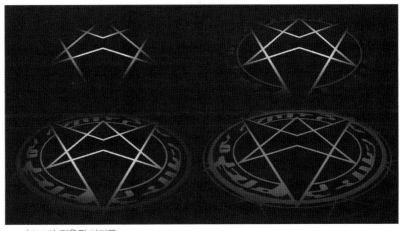

▲ 마스크가 적용된 파티클

48 마법진이 소환됨을 표현하기 위한 파티클을 만들어 줄 것입니다. MagicSquare004_1이라는 이름의 머티리얼을 넣어주고, 트랜스폼과 메인 파티클 메뉴를 바꿔줍니다. 트랜스폼의 Position과 Rotation 값을 모두 0으로 설정해줍니다. Scale 값은 모두 1로 맞춰줍니다.

트랜스폼을 모두 수정했다면, 메인 파티클 설정을 조정해줄 것입니다. 이 파티클은 마스크에 맞춰 Duration을 8로 만들고 Start Lifetime 값을 7로 맞춰줍니다. Start Speed은 0으로, Start Size값은 6으로 만들어줍니다.

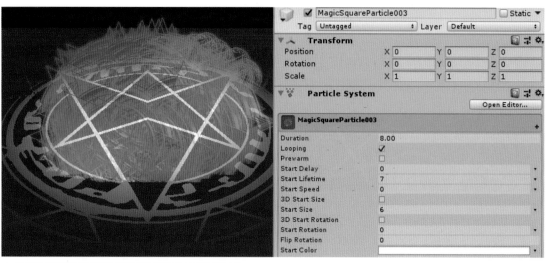

▲ 이렇게 만들어주면 많은 마법진이 화면에 보이게 됩니다.

49 Renderer의 Max Particle Size를 2로 바꾸어주고, Render Alignment의 메뉴를 Local로 바꾸어줍니다.

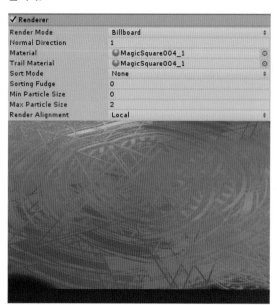

▲ 렌더까지 바꿔주면 바닥에 마법진이 많이 깔리는 것을 볼 수 있습니다.

50 Emission을 설정할 것입니다. Emission의 Rate over Time을 0으로 바꾸고 Bursts의 +표시를 눌러 나온 메뉴의 Count 부분을 1로 바꾸어줍니다. 다음으로는 Shape의 체크를 해제하면 됩니다. 그러면 같은 장소에 파티클이 하나 생기게 됩니다.

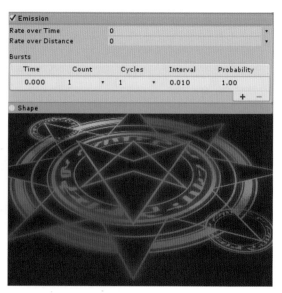

▲ 파티클의 숫자와 범위를 정해줍니다.

51 Color over Lifetime 값을 바꾸어 줄 차례입니다. 제일 앞과 끝 부분의 알파를 0으로 바꾸어주고 파티클의 끝이 흐리게 바뀌는 것을 확인할 수 있습니다. 위를 눌러주어 둘 정도 알파에 붙어있게 만든 알파값을 100으로 바꿔줍니다.

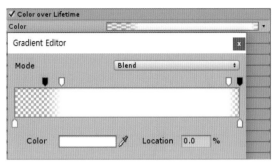

▲ 알파값을 바꿔줍니다.

52 마법진이 처음보다 더 흐려지며 사라집니다.

▲ 바닥에 깔려 보이게 된 마법진

53 이번에는 마법진 밑 바닥에 깔리며 퍼지며 사라지는 하얀 빛을 만들 것입니다. 새 파티클 시스템을 만들어 첫 번째 파티클 아래에 넣어줍니다. 해당 파티클에는 MagicSquare003이라는 이름의 머티리얼을 넣어주고, 트랜스폼과 메인 파티클 메뉴를 바꿔줍니다. 트랜스폼의 Position과 Rotation 값을 모두 0으로 설정해줍니다. Scale 값은 모두 1로 맞춰줍니다.

트랜스폼을 모두 수정했다면, 메인 파티클 설정을 조정해줄 것입니다. 이 파티클은 마스크에 맞춰 제일 먼저 Duration을 8로 만들어줍니다. Start Delay값은 0.3으로 만들고 Start Lifetime의 값을 1로 맞춰줍니다. Start Speed는 0으로, Start Size 값은 8로 만들어줍니다.

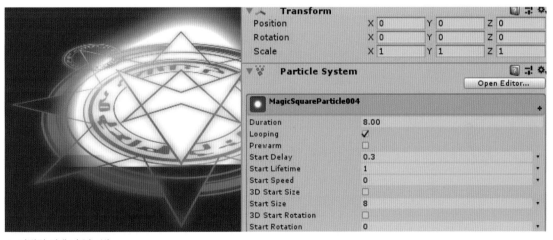

▲ 마법진 뒤에 나오는 빛

54 Emission을 설정할 것입니다. Emission의 Rate over Time을 0으로 바꾸고 Bursts의 +표시를 눌러 나온 메뉴의 Count 부분을 1로 바꾸어줍니다. 다음으로는 Shape의 체크를 꺼주면 됩니다. 그러면 같은 장소에 하나의 파티클이 생기게 됩니다.

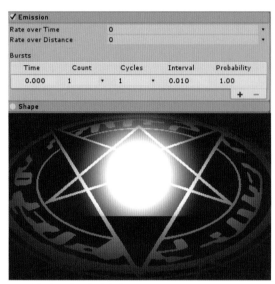

▲ 빛이 하나 나오게 됩니다.

55 Color over Lifetime 값을 바꾸어 줄 차례입니다. 제일 앞과 끝 부분의 알파를 0으로 바꾸어주고 파티클의 끝이 흐리게 바뀌는 것을 확인할 수 있습니다. 위를 눌러주어 둘 정도 알파에 붙어있게 만든 알파값을 100으로 바꿔줍니다.

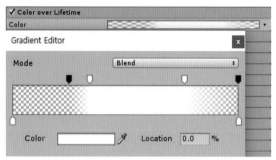

▲ 컬러를 바꾸어줍니다.

56 Renderer의 Max Particle Size를 2로 바꾸어주고, Render Alignment의 메뉴를 Local로 바꾸어줍니다.

▲ 마지막 렌더값을 바꿔줍니다.

57 새 파티클 시스템을 만들어 첫 번째 파티클 아래에 넣어줍니다. 해당 파티클에는 MagicSquare0030이라는 이름의 머티리얼을 넣어주고, 트랜스폼과 메인 파티클 메뉴를 바꿔줍니다. 트랜스폼의 Position과 Rotation 값을 모두 0으로 설정해줍니다. Scale 값은 모두 1로 맞춰줍니다.

트랜스폼을 모두 수정했다면, 메인 파티클 설정을 조정해줄 것입니다. 이 파티클은 마스크에 맞춰 제일 먼저 Duration을 8로 만들어줍니다. Start Delay값은 0.2로 만들고 Start Lifetime의 값을 0.8로 맞춰줍니다. Start Speed는 0으로, Start Size 값은 10로 만들어줍니다.

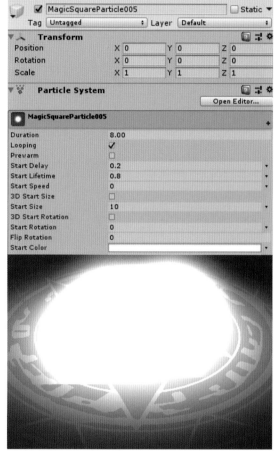

▲ 다섯 번째 파티클의 수치를 바꿔줍니다.

58 Emission을 설정할 것입니다. Emission의 Rate over Time을 0으로 바꾸고 Bursts의 +표시를 눌러 나온 메뉴의 Count 부분을 1로 바꾸어줍니다. 다음으로는 Shape의 체크를 꺼주면 됩니다. 그러면 같은 장소에 하나의 파티클이 생기게 됩니다.

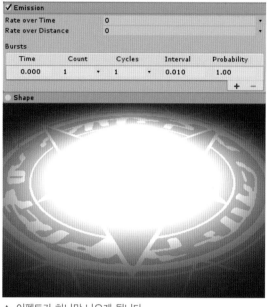

▲ 이펙트가 하나만 나오게 됩니다.

59 Size over Lifetime 값을 수정해줍니다. 우선 해당 메뉴를 체크해주고 두 번째 모양의 오토 메뉴를 선택하여 눌러줍니다. 그리고 시작 부분의 사이즈를 0.5에 맞추어주면 됩니다.

▲ 파티클의 시작과 끝 사이즈를 바꿔줍니다.

60 Renderer의 Max Particle Size를 3으로 바꾸어 주고, Render Alignment의 메뉴를 Local로 바꾸어줍니다.

▲ 마지막으로 렌더 수치를 바꿔주면 다섯 번째 파티클이 완성됩니다.

61 마법진이 만들어질 때 흩어지는 연기를 만들기 위해 새 파티클 시스템을 만들어줍니다. MagicSquare001이라고 이름지어진 이미지 머티리얼을 파티클 시스템에 적용시켜주고, 파티클의 트랜스폼 수치와 메인 파티클 수치를 정해줍니다. 파티클의 트랜스폼 수치는 Position 값은 X축을 0, Y축은 −0.22, Z축은 0으로 바꾸어주고 Rotation 값은 모두 0으로 설정해줍니다. Scale 값은 모두 1로 맞춰줍니다.

메인 파티클 설정을 조정해줍니다. Duration을 8로 만들어주고 Start Delay값을 0.85로 바꿔줍니다. Start Lifetime의 값은 Random Between Two Constants으로 두 칸으로 만들어준 후 0.3과 0.7로 맞춰줍니다. Start Speed 값도 두 칸으로 만들어주고, 1과 3으로 바꿔줍니다. Start Size 값도 Random Between Two Constants으로 두 칸으로 만들어준 후 1과 3으로 바꿔줍니다. 각자 다른 회전축을 가진 파티클 이미지가 만들어지기 위해서 Start Rotation 메뉴도 Random Between Two Constants으로 두 칸으로 만들어준 후 0과 360으로 바꾸어주고, 마지막으로 Start Color 또한 두 칸으로 만들어주고 하나의 색을 흰색(FFFFFF/알파값 : 50)으로, 또 다른 색은 진한 보라색(504363/알파값 : 100)으로 바꾸어줍니다.

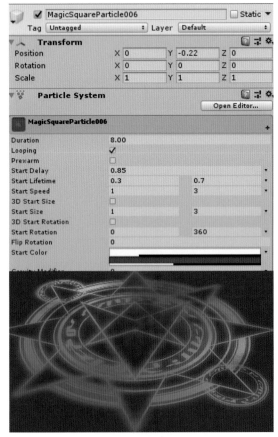

▲ 여섯 번째 파티클을 만들 준비를 해줍니다.

62 Emission을 설정할 것입니다. Emission의 Rate over Time을 0으로 바꾸고 Bursts의 +표시를 눌러 나온 메뉴의 Count 부분을 30으로 바꾸어줍니다. 같은 방법으로 +표시를 한 번 더 눌러 두 번째 Time의 숫자는 0.1로 바꾸어주고, Count 부분은 30으로 바꾸어주면 됩니다. 세 번째 Time의 숫자는 0.2로 바꾸어주고, Count 부분은 30으로 바꾸어주면 됩니다 그 후, Shape로 넘어가서 Shape 부분을 Cone으로 바꿔줍니다. Angle 값은 78로, Radius 값은 2, Radius Thickness 값은 1로 바꾸어줍니다. 그리고 Emitfrom 메뉴를 Volume으로 바꾸어주면 Length 수치가 활성화되는데 0.1로 수치를 바꾸어주면 됩니다.

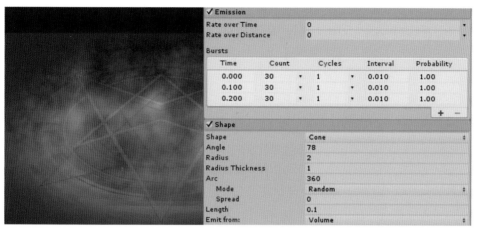

▲ 마법진이 나오며 연기도 함께 나오게 됩니다.

63 Color over Lifetime 값을 바꾸어 줄 차례입니다. 제일 앞과 끝부분의 알파를 0으로 바꾸어주고 파티클의 끝이 흐리게 바뀌는 것을 확인할 수 있습니다. 위를 눌러주어 둘 정도 알파에 붙어 있게 만든 알파값을 100으로 바꿔줍니다.

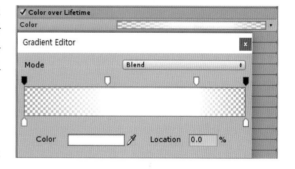

▶ 알파값을 바꿔줍니다.

64 Renderer의 Order in Layer을 3으로 바꾸어줍니다.

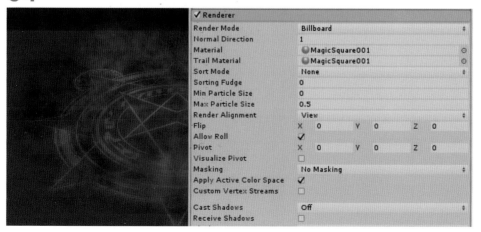

▲ 연기가 위로 올라올 수 있게 합니다.

65 마법진이 만들어질 때 흩어지는 연기를 만들기 위해 새 파티클 시스템을 만들어줍니다. MagicSquare001이라고 이름지어진 이미지 머티리얼을 파티클 시스템에 적용시켜줍니다. 그 후, 파티클의 트랜스폼 수치와 메인 파티클 수치를 정해줍니다. 파티클의 트랜스폼 수치는 Position 값의 X축을 0, Y축은 -1, Z축은 -0.83으로 바꾸어주고 Rotation 값은 모두 0으로 설정해줍니다. Scale 값은 X축을 1, Y축을 1, Z축을 0.55로 맞춰줍니다.

메인 파티클 설정을 조정해줍니다. Duration을 8로 만들어주고 Start Delay값을 0.85로 바꿔줍니다. Start Lifetime의 값은 Random Between Two Constants으로 두 칸으로 만들어준 후 1과 2로 맞춰줍니다. 다음으로는 Start Speed 값을 0으로 바꾸어줍니다. Start Size값도 Random Between Two Constants으로 두 칸으로 만들어준 후 각 0.3과 1.5로 바꿔줍니다. 각자 다른 회전축을 가진 파티클 이미지가 만들어지기 위해서 Start Rotation 메뉴도 Random Between Two Constants 으로 두 칸으로 만들어준 후 0과 360으로 바꾸어줍니다.

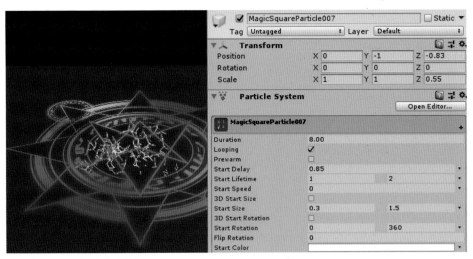

▲ 가운데에 나오는 번개 이미지

66 Emission을 설정할 것입니다. Emission의 Rate over Time을 0으로 바꾸고 Bursts의 +표시를 눌러 나온 메뉴의 Count 부분을 10으로 바꾸어줍니다. 같은 방법으로 +표시를 한 번 더 눌러 두 번째 Time의 숫자는 0.1로 바꾸어주고, Count 부분은 20으로 바꾸어주면 됩니다. 세 번째 Time의 숫자는 0.2로 바꾸어주고, Count 부분은 10으로 바꾸어주면 됩니다. 그 후, Shape로 넘어가서 Shape를 Hemisphere로 바꿔주고 Radius값을 2로, Radius Thickness 값은 1 로 바꾸어줍니다.

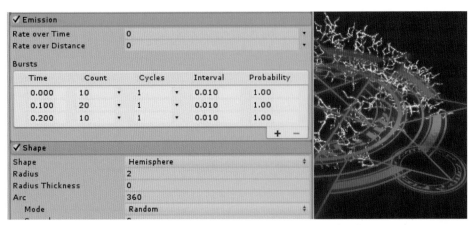

▲ 마법진 주변에 나오는 전기 이미지

67 번개의 디테일을 잡아줄 Color over Lifetime을 설정해줍니다. 알파값만 살짝 바꿔 줄 것인데, 우선 화살표를 원래 있던 것을 포함해서 8개로 만들어줍니다. 이후 맨 앞의 두 개를 뺀 뒷부분의 알파값을 0과 100으로 번갈아가면서 설정해줍니다. 이렇게 하면 파티클 이미지의 끝이 반짝이면서 이미지가 사라지게 됩니다. 같은 방법으로 Random Between Two Constants으로 컬러값을 설정할 수 있는 칸을 하나 더 만들어주면서 이번엔 앞에는 안보이고 뒤에서 반짝이며 사라지는 번개를 만들어줍니다.

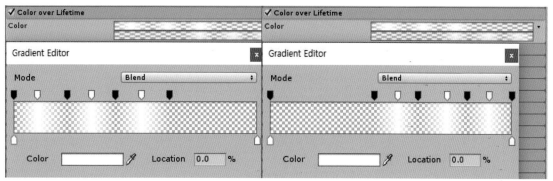

▲ 컬러값을 바꿔줍니다.

68 Texture Sheet Animation을 바꿔줍니다. Tiles의 칸을 X축은 2, Y축은 2로 바꾸어줍니다.

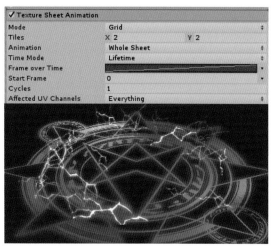

▲ 네 개로 분할되어있던 이미지가 하나의 이미지로 나오며 한번씩 화면에 비춰지게 됩니다.

69 Renderer의 Order in Layer을 3으로 바꾸어줍니다.

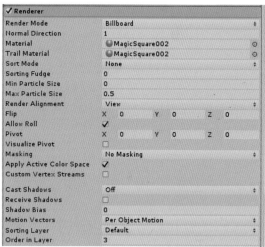

▲ 렌더값까지 바꾸어주었다면 마지막 파티클을 만들 준비를 해줍니다.

70 번져나가는 마법진 문양을 만들어줄 것입니다. 새 파티클 시스템을 만들어 첫 번째 파티클 아래에 넣어줍니다. 해당 파티클에는 MagicSquare004_2이라는 이름의 머티리얼을 넣어주고, 트랜스폼과 메인 파티클 메뉴를 바꿔 줍니다. 트랜스폼의 Position 값은 X축을 0, Y축은 -0.04, Z축은 0.17로 바꾸어주고, Rotation 값은 모두 0으로 설정해줍 니다. Scale 값은 모두 1로 맞춰줍니다.

트랜스폼을 모두 수정했다면, 메인 파티클 설정을 조정해줄 것입니다. 이 파티클은 마스크에 맞춰 제일 먼저 Duration 을 8로 만들어줍니다. Start Delay값은 0.8로 만들고 Start Lifetime의 값을 0.4로 맞춰줍니다. Start Speed는 0으로, Start Size 값은 7로 만들어줍니다.

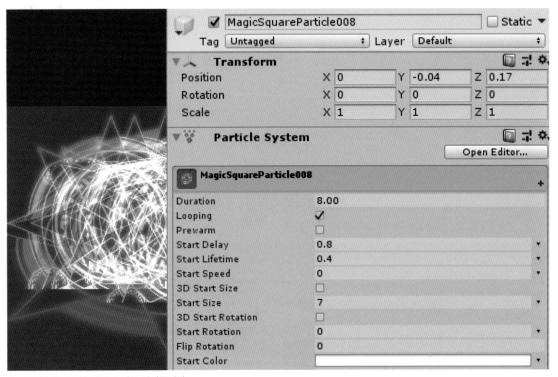

▲ 마지막 파티클의 메인 수치를 바꿔줍니다.

71 Emission을 설정할 것입니다. Emission의 Rate over Time을 0으로 바꾸어주고 Bursts의 +표시를 눌러 나온 메뉴의 Count 부분을 1로 바꾸어줍니다. 다음으 로는 Shape의 체크를 해제하면 됩니다. 그러면 같은 장소 에 하나의 파티클이 하나 생기게 됩니다.

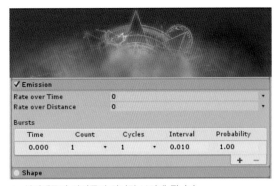

▲ 설정해주면 파티클이 하나만 보이게 됩니다.

72 Color over Lifetime 값을 바꾸어 줄 차례입니다. 제일 앞과 끝부분의 알파를 0으로 바꾸어주고 파 티클의 끝이 흐리게 바뀌는 것을 확인할 수 있습니다. 위 를 눌러주어 둘 정도 알파에 붙어있게 만든 알파값을 100 으로 바꿔줍니다.

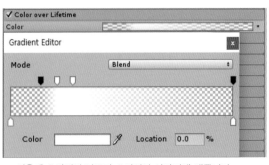

▲ 처음에 흐려지며 나오며 흐려지며 사라지게 해줍니다.

73 Size over Lifetime 값을 수정해줍니다. 우선 해당 메뉴를 체크해주고 두 번째 모양의 오토 메뉴를 선택하여 눌러줍니다. 그리고 시작 부분의 사이즈를 0.9에 맞추어주면 됩니다.

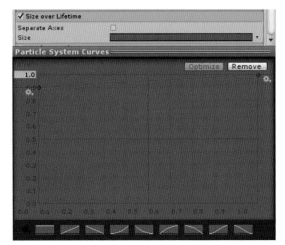

▲ 시작과 끝의 사이즈를 바꿔줍니다.

74 Renderer의 Max Particle Size를 2로 바꾸어주고, Render Alignment의 메뉴를 Local로 바꾸어줍니다. 메뉴를 체크해주었다면 Order in Layer을 3로 바꾸어줍니다.

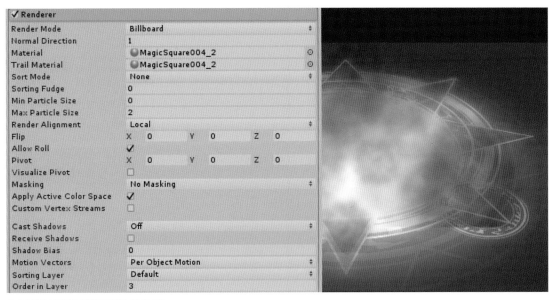

▲ 마지막 렌더를 바꾸어주면 끝입니다.

75 모든 단원의 마지막 이펙트까지 끝냈습니다. 이 이펙트까지 정리하였다면, 유니티 파티클에서 가장 많이 쓰이는 기능들에 대한 이해도가 처음보다는 높아졌을 것입니다.

▶ 완성된 마법진

meMo

저자협의

인지생략

현업 이펙트 디자이너가 알려주는

유니티
게임 이펙트
입문

1판 1쇄 인쇄 2020년 1월 20일
1판 1쇄 발행 2020년 1월 25일

—

지 은 이 홍다애
발 행 인 이미옥
발 행 처 디지털북스
정   가 28,000원
등 록 일 1999년 9월 3일
등록번호 220-90-18139
주   소 (03979) 서울 마포구 성미산로 23길 72 (연남동)
전화번호 (02)447-3157~8
팩스번호 (02)447-3159

—

ISBN 978-89-6088-296-6 (93000)
D-20-02
Copyright ⓒ 2020 Digital Books Publishing Co., Ltd